"全国旅游高等院校精品课程"系列教材
上海市高职高专一流专业建设系列教材

酒店经营管理实务

HOTEL MANAGEMENT PRACTICE

李伟清/主　编
段发敏/副主编

中国旅游出版社

总序

为全面落实全国教育大会精神和立德树人根本任务，根据《国家职业教育改革实施方案》总体部署和《上海深化产教融合推进一流专科高等职业教育建设试点方案》（沪教委高〔2019〕11号）精神，我校积极落实和推进高等职业教育一流专科专业建设工作，烹饪工艺与营养、酒店管理、西餐工艺、旅游英语、旅游管理和会展策划与管理六个专业获得上海市高职高专一流专业培育立项。在一流专业建设中我校拟建设一批省级、国家级精品课程，出版一系列专业教材，为专业建设、人才培养和课程改革提供示范和借鉴。

教材建设是旅游人才教育的基础，是“三教”改革的核心任务之一，是对接行业和行业标准转化的重要媒介。随着我国旅游教育层次和结构趋于完整化、多元化，旅游专业人才的培养目标更加明确。因此教材建设应对接现代技术发展趋势和岗位能力要求，构建契合产业需求的职业能力框架，将行业最新的技术技能标准转化为专业课程标准，打造一批高阶性、应用性、创新性高职“金课”。拓展优质教育教学资源，健全教材专业审核机制，形成课程比例结构合理、质量优良、形式丰富的课程教材体系。

以一流专业建设为契机，我校积极探索校企共同研制科学规范、符合行业需求的人才培养方案和课程标准，将新技术、新工艺、新规范等产业先进元素纳入教学标准和教学内容，探索模块化教学模式，深化教材与教法改革，在此基础上，学校酒店与烹饪学院组织了经验丰富的资深教师团队，编纂了本套系列教材。本套教材主要包括：酒店经营管理实务、酒店安全管理、酒店接待、酒店业概述、葡萄酒产区知识、酒店专业英语、茶饮基础知识、酒店会计基础、调酒技艺、咖啡技艺与咖啡馆运营、酒店督导技巧、食品营养学、烹调基础技术、厨房管理、筵席设计与宴会组织、中式烹调技艺、餐厅空间设计、酒店服务管理、酒店客房服务与管理、酒店工程与智能控制。既有专业基础课程教材，又有专业核心课程教材。专业基础课程教材重在夯实学生专业基础理论以及理解专业理论在实践中的应用场景，专业核心课程教材从内容上紧密对接行业工作实际；从呈现形式上力求新颖，可阅读性强，图文并茂；教材选取的案例、习题及补充阅读材料均来自行业实践，充分体现了科学性与前瞻性的结合；从教材体例编排上按照工作过程或工作模块进行组织，充分体现了与实际工作内容的对接。

本套教材的出版作为上海旅游高等专科学校一流专业建设的阶段性成果，必将为专业发展及人才培养成效再添动力。同时，本套教材也为国内同类院校相关专业提供了丰富的选择，对于行业培训而言，专业核心课程教材的内容也可作为员工培训的素材供选择。

上海旅游高等专科学校

一流专业建设系列教材编委会

2020 年 11 月 于上海

目录
CONTENTS

第一章 概述

学习目标

知识目标

○理解酒店的概念与定义

○掌握酒店产品的特点及作用

○掌握酒店的分类与等级

○了解世界酒店业的发展历程

○了解中国酒店业的发展历程

能力目标

○能识别不同酒店所属的类型

○能分析具体酒店产品的作用和组成

○能针对不同酒店产品特点，提出销售酒店产品的有效措施

○能讲述中国酒店业发展的特殊性

现代酒店业在中国的发展历史并不长，但它随着中国经济的发展获得了快速的发展。本章阐述了酒店的基本定义、特点、作用、等级分类等基础性的知识，并详细介绍了中外酒店业的发展历程，让学生对酒店的基本常识和发展历史有一个系统的认识，有助于后面的酒店经营管理内容的学习。

学生通过了解酒店的历史沿革及基本业务特点，能准确判断一个酒店在行业中的定位；通过对酒店作用的认知，能够针对酒店的实际操作提出合理的建议；结合中国酒店发展的独特性及世界酒店的演变历史思考我国酒店业发展中的不足和优势。

案例导入

旧上海酒店业的经典之作，新上海老酒店涅槃重生的典范——上海和平饭店的发展历程

上海和平饭店原名华懋饭店，位于上海市南京东路20号，处于上海具有百年历史的著名的金融、商业中心——外滩。历史悠久，声誉日盛，欧式建筑风格的大楼风姿绰约，犹如镶嵌在外滩万国建筑博览群中的明珠，熠熠生辉。

和平饭店分南楼和北楼，北楼原名华懋饭店，也称“沙逊大厦”，建于1929年，属芝加哥学派哥特式建筑。由当时富甲一方的英籍犹太人爱丽斯·维克多·沙逊建造。南楼原称汇中饭店，1908年竣工，由玛礼逊洋行的建筑设计师高脱设计。和平饭店整个建筑属芝加哥学派哥特式建筑，楼高77米，共12层。外墙采用花岗岩石块砌成，由旋转厅门而入，大堂地面用乳白色意大利大理石铺成，顶端古铜镂花吊灯，豪华典雅，有“远东第一楼”的美誉。

饭店落成以后，名噪上海，以豪华著称。华懋饭店的经营特点是以豪华饭店身份自居，无论是建筑设计，还是装潢艺术，在当时都是无与伦比的。它那摄人心魄的魅力，表现在它所营造的那种，无时无刻不在散发着的、欧洲古典宫廷艺术的气韵。最令人叫绝的是在几个餐厅和会客室里镶嵌着若干块尺半见方的拉利克艺术玻璃饰品。有花鸟屏风，有飞鸽展翅，有鱼翔浅底，置身其中，恍若一个水晶世界。

华懋饭店当时主要接待金融界、商贸界和各国社会名流。如美国的马歇尔将军、司徒雷登校长，剧作家Noel Coward的名著《私人生活》就是在和平饭店写成的。20世纪三四十年代，鲁迅、宋庆龄曾来饭店会见外国友人卓别林、

萧伯纳等。改革开放后，曾接待过英国女王伊丽莎白二世、法国前总理密特朗、美国前总统克林顿等国际政要。

中华人民共和国成立后，饭店于1956年重新开业，起名和平饭店。近年来，和平饭店和国际知名高端酒店品牌费尔蒙特（Fairmont）合作，对客房、餐厅等进行了更新改造，焕然一新，而建筑风格仍保持了当年的面貌，使下榻于此的宾客仿佛置身于时间隧道，在现代与传统、新潮与复古的融合、交错中浮想万千。和平饭店，已成为了上海老酒店中的杰出代表。百年老店，犹如凤凰涅槃，再获新生。

第一节　酒店的概念和含义

酒店，又称为饭店或宾馆等，作为旅行者和当地居民食宿、娱乐、休闲的重要场所，是旅游活动的主要载体之一，因而成为旅游经济的支柱行业；酒店也是所在地社会、政治、经济活动的中心，成为服务业乃至整个国民经济和社会生活的重要组成部分。

一般认为酒店业是在传统的饮食和住宿业基础上发展起来的，主要由餐饮业（也称饮食业）和住宿业（也称旅馆业）两大核心部分构成，故又称餐旅业。

一、酒店的概念

（一）酒店的称谓

酒店业从其本质上讲就是异地性，甚至是国际性的。随着异地贸易和商业的扩展，频繁的异地联系无疑对酒店业的发展产生了积极的促进作用。

酒店（Hotel）一词来源于法语，原指招待贵宾的乡间别墅，后来欧美国家沿用了这一名称。在中文里表示住宿设施的名词有很多，如旅馆和宾馆等，近年来又引进了中国香港、新加坡等地的“酒店”这一名称。这些名称在中文里是可以通用的。随着旅游业的发展，各种类型的酒店应运而生。无论一个酒店的设施是简单还是豪华，它都必须具备提供餐厅和住宿的能力，否则就不能称之为酒店。现代化酒店是由客房、餐厅、宴会厅、多功能厅、酒吧、歌舞厅、商场、邮电所、银行、美容美发厅、健身房、游泳池、网球场等组成，能够满足宾客食、住、行、游、购、娱、通信、商务、健身等各种需求的多功能、综合性建筑设施。

我国大部分地区，尤以北方为代表，把这种现代化、商业化的综合服务场所称为饭店。酒店，在我国国家标准中也称为饭店，同时在我国还有着多种如宾馆、旅馆等名称，也曾把接待海外游客为主的酒店称为“涉外旅游饭店”。此外，由于历史以及功能的原因，又有招待所、旅游饭店、疗养院、休养院、公寓、山庄、度假村等不同的名称。而在南方地区，由于受中国香港、中国台湾及新加坡等华语地区称谓的影响，习惯称之为“酒店”。“酒店”一词遂逐渐被大众接受。

（二）酒店的概念与定义

对于酒店的概念，曾有多种定义，国外的一些权威辞典是这样界定的：

“酒店一般地说是为公众提供住宿、膳食和服务的建筑与机构”。——《科利尔百科全书》

“酒店是装备好的公共住宿设施，它一般都提供膳食、酒类与饮料以及其他的服务。”——《美利坚百科全书》

“酒店是在商业性的基础上向公众提供住宿、也往往提供膳食的建筑物。”——《大不列颠百科全书》

酒店是指“为公众提供住宿设施与膳食的商业性的建筑设施。”——《简明不列颠百科全书》

根据上述这些定义，我们认为作为一个酒店，应该具备以下四个基本条件。

1. 酒店是由建筑物及装备好的设施组成的接待场所

作为酒店它可以是一个或多个建筑群组成的接待设施，具有接待应具备的硬件设施，如客房、餐厅、前厅、娱乐中心等场所，而且这些服务部门应配备一系列相关设备、用品。

2. 酒店必须提供餐饮、住宿或同时提供食宿以及其他服务

酒店业是一种服务性行业，酒店除提供满足宾客饮食旅居的基本物质需求以外，也要给宾客一种精神和心理的满足，而体现无形产品的服务是一种直接提供客人享受的活动。

3. 酒店的服务对象是公众

有的主要以外地旅游者为主，同时也包括本地居民和其他消费者，也有的主要接待对象就是本地消费者。还有部分特殊的招待所和接待顾客的家庭住宅，尽管在酒店业中占很小的比例，但其提供住宿、膳食与其他服务的公用性决定了其作为广泛意义上的住宿、餐饮设施的性质，只是其一般规模较小，并具有接待人员的一定局限性。

4. 酒店主要是商业性的，以营利为目的，所以使用者要支付一定的费用

酒店是从事饮食旅居接待活动，为客人提供综合服务的，就要占有社会劳动，为社会产生效益，创造经济效益，以营业收入来抵补支出、上缴税收，平衡整个酒店的收支，继续发展。当然，政府事业、慈善公益等性质的这些食宿单位，其经营支出和收入都由政府统一管理。

综上所述，现代意义的酒店是指获得官方批准，以建筑实体为依托，主要通过客房、餐饮等向公众提供住宿、饮食以及康乐休闲等系列综合服务从而收取费用的经济性组织。

二、酒店产品的特点

（一）酒店产品价值的时效性

一般商品的买卖活动会发生商品的所有权转让，而酒店出租客房、会议室和其他综合服务设施，并同时提供服务，并不发生实物转让。宾客买到的只是某一段时间的使用权，而不是所有权。使用权与所有权相脱离的交易行为，导致酒店产品和很多旅游产品一样具有价值的时效性。如以每晚房价 200 美元的酒店客房为例，如果此房全天租不出去，那么这 200 美元的价值就无法实现。也就是说，它的价值具有不可储存性，价值实现的机会如果在规定的时间内丧失，便一去不复返。它不像一般的商品那样，一时卖不出去，可以储存起来以后再销售。所以，酒店业的行家把客房比喻为“寿命极短的商品”，只有 24 小时寿命的商品。

（二）酒店产品的生产与消费同步性

一般商品由生产到消费要经过商业这个流通环节才能到达消费者手中。商品的生产过程与宾客的消费过程是分离的，宾客看到的和感受到的只是最终产品。而酒店出售的产品却不存在这样“独立”的生产过程，它要受宾客即时需要的制约，其生产过程和消费过程几乎是同步进行的。只有当宾客购买并在现场消费时，酒店的服务和设施相结合才能成为酒店产品。

（三）酒店产品的空间不可转移性

酒店的产品通常是以相应的建筑为依托的，由此决定了酒店无法将自己的产品做空间上的转移。这也是酒店业的经营先驱斯塔特勒说“酒店经营成功的三大法宝，第

一是位置，第二是位置，第三还是位置”的原因。由此也说明了地理位置因素对酒店经营成功的重要性。

（四）酒店产品经营的易波动性

酒店产品经营的易波动性主要表现在两个方面。一方面是酒店顾客、酒店员工的情感、心理易波动性，另一方面是酒店在季节上的经营易波动性。

酒店的经营受人的心理因素影响较大。人的心理因素具有难以捉摸性。酒店服务是无形的，服务质量的好坏不能像其他商品那样用机械或物理的性能指标来衡量。来自不同国家、地区的不同类型的宾客，由于他们所处的社会经济环境不同，民族习惯、经历、消费水平和结构不同，对服务接待的要求也不尽相同，因此，宾客对服务质量的感受往往带有较大的个人色彩和特点。酒店提供产品服务质量的好坏在一定程度上也受宾客各自的需要和自身的心理情绪状况等影响。

酒店产品在季节上的经营易波动性更显而易见。现代旅游是一种高级消费形式，酒店必须提供和满足宾客食、住、行、购、娱等多种产品和服务。酒店产品往往同时具有生存、享受和发展三种功能，酒店产品必须是能够满足宾客多层次消费的综合性商品。旅游受季节、气候等自然条件和各国休假制度的影响较大。在国际上，各国的休假大多在夏季和秋季，因此酒店产品的销售具有明显的季节性。淡旺季宾客多寡差别很大，造成宾客住店大起大落的差异。

三、酒店产品的作用

酒店最基本、最传统的作用就是提供住宿、餐饮及相应服务。由于客源及其需求的变化，酒店的作用也在逐渐增加，现代酒店的作用是随着社会的变化和客人的需求不断完善起来的，其作用日益多样化，也逐步朝自动化、智能化、特色化的方向发展。现代酒店主要有如下作用。

（一）食宿作用

这是现代酒店最基本的作用。酒店为客人提供各种客房，以舒适、清洁的环境和周到、热情的服务，使客人在旅途过程中得到充分的休息，获得“家”的感受。同时，酒店设有不同的各具特色的餐厅，以精美的菜肴、温馨的环境、安全的卫生条件和规范的服务，为客人提供包餐、风味餐、自助餐、点菜、小吃、饮料，以及酒席、宴会等多种形式的餐饮服务。

（二）商务作用

这是现代酒店的衍生作用。特别是商务酒店，为商务客人提供各种方便快捷的服务。酒店设置商务中心、商务楼层、商务会议室与商务洽谈室，为客人提供计算机、打印机、国际互联网、国际国内直拨电话和传真等。现代酒店更是出现了客房商务化的趋势，传真机、两条以上的电话线与电话连接的打印机、计算机互联网接口等都逐步安装。有的酒店还在发展电子会议设备，设有为各种网络所需要的终端。未来的酒店将通过高科技的武装而更加智能化、信息化，从而使商务客人的需求得到最大程度的满足。

（三）休闲娱乐作用

随着收入的不断增多和生活水平的不断提高，人们对文化、娱乐、康体、休闲等精神生活的要求越来越高。现代酒店作为文化交流和社会活动的高级场所，通过开展健康向上的高质量的文娱体育活动，既可以满足客人和当地公众的文化需要，又可以拓展经营范围，在获得良好社会效益的同时又能获得可观的经济效益。

（四）会务作用

酒店可为各种从事商业、贸易展览、科学讲座等客人提供会议、住宿、膳食和其他相关的设施与服务。酒店内有大小规格不等的会议室、谈判间、演讲厅、展览厅。专门的会议酒店还配备有各种召开大型会议和国际会议必需的音响设施和同声传译设备，可供召开远距离的电视、电话会议，多国语言同声传译的国际会议，各类企业的新产品推介会、业务洽谈会和新闻发布会等使用。

（五）经济作用

现代酒店是创造收入，尤其是创造外汇收入的重要部门。改革开放初期，我国外汇收入的很大一部分来源于酒店收入；而在旅游收入中，酒店收入占据了半壁江山。酒店业的大量创收，为我国的社会主义现代化建设和旅游业的快速、健康、持续发展做出了极其重要的贡献。

（六）就业作用

现代酒店建设是创造社会就业的重要途径。据研究，每增加 1 间酒店客房，可提供 1.5 人的直接就业机会和 2 人的间接就业机会。同时带动作用很强，它还能刺激国民经济其他部门的发展，间接地解决就业问题。

（七）社交和形象作用

一个城市的标志性酒店，往往是这个城市的社交活动中心。一个国家酒店的发展水平，也往往标志着该国旅游接待事业的发展水平，也反映了一个国家国民经济的发展水平及其社会的文明程度。因此，酒店设施设备完备与否、水平高低，酒店服务质量的高低优劣，不仅影响着旅游者的旅游经历和体验，同时还影响着一个城市、一个地区，乃至一个国家的总体形象。

第二节　酒店的分类与等级

一、酒店的分类

酒店的分类一般根据酒店的经营特色、位置、等级、体制、客源市场、管理方法、规模等多种因素而定，没有统一的标准，也没有严格的界限。在酒店实践中，一个酒店可以选择一个或几个类型标准作为分析和决策的依据。国际上流行的分类方法以及由此划分的酒店类型主要有以下几种。

（一）根据酒店的经营特色分类

1. 商务型酒店（Commercial Hotel）

商务型酒店也称暂住型酒店。此类酒店主要为从事商业贸易活动的客人提供住宿、餐饮和商务服务，多位于城市的中心或商业区。由于商务客人一般文化层次、消费水平较高，商务酒店的设施设备也就比较豪华，一般为四星级、五星级酒店，为满足商务活动需求而提供的各种设施和通信系统一应俱全，如国际直拨电话、互联网、传真、商务中心、洽谈室、会议室及提供秘书和翻译服务等，并配备供客人娱乐、健身和交往的设施及场所，如健身房、游泳池、网球场、桑拿浴室和康乐中心等。

2. 度假型酒店（Resort Hotel）

度假型酒店多位于交通便利的海滨、山区、温泉、海岛、森林等地，一般远离嘈杂的大都市，设有各种体育娱乐项目，如滑雪、骑马、狩猎、垂钓、划船、潜水、冲浪、高尔夫球、网球等，并以阳光充足、空气新鲜等良好的自然环境条件来吸引游客。由于度假型酒店受制于当地旅游季节客源的变化，经营季节性非常强，无形中酒店的经营风险相对增大，一般一年中有近半年的时间是酒店经营的淡季，而在旺季则由于经营压力大增，容易造成设施设备的超负荷运转，带来巨大损耗。

目前，我国这类酒店很多，主要分布在青岛、大连、深圳、秦皇岛、三亚、深圳、上海等地。

同商业酒店相比较，度假型酒店除提供一般酒店的服务项目以外，还要尽量满足客人休息、娱乐、健身方面的需要，为此，酒店要有足够多样的娱乐设施。由于客人需求的多样性，度假型酒店提供的服务除了标准化外，更重要的是提供人性化服务，所以酒店服务员要努力创造轻松、和谐、方便的环境。

3. 会议型酒店（Convention Hotel）

会议型酒店是以接待各种会议（包含交流会、学术会议、展销会、展览会在内）的一种特殊酒店。会议酒店不仅可以设在繁华的大都市，还可以设在风景秀丽的城市郊区。由于其特殊的目标市场，会议酒店除了要提供酒店的基本服务项目外，还要提供满足会议需要的各种会议室、演讲厅、音响设备、谈判间等设施，同时，会议酒店尤其需要一支能快速完成接待任务的服务员队伍。由于会议客人到来特别集中，所以会议酒店为降低经营风险，对酒店的建筑设施往往独具匠心，使得酒店会议室可以在很短的时间内快速分合，根据需要分隔成不同的空间。接待国际会议的酒店还要求配备同声传译设备及装置。会议型酒店一般都配备工作人员帮助会议组织者协调和组织会议各项事务，为其提供高效率的接待服务。

4. 长住型酒店（Resident Hotel）

长住型酒店也称公寓型酒店。此类酒店一般采用公寓式建筑的造型，适合住宿期较长、在当地短期工作或休假的客人或家庭居住。长住型酒店的设施及管理较其他类型的酒店简单，酒店一般只提供住宿服务，并根据客人的需要提供餐饮及其他辅助性服务。酒店与客人之间通过签订租约的形式，确定租赁的法律关系。长住型酒店的建筑布局与公寓相似，客房多采用家庭式布局，以套房为主，配备适合宾客长住的家具和电器设备，通常都有厨房设备供宾客自理饮食。在服务上讲究家庭式氛围，特点是亲切、周到、针对性强，酒店的组织机构、管理和服务较其他类型的酒店简单。

5. 汽车酒店（Motel）

汽车酒店常见于欧美国家的公路干线上。早期，此类酒店设施简单，规模较小，相当一部分汽车酒店只有客房而无餐厅和酒吧，以接待驾车旅行者投宿为主。现在，汽车酒店不仅在设施方面大有改善，趋向豪华，并且多数可提供现代化综合服务。

欧美的“假日集团”“华美达酒店集团”等均拥有大量的汽车酒店，而国外的霍华德·约翰逊公司则号称“公路东道主”。

6. 经济型酒店（Economy Hotels）

自20世纪六七十年代以来，经济型酒店在欧美地区发展较为迅速。以美国为例，经济型酒店数量从40多万间增加到70多万间，增幅超过了70%，而同一时期，高档酒店的增长率仅为25%左右。除了希尔顿、凯悦和最佳西方等少数主要经营高档酒店的联号以外，世界上规模最大的酒店公司基本上在其品牌系列中包括了一个甚至多个经济型酒店品牌。圣达特、巴斯、马里奥特、雅高、普罗姆斯等几家排名在世界前十的酒店公司都拥有众多的经济型酒店。

自20世纪90年代中期，我国第一家经济型酒店锦江之星开业以来，经济型酒店在我国也有了很大发展。以“如家快捷”“锦江之星”为代表的一大批经济型酒店日益受到国内旅游者的青睐。目前，“如家快捷”已超越“锦江之星”成为我国最大规模的经济型酒店连锁集团。根据《中国旅游涉外酒店经营统计及排序》中统计数据的计算，国内经济型酒店的平均房价在100元至200元，可以被相当部分的国内旅游者接受。随着国内旅游的进一步发展，经济型酒店市场有着极其广阔的发展空间：

最新的一批经济型酒店或汽车旅馆，通过标准化的建筑设计，降低了最初的建造成本；为客人提供淋浴器而不是浴缸能提高客房部的劳动效率；取消餐厅是减少劳动成本的一种方法；精心选择饭店的地段，适当降低客房面积标准。这一切都给经济型酒店带来了良好的效益。

7. 全套房酒店（All－Suites Hotels）

全套房酒店在近10年中成为投资者的宠儿。罗伯特·伍利创建了第一家全套房连锁企业——格兰那达·罗伊艾尔家庭旅馆（Hometel）。后来，假日酒店兼并了格兰那达·罗伊艾尔家庭旅馆，并重新命名，成为美国最大的全套房连锁企业。全套房酒店已成为投资者的宠儿；其高房价与高出租率，源于顾客所理解的高标准。

分开的起居室和卧室、配套的小厨房，是全套房酒店的魅力所在，吸引着需要更多私人空间的客人和寻求经济膳宿的夫妇和家庭旅游者。与其他类别的酒店一样，全套房酒店也分为经济型、中档与高档酒店，有的全套房酒店实行品牌特许经销。

8. 博彩型酒店（Casino Hotel）

在国外，随着合法化博彩娱乐的蔓延，有迹象表明这种特殊酒店会成为国外酒店业最重要的角色。博彩型酒店的营业情况与传统的酒店不同，它的主要收入来源是博彩业收入，而不是客房销售额。因此，出租客房比出租客房的价格对博彩型酒店更重要。为了扩大博彩人数的规模，国外博彩型酒店的房价较低；单人或双人同住一间房价格相同，食品和饮料经常是为吸引顾客而亏本出售的商品。

（二）根据酒店计价方式分类

1. 欧式计价酒店

欧式计价酒店的客寓价格仅包括房租，不含食品、饮料等其他费用。世界各地绝大多数酒店均属此类。

2. 美式计价酒店

美式计价酒店的客房价格包括房租以及一日三餐的费用。目前，尚有一些地处偏远地区的度假型酒店采用美式计价法。

3. 修正美式计价酒店

此类酒店的客房价格包括房租、早餐以及一顿正餐（午餐或晚餐）的费用，以便宾客可自由安排白天活动。

4. 欧陆式计价酒店

欧陆式计价酒店客房价包括房租及一份简单的欧陆式早餐，即咖啡、面包和果汁。此类酒店一般不设餐厅。

（三）根据酒店规模大小分类

判断酒店的大小没有明确的标准，一般是以酒店的房间数、占地面积、销售额和纯利润为标准来衡量的，其中主要以房间数为标准。按着目前国际上通用的划分标准，酒店的规模主要有以下三种。

1. 大型酒店

大型酒店是指拥有 500 间以上标准客房的酒店。大型酒店由于客房数量多，客人每天的流量非常大，每个客人的消费需求不同，所以大型酒店的服务项目非常齐全，服务的标准化程度高。大型酒店由于投资大，回收期长，经营风险较大，一般应定位于豪华酒店，建筑位置一般选在城市的商业中心。

2. 中型酒店

中型酒店是指拥有 200~500 间的标准客房。这种酒店由于规模适中，适用于商业、会议、度假等多种类型的酒店经营。可以是豪华酒店，也可以是中档酒店（多数为中档酒店）。中型酒店价格合理、服务项目比较齐，设施相对现代化，所以其目标市场为大众化消费者。

3. 小型酒店

小型酒店是指拥有 200 间以下的标准客房的酒店。一般酒店内的设施和服务能基本满足旅游酒店的标准和要求，由于规模小，服务设施有限，提供一般性服务，价格比较低廉，多数属于经济型酒店。

（四）根据其他标准分类

1. 根据酒店的隶属及经营形式划分

酒店可分成独立经营型酒店（Independent Hotel）和集团连锁经营酒店（Chain Operated Hotel）两大类别。

2. 按酒店的营业时间划分

酒店可分为全年性营业酒店及季节性营业酒店。

3. 按酒店的星级划分

可分为一星级、二星级、三星级、四星级、五星级酒店（具体将在酒店等级和星级标准中陈述）。

以上是以酒店各种特点为依据的基本分类，但由于一家酒店常常具有多种特点，因而往往同时可以被归入上述任何一类。因此，要确定一家酒店的类型，必须根据该酒店的主要特点归类，即最能将其区别于其他酒店的特点来定。

二、酒店的等级

酒店等级系指一家酒店的豪华程度、设备设施水平、服务范围和服务质量而言，对客人来说，酒店分等定级可以使他们了解某一酒店的设施、服务情况，以便有目的地选择适合自己要求的酒店。因而，酒店等级的高低实际上反映了不同层次宾客的需求。

在一般情况下，对于同规模、同类型酒店来说，客房平均房价是酒店等级高低的客观标志。

（一）国际上的酒店等级制

目前世界上有 80 多种酒店等级制。这些等级制度，有的是各地酒店协会制订，有的是各国政府部门制订。由于各地区、国家间酒店业发达程度和出发点不同，各种等级制度所采用的标准不尽相同。酒店分等制在欧洲国家较为普遍。法国的酒店分为“1~5 星”五级，意大利的酒店采用“豪华、1~4 级”制，瑞士的酒店分为“1~5 级”，奥地利的酒店使用“Al、A、B、C、D”级，而有的国家和地区则采用“豪华、舒适、现代”或“乡村、城镇、山区、观光”或“国际观光、观光”等分等制，可谓形形色色。但在美国，由于复杂的政治和社会结构以及酒店业的千姿百态，至今尚未有统一的、被普遍接受的酒店等级标准，较有影响的则是美国汽车协会及美国汽车石油公司分别制订并使用的“五花”和“五星”等级制。

如前所述，世界各地各种酒店分等制所采用的标准不尽一致，但各地酒店分等制的依据和内容却十分相似。通常都从酒店的地理位置、环境条件、建筑设计布局、内部装潢、设备设施配置、维修保养状况、服务项目、清洁卫生、管理水平、服务水平等方面进行评价确定。

（二）我国酒店星级评定标准

我国酒店星级评定标准吸取了国际上星级制度的成功经验，并结合了中国酒店的实际情况，是一个全方位考核评价酒店的标准，这个标准从酒店的硬件和软件两个方面对酒店进行综合评价，是一个完整的标准体系。主要内容包括以下几部分。

1. 酒店星级划分条件

酒店星级划分条件又称酒店必备条件，是酒店要达到某一个星级所必须具备的条件，它对一至五星级酒店所必须具备的硬件和应设立的服务项目做了详尽的规定。

一、二星级，从酒店的布局、公共信息符号图形、采暖和制冷设备以及前厅、客房、餐厅、厨房、公共区域 8 个方面来规定所应具备的条件。

三星级，除了上述 8 个方面外还增加了计算机管理系统，并设置了选择项目，要求三星级酒店至少能在规定的 79 个选择项目中，具备 11 项。79 个选择项目中主要有客房 10 项、餐厅及酒吧 9 项、商务设施及服务 5 项、会议设施 10 项、公共及健康娱乐设施 42 项、安全设施 3 项。

四星级，在三星级的基础上又增加了酒店内外装修、背景音乐系统两个必备的考核内容，对其他方面也提出了更高的要求，79 个选择项目中，要求至少具备 28 项。

五星级，在大项上与四星级内容基本相同，但其各项内容的内涵更丰富，豪华程度要求更高，服务项目更多，规范也更详尽，79 个选择项目中，至少要具备 35 项。

2. 设施设备评定标准

设施设备评定标准是评价酒店硬件水平的考核标准，它反映了一个酒店必备的硬件设施的好坏程度，这一项目是通过打分的形式来评价的，标准设置满分为 610 分。通常，一个酒店所得分数越高，说明这个酒店的硬件水平越好。评分标准对每一个星级规定了应得分数的最低线。在 610 分中，一星级至少应达到 80 分，二星级至少应达到 130 分，三星级至少应达到 230 分，四星级至少应达到 330 分，五星级至少应达到 390 分。标准 610 分的具体分布如下：地理位置、环境、建筑结构、功能布局 34 分；共用系统 20 分；前厅 48 分；客房 190 分；餐厅 85 分；商务中心 9 分；会议设施 26 分；

公共及健康娱乐设施 86 分；安全设施 6 分；员工设施 6 分。

3. 设施设备的维修保养及清洁卫生评定标准

设施设备的维修保养及清洁卫生评分属于软件考核的内容，它是评价酒店所有的设施设备维护状态和清洁卫生状况的标准。这两个项目从酒店环境和建筑物外观到前厅、客房、餐厅（酒吧）、厨房、楼梯走廊等公共场所、公共洗手间和公共娱乐及健身设施 8 个大项来实施考核评分。评分标准规定了 8 个大项、近 200 项的项目检查分数。检查评分时，按照项目标准的要求，完全达到要求者为优，略有不足者为良，明显不足者为中，严重不足者为差。然后计算出得分与项目规定分数的综合得分率，各星级综合得分率必须达到规定的得分率。同时，各星级在达到规定得分率后，前厅、客房、餐厅（酒吧）、厨房、公共卫生间这 5 个部分也应达到相应的得分率，如果其中任何一个部位达不到所申请星级规定的得分率，就不能获得所申请的星级。各星级规定得分率如下：一、二星级必须达到 90% 以上；三星级必须达到 92% 以上；四、五星级必须达到 95% 以上。

4. 服务质量评定标准

服务质量评分是对酒店运作质量的综合评分，采取综合得分率的形式检查打分。服务质量评分共分 8 个大项：服务人员的仪容仪表、前厅服务质量（态度、效率）、客房服务质量（态度、效率、周到）、餐厅（酒吧）服务质量（态度、效率、周到、规格）、其他服务（态度、效率、周到、安全）、酒店安全印象、酒店声誉、酒店综合服务效果。各星级综合得分率要求一、二星级必须达到 90% 以上；三星级必须达到 92% 以上；四、五星级须达到 95% 以上。

5. 宾客意见评定标准

客人满意程度评分是通过发放客人意见表的形式来进行的。参加星级评定的酒店必须在星级评定期间，向客人发放统一印制的客人意见表，并定期回收。酒店回收客人意见表的数量不应低于发放数的 30%，并且各星级必须达到规定的最低客人满意率，即一星级为 70%、二星级为 70%、三星级为 75%、四星级为 85%、五星级为 90%。

第三节　中外酒店的发展历程

史可明鉴，现代酒店业的从业人员和每个准备从事酒店业的人应该对酒店业的发展史感兴趣。酒店的产生和发展过程源远流长，关于酒店业的历史渊源，将追溯到好几千年以前。

一、世界酒店业的发展历程

（一）中古时期的世界酒店业

1. 世界酒店的起源

关于古代酒店的起源，最早与西亚两河文明相关，这是当今较为普遍认同的一种说法。据历史记载，大约在公元前 4000 年的美索不达米亚地区，生活在底格里斯河和幼发拉底河两河流域的苏美尔人很多是农民，他们利用出色的农耕技术在当地肥沃的土地上种植和收获了足够的粮食，除了食用外，剩余的可用做交易。苏美尔人还有酿酒技术和烘焙面包技术，酿啤酒成为苏美尔人社会各阶层最普遍的消费品。当地的苏美尔小酒馆就是提供周围居民喝酒并聚会谈论时事的场所，这要算人类最早的酒店了。记载有苏美尔人涉及酒店税收的巴比伦第一部法典——汉谟拉比法典距今 3700 多年。

2. 古埃及的酒店

古埃及在公元前 2700 年建造了著名的金字塔，这些金字塔成为旅游胜地，吸引人们前去观赏。古埃及旅行很普遍，人们除了参加观看金字塔等观光活动外，还从事贸易和参加宗教活动。这些旅行活动的兴起促发了旅行者食宿的需求，于是提供旅行者吃、住的旅店在埃及出现了。

3. 古希腊的客栈

古希腊人为了经商、为了航海探险、为了求学去旅行。古希腊时代更是世界旅游史上宗教旅游最鼎盛的时期，古希腊各个城邦都建有神庙，每当神庙举办节庆活动，人们便从四面八方赶来，渐渐地，一些节庆活动覆盖了整个希腊。古希腊的提洛岛、特尔斐和奥林匹斯山是当时重要的宗教圣地，最重要的宗教仪式和节日主要在这些地方举行，届时有音乐、体育竞技等活动。为了寻求圣人的教诲而到特尔斐阿波罗神殿旅行的人很多，政治家、将军和其他一些大人物们也去那里寻求神示。奥林匹亚节是最负盛名的盛典，节庆期间举行持械竞走、战车竞赛和角斗等体育活动，前来参加者不绝于道，每次参加奥林匹亚节的人数虽不尽相同，但平均每次都有四五万人参加。

旅行和旅游当然离不开客栈，有充分证据证明，至少早在公元前 6 世纪时，古希腊就已经出现了专门接待游客的地方，被称为“大众接待者”或“大众接待所”。除了前面提到的众多皇宫成了旅行者和游客的安息之所，各地都有小客栈供旅行者吃、住。

古希腊的客栈一般只为旅行者提供一晚上的休息，客人可以带着毛巾到最近的公共浴室洗澡，其实浴缸就是一个大盆子，游客斜着身子站在那里，由服务人员往身上泼水。

4. 古罗马帝国的驿站

古罗马帝国建立了地跨欧、非、亚的大帝国，修建了2000多千米的御道系统和公路网络，所以就有“条条道路通罗马”这句话。古罗马时期，酒店主要是在罗马帝国所设驿站的基础上发展起来的。古罗马道路上每30千米就有一个类似的驿站设置。道边有国王驿馆和设备较完备的驿站。最初目的是供皇帝公使以及其他公务人员免费住宿的，后来也接待往来的民间旅客。

罗马帝国的驿站一般都较大，面积有200平方米以上，并设有餐厅，可为旅客提供很多美食，也为古罗马人出行提供了较舒适的旅途休息场所。

随着海上丝绸之路兴起，古罗马商务旅行相当活跃，极大地推进了酒店业的发展。在今天意大利南部的庞贝城遗址，还保存着目前可能是世界上最古老的酒店遗址。人们可以据此窥见距今2000余年前欧洲的酒店状况。

5. 中世纪时的欧洲酒店业

中世纪是欧洲历史上较为黑暗落后的一个时期，其供旅行者旅途中住宿、饮食的设施以较为简陋的客栈为主。这些客栈主要只是个歇脚的地方，规模都很小，建筑简单，设施简易，价格低廉，只提供简单的食宿，客人往往挤在一起睡觉，吃的是和主人差不多的家常饭，基本上无其他服务。

客栈以官办为主，也有一些民间经营的小店，即独立的家庭客栈，是家庭住宅的一部分，家庭是这类客栈的拥有者和经营者。

随着社会的发展和旅游活动种类的增加，欧洲客栈的规模日益扩大，种类也不断增多。如英国的客栈逐渐改善，到15世纪，有些客栈已拥有20~30间客房，较好的客栈还拥有酒窖、食品仓库和厨房。许多古老客栈还有花园、草坪、带壁炉的宴会厅和舞厅。到18世纪，英国客栈已是人们聚会交往、交流信息的地方。这时，世界许多地方的客栈都不仅仅是过路人寄宿的地方，还是当地的社会、政治与商业活动的中心。

（二）近代的豪华酒店时期（18世纪末—19世纪末）

近代的豪华酒店时期（又称大酒店时期），起源于欧洲，共同兴旺于欧、美两地。

1. 近代欧洲的豪华酒店时期

文艺复兴的深入开始影响社会的各个方面。随着欧洲工业革命的渐渐兴起，资本主义经济的产生和发展，欧洲资产阶级革命最大的后果是确立了资本主义制度，促进了社会生产力的快速发展。社会财富的增多，出现了自由而富有的有闲阶层，逐渐滋生并形成休闲的观念。旅游开始成为一种经济活动，于是专为上层有闲阶级服务的豪华酒店就应运而生。

在欧洲大陆上，无论是豪华的建筑外形、奢侈的内部装修、精美的餐具以及服务和用餐的程式，无不反映出王公贵族生活方式的商业化。为酒店的宾客提供食宿服务实质上是一种奢华的享受。为此，这个时期被人们称为“豪华酒店时期”（又叫大饭店时期）。欧洲第一个真正可称为饭店的住宿设施是在德国的巴登建起的巴典国别墅（der badische hof），随后，欧洲颇具代表性的饭店有1850年建成的巴黎大饭店，1876年开业的法兰克福大饭店，1889年开业的伦敦萨沃伊酒店萨沃伊酒店在豪华酒店时期具有特殊的地位，它雇用享有世界声誉的酒店管理奇才恺撒·里兹（Scesar Riza）和一代名厨埃斯考菲尔（Escoffier），他们在这里创造了极其豪华、非常时髦的酒店服务氛围以及精美绝伦、无可比拟的菜肴。

2. 近代美国的豪华酒店时期

19世纪是美国酒店业发展的高峰时期。铁路运输网络的扩展促进了旅行，从而诞生了许多优秀的城市酒店和度假酒店。许多重要的酒店就是在这一时期发展起来的，可以说19世纪是旅行和酒店业蓬勃发展的时期，其发展速度远远超过了以往任何时期，美国许多大酒店纷纷建立。由于缺少王室宫殿作为“社交”中心，美国人在社区旅馆内营造了类似的环境。饭店通常是慷慨大方的私人娱乐中心（这里的活动受到公众的瞩目），也是最重要的公开庆祝活动中心。旅馆大堂像皇宫的外殿一样，成为人们消磨时间的去处、汇集流言蜚语的中心，以及展示身份、富有和权利的首选地点。在美国许多城市，大酒店成为城市中最优雅、最光彩夺目的建筑，成了“大众殿堂”。闻名世界的纽约广场酒店（Grand Hotel）可以说是美国“大众殿堂”理念的典范，至今一直以豪华酒店形式经营。美国第一个真正的大酒店是位于波士顿的特里蒙特酒店（The Tremont Hotel），于1829年10月开张。它创造了很多酒店业的第一，如设立前台员工、行李员、客房门锁、免费肥皂、单人和双人间、室内盥洗室等，被认为是美国的第一个现代酒店。7年后，1836年开张的纽约阿斯特酒店（The Astor House）同样堪称美国早期酒店的代表。

（三）商业酒店时期（20世纪初到中叶）

开始于20世纪初期的商业酒店时期，以美国的酒店业最具代表性。20世纪上半叶是美国酒店历史上最为重要的时期之一。20世纪初至20年代，美国酒店业出现了前所未有的巨大发展，但1930年左右的经济大萧条也导致美国许多酒店破产。

著名的斯塔特勒（E..M. Statler）建立的酒店就是开创于20世纪早期并迅速成长

起来的，它成功地度过了经济萧条期，最终在以后的数年间得以繁荣兴旺起来。纽约布法罗的布法罗斯塔特勒（Buffalo Statler）酒店就是一家拥有 300 间客房的酒店．于 1908 年 1 月 18 日开业，它被看作是酒店业历史上的一座里程碑。

布法罗斯塔特勒酒店是首批现代商业性酒店，其主要顾客是商务旅行者，它提供下列服务：每间客房都有私人浴室；每间客房都有电话；每间客房都有带照明设施的衣柜；每天早上都为客人送去一份免费报纸等。在 1908 年，这些特征非同小可。如电话在当时则属新生事物，只有豪华酒店的客房才有大的衣橱。因此按当时的标准看，布法罗斯塔特勒已属现代。这家酒店当时的广告词是"1.5 美元即可享用带有浴室的房间"，对旅行者来说简直是物超所值、不可思议。布法罗斯塔特勒获得了成功，斯塔特勒继续使用他的名字增开其他酒店。在 1928 年斯塔特勒去世时，其名下控制的酒店超过了酒店业历史上的任何人。

商业酒店的基本特点如下：

（1）商业酒店的服务对象是一般的平民，主要以接待商务客人为主，规模较大，设施设备完善，服务项目齐全，讲求舒适、清洁、安全和实用，不追求豪华与奢侈。

（2）实行低价格政策，使顾客感到收费合理，物超所值。

（3）酒店经营者与拥有者逐渐分离，酒店经营活动完全商品化，讲究经济效益，以营利为目的。

（4）酒店管理逐步科学化和效率化，注重市场调研和市场目标选择，注意训练员工和提高工作效率。

（四）现代新型酒店时期（20 世纪中后期至今）

现代新型酒店时期于 20 世纪 50 年代开始发展至今。20 世纪 50 年代，随着欧美国家战后的经济复苏，人们在国内、国际的旅行和旅游活动日益频繁，空中交通及高速公路日益普及。在大中城市里，大型高层的酒店数量倍增，公路两旁的汽车旅馆更是星罗棋布。一些有实力的酒店公司，以签订管理合同、授让特许经营权等形式，进行国内甚至跨国的连锁经营，逐渐形成了一大批使用统一名称、统一标识，在酒店建造、设备设施、服务程序、管理方式等方面实行统一标准，联网进行宣传促销、客房预订、物资采购与人才培训的酒店联号公司。其中最早崛起，并在 20 世纪七八十年代相当活跃的大型豪华酒店的酒店联号公司有希尔顿酒店公司（Hilton Hotel Corp.）、希尔顿国际酒店公司（Hilton International）、喜来登酒店公司（Sheraton Corp.）、凯悦国际酒店公司（Hyatt International）、威斯汀酒店公司（Westin Hotels）等，拥有中小型酒店或汽车旅馆的酒店联号公司有假日酒店集团（Holiday Inns Corp.）、华美达酒店集团（Ramada Inns）、雅高集团（Accord Corp.）、百威国际酒店集团（Best Western International）等。进入 20 世纪 90 年代后，经过大规模的兼并和收购，又出现了更大型的、拥有各种档次、系列品牌的酒店联号集团，如巴斯公司（Bass）、万豪集团（Marriott）、喜达屋集团（Starwood）等。

现代新型酒店的特点除注重规模效益、连锁经营外，还表现在为现代人的需求，其功能日益多样化，酒店不再是仅仅向客人提供吃、住的场所，还要满足客人对娱乐、健身、购物、通信、商务等方面的多种需求，酒店也是当地社交、会议、展览、表演等活动的场所；在经营管理上，注重用科学的手段进行市场促销、成本控制、人力资源管理等；在设备设施上，注意运用适合客人需求的酒店服务及运行的各种高新科技产品。在社会上，为酒店行业配套服务的专业公司也日臻完善，有酒店管理咨询公司、酒店订房代理公司、酒店会计事务所、酒店建筑设计事务所、酒店设备用品公司，开设服务管理专业的各类院校等。

在现代酒店时期，酒店业发达的地区并不局限于欧美，而是遍布全世界。值得一提的是亚洲地区的酒店业从 60 年代起步发展到如今，其规模、等级、服务水准、管理水平等方面毫不逊色于欧美的酒店业。

在美国《机构投资者》杂志（Institutional Investment）每年组织的颇具权威性的世界十大最佳酒店评选中，亚洲地区的酒店往往占半数以上，并名列前茅。由香港东方文华集团管理的泰国曼谷东方大酒店，十多年来一直在世界十大最佳酒店排行榜上名列榜首。在亚洲地区的酒店业中，已涌现出较大规模的酒店集团公司，如日本的大仓酒店集团（Okura Hotels）、新大谷酒店集团（New Otani Hotels），中国香港东方文华酒店集团（Oriental Mandarin）、丽晶集团（Regent Hotels），新加坡香格里拉酒店集团（Shangrila Hotels）、君华酒店集团（Meritus Hotels & Resorts）等。这些酒店集团公司不仅在亚洲地区投资或管理酒店，并已扩展到欧美地区。

亚洲地区酒店的崛起及迅速发展，举世公认。究其原因，一是得益于 20 世纪 60 年代以来这个地区的经济腾飞、发展及繁荣；二是引进了欧洲酒店业的良好传统和经营丰富的专业人才，借鉴了美国酒店业科学管理的原则和经验；三是在酒店服务与管理中糅合了东方民族悠久的富有人情味的好客传统，并充分发挥了亚洲民族勤勉好学的长处和具有丰富人力资源的优势。

二、中国酒店业的发展历程

中国是世界上最早出现饭店的国家之一，数千年来，中国的唐、宋、明、清四朝被认为是饭店业得到较大发展的时期。19世纪末，中国饭店业进入近代饭店业阶段，但此后发展缓慢。直到20世纪70年代末，中国推行改革开放政策以后，饭店业才开始快速发展。在中国现代化饭店中，有一些是经过改造的旧饭店，还有一些是中华人民共和国成立以后建造的宾馆、饭店和招待所，而大部分是20世纪90年代以后兴建的现代化的新型饭店。这三类饭店组成了中国饭店业的主要接待力量。与中国的现代经济发展类似，中国酒店业现代化的起步较晚，也落后于世界酒店业的先进水准，但中国酒店业正如中国的现代经济一样，以一种后来者居上的态势，赶超着世界的先进水平。

（一）古代中国酒店业

最早的住宿设施可追溯到殷商时期的驿站，当时这是一种官办住宿设施，主要是为传递官方文书往来人员提供膳食和驻马的场所。出于朝代更迭、政令变化等原因，不仅在名称上出现了传舍、驿舍、驿馆、邮亭等不同称谓，而且其功能也在不断改变。秦汉以后，驿站的接待对象范围开始扩大，一些过往官吏也可以在邮亭或传舍食宿。到了唐宋时期，由于经济的发展，对外贸易的扩大，在都城长安和口岸城市广州、泉州、宁波、扬州等地不断涌现出供各阶层人士居住的、不同等级和性质的驿站，还有专门接待外宾的“四方馆”“蕃坊”。元代时，一些建筑宏伟、陈设华丽的驿站除接待信使、公差外，还接待过往商旅及达官贵人。由此可见，驿站虽起源于驿传制度，开始是专门接待信使、邮卒的住宿设施，但后来逐渐扩大用途范围，也为过往商旅及民间旅行者提供食宿服务。同时，由于官办的驿站在初始时只接待公务人员，所以为民间提供了沿驿道及在驿站附近大量开设旅店的机会，在一定程度上促进了民间旅店业的产生和发展。据意大利旅行家马可·波罗叙述，这样的驿站在当时已达到一万余处。明清时期，官方为了接待外国使者和外民族代表开办了“会同馆”（清末称“迎宾馆”）。中国古代的驿站和迎宾馆作为一种官办接待设施，适应了古代民族交往和中外往来的需要，它对中国古代的政治、经济和文化交流起到了不可忽视的作用。

古代民间旅店被称为“逆旅”，是专门供人在旅途中休息食宿的场所，在几千年前的商周时期就已出现，我们从古籍中可以读到不少有关当时商旅活动及商人投宿旅店的记载。春秋战国时期，农业生产的进步促进了手工业和商业的发展，所谓“士农工商”“行商坐贾”，商人不仅被正式列为行业之一，还出现了分工。从事商贩贸易的人越来越多，频繁的商贸活动增加了对食宿设施的需求，为民间旅店的发展提供了市场。至战国时期，随着商业中心的出现和交通运输的发展，民间旅店业已经初步形成。秦汉两代400余年，是中国古代商业较为兴旺发达的时期，民间旅店业因此也有了发展。“牛马车舆，填塞道路”“船车贾贩，周于四方”“逆旅整设，以通贾商”等，正是对当时商贸活跃、旅店兴旺的描述。两汉以前，由于当时历史条件下城市功能的局限，商业活动迟迟未进入城市内部，虽然后来随着城市功能的变化，商业交换活动逐渐扩大到城市内，但仍受到市场制度在时间与地点方面的限制。“朝市朝时而市，商贾为主；夕市夕时而市，贩夫贩妇为主”，描写的是交易者需按规定时间聚散，而他们并不居住在城市中，因而以接待商贩旅客为主的民间旅店一直都只能分布在城外郊区及通衢大道两旁。汉代以后，诸多城市逐渐发展成为商业都市，城市的管理制度及城区布局也发生了变化，从而导致了民间旅店进入城市，出现在靠近市场的繁华地段。隋唐时期，由于结束了连年战争造成的长期分裂局面，社会生产力得到了恢复和发展，社会安定，市场兴旺，交通发达，丝绸之路空前繁荣，旅店业也得到了大发展。两宋时期，社会生产力有了进一步提高，商业和手工业兴盛，世代相袭的城市管理制度也发生了变化。各行店铺包括民间旅店遍布城内繁华街道，北宋汴梁和南宋临安便是如此。明清两代，特别是明初洪武、永乐两朝及清乾隆、嘉庆年间，社会经济迅速发展，农业和手工业生产日益进步，商业更加繁荣，民间旅店业也因此更加兴旺。同时，由于明清时期中国封建社会科举制度的进一步发展，在各省城和京城出现了专门接待各地赴试学子的会馆，成为当时旅馆业的重要组成部分。

（二）近代中国酒店业

鸦片战争之后，由于西方列强的入侵，酒店业受西方的影响较深。当时的酒店业除传统的旅馆之外，还出现了西式酒店和中西式酒店。

西式酒店是19世纪初由外国资本家建造和经营的酒店的统称。这类酒店在建筑式样、设施设备、内部装修、服务与经营对象及方式等方面都与中国的传统旅馆不同。西式酒店规模宏大、装饰华丽、设备先进，管理人员皆来自英、法、德等国，接待对象主要以来华外国人为主，也包括当时上层社会人物及达官贵人。客房分等经营，按质论价，是这些西式酒店客房经营的一大特色，其中又有美国式和欧洲式之别，并有外国旅行社参与负责介绍客人入店和办理其他事项。西式酒店向客人提供的饮食均是西餐，大致有法国菜、德国菜、英美菜和俄国菜等。酒店的餐厅除了向本店宾客供应饮食外，还对外供应各式西餐、承办西式筵席。早期著名的西式酒店主要有上海的理查饭店、北京的六国饭店以及天津的利顺德酒店等。

西式酒店的服务日趋讲究文明礼貌、规范化、标准化。一方面，西式酒店是西方列强侵入中国的产物，为其政治、经济、文化侵略服务；另一方面，西式酒店的出现在客观上对中国近代酒店业的发展有一定的促进作用。

西式酒店的大量出现，刺激了中国的民族资本向酒店业投资，因而从中华民国开始，各地相继兴建了一大批具有半中半西风格的新式酒店。这类酒店多以“旅馆”“酒店”“宾馆”为名，被称为“华洋旅馆”或“中西旅馆”。这类酒店在建筑式样、店内设备、服务项目和经营方式上都受到了西式酒店的影响。传统的中国旅店大多为庭院式或园林式设计，并且以平房建筑为多，宋代时虽已出现 3 层酒楼式的客店，但这类建筑在中国古代并不普遍。由中国资本开办的这类中西式酒店却多为楼房建筑，有的则是纯粹的西式建筑，有的虽不如外国租界内的洋酒店那般豪华，但同传统的中国客店比，却显得危楼高耸，格外引人注目。早期著名的中西式酒店有上海的金门酒店、静安宾馆、东方饭店和华懋饭店等。其中又以华懋饭店（又称沙逊大厦），即今天的上海和平饭店最为知名。

中西式酒店不仅在建筑上趋于西化，在设备设施、服务项目和经营方式上受到西式饭店的影响，而且在经营体制方面也多有仿效，实行酒店、交通、银行等行业联营。这是西式酒店对旧中国酒店业具有深远影响的一个方面，与中国传统的酒店经营方式形成鲜明的对照。从此，中西式酒店将欧美酒店的经营观念、方法与中国酒店的实际经营环境相融合，为中国近代酒店业进入现代新型酒店时期奠定了良好的基础。

（三）现代中国酒店业

我国现代酒店业的发展历史不长，但速度惊人。自 1978 年我国开始实行对外开放政策以来，大力发展旅游业，这为我国现代酒店业的兴起和发展创造了前所未有的良好机遇。

1978 年，我国国际旅游业刚刚起步的时候，我国能够接待国际旅游者的酒店仅 203 家，客房 3.2 万间。酒店业规模小、数量少，难以满足国际旅游客源迅速增加的形势下对酒店业的要求。同时，由于这些酒店大都为中华人民共和国成立前遗留下来或 20 世纪五六十年代建造的，酒店功能单一，设备陈旧，难以适应国际旅游所要求的水平。20 世纪 80 年代初期至中期，通过引进外资，兴建了一大批中外合资、中外合作的酒店，又利用内资陆续新建和改造了一大批酒店，使我国酒店业进入了一个较快发展时期。到 1984 年，酒店数量达 505 家，客房 7.7 万间。这个规模和数量，比 1980 年翻了一番，初步缓解了酒店供不应求的矛盾和硬件差、管理差的状况。1985 年，国家提出了发展旅游服务基础设施，实行国家、地方、部门、集体和个体一起上的方针，调动了各方面的积极性，从而使酒店业发展势头蓬勃高涨。到 1988 年，酒店数量达到 1496 家，客房 22 万间。1992 年到 1995 年期间，随着全国各地改革开放的进一步深入以及经济建设的热潮，酒店业从数量上到质量上都得到了进一步的发展。到 1995 年，全国的酒店数量达 3720 家，客房 49 万间。90 年代中后期，我国酒店业的总量急剧增加，到 2000 年年末，全国旅游涉外酒店业的规模为：酒店 10481 家，客房 94.82 万间。到 2019 年年末，全国星级饭店管理系统中共有星级饭店 10003 家。与此同时，酒店业档次结构也发生明显变化，20 世纪 80 年代初那种只提供一食一宿的招待型酒店，已经被当今各种档次、多种类型的酒店所取代。可以说，20 年来我国酒店建设速度和发展规模超过了同时期世界上任何其他国家。

在行业规模扩大、设施质量提升的同时，我国酒店业的经营观念也发生了质的变化，经营管理水平得到了迅速的提高。从 1978 年至今，我国酒店业大体经历了四个发展阶段。

第一阶段（1978—1983 年），由事业单位招待型管理走向企业单位经营型管理。

这一时期的酒店，很大部分是从以前政府的高级招待所转变而来的，在财政上实行统收统支、实报实销的制度，基本没有上缴利润，没有任何风险，服务上只提供简单的食宿，谈不上满足客人要求的各种服务项目；经营上既没有指标，也没有计划，因此，作为一个酒店也就既没有压力，也缺乏活力，与满足国际旅游业发展和为国家增加创汇的要求极不相称。1978 年到 1983 年，旅游行政管理部门重点围绕三个方面，即如何使我国酒店业从招待型管理转轨为企业型管理、如何提高酒店管理水平和服务水平、如何提高管理人员素质以使之掌握现代化酒店管理知识等方面，做了大量工作。

在总结和推广当时一些酒店先进经验基础上，提出了酒店应实现经营、管理的企业化，建立岗位责任制，增加服务项目，开展多种经营。在管理队伍建设方面，着手抓管理人员的培训和知识更新。经过几年努力，一大批原来的事业单位初步实现了企业化，酒店经营水平有了明显变化，服务质量有了显著提高。

第二阶段（1984—1987 年），由经验型管理走向科学管理。

1984 年，我国酒店业在全行业推广北京建国酒店的科学管理方法，走上与国际接轨的科学管理的轨道，这是我国酒店业在发展中迈出的第二步。建国酒店是北京第一家中外合资、聘请外国酒店管理集团管理的酒店，开业时间不长，就以符合国际水准的服务蜚声中外，并取得了良好的经济效益。1984 年 3 月，中央和国务院领导指示，国有酒店也应按照北京建国酒店的科学办法管理。国家旅游局在认真总结该酒店经营管理办法的基础上，在全国分两批选定 102 家酒店进行试点。试点的主要内容是：第一，推行总经理负责制及部门经理逐级负责制；第二，推行岗位责任制，抓好职工培训；第三，推行严格奖惩制度，打破“大锅饭”和“铁饭碗”，调动职工积极性，保证服务质量稳步提高；第四，推行充分利用经济手段，开展多种经营，增收节支，提高经济效益的方法。通过推行这套管理方法，全国酒店业在 102 家试点单位带动下，在管理上、经营上、服务上都发生了深刻变化。其效果概括起来讲，就是：企业化管理进程加快了，科学管理体系开始形成了，经营方式灵活了，管理队伍活力增强了，服务质量进步了，经济效益和社会效益提高了。从此，我国酒店业迈上了科学管理之路。

第三阶段（1988—1994 年），吸取国际上通行做法，推行星级评定制度，我国酒店业进入了国际现代化管理新阶段。

20 世纪 80 年代中后期，我国的酒店业经过持续的高速发展，到 1988 年，已拥有旅游涉外酒店 1 496 家，客房 22 万间。为使我国迅速发展的酒店业能规范有序地发展并与国际酒店业的标准接轨，1988 年 9 月，经国务院批准，国家旅游局颁布了酒店星级标准，并开始对旅游涉外酒店进行星级评定。我国的酒店星级标准是在对国内外酒店业进行大量调查研究的基础上，参照国际通行标准并结合我国实际情况，在世界旅游组织派来的专家指导下制定出来的。1993 年经国家技术监督局批准，定为国家标准。酒店星级是国际酒店业的通用语言。我国酒店业实行星级制度，可以促使酒店的服务和管理符合国际惯例和国际标准。评定星级既是客观形势发展的需要，也是使我国酒店业进入规范化、国际化、现代化管理的新阶段的需要。

第四阶段（1994 年至今），我国酒店业逐步向专业化、集团化、集约化经营管理迈进。

20 世纪 80 年代以来，国际上许多知名酒店管理集团纷纷进入中国酒店市场，向我国酒店业展示了专业化、集团化管理的优越性以及现代酒店发展的趋势。1994 年，我国的酒店业已形成了一定的产业规模。经国家旅游局批准，我国成立了第一批自己的酒店管理公司，这为迅速崛起的中国酒店业注入了新的活力，引导我国酒店业向专业化、集团化管理的方向发展。另外，90 年代中后期，我国酒店业的总量急骤增加。由于受到国际国内经济环境变化的影响，酒店业的经营效益出现滑坡，“走集约型发展之路”越来越成为酒店业的共识，要求酒店业应从单纯追求总量扩张、注重外延型发展向追求质量效益、强化内涵型发展转变。

本章小结

现代酒店业在中国的发展历史并不长，但在中国的强大的经济发展基础上，中国现代酒店业也获得了快速的发展。本章阐述了酒店的基本定义、特点、作用、等级分类等基础性的知识，并详细介绍了中外酒店业的发展历程，让大家对酒店的基本常识和发展历史有一个系统的认识，有助于后面的酒店经营管理内容的学习。

复习与思考

一、名词解释

商务型酒店　度假型酒店　会议型酒店　长住型酒店

汽车酒店　经济型酒店　全套房酒店　博彩型酒店　欧式计价酒店

美式计价酒店　修正美式计价酒店　欧陆式计价酒店

二、简答题

1. 经济型酒店迅速发展的原因是什么？

2. 现代饭店具有哪些特征？

3. 中国现代酒店业经历了哪几个发展阶段？

三、论述题

1. 请试述世界酒店业的发展历程。

2. 试从我国酒店星级评定标准出发，分析我国酒店星级评定从哪些方面对星级酒店作出了明确的指导。

3. 请试述销售酒店产品的有效措施。

4. 请试述中国酒店业发展的特殊性。

第二章

酒店经营管理理论及运营模式

学习目标

知识目标

○理解主要的理论基础

○掌握酒店经营管理理念的提升过程

○了解酒店管理的基本概念

能力与情感目标

○能识别酒店经营管理的类型

○能分析酒店连锁经营的优势

○能讲述当前世界上主要的酒店经营管理模式

案例导入

香格里拉的营销理念

香格里拉酒店集团是亚洲酒店业的龙头、世界酒店业的后起之秀，其骄人业绩的获得与其自始至终坚持的营销理念息息相关：香格里拉酒店集团创始于20世纪70年代，自1972年首家酒店在新加坡正式归属郭氏集团以来20多年间，其酒店规模已有40多家，经营范围覆盖东南亚、东亚及北美地区，尤其令人称颂的是在每年评选的世界十大酒店排行榜上，每次都有多家香格里拉酒店入围。

在香格里拉的经营哲学中，顾客为重、员工利益为重及领导行业潮流是其重要组成部分。为了使其经管理念融入经营体系中，酒店集团开展了系列化的培训活动和服务体系的完善活动，包括超值服务、殷勤好客亚洲情及新近推出的金环计划等。配合这些理念，酒店又针对住店客人需求，进一步推出了服务中心的概念，将原来的分散服务变为高效便捷和顾客亲切化的集中服务。同时，推出了许多针对回头客的常客优惠计划，包括给予常客的价格优惠、客房升级优惠、免费机场接送、免费洗衣等。

在香格里拉的营销理念中，保持与顾客的联系，建立长期稳固的业务关系是其最根本的层面。香格里拉酒店集团认为，当顾客的合理需求与酒店现行的服务程序和政策发生矛盾时，酒店应该以顾客的需求满足为原则；当满足顾客的需求将给酒店带来一定的经济损失时，酒店员工应该考虑的不仅是客人此次能为酒店创造的利益，更主要的在于赢得顾客忠诚而带来顾客的终身价值。

第一节　酒店管理的概念及理论基础

一、酒店管理的基本概念

（一）酒店管理

酒店管理，实际上是酒店经营管理的简称，包括经营和管理两个方面，是指酒店管理者在了解市场需求的前提下，为了有效实现酒店的规定目标，遵循一定的原则，运用各种管理方法，对酒店所拥有的人力、财力、物力、时间、信息等资源进行计划、组织、指挥、协调和控制等一系列活动的总和。

酒店管理的概念表明了酒店管理的目的、方法、要素和职能。

1. 酒店管理的目的

衡量酒店管理成效的主要依据就是酒店预定目标的实现程度，所以酒店管理的目的就是实现酒店的预定目标——取得一定的社会效益和经济效益。

酒店是一个开放系统，它和社会有着广泛的联系，它在向社会提供特定的使用价值的同时也担负着一定的社会责任。酒店的社会效益就是指酒店的经营管理活动带给社会的功用和影响，它表现为社会对该酒店和酒店产品的认可程度。如酒店的知名度、美誉度、酒店利用率、酒店和社会的各种关系等。

酒店的经济效益是指酒店通过经营管理所带来的投资增值额，在市场经济条件下，追求酒店利润最大化正是酒店管理的动力所在。对酒店而言，社会效益是经济效益的基础，社会效益不好的酒店，其经济效益必然会受到极大影响，所以酒店业是非常看重自身形象的。

另外，随着人类环境问题的日益严重、环境保护意识的日益普及和可持续发展观念的深入人心，酒店还应考虑环境效益，尽量使酒店的经济效益、社会效益与环境效益达到完美统一。

2. 酒店管理的方法

酒店管理的方法就是酒店管理者在管理过程中要遵循一定的管理原则，把酒店管理的基础理论、原理等通过一定形式和方法转化为实际的运作过程，以提高酒店管理成效，达到酒店管理目标。具体的主要有经济方法、行政方法、法律方法、数量方法、社会学、心理学方法等。

（1）经济方法

经济方法是指酒店运用价格、成本、工资、奖金、经济合同、经济罚款等经济杠杆，用物质利益来影响、诱导企业员工的一种方法。

（2）行政方法

行政方法是指酒店依靠企业的各级行政管理机构的权力，通过命令、指示、规章以及其他有约束性的计划等行政手段来管理企业的方法。

（3）法律方法

法律方法是指以法律规范以及具有法律规范性质的各种行为规则为管理手段，调节酒店企业内外各种关系的一种方法。

（4）数量方法

数量方法是指运用数学的概念、理论和方法，对研究对象的性质、变化过程以及它们之间的关系进行定量的描述，利用数量关系或建立数量模型等方法对企业的经济活动进行管理的方法。

（5）社会学、心理学方法

社会学、心理学方法是指酒店企业借助于社会学和心理学的研究成果与方法，协调处理员工与员工之间、员工与酒店之间的关系，以调动员工的工作积极性，提升企业效益的方法。

3. 酒店管理的要素

酒店管理的要素就是指酒店所拥有的人力资源、财力资源、物力资源、时间资源和信息资源等。

在酒店管理所有要素中，人力资源最为重要，它是酒店的主体、酒店管理成功的关键，也是酒店两个效益的创造者。所以酒店必须具有一批管理素质良好的管理者和行业素质良好的从业人员。在“以人为本”的酒店管理中，不仅应考虑酒店所需要的人的数量和质量问题，即酒店需要多少人和需要什么样的人，更为关键的是管理者自身的素质。实际上，一家酒店管理水平、服务质量的高低都取决于酒店管理者的水平。

财力是指酒店的资金运作状况。只有具备一定的财力，酒店才可以购置运转中所需的各种设施设备和原材料，才能支付员工工资及其他各种管理费用等，所以财力是酒店正常运转的基本保证。

酒店的物力资源主要是指酒店运转所必需的物资以及各种技术设备，如酒店的建筑物、电梯、空调、锅炉、客用品、服务用品、原材料等。物力资源是酒店运转的基础，所以也是酒店管理要素之一。物力和财力是紧密地联系在一起的，因为物力通常以固定资金和流动资金的形式表现出来。

信息是酒店管理者制订计划的依据、决策的基础，也是酒店组织的重要手段、质量控制的有效工具。随着宾客需求的不断变化和酒店之间竞争的日趋激烈，酒店常处于瞬息万变的经营环境之中，因此，信息的取得、整理和利用日益受到酒店管理者的重视，并成为酒店管理的一个要素。

另外，在市场经济条件下，时间的价值越来越被重视。在“时间就是金钱”的今天，使得时间也成为酒店中一种不可忽视的资源，而管理者对时间价值的认识则决定其对时间资源的有效管理。管理者对时间资源的有效管理可以提高酒店的工作效率、降低员工的劳动强度，也有利于提高酒店的服务质量。

4. 酒店管理的职能

在酒店管理的概念中，管理职能是管理者与酒店实体相联系的纽带，是其必不可少的组成内容之一。酒店管理的职能就是计划、组织、指挥、协调和控制这五大项企业的主要职能。酒店管理就是管理者通过执行这些不同的管理职能来实现酒店内外要素，不断调整并取得和谐的动态过程，缺少任何一个职能，酒店管理就难以奏效。因此，酒店管理的本质就是管理者科学地执行管理职能。

（二）酒店经营与管理的关系

酒店经营管理通常被简称为酒店管理，它既包括经营，又包括管理。酒店经营和管理有着不同的内涵，侧重点也各不相同。但在现实中两者又是密不可分的。

1. 酒店经营

经营是指企业以独立的商品生产者的身份，面向市场，以商品生产和商品交换为手段，满足社会需要并实现企业目标，使企业的经济活动与企业生存的外部环境达成动态均衡的一系列有组织有计划的活动。酒店经营即在国家政策指导下，根据市场经济的客观规律，对酒店的经营方向、目标、内容、形式等做出决策。

酒店经营的主要内容有：市场调查和状况分析、目标市场的选择与定位、酒店产品的创新与组合、巩固与开拓客源市场、从市场角度来运用资金和进行产品成本、利润、价格分析等。经营的侧重面在于市场，是根据市场需求的变化，努力使酒店经营的内容适应宾客的需求，积极面对竞争，从而使酒店得到更大的发展。

2. 酒店管理

管理的侧重面在于酒店内部，针对酒店具体的业务活动，即酒店管理者通过计划、组织、督导、沟通、协调、控制、预算、激励等管理手段使酒店人、财、物等投入最小，但又能完成酒店的预定目标。所包含的主要内容是：按科学管理的要求组织和调配酒店人、财、物，使酒店各项业务正常运转；在业务运转过程中保证和控制服务质量，激励并保持员工工作积极性以提高工作效率，加强成本控制，严格控制管理费用等，并通过核算工作保证达到酒店经营的经济目标。即要以最小的投入形成最大的产出。

总之，酒店经营所面对的是市场，在了解市场、掌握市场趋势的前提下进行各种酒店经营活动，参与市场竞争，提高酒店利用率和市场份额。而酒店管理所面对的主要是酒店内部各要素，只有通过管理职能的有效执行，使要素合理组合，方可形成最大、最佳的接待能力，也才能够在市场竞争中处于有利地位。所以，在酒店业处于买方市场的条件下、酒店若不了解市场，闭门造车，其内部各要素组合得再好，管理得再出色，也会毫无成效。同时，还会造成酒店资源的极大浪费。这就要求酒店必须进行经营性管理，面向市场进行管理。事实上，经营决定着管理、制约着管理，管理又是经营的必备条件。经营中蕴含着管理，管理中也蕴含着经营。

二、酒店管理的理论基础

酒店管理是将酒店行业自身业务特点和一般企业的经营管理原理相结合而形成的一门学科。作为一门独立的学科，它是以管理学的一般原理和理论为基础的。把管理学的一般原理及其方法，运用于酒店管理实践，形成了酒店管理理论。酒店管理者要进行有效的管理，就必须了解人类管理思想的发展过程，了解酒店管理的理论来源。

普通管理理论的演变过程大体经历了古典管理、行为管理、定量管理、系统和权变管理这样几个主要阶段。

（一）古典管理思想

19 世纪末 20 世纪初产生的科学管理思想，使管理实践活动从经验管理跃升到一个崭新的阶段。对科学管理思想的产生发展做出突出贡献的人物主要有泰罗、法约尔、韦伯，他们分别对生产作业活动的管理、组织的一般管理、行政性组织的设计提出了成体系的管理理论。

1. 泰罗的科学管理理论

美国的弗雷德里克·泰罗是最先突破传统经验管理格局的先锋人物，被称为“科学管理之父”。泰罗出生于美国费城一个富裕的律师家庭，从小醉心于科学研究和科学试验。他 18 岁进入钢铁厂当工人，任过技工、工头、车间主任、总工程师等职。通过长期的亲自的对生产现场活动的观察，使泰罗认识到：落后的管理是造成生产率低下、工人“磨洋工”和劳资冲突的主要原因。他在 1911 年出版《科学管理原理》一书中，提出了通过对工作方法的科学研究来改善生产效率的基本理论和方法。在这本书中，泰罗总结出了四条基本的科学管理原理：

（1）通过动作和时间研究法对工人工作过程的每一个环节进行科学的观察分析，制定出标准的操作方法，用以规范工人的工作活动和工作定额。

（2）细致地挑选工人，并对他们进行专门的培训，使他们能按照规定的标准工作法进行操作，以提高生产劳动的效率。

（3）真诚地与工人们合作，以确保劳资双方都能从生产效率的提高中得到好处。为此，泰罗建议实行“差别工资制”，对完成工作定额的工人按较高的计件工资率水平来计算和发放工资，对完不成工作定额的工人则按较低的计件工资率来计算和发放工资。通过金钱激励，促使工人最大限度地提高生产效率。而在生产效率提高幅度超过工资增加幅度的情况下，雇主也就从“做大的馅饼”中得到了更多的效益。

（4）明确管理者和工人各自的工作和责任，实现管理工作与操作工作的分工，并进而对管理工作也按具体职能的不同而进行细分，实行职能制组织设计，并贯彻例外管理原则。

泰罗提出科学管理思想，目的是要改变传统的一切凭经验办事（工人凭经验操作机器，管理人员也凭借经验进行管理）的落后状态，使经验的管理转变成为一种“科学的”管理。泰罗的主张被认为是管理思想史上的一次“革命”。它使劳资双方关注的焦点从盈余的分配比例转到了如何设法通过共同努力把盈余的绝对量做大，从而使盈余分配比例的争论成为不必要。同时，泰罗还提出了如何提高劳动生产率的一系列科学的作业管理方法。

2. 法约尔的一般管理理论

当泰罗及其追随者正在美国研究和倡导生产作业现场的科学管理原理和方法时，在大西洋彼岸的法国诞生了关于整个组织的科学管理的理论，被后人称为“一般管理理论”或“组织管理理论”。与泰罗等人主要侧重研究基层的作业管理不同，“一般管理理论”是站在高层管理者角度研究整个组织的管理问题。该理论的创始人是亨利·法约尔，他是法国一家大矿业公司的总经理。以自己在工业领域的管理经验为基础，法约尔在1916年出版了《工业管理与一般管理》一书，提出了适用于各类组织的管理五大职能和有效管理的十四条原则。

法约尔将工业企业中的各种活动划分成六类：技术活动、商业活动、财务活动、安全活动、会计活动和管理活动。管理活动是企业运营中的一项主要的活动。法约尔认为，管理活动本身又包括计划、组织、指挥、协调、控制五个要素。管理不仅是工业企业的有效运营所不可缺少的，它也存在于一切有组织的人类活动之中，是一种具有普遍性的活动。法约尔认为，管理的成功不完全取决于个人的管理能力，更重要的是管理者要能灵活地贯彻管理的一系列原则。这些原则是：

（1）劳动分工。法约尔认为，实行劳动的专业化分工可提高雇员的工作效率，从而增加产出。

（2）权责对等。即管理者必须拥有命令下级的权力，但这种权力又必须与责任相匹配，不能责大于权或者权大于责。

（3）纪律严明。雇员必须服从和尊重组织的规定，领导者以身作则，使管理者和员工都对组织规章有明确的理解并实行公平的奖惩，这些对于保证纪律的有效性都非常重要。

（4）统一指挥。指组织中的每一个人都应该只接受一个上级的指挥，并向这个上级汇报自己的工作。

（5）统一领导。每一项具有共同目标的活动，都应当在一位管理者和一个计划的指导下进行。

（6）个人利益服从整体利益。任何雇员个人或雇员群体的利益，不能够超越组织整体的利益。

（7）报酬。对雇员的劳动必须付以公平合理的报酬。

（8）集权。集权反映下级参与决策的程度。决策制定权是集中于管理当局还是分散给下属，这只是一个适度的问题，管理当局的任务是找到在每一种情况下最合适的集权程度。

（9）等级链。从组织的基层到高层，应建立一个关系明确的等级链系统，使信息的传递按等级链进行。不过，如果顺着这条等级链沟通会造成信息的延误，则应允许越级报告和横向沟通，以保证重要信息的畅通无阻。

（10）秩序。无论是物品还是人员，都应该在恰当的时候处在恰当的位置上。

（11）公平。管理者应当友善和公正地对待下属。

（12）人员稳定。每个人适应自己的工作都需要一定的时间，高级雇员不要轻易流动，以免影响工作的连续性和稳定性。管理者应制定出规范的人事计划，以保证组织所需人员的供应。

（13）首创性。应鼓励员工发表意见和主动地开展工作。

（14）团结精神。强调团结精神将会促进组织内部的和谐与统一：

法约尔提出的一般管理的要素和原则，实际上奠定了后来在20世纪50年代兴盛起来的管理过程研究的基本理论基础。

3. 行政组织理论

行政组织理论是科学管理思想的一个重要组成部分，它强调组织活动要通过职务或职位而不是个人或世袭地位来设计和运作。这一理论的创立者是德国社会学家马克斯·韦伯，他从社会学研究中提出了所谓“理想的”行政性组织，为20世纪初的欧洲企业从不正规的业主式管理向正规化的职业性管理过渡提供了一种纯理性化的组织模型，对当时新兴资本主义企业制度的完善起了划时代的作用。所以，后人称韦伯为“组织理论之父”。

韦伯是德国柏林大学的一位教授。他认为，理想的行政性组织应当以合理—合法权力作为组织的基础，而传统组织则以世袭的权力或个人的超凡权力为基础。所谓合理—合法权力，就是一种按职位等级合理地分配、经规章制度明确规定，并由能胜任其职责的人依靠合法手段而行使的权力，通称职权。以这种权力作为基础，韦伯设计出了具有明确的分工、清晰的等级关系、详尽的规章制度和非人格化的相互关系、人员的正规选拔及职业定向等特征的组织系统，他称之为“行政性组织”。

韦伯甚至以工业生产的机械化过程来比喻组织机构的行政组织化过程，认为一个组织越是能完全地消除个人的、非理性的、不易预见的感情因素或其他因素的影响，那么它的行政组织特征也就发展得越完善，从而越趋于一种“理想的”“纯粹的”状态。而这种状态的组织和其他形式的组织相比，犹如机械化生产与非机械化生产之比，在精确性、稳定性、纪律性和可靠性方面具有绝对的优势。正因为如此，行政组织被后来人通称为“机械式组织”。

以上介绍的三种管理理论，虽然研究各有不同的侧重，但它们有两个共同的特点：一是都把组织中的人当作“机器”来看待，忽视“人”的因素及人的需要和行为，所以有人称此种管理思想下的组织实际上是“无人的组织”；二是都没有看到组织与外部的联系，关注的只是组织内部的问题，因此是处于一种“封闭系统”的管理时代中。由于这些共同的局限性，20 世纪初在西方建立起来的这三大管理理论，都被统称为古典管理思想。

（二）行为管理思想

古典管理思想把人看作简单的生产要素，即像机器一样的“工具人”，只考虑如何利用人来达成组织的目标，忽视了人性的特点。20 世纪 20 年代中期以后产生的人际关系学说和行为管理理论开始注意到“人”具有不同于“物”的因素的许多特殊方面，需要管理当局采取一种不同的方式来加以管理。对“人”的因素的重视，首先应该归功于梅奥和他在霍桑工厂所进行的试验。

1. 梅奥的霍桑试验与人际关系学说

霍桑试验是在美国西方电气公司的霍桑电话机厂进行的。试验最初开始于 1924 年。当时试验的目的，是根据科学管理理论中关于工作环境影响工人的劳动生产率的假设，进行照明度与生产效率关系的研究，试图通过照明强弱变化与产量变化之间关系的研究来为合理设定工作条件提供依据。结果却发现，工作环境条件的好坏与劳动生产率的提高并没有必然的联系，因为无论照明度是升是降还是维持不变，参与试验的人员的劳动生产率都获得明显提高，这是已有的管理理论所无法解释的。梅奥基于这种结果，进行了一系列的后续的调查、试验和采访，结果表明人的心理因素和社会因素对生产效率有极大的影响。梅奥在 1933 年出版的《工业文明中的人的问题》一书中，对霍桑试验的结果进行了系统总结。其主要观点是：

（1）员工是“社会人”，具有社会心理方面的需要，而不是只单纯地追求金钱和物质条件的满足。比如，照明度试验中，参加试验的人员就是因为感觉受到了特别的关注，所以表现出了更高的生产效率。因此，企业管理者不能仅着眼于技术经济因素的管理，而要从社会心理方面去鼓励工人提高劳动生产率。

（2）企业中除了正式组织外还存在非正式组织。正式组织是管理当局根据实现组织目标的需要而设立的，非正式组织则是人们在自然接触过程中自发形成的。正式组织中人的行为遵循效率的逻辑，而非正式组织中人的行为往往遵循感情的逻辑，合得来的聚在一起，合不来的或不愿与之合的就被排除在组织外。哪些人是同一非正式组织的成员，不取决于工种或工作地点的相近，而完全取决于人与人之间的关系。非正式组织是企业中必然会出现的，它对正式组织可能会产生一种冲击，但也可能发挥积极的作用。非正式组织的存在，进一步证实了企业是一个社会系统，受人的社会心理因素的影响。

（3）新的企业领导能力在于通过提高员工的满意度来激发“士气”，从而达到提高生产率的目的。

梅奥的这些结论导致了人们对组织中的“人”的一种全新认识。在此之后，人际关系运动在企业界蓬勃开展起来，致力于人的因素研究的行为科学家也不断涌现。其中有影响的代表人物及其主张包括马斯洛的需要层次论、赫茨伯格的双因素理论、麦克雷戈的 X-Y 理论等。

2. 亚当斯的公平理论

公平理论是由美国的斯达西·亚当斯于 1965 年提出的一种激励理论。这一理论从工资报酬分配的合理性、公平性对职工积极性的影响方面，说明了激励必须以公平为前提。亚当斯的公平理论认为，人能否获得激励，不仅取决于他们得到了什么，而且取决于他们看见或以为别人得到了什么。人们在得到报酬之后会做一次“社会比较”，不仅比较自己的劳动付出与所得报酬，而且要将自己的劳动付出与所得到报酬与他人的劳动付出与所得报酬之比相比较，如果二者比例相等，感到公平，会具有激励作用；如果自己的劳动付出与所得报酬之比低于他人，就会感到不公平，从而产生不满，形成负激励。亚当斯提出的社会比较公平关系模式是：

（自己所得报酬 ÷ 自己劳动付出）=（他人所得报酬 ÷ 他人劳动付出）

心理学的研究表明，不公平感会使人的心理产生紧张不安状况，从而影响人们的行为动机，导致生产积极性的下降和生产效率的降低，旷工率、离职率会相应增加。根据公平理论，在管理中必须充分注意不公平因素对人心理状态及行为动机的消极影响，在工作任务、工资、奖励的分配以及对工作成绩的评价中，应力求公平合理，努力消除不公平、不合理的现象，才能有效地调动职工的积极性。

3. 马斯洛的需要层次论

马斯洛认为对人的鼓励可以通过满足需要的方法来达到。他把人的需要分为五种：生理的需要、安全的需要、社交的需要、尊重的需要和自我实现的需要。上述这五种需要是分层次的，对一般人来说，在较低层次需要未得到满足以前，较低层次的需要就是支配他们行为的主要激励因素，一旦较低层次的需要得到了满足，下一层次的需要就成为他们新的主要激励因素了；根据这种理论，管理者应当了解下属人员的主要激励因素（即未满足的需要）是什么，并设法把实现企业的目标和满足职工个人的需要结合起来，以激发职工完成企业目标的积极性。

4. 赫茨伯格的双因素理论

赫茨伯格通过对200名工程师、会计师询问调查，研究出在工作环境中有两类因素起着不同的作用。一类是保健因素，诸如公司的政策，与上级、同级和下级的关系、工资、工作条件以及工作安全等，在工作中如果缺乏这些因素，工人就会不满意，就会缺勤、离职。但这些因素的存在本身，并不起很大激励作用。另一类是激励因素，他们主要是：工作本身有意义，工作能得到赏识，有提升机会，有利于个人的成长和发展等。保健因素涉及的主要是工作的外部环境，激励因素涉及的主要是工作本身。

赫茨伯格双因素理论把激励理论与人们的工作和工作环境直接联系起来了，这就更便于管理者在工作中对职工进行激励。

5. 弗鲁姆的期望值理论

弗鲁姆认为，人们从事某项活动、进行某种行为的积极性的大小、动机的强烈程度是与期望值和效价成正比的，这个理论可用下列公式来表示：

$$激发力量 = 期望值 \times 效价$$

在这里，激发力量是指对员工为了达到某个目标（例如，长工资、提升、工作上的成就）而进行的行为的激励程度。期望值是该员工根据个人经验判断能够成功地达到该目标的可能性，即概率。效价是指达到该目标对于满足该员工个人需要的价值。

根据这个理论，管理者为了增强员工对做好工作的激励力量，就应当创造条件，使员工有可能选择对他来说效价最高的目标，同时设法提高员工对实现目标的信心。

6. 斯金纳的强化理论

斯金纳认为强化可分为正强化和负强化两种。如果对某个人的行为给予肯定和奖酬（如表扬、提升或发奖金等），就可以使这种行为巩固起来，保持下去，这就是正强化。相反，如果对某个人的行为给予否定或惩罚（如批评、罚款或处分等），就可以使这种行为减弱、消退，这就是负强化。这种理论认为通过正、负强化可以达到控制人们的行为按一定方向进行的目的。

7. 麦格雷戈的 X 理论和 Y 理论

麦格雷戈认为管理者在如何管理下属的问题上基本上有两种做法，一种是专制的办法，另一种是民主的办法。他认为这两种不同的做法是建立在对人的两种不同假设基础上的。前者假设人先天就是懒惰的，他们生来就不喜欢工作，必须用强迫的办法才能驱使他们工作。后者假设人的本性是愿意把工作做好，是愿意负责的，问题在于管理者怎样创造必要的环境和条件，使工人的积极性能真正发挥出来。麦格雷戈把前一种假设称为 X 理论，把后一种假设称为 Y 理论。

如果按 Y 理论，管理者就要创造一个能多方面满足工人需要的环境，使人们的智慧和能力得以充分的发挥，以更好地实现组织和个人的目标。

8. 超 Y 理论和 Z 理论

在麦格雷戈提出了 X 理论和 Y 理论之后，美国的洛尔施（Joy Lorsch）和莫尔斯（John Morse）对两个工厂和两个研究所进行对比研究后发现，采用 X 理论和采用 Y 理论都有效率高的和效率低的结果，便由此推断 Y 理论不一定都比 X 理论好。那么，到底在某种情况下应选用哪种理论呢？他们认为，管理方式要由工作性质、成员素质等来决定，并据此提出了超 Y 理论。其主要观点是，不同的人对管理方式的要求不同。有人希望有正规化的组织与规章条例来要求自己的工作，而不愿参与问题的决策去承担责任，这种人欢迎以 X 理论为指导的管理方式。有的人却需要更多的自治责任和发挥个人创造性的机会，这种人则欢迎以 Y 理论为指导的管理方式。

此外，工作的性质、员工的素质也影响管理理论的选择。不同情况应采取不同的管理方式。

Z 理论是由美国日裔学者威廉·大内（William Ouchi）提出来的，其研究的主要内容是人与企业、人与工作的关系。大内通过对以美国为代表的西方国家的价值观和以日本为代表的东方国家的价值观对管理效率的不同影响进行了对比研究，他把由领导者个人决策，员工处于被动服从地位的企业称为 A 型组织，并认为当时研究的大部分美国机构都是 A 型组织，而日本的 J 型组织则具有与其相对立的特征。

大内不仅对 A 型和 J 型组织进行了系统比较，还通过对美国文化和日本文化的比较研究指出，每种文化都赋予其人民以不同的行为环境，从而形成不同的行为模式。

超 Y 理论和 Z 理论的实质在于权变，管理方法的选择和运用必须符合企业自身的特点，才能收到满意的效果。

总而言之，行为管理思想的产生改变了人们对管理的思考方法，它使管理者把员工视为是需要予以保护和开发的宝贵资源，而不是简单的生产要素，从而强调从人的需求、动机、相互关系和社会环境等方面研究管理活动执行结果对组织目标和个人成长的双重影响。

行为管理思想之所以会产生，是因为前期的科学管理思想尽管在提高劳动生产率方面取得了显著的成绩，但由于它片面强调对工人进行严格的控制和动作的规范化，忽视了工人的情感和成长的需要，从而引起工人的不满和社会的责难。在这种情况下，科学管理已不能适应新的形势，需要有新的管理理论和方法来进一步调动员工的积极性，从而提高劳动生产率。毕竟组织是由一群人所组成的，管理者是通过他人的工作来达成组织的目标的，因此需要对人类工作的行为进行研究，由此说明了行为管理思想提出后为什么很快会在实践中得到广泛的重视和应用。但现实中由于人的行为的复杂性，使得实际中对行为进行准确的分析和预测非常困难，因此，行为科学的研究结论在某种程度上说还是与现实有一定的距离的。再一点是，行为科学的研究更多是围绕个体或群体进行的，对个体或群体的过度重视有时使人不免感到：行为管理思想虽然是在强调“组织中的人”，但实际中往往容易出现“无组织的人”的片面做法。

（三）管理科学理论

管理科学理论是继科学管理理论、行为科学理论之后，管理理论和实践发展的结果。这一理论是运用现代科学技术和方法研究生产、作业等方面的管理问题，使管理的定量化成分提高，科学性增强，尤其是一些数学模型的建立，使部分管理工作成为程序化的工作，从而使这部分管理工作效率大大提高。管理科学理论可以更好地运用于酒店的投资策划和酒店投资的前期可行性研究。

管理科学的理论特征有以下三点：以决策为主要的着眼点，以经济效果标准作为评价的根据，依靠数学模型和电子计算机作为处理问题的方法和手段。

流行的管理科学模型主要有以下几种。

1. 决策理论模型

这一模型的目标是要在制定决策的过程中减少艺术成分而增加科学成分。决策理论的集中点在于对所有决策通用的某些组成部分，提供一个系统结构，以便决策者能够更好地分析那些含有多种方案和可能后果的复杂情况。这类模型是规范性的，并含有各种随机的变量。

2. 盈亏平衡点模型

这一模型主要帮助决策者确定一个公司的特定产品生产量与成本、售价之间的关系，得到一个确定的盈亏平衡点，在这个水平上总收入恰好等于总成本，没有盈亏。

这一模型是确定性的描述性模型。

3. 库存模型

这一模型回答库存有多少，什么时候该进货与发货这些问题。因此，这一模型就可以使库存适合生产与销售的需求，同时又要考虑减少仓储费用。这一模型的可行解便是经济订购批量（EQC）。

4. 资源配置模型

这里面的资源主要指自然资源和实物资源，常用的资源配置模型就是线性规划模型，在给定边界约束条件的情况下，考虑产出、利润最大，或者成本最小。这一模型是规范性的模型，变量是确定性的。

5. 网络模型

两种主要的和最流行的网络模型就是 PERT（计划评审技术）和 CPM（关键路线法）。PERT 是计划和控制非重复性的工程项目的一种方法。CPM 这种计划和控制技术，是用于那些有过去的成本数据可查的项目。网络模型是随机性的规范模型。

6. 排队模型

在生产过程中，员工们排队等待领取所需的工具或原料所花费的时间是要计入成本的。在给顾客服务的过程中，如果顾客们需要排队等候很长时间，就会使顾客失去耐心而一走了之，但如果开设很多服务台或售货柜，却很少有人光顾，则又会导致成本提高。因此，排队模型试图解决这个问题，以便能够找到一个最优解。

7. 模拟模型

模拟是指具有与某种事物相同的外表和形式，但不是这种真的事物。由于真实事物所具有的复杂性，以及对其管理作用的不可重复性，为了得到预计成果，就有必要建立模拟的模型，在此模型上探讨最佳行动方案或政策，以便最后能用于实践的操作之中。模拟模型是描述性的，含有各种随机性的变量。

（四）当代管理理论的发展

当代管理理论是指 20 世纪 70 年代开始的管理理论，这一时期，国外的管理理论有了新的发展。

1. 20 世纪 70~90 年代的理论发展

（1）权变管理理论

20 世纪 70 年代，面临复杂多变的周围环境，人们越来越感到不可能找到一个以不变应万变的管理模式。管理的指导思想上出现了强调灵活应变的“权变观点”。

权变管理的基本含义是：成功的管理无定式，一定要因地、因时、因人而异。这种观点是针对系统管理学派中的学者们建立万能管理模式的偏向而提出的。它强调了针对不同情况，应当采用不同的管理模式和方法，反对千篇一律的通用管理模式。

（2）战略管理理论

如果说在20世纪50年代以前，企业管理的重心是生产，60年代的重心是市场，70年代的重心是财务，那么，自80年代起，重心转移到战略管理。这是现代社会生产力发展水平和社会经济发展的必然结果。企业依靠过去那种传统的计划方法来制订未来的计划已经显得不合时宜，而应该高瞻远瞩，审时度势，对外部环境的可能变化作出预测和判断，并在此基础上制订出企业的战略计划，谋求长远的生存和发展。

（3）公司文化理论

20世纪80年代管理理论的另一个新发展是注重比较管理学和管理哲学，强调的重点是"企业文化"。通常认为，"企业文化热"的直接动因是美国企业全球统治地位在受到日本企业威胁的情况下人们对管理的一种反思。企业文化的研究主要集中在把企业看作一种特殊的社会组织，并承认文化现象普遍存在于不同组织之中，这些文化代表着组织成员所共同拥有的信仰、期待、思想、价值观、态度和行为等，它是企业最稳定的核心部分，体现了企业的行为方式和经营风格。

2. 20世纪90年代后的管理理论的新发展

（1）学习型组织理论

企业组织的管理模式问题一直是管理理论研究的核心问题之一。20世纪80年代以来，随着信息革命、知识经济时代进程的加快，企业面临着前所未有的竞争环境的变化，传统的组织模式和管理理念已越来越不适合新的环境。因此，研究企业组织如何适应新的知识经济环境，增强自身的竞争能力，延长组织寿命，成为世界企业界和理论界关注的焦点。

美国人彼得·圣吉于1990年出版了《第五项修炼——学习型组织的艺术与实务》。圣吉认为，要使企业茁壮成长，必须建立学习型组织，也就是将企业变成一种学习型的组织，以增强企业的整体能力，提高整体素质。

学习型组织，是指通过培养弥漫于整个组织的学习气氛，充分发挥员工的创造性思维能力而建立起来的一种有机的、高度柔性的、扁平的、符合人性的、能够持续发展的组织。通过培育学习型组织的工作氛围和企业文化，引领人们不断学习、不断进步、不断调整新观念，从而使组织更具有长盛不衰的生命力。

学习作为学习型组织的真谛，一方面可以使企业组织具备不断改进的能力，提高企业组织的竞争力，另一方面，可以实现个人与工作的真正融合，使人们在工作中体会到生命的意义。当然，建立学习型组织并非易事，这需要突破以往线性思维的方式，排除个人及群体的学习障碍，重新就管理的价值观念、管理的方式方法进行革新。为此，彼得·圣吉提出了建立学习型组织的五项修炼。

第一项修炼：自我超越。它是学习型组织的精神基础，要求不断深入学习并加入个人的愿望，集中精力，培养耐心，并客观地观察现实。自我超越需要不断认识自己，认识外界的变化，不断赋予自己新的目标，并由此超越过去，超越自我，迎接未来。

第二项修炼：改善心智模式。心智模式是在心中根深蒂固的，它决定我们如何了解这个世界，以及如何采取行动的许多假设、成见，甚至图像、印象等。个人和组织往往不了解自己的心智模式，故而对自己的一些行为无法认识和把握。第二项修炼就是要把镜子转向自己，先修炼自己的心智模式。

第三项修炼：建立共同愿景。共同愿景，是指一个组织中各个成员发自内心的共同目标。如果有一项理念能够一直在组织中鼓舞人心，那么这个组织就有了一个共同的愿景，就能够保证企业组织充满活力，长久不衰。

第四项修炼：团队学习。团体的智慧总是高于个人的智慧。当团体真正在学习的时候，不仅团体能产生出色的效果，其个别成员的成长速度也比其他学习方式更快。

第五项修炼：系统思考。企业和人类的其他活动一样都是系统，都受到细微且息息相关的行为的牵连，并彼此影响着，因此，必须进行系统思考修炼。系统思考的修炼是建立学习型组织最重要的修炼。

学习型组织的出现不是简单地依靠各项修炼，而是五项修炼整合而成的新质。它的基本理念，不仅有助于企业的改革与发展，而且它对其他组织的创新与发展也有启示。人们可以运用学习型组织的基本理念，去开发各自所置身的组织创造未来的潜能，反省当前存在于整个社会的种种学习障碍，思考如何使整个社会早日向学习型社会迈进，或许，这才是学习型组织所产生的更深远的影响。

（2）企业再造理论

企业再造也译为“公司再造”“再造工程”（Reengineering）。它是 1993 年开始在美国出现的关于企业经营管理方式的一种新的理论和方法。企业再造是指为了在衡量绩效的关键指标上取得显著改善，从根本上重新思考、彻底改造业务流程。其中，衡量绩效的关键指标包括产品质量和服务质量、顾客满意度、成本、员工工作效率等。

“再造工程”在欧美的企业中已经受到高度重视，因而得到迅速推广，带来了显著的经济效益，涌现出大批成功的范例。企业再造理论顺应了通过变革创造企业新活力的需要，这使越来越多的学者加入到流程再造的研究中来。作为一个新的管理理论和方法，企业再造理论仍在继续发展。

第二节　酒店经营管理理念的提升

现代酒店企业销售的最基本的要素是什么？不是那些看得见的产品，而是那些看不见的企业经营者的理念和思想。

在世界酒店业发展史上，正是希尔顿的“七大信条”、里兹·卡尔顿的“黄金标准”、马里奥特的“经营哲学”、喜来登的“十诫”等这些全新的经营思想和理念，引导这些企业进入了世界最著名酒店的行列。

一、“CI”到“CS”的演变，从注重企业形象到注重顾客满意的变化

如果你是一位酒店企业的经营者，你是否经常在思考这样一些问题：

· 谁是我们的顾客？

· 我们了解顾客的需求吗？

· 顾客为什么会表现出满意或不满意？

· 顾客满意或不满意对企业意味着什么？

· 如何才能使顾客满意？

在今天，几乎所有酒店经营者都认识到，只有使顾客满意，企业才能生存和发展，但这种顾客满意的理念，是在企业生存发展环境、社会消费习惯、产品概念以及企业经营战略等发生深刻变化的背景下逐步确立起来的。

（一）从“CI”到“CS”

“CI”（Corporate Identity）即为企业形象，是一种以塑造和传播企业形象为宗旨的经营战略，成型于20世纪50年代，70年代风靡全球，80年代中后期导入我国企业界，并被国内酒店业所接受。

CI也是指企业为了使自己的形象在众多的竞争对手中让顾客容易识别并留下良好的印象，通过对企业的形象进行设计，有计划地将企业自己的各种鲜明特征向社会公众展示和传播，从而在市场环境中形成企业的一种标准化、差异化的形象的活动。

实践证明，CI对酒店企业加强市场营销及公共关系发挥了非常直接的作用。随

着市场竞争日益激烈和人们对市场经济规律认识的深化,CI也逐渐暴露出它的局限性。CI的整个运作过程完全是按照企业的意志加以自我设计（包装），通过无数次重复性地向社会公众展示，“强迫”顾客去加以识别并接受企业自己的形象。因此，CI的经营战略依旧停留在“企业生产什么、顾客接受什么”的传统的经营理念上。

随着市场从推销时代进入营销时代，在CI的基础上产生了CS。CS（Customer Satisfaction）即顾客满意理念，是指企业为了不断地满足顾客的要求，通过客观地、系统地测量顾客满意程度，了解顾客的需求和期望，并针对测量结果采取措施，一体化地改进产品和服务质量，从而获得持续改进的业绩的一种企业经营理念。

CS理念及其在此基础上形成的CS战略，在20世纪80年代末超越了CI战略，在世界发达国家盛行，并于90年代中期，被我国企业界认识和接受。尽管构成顾客满意的主要思想和观念方法很早就有企业实践过，但是作为一种潮流，则出现于20世纪90年代。

CS经营战略关注的焦点是顾客，核心是顾客满意，其主要方法是通过顾客满意度指数的测定来推进产品和服务，满足顾客的需求。目标是赢得顾客，从而赢得市场，赢得利润。实现了从“企业生产什么，顾客接受什么”转向“顾客需要什么，企业生产什么”的变革。

（二）“CS”理念在酒店中的运用

CS经营理念强调要从顾客视角出发来开展企业的一切经营活动，以实现顾客满意和企业目标实现的目的。那么，现代酒店企业如何吸引顾客呢?

1.“让客价值”理论的提出

近年来，美国市场营销学家菲力普·科特勒提出了“让客价值”（Customer Delivered Value，CDV）的新概念。它的主要含义是：顾客购买一种商品或服务，要付出的是一笔“顾客总成本”，而获得的是一笔“顾客总价值”，而“顾客总价值”与“顾客总成本”的差值就是让客价值。即

$$让客价值=顾客总价值-顾客总成本$$

顾客在购买时，总希望把有关成本降到最低限度，而同时希望从中获得更多的实际利益，以使自己的需要得到最大限度的满足。因此，顾客在选购商品时，往往在价值与成本两个方面进行比较分析，从中选择价值最高，成本最低，即“让客价值”最大的商品作为优先选购的对象。让客价值中的顾客总价值主要由产品价值、服务价值、人员价值、形象价值等要素构成；让客价值中的顾客总成本主要由货币成本、时间成本、体力成本等这些要素构成。

酒店要在竞争中战胜竞争对手，吸引更多的顾客，就必须向顾客提供比竞争对手具有更多“让客价值”的产品，这样，才能使自己的产品进入消费者的“选择组合”之中，最后使顾客购买本企业的产品。为此，酒店可从两方面改进自己的工作：一是通过提高酒店的产品、服务、人员及形象的价值从而提高产品的总价值；二是通过降低生产和销售成本，减少顾客购买产品或服务的时间、精神和体力的耗费，从而降低货币与非货币成本的耗费与支出。凡是需要顾客付诸体力的活动，就会使顾客支付体力成本。

2. 提高让客价值的途径

酒店企业可从以下五个方面来设法提高让客价值：

（1）确定目标顾客

酒店要十分清楚地掌握顾客的动态和特征，首先应区分哪些是对本酒店有重要影响的目标顾客。要将有限的资金和精力用在刀刃上，到处撒网只能枉费资源。同时，做到以真正的顾客为中心。大多数企业面对顾客是尽量拉拢，不敢得罪，然而美国的一家市场研究公司（CRI 公司）却将原有顾客砍掉了一半。美国市场研究公司发展到第 14 个年头时，生意越来越好，不少商界巨头也列入了不断增长的顾客名单之中，但令人奇怪的是该公司却首次出现了利润大幅下降的情况，着实让该公司的决策者纳闷。在根据顾客对公司贡献重要程度进行分析后，情况一下子明朗了，原来该公司将太多的精力及人力投入到一些对自己根本没有利润的顾客上。这种无谓的消耗将公司的业务陷入不景气。一些名气大但贡献微薄的公司，让人难以拒绝。但为重新获得发展，该公司必须无情地放弃很大一部分现有顾客，同时再去争取有利可图的新顾客。这种决定是戏剧性的，因为这意味着公司一方面要砍掉收入的一部分来源，另一方面又得积极地寻找增加收入的途径。这种策略很独特，而且效果不错。不过，这种做法在有些情况下让人感到痛苦。该公司的财务经理在对一个顾客进行分析后发现这个顾客应被列入“拒绝服务”清单，便对上级抱怨：“拒绝这样的客户真是太令人难过了！”但他得到的回答是：“当你在努力开拓市场的时候，你一定不希望新的生意会给以后更多的生意带来阻碍吧？放弃有时也是一种积极的策略。”

（2）降低顾客成本

顾客成本是顾客在交易中的费用和付出，它表现为金钱、时间、精力和其他方面的损耗。企业经常忘了顾客的交易过程中同样有成本。酒店对降低自己的交易成本有一整套的方法与规程，却很少考虑如何降低顾客的成本。酒店要吸引顾客，首先要评估顾客的关键要求。然后，设法降低顾客的总成本，提高让客价值。因此，分析和控制成本，不能只站在酒店的立场上，还要从顾客的角度，进行全面、系统、综合的评价，才能得到正确的答案。为此，酒店应鼓励从事顾客服务工作的员工，树立顾客总成本的概念和意识，不要把眼光只盯在酒店的成本上。

（3）理顺服务流程

酒店要提高顾客总价值、降低顾客总成本而实现更多的让客价值，使自己的产品和服务满足并超出顾客的预期，就必须对酒店的组织和业务流程进行重新的设计。认真分析酒店的业务流程，进行重新规划和整理，加强内部协作，建立一个保证顾客满意的企业经营团队。要实现这种业务流程重组，必须首先以顾客需求为出发点，来确定服务规范和工作流程；然后，以此为标准重新考虑各个相关部门的工作流程应该如何调整，以相互配合，达到预期的目标。让酒店所有经营活动都指向一个目标，就能为顾客获得更多的让客价值。

（4）重视内部顾客

顾客的购买行为是一个在消费中寻求尊重的过程，而员工在经营中的参与程度和积极性，很大程度上影响着顾客满意度。据研究，当企业内部顾客的满意率提高到85%时，企业外部顾客满意度高达95%。一些跨国企业在他们对顾客服务的研究中，清楚地发现员工满意度与企业利润之间是一个“价值链”关系：利润增长主要是由顾客忠诚度刺激的；忠诚是顾客满意的直接结果；满意在很大程度上受到提供给顾客的服务价值的影响；服务价值是由满意、忠诚和有效率的员工创造的；员工满意主要来自企业高质量的支持和激励。

提高内部顾客满意度决不能仅仅依靠金钱，开放式交流、充分授权以及员工教育和培训也是好办法。特别注意要赋予一线员工现场决策权。对许多企业来说，控制权掌握在中层管理人员手中，但直接面对顾客的是一线员工，为使顾客满意，应当赋予一线员工在现场采取行动的决策权。因此高层管理人员应让中层管理人员承担新的角色，他们必须由原来的政策控制者和严格执行者变成政策执行的疏通者，使一线的行动更加便捷，冲破束缚，使顾客满意。

（5）改进绩效考核

成功和领先的酒店都把顾客满意度作为最重要的竞争要素，经营的唯一宗旨是让顾客满意。因此，他们评价各部门的绩效指标和对管理人员、营销人员的考核指标都是顾客满意度以及与顾客满意度有关的指标。如果管理人员和营销人员的目的只在于“成交”，成交又意味着顾客的付出，这使买卖双方站在了对立的立场。以顾客满意度作为考核的绩效指标，便使双方的关系发生了微妙的变化。他们的共同点都在于“满意”。而利益的一致使双方变得亲近，服务也更发自内心，这样酒店的销售量自然也会不断提高。

二、“CS”到“CL”的发展，由顾客满意到顾客忠诚的进化

随着商品经济的不断发育完善，市场竞争逐渐加剧升级，酒店企业的经营理念和管理理论也随之变化和升华。

（一）从顾客满意到顾客忠诚的延伸

20 世纪 90 年代末，正当我国企业界在强调 CS 理念的时候，CS 经营理念又开始向更高的境界拓展和延伸，这就是“CL”（Customer Loyal），即“顾客忠诚”。需要说明的是，企业经营理念的几次跨越的相互间的关系是一种包容而非排斥的关系，前者是后者的基础，即顾客满意需要良好的企业形象，顾客忠诚必须建立在顾客满意的基础之上，缺一不可。图 2-1 描绘了半个世纪来企业经营理念变革发展的轨迹。

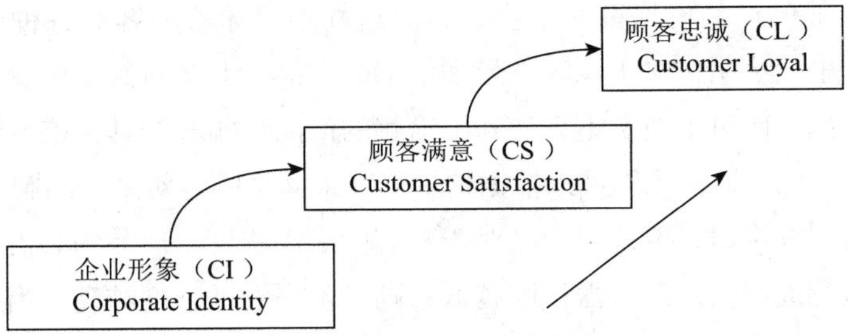

图 2-1　酒店经营理念的进化轨迹

从 CI 到 CS，从 CS 到 CL，这是人类经济发展和社会进步的一种反映，是市场经济发展规律的体现。每一家酒店企业，都需要遵循这个规律，不断提高顾客满意度，培育一大批忠诚的顾客。

1.“CL”理念的基本含义

顾客忠诚的基本含义是：企业以满足顾客的需求和期望为目标，有效地消除和预防顾客的抱怨和投诉，不断提高顾客满意度，在企业与顾客之间建立起一种相互信任、相互依赖的“质量价值链”。

“CL”侧重于企业的长远利益，注重将近期利益与长远利益相结合，着眼于营造一批忠诚顾客，并通过这个基本消费群去带动和影响更多的潜在消费者接受企业的产品与服务。以顾客忠诚度为标志的市场份额的质量取代了市场份额的规模，成为企业的首要目标。“顾客永远是对的”这一哲学被“顾客不全是忠诚的”的思想所取代。

2. 顾客忠诚度的衡量标准

顾客忠诚度的高低，一般可以从下面六个方面进行衡量。

（1）顾客重复购买的次数

在一定时期内，顾客对某一品牌产品重复购买的次数越多，说明顾客对这一品牌的忠诚度越高；反之则越低。由于酒店企业产品的特性等因素会影响顾客重复购买次数，因此在确定这一指标的合理界限时，需根据不同产品的性质区别对待，不可一概而论。

（2）顾客购买挑选的时间

消费心理研究者认为，顾客购买商品都要经过挑选这一过程。但由于依赖程度的差异，对不同产品顾客购买时的挑选时间不尽相同。因此，从购买挑选时间的长短上，也可以鉴别其对某一品牌的忠诚度。一般来说，顾客挑选时间越短，说明他对这一品牌的忠诚度越高，反之则说明他对这一品牌的忠诚度就越低。

（3）顾客对价格的敏感程度

顾客对企业的产品价格都非常重视，但这并不意味着顾客对各种产品价格的敏感程度相同。事实表明，对于顾客喜爱和信赖的产品，顾客对其价格变动的承受能力强，即敏感度低；而对于他所不喜爱和不信赖的产品，顾客对其价格变动的承受能力弱，即敏感度高。所以，我们可以根据这一标准来衡量顾客对某一品牌的忠诚度。

在运用这一标准时，要注意产品对于顾客的必需程度。产品的必需程度越高，人们对价格的敏感度越低；而必需程度越低，则对价格的敏感度越高。当某种产品供不应求时，人们对价格不敏感，价格的上涨往往不会导致需求的大幅度减少；当供过于求时，人们对价格变动就非常敏感，价格稍有上涨，就可能滞销。

产品的市场竞争程度也会影响人们对产品价格的敏感度。当某种产品市场上替代品种多了，竞争激烈，人们对其价格的敏感度高；如果某种产品在市场上还处于垄断地位，而且没有任何竞争对手，那么，人们对它的价格敏感度就低。在实际工作中，只有排除上面几个方面因素的干扰，才能通过价格敏感指标来科学地评价消费者对一个品牌的忠诚度。

（4）顾客对竞争产品的态度

人们对某一品牌的态度变化，在大多数情况下是通过与竞争产品的比较而产生的。所以根据顾客对竞争产品的态度，能够从反面判断其对某一品牌的忠诚度。如果顾客对某一品牌的竞争产品有好感，兴趣浓，那么就说明对某一品牌的忠诚度低，购买时很有可能以其取代前者；如果顾客对竞争产品没有好感，兴趣不大，则说明其对某一品牌的忠诚度高，购买指向比较稳定。

（5）顾客对产品质量问题的承受能力

任何一种产品都可能因某种原因出现质量问题，即使是品牌产品也很难幸免。若顾客对某一品牌的忠诚度高，则对出现的质量问题会以宽容和同情的态度对待，不会因此而拒绝购买这一产品。若顾客对某一品牌的忠诚度不高，产品出现质量问题（即使是偶然的质量问题），顾客也会非常反感，很有可能从此不买该产品。当然，运用这一标准衡量顾客对某一品牌的忠诚度时，要注意区别产品质量问题的性质，即是严重问题还是一般性问题，是经常发生的问题还是偶然发生的问题。

（6）购买周期

我们用“购买周期”来描述两次购买产品间隔的时间。购买周期是一个非常关键的因素，因为如果购买周期较长，顾客就可能淡忘原有的消费经历，竞争对手就会趁虚而入。企业可以通过有效的方式，保持与老顾客的联系。

显然，顾客忠诚度的高低是由许多因素决定的，而且每一因素的重要性以及影响程度也都不同。因此，衡量顾客忠诚度必须综合考虑各种因素指标。

3. 培育忠诚顾客的意义

忠诚的顾客是成功企业最宝贵的财富。美国商业研究报告指出：多次光顾的顾客比初次登门者，可为企业多带来 20%~85% 的利润；固定客户数目每增长 5%，企业的利润则增加 25%。对酒店企业来讲，培育忠诚顾客的意义可以归纳为：

（1）有利于降低市场开发费用

任何企业的产品和服务都必须被市场所接受，否则这个企业就不可能生存下去，而市场开发的费用一般是很高昂的。由于酒店产品与服务的相对固定性，建立顾客忠诚度更有特殊意义。如能达到引导顾客多次反复购买，可大大降低市场开发费用。

据美国管理协会（AMA）估计，保住一个老顾客的费用只相当于吸引一个新顾客费用的 1/6，而且老顾客由于对企业的忠诚、对该企业产品与服务高度的信任和崇尚，还会吸引和带来更多的新顾客。在企业推广新产品时，也由于忠诚顾客的存在，可以很快打入市场、打开销路，从而节省新产品的开发费用。

（2）有利于增加酒店经营利润

越来越多的酒店企业认识到建立起一批忠诚顾客是企业的依靠力量和宝贵财富。正如美国商业报告的调查结论指出的那样，多次惠顾的顾客比初次登门者可多为企业带来利润；随着企业忠诚顾客的增加，企业利润也随之大幅增加。

（3）有利于增加酒店竞争力

酒店企业之间的竞争，主要在于争夺顾客。实施 CL 战略，不仅可以有效地防止原有顾客转移，而且有助于酒店赢取正面口碑，树立良好形象。借助忠诚顾客的影响，还有助于化解不满意顾客的抱怨，扩大忠诚顾客队伍，使酒店企业走上良性循环发展之路。

（二）"CL"理念在酒店中的运用

"CL"理念侧重于企业的长远利益，注重于营造一批忠诚顾客。那么，现代酒店经营者如何营造忠诚顾客队伍呢？

1."消费者非常满意"理论的提出

美国营销大师菲力普·科特勒曾提出了"消费者非常满意"（Custome，Delight）的理论。该理论认为：顾客在购买一家企业的产品以后是否再次购买，取决于顾客对所购产品消费结果是否满意。如果产品提供的实际利益低于顾客的期望，顾客就会不满意，不再购买这一产品；如果产品提供的实际利益等于顾客的期望，顾客就会感到满意，但是否继续购买这一产品，仍然具有很大的不确定性；如果产品提供的实际利益超过了顾客的期望，顾客就会非常满意，就会产生继续购买的行为。因此，顾客的购后行为取决于他的购买评价，而购买评价又源于购买结果。企业要创造出重复购买企业产品的忠诚顾客，就要使顾客感到非常满意。

一般来说，顾客对产品的期望来源于他们过去的购买经历、朋友和同事的介绍以及企业的广告承诺等。因此，要超越顾客期望值，关键在于酒店企业要将顾客的期望值调节到适当的水平，在调整好顾客期望值的同时，设法超越顾客期望值，给客人一份意外的惊喜。

（1）做好顾客期望管理

酒店可以通过对所作承诺进行管理，可靠地执行所承诺的服务，并与顾客进行有效的沟通，来对期望进行有效的管理。

①保证承诺反映现实。明确的服务承诺和暗示的服务承诺这两项都完全处在酒店的控制中，对这些承诺进行管理是一种直接的可靠的管理期望的方法。但仍有许多酒店企业避开了这种方法，而喜欢进行过分的承诺来引诱顾客。通过切实可行的努力以确保对顾客所作的承诺能够反映真实的服务情况，将使酒店从中获益。而过分地进行承诺，则将会损害顾客的信任，破坏顾客的容忍度。顾客对服务的期望是相当关键的。很明显酒店应该将精力集中在他们的基本服务项目上，并用明确的描述（例如广告和人员推销）和暗示性的方法（例如服务设施的外观和服务价格）为服务提供反映客观现实的说明。

②重视服务可靠性。可靠的服务有助于减少服务重现的需要，从而限制顾客的期望。

③与顾客进行沟通。经常与顾客进行沟通（理解他们的期望和所关心的事情，对他们所接受的服务进行说明，或者只简单地对顾客与你做生意表示感激），会鼓励顾

客的容忍，并借此可以作为一种管理期望的有效方式。酒店通过与顾客进行经常的对话，加强与他们的联系，就可以在问题发生时处于一个有利的地位上。酒店积极地发起沟通以及对顾客发起的沟通迅速地表示关心，都传达了一种合作的感情，而这又是顾客经常希望却又很少得到的。与顾客进行有效的沟通，有助于在服务问题发生时减少或避免顾客的挫折感，从而使顾客树立对企业的信任和容忍。

（2）设法超越顾客期望

期望管理为超出期望铺垫了道路。期望管理失败的一个主要原因是无法超出期望。受到管理的期望为超出顾客的期望提供了坚实的基础，可利用服务传送和服务重现所提供的机会来超出顾客的期望。

①进行优质的服务传送。在服务传送过程中，顾客亲身经历了提供的服务技能和服务态度，有助于保持更低的期望和更大的容忍，从而使超出这些期望更为可能。每一次与顾客的接触都是一次潜在的机会，可使顾客感到他得到了比经验期望更好的服务。而那些只是机械地执行服务，对顾客十分冷淡的员工就会浪费这些机会。

②利用服务重现。服务重现工作是一个绝好的超出顾客期望的机会。在处理这些服务问题时，过程方面尤其重要。虽然在服务重现期间顾客对结果和过程方面的期望都会比平时更高一些，但过程方面提供了更大的超出期望的机会。同样，顾客在服务重现期间将比在日常服务期间更加注意服务的传送过程。以全身心的投入来对待顾客并且反应灵敏，能使顾客安心，企业可利用重现来使顾客感到惊奇并通过特别的服务超出他们的期望。

2. 顾客关系管理的推行

在现代市场竞争中，酒店企业的生存不再是靠一成不变的产品来维持，而是要靠为顾客创造全新服务、全新价值，换取长期的顾客忠诚，形成竞争者难以取代的竞争力，并与顾客建立长期的互惠互存的关系，才能得以生存。在当今竞争激烈的市场环境中，越来越多的酒店企业开始通过“顾客关系管理”（Customer Relationship Manage-ment，CRM）来赢得更多的顾客，并且提高顾客忠诚度。

（1）顾客关系管理的概念

顾客关系管理是一个通过详细掌握顾客有关资料，对酒店企业与顾客之间关系实施有效的控制并不断加以改进，以实现顾客价值最大化的协调活动。顾客关系管理源于“以顾客为中心”的新型经营模式，它是一个不断加强与顾客交流，不断了解顾客需求，不断对产品及服务进行改进和提高，以满足顾客需求的连续过程。它要求向酒店的销售、服务等部门和人员提供全面的、个性化的顾客资料，并强化跟踪服务和信息分析能力，与顾客协同建立起一系列卓有成效的“一对一关系”，以使酒店企业得以提供更快捷和更周到的优质服务，提高顾客满意度，吸引和保持更多的顾客。

（2）顾客关系管理的运作流程

要做好顾客关系管理，首先要形成完整的运作流程，其流程主要包括：

①收集资料。利用新技术与多种渠道，将收集的顾客的个人情况、消费偏好、交易历史资料等储存到顾客资料库中，并且将不同部门的顾客资料库整合到单一顾客资料库内。将各部门的顾客资料库整合后，有助于将不同部门产品销售给顾客，也就是交叉销售。这样，不但可以扩大企业利润，减少重复行动和营销成本，还可以巩固与顾客的长期关系。

②对顾客进行分类。凭借分析工具与程序，将顾客按消费特征进行分类，这样可以预测在各种营销活动情况下各类顾客的反应。例如，凭借分析可以知道，哪些顾客对哪一类的促销活动有所偏好，哪些潜在顾客已经不存在了。这些前期工作能够有效地找到适当的营销目标，降低营销活动成本，提高营销效率。

③规划与设计营销活动。根据对顾客的分类，为各类顾客设计相应的服务与促销活动方式。传统上企业对于顾客通常是一视同仁，而且定期与顾客进行活动，但在顾客关系管理实务中，这是不经济的。钱要花在刀刃上，以产生更大的效益。

④例行活动的管理。由于酒店与顾客之间建立并保持着长期关系，双方越是相互了解和信任，交易越是容易实现，并可节约交易成本和时间，由过去逐次逐项的谈判交易发展成为例行的程序化交易。这样，酒店与顾客间的交易活动便是例行活动。

要利用过去营销活动资料的分析结果，配备电话作业与网络服务中心，及时进行活动调整。例如，在执行一项营销活动后，通过打进来的电话频率、网站拜访人次或各种反应的统计，营销部门可以随时调整人力和资源的配置，以免顾客产生抱怨和资源的浪费。而通过电话或网络系统与资料库的整合，便可及时进行交叉营销。

⑤建立标准化分析与评价模型。通过对顾客资料的综合分析，建立一套标准化的模型，对经营状况和绩效实施分析和评价。目前顾客关系管理的技术，已经可以对处理顾客关系的每一项活动或过程作出评价，而在出差错时，标准化模型可自动、实时地显示出问题发生在哪个部门，哪个人员，哪个环节，以便迅速采取措施加以解决。

以上的各个环节必须环环相扣，形成一个不断循环的运作流程，从而以最适当的途径，在正确的时点上，传递最适当的产品和服务给真正有需求的顾客，创造企业与顾客双赢的局面。

（3）顾客关系管理的重点

现代酒店企业为了提高顾客关系管理的水平，应重点抓好以下四个方面。

第一，不断识别顾客，分析顾客的变化情况。

具体做法可有：①将更多的顾客资料输入到数据库中；②采集顾客的有关信息；③验证并更新顾客信息，删除过时信息；④分析顾客发生变化的状况和趋势；⑤研究顾客消费行为有何变化，有没有规律性。

第二，识别不同顾客对酒店的影响，抓住重点顾客或“金牌顾客”。

不同顾客对酒店有不同影响，酒店必须识别这些顾客对企业的影响。例如：①哪些顾客是酒店的“金牌”顾客（即对酒店的贡献和影响较大的顾客）？②哪些顾客导致了酒店成本的较大变化？③酒店本年度最想和哪些顾客建立业务关系？选择出几个这样的顾客。④上年度有哪些大客户对酒店的产品或服务多次提出了抱怨？列出这些大客户名单。⑤去年最大的客户是否今年也做了许多预订？找出这个客户。⑥是否有些顾客从你的酒店只预订一两次，却会从其他地方多次预订？找出这些顾客。⑦客户对本酒店的效益影响如何？根据客户对于本酒店的价值（如市场花费、销售收入、与本酒店有业务交往的年限等），按重要程度分为 A、B、C 三类，以进行分类管理。

第三，加强与顾客接触，分析联系通道的质量和接触效果：

以下做法均可有选择地采用：①给自己的顾客联系部门打电话，看得到问题答案的难易程度如何；②给竞争对手的顾客联系部门打电话，比较服务水平的不同；③把顾客打来的电话看作一次销售机会；④测试顾客服务中心的自动语音系统的质量；⑤对酒店内记录顾客信息的文本或纸张进行跟踪；⑥分析哪些顾客给酒店带来了更高的价值，与他们更主动地对话；⑦通过信息技术的应用，使得顾客与酒店做生意更加方便；⑧了解对顾客抱怨的处理效果。

第四，根据分析的结果，提出改善顾客关系的对策。

这些对策通常可从以下几个方面考虑：①改进顾客服务过程中的纸面工作，节省顾客时间，节约企业资金；②使发给顾客的邮件更加个性化；③替顾客填写各种表格；④询问顾客，他们希望以怎样的方式、频率获得酒店的信息；⑤找出顾客真正需要的是什么；⑥征求名列前 10 的顾客的意见，看酒店究竟还可以向这些顾客提供哪些特殊的产品或服务；⑦争取企业高层对顾客关系管理工作的参与。

推行顾客关系管理，可以使现代酒店企业在培育顾客忠诚的同时，促进企业组织变革，适应新时代企业管理的需要。

三、“CS”到“ES”的升华，从顾客满意到员工满意的升华

20 世纪末，随着“服务利润链”理论研究的深入，企业的经营理念又开始向更深的层次演变，那就是“ES”战略（即“员工满意”战略）的实施。

（一）从顾客满意到员工满意的拓展

赢得顾客，最终赢得企业利润，是现代企业的经营目的。但越来越多的研究表明，员工满意与顾客满意有着不可分割的联系，满意的顾客源于满意的员工，企业只有赢得员工的满意，才能赢得顾客的满意，因此，企业从“CS”理念又向“ES”理念升华。

1.“ES”理念的基本含义

“ES”（Employee Satisfaction）理念的基本含义是：现代企业只有赢得员工满意，才会赢得顾客满意。因为面向服务的员工是联系企业与顾客的纽带，他们的行为及行为结果是顾客评估服务质量的直接依据。服务企业必须有效地选择、培训和激励与顾客接触的员工，在他们满意的同时营造满意的顾客。

ES战略注重企业文化建设和员工忠诚感的培育，把人力资源管理作为企业竞争优势的最初源泉，把员工满意作为达到顾客满意这一企业目标的出发点。

2. 员工满意的内涵

世界最豪华酒店公司“四季集团”的主席夏奕斯有一句名言：“我们怎样尊重自己的员工，他们就会以同样的尊重回报我们的客人。这始终是四季成功的驱动力！”现代酒店重视员工满意的理念，主要体现下面六个“两”字：

两个第一　对内员工第一，对外顾客第一。只有做到对内员工第一，才有可能做到对外顾客第一。

两个之家　即酒店是“宾客之家”和“员工之家”。只有使酒店成为“员工之家”，才有可能使酒店成为“宾客之家”。

两个理解　即员工理解顾客，管理者理解员工。只有做到管理者理解员工，才有可能使员工理解顾客。

两个微笑　即员工对顾客露出真诚微笑，管理者对员工露出真诚微笑。只有管理者对员工露出真诚微笑，才会有员工对顾客的真诚微笑。

两个服务　即员工服务于顾客，管理者服务于员工。要让员工对顾客提供好的服务，管理者首先要对员工提供好的服务。

两个满意　即顾客满意，员工满意。只有赢得员工满意，才能最终赢得顾客的满意。

3. 员工满意的意义

员工满意理念的强化，源于“服务利润链”理论研究的结果。“服务利润链”理论认为，在企业利润、成长性、顾客忠诚、顾客满意、提供给顾客的产品与服务的价值、员工能力、员工满意、员工忠诚及效率之间存在直接相关的联系，如图2-2所示。

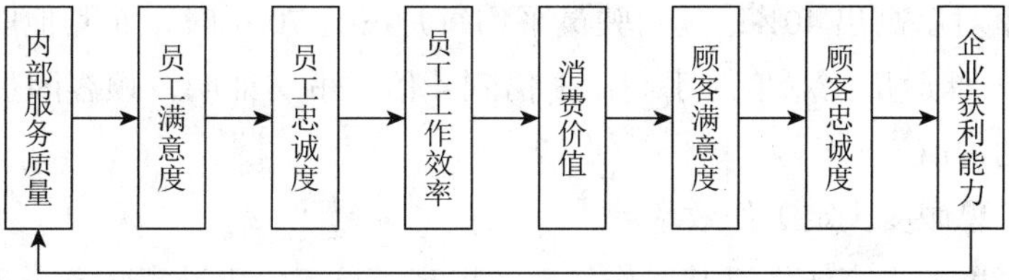

图 2-2　服务利润链构成因素

（1）顾客忠诚度决定企业获利能力

顾客忠诚度的提高能促进企业获利能力的增强。忠诚顾客所提供的销售收入和利润往往在企业的销售额和利润总额中占有很高的比例。这些收入不仅是企业所有利润的主要来源，同时还弥补了企业在与非忠诚顾客交易时所发生的损失。因此，忠诚顾客的多少在很大程度上决定了市场份额的质量，这比用实际顾客的多少来衡量市场份额的“规模”更有意义。

（2）顾客满意度决定顾客忠诚度

顾客的忠诚度是由顾客的满意度决定的。顾客之所以对某企业的产品或服务表现出忠诚，视其为最佳和唯一的选择，首先是因为他对于企业提供的产品和服务满意。在经历了几次满意的购买和使用后，顾客的忠诚度就会随之提高。1991 年，施乐公司曾对全球 48 万个用户进行调查，要求他们对公司的产品和服务给予评价。评分标准从 1 分到 5 分，分别表示其满意程度。结果发现，给 4 分（满意）和 5 分（非常满意）的顾客，其忠诚度相差很大——给 5 分的顾客购买施乐设备的倾向性高出给 4 分顾客的 6 倍！

（3）消费价值决定顾客满意度

顾客满意度由其所获得的价值大小决定。顾客获得的总价值是指顾客购买某一产品或服务所获得的全部利益，它包括产品价值、服务价值、人员价值和形象价值等。顾客的总成本是指顾客为购买某一产品所耗费的时间、精力、体力以及交付的货币资金等。顾客的价值是指顾客获得的总价值与顾客付出的总成本之间的差距。顾客在购买商品时，总希望以较低成本获取最大利益，以使自己的需要得到最大限度的满足。因此顾客所获得的价值越大，其满意度越高。

（4）员工工作效率决定消费价值

高价值源于企业员工的高效率。企业员工的工作是价值产生的必然途径，员工的工作效率直接决定了其创造价值的高低。美国西北航空公司便是以高工作效率创造出高服务价值的一个典范。公司在进行岗位设计时尽可能使每个员工独立负责更多的工作以提高工作效率，该公司 14 万个职员中有 80010 个是独立工作，而飞机利用率则比其主要竞争对手高出40%；其驾驶员平均每月飞行70小时，而其他航空公司只有50小时；每天承运量比竞争对手高出3倍到4倍。事实证明，顾客因员工的高效率而获得更高的价值。

（5）员工忠诚度决定工作效率

员工忠诚度的提高能促进其工作效率的提高。员工的忠诚意味着员工对企业的未来发展有信心，为成为企业的一员而感到骄傲，关心企业的经营发展状况，并愿意为之效力。因此，忠诚度高的员工自觉担当起一定的工作责任，为企业努力地工作，工作效率自然提高。

（6）员工满意度决定员工忠诚度

正如顾客的忠诚度取决于对企业产品和服务的满意度一样，员工的忠诚程度同样取决于员工对企业的满意程度。根据1991年美国一家公司对其员工所做的调查，在所有对公司不满意的员工中30%的人有意离开公司，其潜在的离职率比满意的员工高出3倍。这一结果显示出员工忠诚度与其满意度之间的内在联系。

（7）内部服务质量决定员工满意度

企业的内在服务质量是决定员工满意度的重要因素。员工对企业的满意主要取决于两个方面。一是企业提供的外在服务质量，如薪金、红包、福利和舒适的工作环境等；二是内在的服务质量，即员工对工作及对同事持有的态度和感情，若员工对工作本身满意，同事之间关系融洽，那么内在服务质量是较高的。

服务利润链所揭示的一系列因素相互之间的关系表明，一个企业要获得顾客满意，首先必须赢得员工满意。

（二）"ES"理念在酒店中的运用

"ES"理念注意员工忠诚感的培育，把员工满意作为达到顾客满意目标的出发点。那么，现代酒店经营者应如何提高员工满意度呢？

1. 内部营销理论的提出

"内部营销"（Internal Marketing）是指成功地选择、培训和尽可能激励员工很好地为顾客服务的工作。它包括两个要点：一是服务企业的员工是内部顾客，企业的部门是内部供应商。当企业员工在内部受到最好服务而向外部提供最好服务时，企业的运行可以达到最优。二是所有员工一致地认同本企业的任务、战略和目标，并在对顾客的服务中成为企业的忠实代理人。

对大多数服务来说，服务人员与服务是不可分的。会计师是财会服务的主要部分，医生是健康服务的主要部分。在现实中顾客购买服务，实际上在"买"人，服务首先是一种行为，这种行为又是劳动密集型的。因此，服务企业，特别是劳动密集型的酒店企业，员工的素质影响服务的质量，进而影响市场营销的效率：为了成功地实行市场营销，现代酒店首先必须进行成功的内部营销，必须向企业的员工和潜在员工推销，对待内部顾客要像对待外部顾客一样，其竞争同样激烈、富于想象力和挑战性。

内部营销是一项管理战略，其核心是发展对员工的顾客意识。任何一家企业都应认识到，企业中存在着一个内部员工市场，内部营销作为一种管理过程，能以两种方式将企业的各种功能结合起来。首先，内部营销能保证企业所有级别的员工理解并体验企业的业务及各种活动；其次，它能保证所有员工能够得到足够的激励并准备以服务导向的方式进行工作。内部营销强调的是企业在成功实现与外部市场有关的目标之前，必须有效地完成组织与其员工之间的内部交换过程。

内部营销颇具吸引力，通过向员工提供让其满意的“工作产品”，吸引、发展、促进和稳定高水平的员工队伍。内部营销的宗旨是把员工当作顾客看待，它是创造“工作产品”，使其符合个人需求的策略。

内部营销的最终目标是鼓励高效的市场营销行为。建立这样一个营销组织，其成员能够而且愿意为企业创造“真正的顾客”：内部营销的最终策略是把员工培养成“真正的顾客”。

从管理角度上看，内部营销功能主要是将目标设定在：争取到自发又具有顾客意识的员工。从策略层次上看，内部营销的目标是：创造一种内部环境，以促使员工之间维持顾客意识和销售关心度。从战术层次上看，内部营销的目标是：向员工推销服务、宣传并激励营销工作。

2. 企业文化的培育

现代酒店的“ES”战略注重企业文化，所谓企业文化，就是企业员工在长期的生产经营活动过程中培育形成并共同遵守的最高目标、价值标准、基本信念以及行为规范。主要包括：企业的最高目标和宗旨；共同的价值观；作风及传统习惯；行为规范和规章制度；企业环境和公共关系；企业形象识别系统；培育和造就杰出的团队英雄人物。

（1）企业文化内涵

①企业文化是一种经济文化。企业是通过一定的资源投入获得产出的基本经济单位，因此，首先，企业文化必然反映企业的最高经营目标、经营思想、经营哲学、发展战略以及有关制度等。换句话说，没有企业的经营活动也就没有企业文化的产生。其次，企业文化会伴随着内外环境的变化而动态地运行，有时需要局部的调整，有时则要做较大的变动，根本原因在于企业文化是为经营目标服务的。反之，企业文化也

会成为企业变革的障碍。企业文化一经确立，就会有持久的稳定性，从而与环境的动态性发生矛盾，抵制新观念、新思想。最后，企业经营活动中的物质形态也会折射出企业文化的不同层面，产品的特色反映了企业的经营观和顾客观，工作环境折射出企业的审美观和对员工的情感。总之，企业文化会渗透到酒店生产、经营、管理、技术等经济活动的方方面面，影响经济活动的效果。

②企业文化是一种管理文化。管理是通过有效配置企业的资源，以达到组织目标的过程。人是管理中最核心、最复杂的要素，只有人才能调动、利用其他资源；只有人创造性的活动才能使企业的管理有条不紊。因此管理中的核心内容就是如何发挥人的主动性、积极性、创造性，并与其他资源有机结合起来，提高资源的配置效率，从而为实现企业的目标服务。企业文化对调节管理中人的因素将发挥巨大的作用，通过群体意识的软约束机制，可以在酒店内部形成互相尊重、互相关心、人际关系和谐、团结一致的人文主义氛围，使管理效能有效地发挥。

③企业文化是一种组织文化。为了实现既定的企业目标，经由分工与合作以及不同的权力层次和责任制度构成的组织，必须要设置一定的组织原则、组织结构、组织过程以及规章制度作为保障，这是组织的外在保障体系；而内在的约束逻辑则是企业文化，通过它可以形成共同的群体意识及行为标准，使组织内部权力、责任明确，利益均衡，团结互助气氛强烈。双层的约束机制可以有效保证组织目标的实现。另外，企业文化产生于特定的组织，当组织原则、组织结构、组织过程以及组织环境发生变化时，企业文化的动态性就要表现出来，否则企业文化将制约组织目标的实现。

（2）企业文化的功能

①引导功能。企业文化以各种方式暗示，企业中提倡什么、崇尚什么、员工应追求什么，以此来引导员工为实现企业的目标而自觉努力。一方面是直接引导员工的性格、心理、思维和行为，这是浅层次的导向功能；另一方面是通过整体价值观的认同，引导员工进行自我约束，调整公私之间的平衡，这是深层次的导向功能。良好的企业文化应当引导员工自觉投身到企业的发展和建设中，而使烦琐的硬性规章制度显得不是那么重要。

②整合功能。在社会系统中，凝聚个体的主要力量来自于心理的作用。企业文化以微妙的方式来沟通与员工的感情，在无形中将群体的不同信念、理想、作风、情操融合在一起，形成群体的认同感，将组织成员团结在一起。员工通过亲身的感受，产生对企业的归属感，从而自觉地把自己的思维、感情和行为方式与企业的目标联系起来，形成使命感，以最大限度发挥自己的能动性。

③激励功能。激励是通过外部的刺激，使个体的心理状态迸发出进取、向上的力

量。在企业中，对员工最好的激励是尊重的气氛和自我发展的空间。企业文化通过创造人文主义的氛围，使员工感受到企业对他们的尊重，从而激发出极大的创造热情。另外，企业文化通过塑造一种和谐、宽松的气氛，为员工创造自由发挥的空间，使他们把自我实现的心理需求与企业的崇高目标有机结合起来，从而产生一种极大的激励作用。激励功能的深层次含义是一种精神的促进作用，其效果是长久的。

④约束功能。企业要正常运转，需要约束机制将不同个性员工的思想和行为统一化，企业文化在这方面发挥着巨大的作用。酒店中有店规店纪、奖惩制度、文件命令等文字形式的管理制度，这是企业文化的表层约束机制。企业文化更注重深层次的约束，即通过社会文化亲和力来实现约束功能。人生活在一定的社会文化环境中，受特定文化的熏陶与感染，会不自觉地向群体靠拢，接受组织文化的约束以期获得组织成员的认同，反之则会产生心理的挫折感。

⑤辐射功能。在企业发展的初始阶段，企业文化的影响力较小，仅限于组织内部。当企业实力逐渐增强之后，企业与外界交往日渐增多，强势企业文化开始向外扩展，通过公共关系、业务关系、企业形象等渠道，将丰富的文化内涵展现在公众面前，这种辐射力作用会传递到周围区域，使某些社区带上企业文化的特征。

⑥稳定功能。企业文化是一代甚至几代人努力的结果，其精神内容会逐渐渗透到企业的各个层面上，一旦确立就很难在短期内改变，其作用的发挥将持续较长时期，甚至当外界环境发生变化时，都不会轻易改变。稳定功能可以使企业文化中的精华长久地保存下去，促进企业健康的发展；但也有不利的一面，即企业文化中保守的东西会排斥新文化，阻碍变革的实施。

（3）企业文化的建设

现代酒店企业文化建设是一项长期的任务，需要广泛而持久的行动计划的支持。其做法包括：

①确立服务战略。根据市场竞争的需要确立服务导向战略，战略主要反映在服务理念、工作宗旨和人际关系、用人哲学上，由此引导企业文化的建立。

②优化组织结构模式。主要反映在组织结构的改进上。组织结构设计因素必须同服务的生产和输送相配合。组织结构越复杂、传递的环节越多、遇到的问题也会越多，不利于酒店快捷服务和灵活决策。通过组织的扁平化减少管理层次，实现人力资源结构的合理配置，充实直接面向顾客的服务队伍，保证服务组织的有效性，同时进行运作体系、日常规程和工作流程的改进。

③提高领导能力。通过建立服务导向的领导体系可以促进良好服务的实现，领导的作用主要反映在训导、沟通、组织方面。酒店的服务宗旨、制度的实现需要领导以

身作则。领导要与员工沟通、关心员工，由此形成融洽的工作氛围，促进企业文化成为所有员工的“共同愿景”。

④服务培训引导。自上而下的培训是形成企业文化的重要保证，对员工进行必要的知识和态度的培训，可以促进优良服务的实现。如果期望高层管理、中层管理及相关工作人员都以服务导向为动机去思考和行动，就要让他们掌握以下知识：组织如何运作，顾客关系由什么构成，以及对个人希望做些什么。如果一个人不了解企业正在进行什么以及为什么这样，他就不可能主动做好工作。知识的培训和态度的培训应该相辅相成。

第三节　酒店的主要经营管理模式

酒店，以大类来划分，其实就是单体酒店和连锁集团酒店两大类。

单体酒店，通常是指业主自己拥有单个酒店并管理酒店。

酒店连锁经营（chain operation）是指在本国或国际直接或间接地控制两个以上的酒店，以品牌或资产为纽带形成酒店联号（hotel chain），以先进和成熟的经营管理模式和服务技术，进行规模化的联合经营。

实行连锁经营的现代酒店集团（公司）产生于第二次世界大战后，国际旅游业迅速发展，国际酒店业的竞争日趋激烈，酒店企业主意识到单一酒店独立经营的形式难于应付竞争局势，而扩大经济规模、联合经营则容易在竞争中获胜，因而产生了酒店企业的兼并或产权转让。同时，其他行业，特别是航空公司以购买酒店股份的方式介入酒店业并逐步扩大股权，形成了对酒店企业的控制。例如，泛美航空公司通过购买洲际酒店的产权，控制了洲际酒店而进入酒店业。此后，许多酒店以及介入酒店业的企业为了本身的发展和开辟新的市场，纷纷在各地建造酒店、购买酒店或以其他形式控制酒店。这样，以美国为发源地的酒店集团在短时期内迅速地发展起来。

在半个世纪的时间里，酒店集团化连锁经营的形式得到了迅速的推广，国际性的酒店联号已达 270 个左右，著名的酒店联号的品牌也层出不穷。随着酒店业竞争的日益激烈，通过收购、兼并和资产重组，不少酒店联号公司已发展成规模庞大、实力雄厚的跨国集团公司，在世界酒店行业中起着支配性的作用。如作为地产投资信托商的喜达屋（Starwood）集团兼并了威斯汀、喜来登等六个酒店集团后，目前在世界 77 个国家拥有和经营着 700 多家酒店，雇员达 12 万多人。万豪（Marriott）集团则进入了

《财富》杂志世界500强之列，而洲际集团（IHG）所管辖的酒店数量，已居全球之首。

一、酒店连锁经营的主要模式

（一）酒店并购经营

并购是酒店企业取得外部经营资源、寻求对外发展的战略。酒店企业实施扩张策略时，可以并购方式来实现。首先，并购方式能使酒店企业迅速进入新的区域。其次，通过并购方式酒店企业能拥有被并购酒店的营销网络、知名度与商誉等无形资产，这些无形资产对酒店集团在新市场构建竞争优势具有重大意义。最后，并购方式不仅能使酒店集团规模迅速得以壮大，并且对酒店整体的资产重组、业务优化具有重要作用。

随着酒店业的全球化发展，业内的主要品牌成为酒店业主和投资者追逐的目标。大批酒店集团采用兼并与收购策略，使酒店业成为当代世界最具影响力与竞争性的产业之一。如法国雅高集团对 CLUB 6 的收购，英国福特集团并购 Travelodge 与 Viscount 等。当前，世界主要的酒店联号都将目标投向了欧洲、北美与亚太地区，作为其追求更多利益与更大发展的渠道。由于产品过剩和某些酒店集团无止境的扩张欲望，酒店企业之间的竞争日趋白热化，结果是一些大型国内或国际性企业及超级集团在市场上占主导地位。通过并购的方式，一些主要的酒店巨头往往能够拥有提供不同价位产品及服务的不同品牌，这使得小型的竞争者几乎难以与其进行竞争。由于强势酒店集团的竞争力明显，一些小型的酒店开始考虑相互合作起来，以此与大型酒店集团相抗衡。

国际酒店集团频繁的并购活动对酒店业的发展必然产生深远的影响。分析当前国外酒店集团的并购活动，可以发现以下特点：一是频次多，价值大。如马里奥特集团以 10 亿美元并购了 Renaissance 品牌。二是中高档品牌的酒店并购案多于低档酒店。三是强强联合。大多数并购活动发生在全球酒店集团排行榜的前 40 名之间。四是并购形式多样化，如现金并购、杠杆并购等。

并购方式的不足在于，酒店企业在并购过程中往往会遭到被并购方高层管理人员的强烈反抗，因而并购经常伴随有很高的交易成本。同时，并购后的整合工作十分复杂，对酒店企业经营层的管理能力要求是非常高的。为了使集团扩张获得成功，酒店并购方就必须对被并购方的发展前景、经营风险、获利能力、资产负债等方面进行系统的评估，并采取科学的取舍原则。

根据美国著名管理学家彼特·德鲁克（Peter Drucker）在《管理的前沿》一书中提出的成功并购的原则，结合酒店产业的特点，酒店集团并购时应特别注意：

（1）酒店并购方只有全盘考虑了其能够为被并购方做出什么贡献，而不是被并购方能为并购方做出什么贡献时，并购才有成功的可能性。

（2）并购与被并购酒店之间需要有团结的内核，有共同语言，从而结合成一个整体。或者说双方在企业文化上有一定的联系。

（3）并购必须得到双方的认同。并购方需尊重被并购方的产品、员工与顾客。

（4）酒店并购方必须能向被并购方提供高层管理人员，帮助对方改善管理。

（5）在并购的第一年内，要让双方企业中的大批管理人员得到晋升，使得双方的管理人员相信，并购为他们提供了更多的发展机会。

（6）并购涉及文化、流程、制度、业务等方面，其中文化与流程的整合是关键。

（7）以集团扩张为目的的并购，要强化被并购方对并购方的品牌形象与品牌塑造方式的认同，确保被并购方的理念与行为不会对并购方的品牌造成损害。

（二）特许经营

特许经营是指企业附属于某一业已经营成功的连锁集团并同时保持一定水平的所有权。特许经营的核心是特许经营和受特许人之间的特许权转让。在特许经营中，双方的关系是合同契约关系，不是上下级关系。特许经营的基础是一整套经营模式或某项独特的商品、商标等。

特许经营主要有两种方式：一是“产品和品牌特许经营”，这一类在特许经营中占主导地位；二是“企业经营模式”特许经营，受特许权人通常获得使用特许权人的品牌名称、形象、产品、经营程序和营销系统，加入集团营销体系。

酒店业的特许经营最早出现在1907年，当时，恺撒·里兹先生允许纽约、蒙特利尔、士顿、里斯本和巴塞罗那的一些豪华酒店使用其著名的里兹品牌，这是特许经营的开端。酒店业中的特许经营是在20世纪五六十年代才得到大规模发展。从运作方式看，特许经营的出让方提供品牌、生产及经营中必须遵循的方法和标准，提供组织及预订、营销帮助，从而确保业务有效运行，并定期对受让方进行检查，以保证市场中同一品牌的酒店产品保持质量的一致性。出让方通过以品牌为主要纽带的方式将受许酒店吸收到酒店联号之中，而受让方的财产权和财务仍保持独立，不受酒店联号的控制。

“拥有你自己的企业”，作为一种个人成就的象征使得许多企业家走上独立经营之路，但是，独立经营既可能获利，也潜伏着失败的风险。据美国的相关统计，约77%的新独立企业在5年内经营不成功，第1年约38%的独立企业经营失败。为规避经营风险，许多新建独立企业纷纷加入特许经营联号之中。采用特许经营的优势是：特许权人可利用极少投资迅速渗透市场，提高企业创业和扩张效率，极快地以同一品牌占有市场，稳定地获取特许经营权益费。从管理的角度看，由于总部和加盟店之间只有一级管理层次，缩短了信息流通距离，管理复杂程度大大降低，减少了管理层次，提高了管理效率，而且大多数酒店集团采用管理信息系统，实现了动态管理。从经济效益看，成员酒店自负盈亏，总部不承担直接投资，不负担人员工资，不投入过多的监督费用，加速了特许经营酒店的扩张速度。受特许权人利用集团企业成功的销售网络，参与集团营销，直接借鉴和利用集团企业的管理经验和运作模式，减少经营风险。

美国特许经营授权企业必须准备一份被称为“特许经营授权函（Uniform Franchiser Offering Circular）”的法律文本。该文件包括23个部分，需要详细说明特许经营公司的背景和特许经营的性质。此项文件的目的在于使被转让方清楚地了解特许经营方以及成为被特许方的具体要求，它保护受特许权人获得特许权人对未来销售及利润所作的承诺。在总部和加盟店之间，还需要签订一份特许经营协议，作为他们之间商业关系的有效文件。该协议内容涉及双方之间的权利义务关系，明确的合作期限和支付给特许权人的费用，酒店合作的房间数和服务设施数，以及合作终止的相关事宜。

特许经营函要求需要包括的条文如下：阐明特许权人信息，特许权人人员的经历，诉讼经历，企业倒闭历史，受特许权人的开办费用，其他应付费用，受特许权人期初投资，受特许权人从指定途径购买或租赁的权利，受特许权人根据特许权人特别要求进行购买或租赁的权力，财务金融协议，特许权人的义务，土地权利和义务，商标、服务标志、品牌名称、标志和商业符号，专利和版权，受特许权人参与实际商业业务运作的权力，受特许权人提供产品和服务的限制，续签、终止、重新购买、修改和签署特许经营协议及相关信息，数据公布安排，实际、平均、预计或预测的受特许权人销售额、利润，与特许权人有关的受特许权人资料，财务报表，合同，受特许权人的发展说明等。特许经营函实际上等于一份完整的法律文本及其规范要求。

（三）管理合同经营

管理合同又称委托管理，它是一种非股权式的运营方式，指业主委托管理公司代为管理酒店。业主与管理公司通过签订管理合同来实现这一运作方式。采用管理合同进行运作的三个主要原则是：第一，经营者有权不受业主干扰管理企业；第二，业主支付所有的经营费用并承担可能的财务风险；第三，经营者的行为受到绝对保护，除非他具有欺诈或严重的失职行为。管理合同保证经营者获得管理费，其余所得则由业主支付税收、保险并偿还贷款等。

业主将所有经营责任授权给经营者并不得干涉其日常业务运作。业主通常采用收益提成激励经营者，经营者以获得高收益的收益提成来提高自己在管理企业中的风险意识和盈利意愿。

由于委托管理市场竞争越来越激烈，更多的经营者将收益贡献作为获得报酬的重要筹码，甚至有的经营者以采用减少管理费的办法，提高收益贡献比例来获得管理合同。

酒店集团采用这种方式，既可以较少的资本投入、较低的风险迅速扩张酒店集团规模，又可令没有管理经验的酒店业主分享行业所带来的丰厚回报。管理合同广泛应用于酒店业，世界上各著名酒店集团，几乎无一例外地通过这种方式进行企业扩张。酒店管理集团在采用管理合同时，既可以提供一揽子服务，也可以提供单项服务（如技术服务协议）。管理合同通常包括下列内容：第一，可行性研究报告和市场前景分析；第二，提供在规划、设计、建筑和内部装潢方面的咨询和技术支持；第三，提供设备选择、布局和安装建议；第四，合同、采办和建筑协作；第五，开业运行与管理；第六，营销、广告、促销；第七，招聘和培训；第八，技术咨询；第九，物资采购；第十，酒店预订服务；第十一，提供管理及管理人员；第十二，总部办公室督导与控制。

采用委托管理，酒店集团收取管理费。一般说来，管理费按照管理公司提供的服务来计算，可分为一揽子费用、系统使用费、技术服务费及开业管理费四种。第一种，固定费用。按营业额比例计算，按净利润比例计算或混合式计算。一般为营业额的2%~4%提成或净利润的5%。计算管理费的方法对业主和经营者都有很大的影响，管理费的结构必须使经营者、业主和出租方感到公平和可接受。第二种，系统使用费。经营者通常向业主收取有关经营系统使用费，如市场营销、广告、销售、财务、培训、采购和预订费，以及管理公司人员到饭店视察时的旅行、住宿等差旅费。这些费用通常将占管理费之外的营业收入的1%~3%。第三种，技术支持费。经营者通常要求业主对其在设计和规划方面的服务支付技术支持费。咨询服务通常包括可行性分析、建筑设计、内部设计、设备安装、食品设备布局、建筑督导及其他领域的督导，如工程系统、娱乐设施、保安和财务系统等。第四种，开业管理费。由业主支付给管理者在开业筹划、制定开业预算、督导开业活动，包括招聘、培训、运营系统确立、酒店促销、筹办物品及以业主名义进行租赁谈判等的费用。开业预算一般为工程项目额的1.5%~1.9%。开业管理费根据酒店规模、地点提供服务类型和开业准备时间长短的不同来收取。

20世纪90年代以来，采用管理合同进行酒店经营管理的情况发生了显著的变化，合同已从有利于经营者向有利于业主转化。这是因为，酒店管理合同市场竞争更加激烈，业主对该行业具有越来越多的知识和了解，对酒店管理集团的依赖越来越低。这一结果导致酒店经营者必须更多地分担经营风险，更强调提取收益奖励。

（四）战略联盟

战略联盟是指企业为了保持和加强自身的竞争力自愿与其他企业在某些领域进行合作的一种经营形式。这是一种契约性的战略合作，不必进行一揽子的资源互换或股权置换，也不必形成法律约束的经营实体，仅仅依托契约关系进行合作。

战略联盟分竞争对手联盟、顾客伙伴联盟和供应商伙伴联盟。竞争对手联盟指竞争对手之间为了减少无谓竞争并促进共同发展而自愿形成的联盟，以实现资源、市场和技术共享。

酒店集团化经营发展过程中，传统的“收购”方式逐步退出，以市场营销为基础的战略联盟形式越来越多，包括许多小的酒店集团希望加入大集团，利用其全球预订系统扩大客源市场。顾客伙伴联盟则是企业与顾客之间的一种契约，以实现顾客的忠诚。供应商伙伴联盟指企业与供应商企业（含上下游产品）之间的联合，如酒店与航空、旅行社的联合促销，与各类物资供应企业的联合等。

酒店业实行战略联盟的范围涉及营销联合、新技术研究开发联合、技术交换联合、供应联合、单项技术转让等领域。采用战略联合形式对于我国酒店业集团化具有重要的现实意义，尤其适合于我国酒店业的产权交易相对困难、资产并购又需要大量资金的窘况，但是，对于一个比较缺乏契约意识的国度，实行一般意义上的战略联盟也很困难。

二、酒店连锁经营的优势

西方发达国家的酒店集团化连锁经营来源于工业时代的大生产思想，即以标准化、专业化的手段进行规模化的生产，可以有效地降低成本；以成熟的产品及在市场上有号召力的品牌进行扩张，求得更大的规模；以规模取得分散经营所不能达到的规模效益。在其发展的几十年过程中，又不断融入新的经营管理理念，如营销网络的建立、人力资源的开发、品牌经营、集团化的形象策划、跨国经营等，逐步形成了完整、有效的集团化经营的优势。归纳起来，酒店的集团化连锁经营优势主要表现在以下几个方面：

（一）经营管理和技术上的优势

酒店集团公司一般多具有较为先进、完善的经营管理模式，因而能为所属酒店制定统一的经营管理方法和程序，为酒店的建筑设计、内部装饰和硬件设施规定严格的标准，为服务和管理订立统一的操作规程，这些标准和规范被编写成经营手册分发给各所属酒店，以使各企业的经营管理达到所要求的水平。同时，根据经营环境的变化，确保酒店集团经营管理的先进性。

酒店集团公司总部定期派遣巡视人员到所属酒店中去指导和检查，他们的主要责任是监督所属酒店是否达到各项经营指标，在检查过程中对酒店经营中的问题、不合格的服务提出建议和指导。

酒店集团有能力向所属酒店提供各种技术上的服务和帮助，这些服务和帮助通常是根据所属酒店的需要有偿提供的。例如，集团性经营能为所属酒店提供集中采购服务。由于酒店集团要求所属酒店实现设备、设施和经营用品标准化、规格化，因而一些大酒店集团专门设立负责酒店物资供应的分公司或总部采购部，向各酒店提供统一规格和标准的设备和经营用品，如家具、地毯、餐厅和厨房用具、棉织品、灯具、文具、食品饮料等，从而形成比较完善的集团物资供应系统。而集中大批量购买又能获得较大价格折扣，使酒店经营成本降低。

酒店集团性经营也为生产和技术的专业化及部门化提供了条件。例如，在食品生产加工、设备维修改造、棉织品洗涤等方面都可以进行集中管理，以达到降低酒店经营成本的目的。技术上的帮助还包括酒店开发阶段或更新改造所需的可行性研究等服务。

例如，原假日集团拥有自己的专业建筑师和内部装饰设计专家，专门为所属酒店提供这方面的技术服务。

（二）品牌优势

经过几十年的经营和积淀，进行连锁经营的国际酒店集团公司往往都拥有一个或多个国际知名度高、市场占有率高的品牌，这是酒店连锁化运作的一个非常关键的因素。酒店的品牌不仅包含了酒店产品的档次、水平和质量的实用价值，而且包含了酒店对于顾客的精神感召力及顾客对酒店的忠诚度、信赖度。不少国际酒店管理集团公司十分注重品牌的经营，在跨国扩张中实施输出品牌的经营战略。输出品牌是成本最低、手段最隐蔽、作用和影响最久远的经营战略。因此，它们十分注重培育品牌、经营品牌，在发展中整合品牌。近几年，还出现了品牌多样化、系列化发展趋势。当年巴斯公司（Bass Hotels & Resorts）在收购兼并假日酒店集团后，将假日（Holiday Inn）作为一个中档酒店的品牌保留下来，还保留了假日酒店原先的皇冠（Crown Plaza）作为高档酒店的品牌，又收购进了洲际酒店集团的洲际（Inter-Continental）品牌作为豪华等酒店的品牌。喜达屋（Starwood）在兼并喜来登后，喜来登（Sheraton）也作为一个品牌被保留下来，还拥有了包括圣瑞吉（St. Regis）、威斯汀（Westin）、福朋（Four Point）、至尊精选（Luxury Collection），W 酒店（W Hotel）等著名品牌的品牌系列。万豪酒店集团则拥有23个品牌，形成了从豪华等到中档各具特色的品牌系列。

名牌的高知名度及其良好的声誉和形象是酒店集团化连锁经营的最大优势之一。

（三）市场营销优势

单一酒店通常缺乏足够的资金大力进行广告，尤其是国际性广告。而酒店集团则可以集合各酒店的资金进行世界范围的大规模广告，有能力每年派代表到世界各地参加旅游交易会、展览会，并与旅游经营商直接交易，推销各所属酒店的产品。这种联合广告可使集团中每一酒店的知名度大大提高。

同时，酒店集团都在国际互联网上设有网站和进行网上预订的界面，有较为先进的中央预订系统（CRS），配备高效率的电脑中心和直通订房电话，为集团成员酒店处理客房预订业务，并在各酒店间互荐客源。酒店集团在各地区的销售办公室和精明的销售队伍，不仅向各酒店及时提供市场信息，还在各大市场为各酒店招徕团队和会议业务，大大有利于酒店开发国际市场。

（四）人力资源上的优势

酒店管理集团往往是以自身的品牌、文化及声望，在世界范围内，通过市场，广罗酒店职业经理人才，并在培训和使用过程中，对其不断灌输自身的企业文化、经营理念、管理模式等，使他们尽快融入本集团之中，形成了一支推进集团化发展的职业经理队伍，并以此为骨干力量，组成管理团队（management team）进入集团直接管理的酒店。

近年来，国际性酒店管理集团在人力资源开发上采取本土化的方针，在所属酒店的所在地区，以优厚的待遇以及提供培训和事业发展的机会，来吸引本土的优秀职业人才，并起用本土的优秀人才任职于重要的管理岗位。

酒店集团还为所属酒店进行员工培训。大的酒店集团有自己的培训基地和培训系统。例如，原假日集团在其总部所在地美国孟菲斯有一所假日大学，希尔顿集团在美国休斯敦大学设立自己的酒店管理学院。酒店集团内部还设有培训部门，负责拟订培训计划并提供酒店经营管理专家，如工程技术、内部装饰、财务会计、市场营销、电脑等方面的专业人员，对所属酒店在职员工进行培训，同时也接受所属酒店派遣员工到集团的总部酒店或培训基地实习。

（五）资金和财务优势

一般来说，独立的酒店企业不易得到金融机构的信任，在筹措资金时有可能遇到困难。参加酒店集团则可使金融机构对其经营成功的信任度增加从而愿意提供贷款，因为酒店集团以其庞大的规模、雄厚的资本和可靠的信誉提高了所属酒店的可信度。同时，酒店集团还能为所属酒店提供金融机构的信息，并帮助推荐贷款机构。

酒店管理集团往往能凭借自身的品牌及声誉得到大财团的资金支持。有了较雄厚的资金作后盾，有时在接受委托管理项目时，可应业主要求注入一定的资金；也可在业主资金困难时，对有良好发展前景的酒店注入资金，成为股东，甚至处于控股地位；也可收购、兼并和投资建造有发展潜力的酒店，以扩大连锁经营的规模。

本章小结

酒店的经营管理，是在企业管理的基础上发展起来的，一般的企业管理理论，成为酒店经营管理的理论基础。泰罗、法约尔等的科学管理理论、梅奥等的行为科学理论以及其他的一般管理理论，都是酒店经营管理的基础理论。但酒店业特有的服务特质，又使它与普通的企业，在经营管理上有明显的不同。酒店业如何将“CI”“CS”“CL”“ES”等理念的变换，运用到自身的经营管理上，这将影响到酒店经营管理的成效。在具体的酒店经营管理中，是选择自营还是选择连锁经营，连锁经营中是选择特许经营还是选择委托管理经营，这些也都极大地影响到酒店最终的经营成果。

复习与思考

一、名词解释

酒店管理　需要层次论　双因素理论　公平理论

二、简答题

1. 酒店管理的方法有哪些？

2. 企业文化的功能有哪些？

3. 酒店管理的主要的理论基础有哪些？

三、论述题

1. 请试述酒店连锁经营的优势。

2. 请试述酒店经营与管理的关系。

3. 请试述酒店经营管理理念的提升过程。

第三章 酒店的投资与建设

学习目标

知识目标

○理解酒店施工建设的步骤

○掌握酒店的规划与设计

○了解一家酒店从它的立项申请，到开门营业的整个过程

能力与情感目标

○能识别一家酒店经营管理是否成功

○能分析一家酒店的投资的可行性分析

○能讲述酒店筹建期间的基本工作

● 案例导入

这样的筹建，算不算成功?

在一个迅速发展的中型城市里，有一个老板打算建一家酒店。首先酒店附近都是企业单位，应该说商机无限。他先把自己全部家当抵出去获得贷款400万元，自己也进行了考察，决定投资建一家4000平方米左右的中档酒店。先花20万元贷款买个奥迪，然后将自己多年商场上的朋友都叫来，笼络了一个建筑设计院的朋友，以朋友哥们感化，只交了点管理费搞完了酒店的建筑设计，按每平方米20元计，省了8万元，十分高兴。然后选了一家知名建筑建造单位给酒店施工，以市场价每平方米450元左右的价格大包给这家单位建造，条件是建筑建造成一年后付剩余40%的费用：当然在施工期间由于拨款不及时工人半年没发工资等因素，一个4000平方米的建筑盖了一年多。当工程进行到8个月的时候出现排风管道由于过梁太粗、层高太低无法安装等问题，第9个月时开始内装饰招标，当然又是自己的关系，让这些朋友亲戚来投标装饰，条件是免费设计，40%工程款在完工一年后付，省了设计费。

为了给亲戚朋友面子，将预计投入170万元的装饰项目分成四个标段，由四家公司分别施工。在第11个月时建筑工程尚未结束的情况下，装饰公司进入工地。第12个月建筑工人因断粮一度停工，装饰工人没有活做，除了留下个看门的，其余基本走光，同时这个老板意识到设计问题很多，请专人来做设计修改，并聘请管理公司展开招聘与培训，预计两个半月后完成施工开业。由于建筑工期迟迟不能完成，一直到冬季过后装饰公司重新进入工地，此时已经是工程进度第16个月了，终于看见忙碌的装饰工地了，其间建筑安装收尾的同时，装饰公司也在忙着拆掉不合理的墙，改不合理的门，重新布强电等浩大修改工程。这些不合理都来自于酒店初期建筑设计问题，看来不改是不行的，因为设计院收费高，还是求哥们儿帮忙，但是哥们儿晚了半个月才同意修改，此时建筑只剩下安装了，光废弃的无法安装的排风系统就达10万元，更不用算那又粗又笨的过梁和柱子浪费的钢材了。

此时工地开始出现材料大量丢失现象，不过老板只看到商机浪费这一大项了。在这期间由于老板每隔数日要到清华大学学习管理，不能及时签字拨款，装饰公司停工三次，又因很多主要材料由业主提供不及时而耽误装饰公司进度，又停工数次，当然主要材料的供应商大都是老板的亲戚朋友和在清华学习的同学：当工程进行到18个月时装饰公司和业主关系紧张，施工进度缓慢。第19个月酒店管理公司退出酒店，解除与这位老板合作，培训好的员工已经换了走走了换，全是新面孔了。第20个月装饰基本进入尾声，老板招来亲信负责采购酒店用品，中间出现采购质量不合格退换数次耽误工期现象。终于第21个月酒店开业了。当初开始建设时土建施工监理公司的小伙子结婚不久，等酒店完工孩子已经一岁了。在这家酒店附近突然也出现了一家基本完工的26层的摩天大楼，也是酒店。再后来听说这家酒店内部出现小偷，警察入酒店抓贼、水管漏水、打官司还钱等事件……

一个仅仅4000平方米的酒店，从开工到开业一共经历了一年零九个月。这个老板充分利用了自己的亲戚朋友资源，把预计400万元的项目做到了1000万元，其能力更见一斑。而对手比他起步晚却基本与之同时进入市场。当他在忙碌筹建时也看到了问题所在，但他看见的是局部的，再让他重新来也不一定能成功，因为这其中的奥妙可不是他一个人参得透的。他连基本的环节都没有搞清楚，更不用说各环节的配合了。你说，这样的酒店筹建，是成功的还是不成功的?

第一节　酒店的投资决策

一、酒店投资的可行性分析

酒店投资的可行性研究是酒店投资建设前期工作的重要组成部分，是对酒店某一建设项目在建设必要性、技术可行性、经济合理性、实施可能性等方面进行综合研究，推荐最佳方案，为酒店建设项目的决策和设计任务书的编制、审批提供科学的依据。

（一）酒店投资可行性研究的主要内容

酒店投资可行性研究的主要内容有：①酒店建设项目概况；②开发项目用地的现场调查及动迁安置；③酒店市场分析和确定建设规模；④酒店规划设计影响和环境保护；⑤资源供给；⑥环境影响和环境保护；⑦酒店项目开发组织机构、管理费用研究；⑧酒店开发建设计划；⑨项目经济及社会效益分析；⑩结论及建议。

（二）酒店投资可行性研究的阶段与层次

按可行性研究的内容和深度，酒店投资可行性研究的阶段与层次可分为以下几个阶段：

第一阶段——酒店投资机会研究。该阶段的主要任务是对酒店投资项目或投资方向提出建议，即在一定的地区或区域内，以资源和市场的调查预测为基础，寻找最有利的投资机会。投资机会研究比较粗略，主要依靠笼统的估计而不是依靠详细的分析。该阶段投资估算的精确度为正负 30%，研究费用一般占总投资的 0.2%~0.8%。如果酒店投资机会研究认为可行的，就可以进行下一阶段的工作。

第二阶段——酒店项目初步可行性研究。初步可行性研究，亦称“预可行性研究”。在酒店投资机会研究的基础上，进一步对酒店项目建设的可能性与潜在效益进行论证分析。初步可行性研究阶段投资估算的精确度可达正负 20%，研究费用占总投资的 0.25%~1.25%。

第三阶段——酒店项目详细可行性研究。详细可行性研究，即通常所说的可行性研究。详细可行性研究是酒店开发建设项目投资决策的基础，是分析项目在技术上、财务上、经济上的可行性后作出投资与否决策的关键步骤。这一阶段对建设投资估算的精确度在 +10 010，所需的研究费用，小型项目占投资的 1.0%~3.0%，大型复杂的项目占投资的 0.2%~1.0%。

第四阶段——酒店项目的评估和决策。按照国家有关规定，对于大中型项目和限额以上的项目及重要的小型项目，必须经有权审批单位委托有资格的咨询评估单位就项目可行性研究报告进行评估论证。未经评估论证的建设项目，任何单位不准审批，更不准组织实施。

（三）酒店投资可行性研究的步骤

酒店投资可行性研究按 5 个步骤进行：①接受委托；②调查研究；③方案选择与优化；④财务评价和效益分析；⑤编制酒店投资可行性研究报告。

（四）酒店投资经营策划与可行性论证的类型与内容

酒店投资策划与可行性论证有 4 种类型，类型不同，策划与分析论证的内容也不同。

1. 酒店投资策划

酒店投资策划是对酒店项目的投资进行可行性分析与论证，撰写投资可行性论证书。通常业主在进行酒店投资项目决策前，都需要委托专业策划人士进行投资可行性分析。策划者通过对委托的项目的区位、市场、资金等方面的分析与论证，提交投资可行性论证书供业主做投资决策。

2. 酒店筹建策划

酒店筹建策划是对拟建设的酒店项目进行策划，撰写筹建策划方案说明书，供酒店项目的设计单位进行酒店建筑设计时参照和考虑。酒店筹建策划是酒店经营管理者从酒店经营管理角度对酒店建筑设计在空间布局、功能项目设置、水电动力系统、环境氛围、装潢装饰等方面的要求说明。建筑设计单位根据筹建策划方案说明书的这些要求说明进行酒店的建筑和装饰设计，以满足酒店经营管理者对经营管理的需要。

3. 酒店承运策划

酒店承运策划是酒店经营管理者对拟承接经营管理的酒店的各项事宜进行策划，并通过承接与开业筹划书来体现。酒店承运策划内容包括承运标的选择、承运方式选择、承运介入时段确定等承运前期的策划；承运关系策划、承运责任议案、承运合同制定等酒店承运的责任与合同策划；酒店章程拟定、证件办理计划、保险计划、组织机构议案、定岗定编和人员招聘议案、劳工制度、设备用品配备与采购计划等承运过程的策划；资金管理与运作策划、岗前培训与开业准备议案、运作程序和制度建立议案、开业前营销计划、开业典礼策划等承运后期的策划。

4. 酒店经营管理策划

酒店经营管理策划是酒店经营管理者进行酒店日常运作的经营管理方案书。此部分内容在许多酒店经营管理书籍中都有阐述，本章不再赘述。

（五）酒店投资可行性分析的具体内容

酒店投资策划就是对酒店项目的投资进行可行性分析，撰写投资可行性论证书。通常业主在进行酒店投资项目决策前，都需要委托专业人士进行投资可行性分析。

酒店投资可行性分析包括以下几个方面的分析与论证。

1. 项目概况及用地情况说明

酒店投资可行性分析首先应对业主投资的酒店项目概况及用地情况进行详细的说明。项目概况包括拟投资酒店的类型、规模、等级、地理位置等基本情况。用地情况包括用地的类型、地形地貌和地形图等。

2. 区位分析

区位对于酒店的投资决策起着决定性的作用，它是指酒店所处的位置，以及该位置所处的社会、经济、自然的环境或背景。这个位置包括宏观位置、中观位置和微观位置。宏观位置指酒店所位于的城市或地区，中观位置指酒店在该城市里处在什么区域方位，微观位置则指酒店的左邻右舍，即酒店所在的社区。区位分析主要包括以下几个方面的内容：地理位置、社区环境、自然条件与气候等。

（1）地理位置

地理位置与拟投资的酒店类型关系密切，酒店是处于旅游景区、中心城市、工业区，还是处于度假地等不同的地理位置，都将影响酒店的投资类型，进而影响酒店的设施及服务项目的设置。例如，当地理位置为度假地时，则投资的酒店多为度假型酒店，那么该类型的酒店所配备的设施和提供的服务主要是以适应度假型的旅游者为主。对于不同类型的度假地，如海边度假地、森林度假地、草原度假地的酒店，其建筑风格、建筑材料及装修风格也都会有较大的区别。

（2）社区环境

酒店的位置和周围环境的好坏对酒店的经营有极大的影响，周围环境对客人有无吸引力也将影响酒店的营业额。优美舒适的周边环境、高品质的社区氛围不仅能大大降低酒店的投资成本，还能增加酒店的市场吸引力。社区环境主要包括交通状况、社区经济、民俗风情以及酒店周边的环保及绿化情况。

①交通状况。任何酒店都受交通的影响，交通方便与否，直接影响客人对酒店的选择。商务酒店必须在市中心，机场酒店必须在机场附近，汽车酒店必须在公路旁等。因此，拟投资的酒店一定要选择在交通发达、便利的地方，交通越发达，酒店的生意越兴旺。

②社区经济、文化水平、居民素质与态度。社区经济、文化水平对于酒店的规模、档次、等级具有重要的影响。不同经济和文化水平区域的酒店，设施设备配套、服务项目设置、规模以及档次的选择都会有所区别。例如，地处北京的四星级酒店，它的软硬件大都优于西北地区的四星级酒店；处于国际化大都市的酒店，其建筑风格大都豪华气派，而处于文化浓厚的历史名城的酒店，其建筑风格则更讲求文化气息。

除了社区经济、文化水平会对酒店的建筑风格、服务项目以及特色产生影响外，社区居民的素质与态度对于酒店的经营以及顾客对该酒店形象的形成至关重要。当居民对于新建酒店有较高的热情时，会大大减轻酒店投资建设过程的难度。例如，酒店在旧房拆迁、市场调查时会获得大量民众的支持，从而保证工期的顺利进行，倘若居民对新建酒店不支持甚至怀有敌意，则难免会出现拆迁难、调查难的现象，更有甚者还会出现破坏建设工程的现象。

③民俗与风情。社区的民俗风情对于酒店的筹建与经营有重要意义。利用社区的民俗风情来提高酒店对顾客的吸引力已成为时尚。酒店业主与经营者应将当地的民俗

风情经过艺术化处理与加工引入到酒店的外观设计、装修（大堂、客房、餐厅等）、服务项目设置（如民俗歌舞表演、地方特色饮食、特色工艺品等）中，通过充分地展示当地民俗风情来实现“人无我有”的投资策略和经营策略。

④环保与绿化。环保与绿化的投资对酒店业主来讲需要不少的资金，由于目前环保方面的管制较松，因此酒店业主有可能会采取不负责任的态度，减少对酒店的环保设备与绿化环境的投资。社区的环保与绿化观念对酒店的环保与绿化投资有较大的影响。在环保与绿化观念强的社区里投资酒店，有利于督促酒店的清洁建设、清洁生产和绿色经营，酒店在投资建设时会在污水处理管道、垃圾处理设备、节水节能设施设备等方面做更大的投资，同时会对酒店范围内、外以及所属的公共场所进行绿化和美化。当社区的环保意识较薄弱，社区的绿化水平较差时，酒店的吸引力也会大大降低。

（3）自然条件与气候

自然条件和气候与酒店所处的地理位置密切相关。自然条件与气候一方面影响酒店类型的确定，同时也影响酒店建筑材料、装饰材料的选择。例如，处于风景优美的山体度假区，则该酒店在风格、材料的设计上应与周围环境相协调；海边度假区则应考虑建筑与装饰材料的防腐蚀性；处于地震多发区的酒店应考虑其抗震度。不考虑社区自然条件与气候，会大大提高酒店的投资成本，并给酒店今后的经营带来不必要的损失。

3. 市场分析

市场是有维度的，市场的规模与消费水平也是有限的，市场的供给与需求规模的大小决定了拟投资酒店的营业与利润额。因此，酒店的投资建设必须经过充分的市场分析与论证。市场分析与论证内容应包括以下几方面。

（1）竞争对手分析

酒店的竞争对手主要包括现实存在的酒店及替代性产品、新的市场进入者以及潜在的市场进入者。竞争对手分析是为确定和分析竞争者与互补者的地位及优势所进行的研究。竞争对手的经营思想和理念、目标市场、住客率、日均房价、可利用率和服务的种类、设施的年限和运作状况、人力资源状况、市场份额和公司的从属关系都是竞争对手分析的内容。通过竞争对手分析，可以使酒店投资者寻找到自身的优劣势，并通过彰显优势，规避劣势做好市场定位，并在市场定位的基础上进行酒店产品设计与市场开发。每一个企业或组织都拥有一个价值网（Value net）。价值网由组织的供给者、顾客以及竞争者和互补者组成。竞争观念的改变使竞争者有时候会成为互补者，因此酒店在投资时要客观地看待竞争对手，具有长远的发展战略眼光，寻求能够与竞争者合力创造市场的机遇。

（2）市场规模与消费水平分析

市场规模与消费水平对于酒店规模与档次的确定至关重要。一般来说，市场的规模越大、消费水平越高，则酒店的规模也就相对越大、经营档次也就越高，但这种情况也不是绝对的。市场规模与消费水平分析的考察指标主要有人流量、人均消费水平以及平均停留天数等。

①人流量。人流量的大小决定了市场规模的大小。在投资前应进行人流量的调查，通过对商务流、会议流、观光流、探亲流、当地客源流等人流量的调查来确定酒店所在区域的市场规模。

②人均消费水平。市场消费水平的高低决定了拟投资酒店的档次，酒店市场的消费水平可以用人均消费水平来反映。当市场消费水平较高时，酒店在装修设计、设施设备配置以及服务项目的设置上则要求较高，投资的酒店应主要开发中高档价位的产品；当市场的消费水平较低时，投资者在酒店档次定位时则应侧重于中低档、经济型产品，否则会出现市场与产品的错位。目前酒店业出现的盲目追求高星级、超豪华，导致酒店客房入住率低，经营无法维持的现象比比皆是，这与没有进行或重视消费水平的调查有不可分割的联系。

③平均停留天数。游客的平均停留天数决定了拟投资酒店的规模。平均停留天数多，意味着消费规模大，市场需求量大，拟投资酒店的规模就可以相对大一些，反之，则应小一些。

（3）消费群体（市场）分析

酒店的消费群体根据其规模大小可分为目标消费群体、辅助消费群体和潜在消费群体。消费群体分析主要考察以下四个变量：人口属性（包括年龄、性别、宗教、受教育程度、职业、家庭规模与结构等）、心理图式变量（性格、社会阶层及生活方式等）、购买行为变量（利益追求、购买动机、时机、频率、品牌忠诚度等）以及地理环境变量（区域、气候、地理环境等）。在以市场为导向的竞争年代，消费者的需求、行为特征对于酒店经营的成功与否具有举足轻重的作用。因此，拟投资的酒店应对消费群体进行分析，并根据自己的经营目标和资源能力，确认自己的目标市场，即确认自己的主流消费群体、辅助客源市场和潜在的消费市场。

①目标消费群体。目标消费群体是酒店的主流消费群体，也是维持酒店经营发展最重要的群体。酒店投资者应根据自己的资源、技术、能力和特长，选择自己的主流消费群体，并为主流消费群体提供他们需要的产品或服务。目前许多酒店在客房、餐厅、大堂的装修风格、设施设备和服务项目的设置上根据目标消费群体的需要来确定。

②辅助消费群体。辅助消费群体指酒店必须拓展的消费群体，是酒店目标市场的重要和有益补充。由于酒店消费需求的多变性，酒店难以培养忠诚度较高的消费群体，因此酒店在注重目标市场培育的同时，还应开拓一些辅助性消费群体，作为酒店将来拓展的市场方向。随着经济的发展和人们消费观念的转变，酒店的消费群体在不同时期和阶段也会产生不断的变化。原来的辅助市场可能会变为酒店的目标市场，目标市场也会因形势的变化成为辅助市场。

③潜在消费群体。潜在消费群体是指具有潜在消费需求的群体。酒店可以通过了解潜在消费者的需求，开发适销对路的产品或采取有效的市场营销策略，引导消费来挖掘潜在消费群体，使潜在消费群体变成辅助消费群体甚至成为目标消费群体。

（4）市场定位

酒店市场定位是以消费者的需求和利益为出发点，充分地考虑酒店目标市场的竞争形势和酒店自身的优势与特点，确定酒店在目标市场中的地位，亦即酒店为使其产品在目标市场顾客心目中占据独特的地位而做出的营销策略。市场定位是在考察了竞争对手规模及主要产品、市场规模及消费需求特征等要素的基础上做出的。处于筹备期的新酒店主要依据酒店所属的地理位置及投入营业后的设施、服务、经营理念与特点等自身富有竞争力的定位要素进行市场定位。新酒店的市场定位有以下几个步骤：①确定酒店的目标市场，进而研究目标市场顾客的需求和愿望，以及他们的利益偏好。②充分考虑竞争对手的优劣势，发掘自身的竞争优势，突出酒店自身与众不同的特色。③设计酒店的市场形象。④通过各种营销手段和宣传媒体向目标市场有效而准确地传播酒店的市场形象，以使酒店形象深入顾客的心目中，从而确立酒店的竞争地位。

4. 酒店产品规模与档次的分析与论证

酒店产品规模与档次的分析与论证，具体包括以下内容。

（1）酒店产品类型分析

酒店产品类型分析主要分析论证酒店向市场提供何类产品，产品风格如何等产品理念问题。如同其他任何新产品一样，当市场中存在以下一种条件的话，那么投资酒店产品很可能成功。

· 该产品现在不存在，但对该产品的潜在需求可能非常大。

· 该产品存在，但是需求很大且竞争不太激烈。

· 该产品存在，但目前需求不大，不过预计未来对它的需求会越来越大。

· 该产品存在，但现存产品地处偏远且设施设备的质量较差，管理不当。

酒店可根据以上产品理念来进行酒店投资，亦应遵循以下原则。

①主流市场（目标群体）原则。目标市场原则要求酒店应根据所要接待的主流客源市场的特点、喜好及对酒店产品的要求来进行酒店类型的确定，并决定所要提供的设施和服务的类型。例如，酒店以商务客人为目标市场，那么酒店就应在建筑风格、功能项目设置以及设施设备购置等方面体现商务特色，以满足商务客人的需要。

②竞争对手缺失原则。竞争对手缺失原则是指目前市场上该产品还不存在，只要企业能够提供这种产品，就会产生大量的消费人群。采用竞争对手缺失原则进行酒店类型的确定需要投资者具有较强的观察力、敏感度和创新精神，善于发现日益发生变化的市场需求。按竞争对手缺失原则确定的酒店类型能够使酒店在创办初期取得垄断地位。国外出现的"监狱"酒店、"死人"酒店、"出气"酒店等一些极富个性化的酒店经营业绩不断上升就是一个最好的说明。竞争对手缺失原则的实质是要投资者创造新需求，成为市场的引领者。因为创造新需求的成功机会远远地大于迎合需求的机会。

③潜在市场原则。潜在市场原则是通过发掘市场上尚未出现的新市场或是某一具有发展潜力的市场来确定酒店类型。当酒店对竞争者的市场位置、消费者的实际需求和自己的产品属性等进行评估分析后，发现有市场存在缝隙或空白，而且这一缝隙或空白有足够的消费者，则酒店可针对这一缝隙或空白的消费者来确定投资的类型。另一种情况是指虽然该产品存在而且竞争很激烈，但预计未来它的需求会越来越大。酒店可通过开发满足潜在市场群体需要的产品来获得发展。这种酒店类型定位原则需要投资者具有长远和善于发现市场机会的战略眼光，通过适销对路的产品来创造需求、引导需求。

（2）酒店产品规模分析

酒店产品规模分析主要分析论证拟投资酒店的产品规模，即确定酒店的建筑面积、客房数量、餐位数以及其他设施设备的产品规模。酒店作为一种固定资产投资，应考虑到一定的超前性并具有前瞻性，在产品规模确定的过程中除了应考察酒店现有的客源市场外，还应分析当地的经济发展水平、客人需求的变化以及潜在客源市场的产品规模对酒店产品规模的影响。酒店产品规模对于酒店的经营与发展是十分重要的，科学合理的产品规模能使酒店在今后的经营中充分利用资源，避免因淡季过淡造成的设施设备和人员闲置和因旺季过旺而造成的设施设备和人员的超负荷运转等情况发生。酒店产品规模分析内容主要有以下内容。

①酒店的建筑规模。酒店的建筑规模主要考虑酒店的建筑面积、建筑布局、主体楼层高度、外围辅助建筑格局与规模、酒店建筑风格、周围环境公共区域规模以及景观设计和绿化美化环境等。由于酒店建设的固定投资较大，且一旦确定就较难更改，

因此酒店规模的确定必须具有一定的预见性和前瞻性。在建筑风格的选择上，应充分与当地的文化、地域特点、民俗风情相结合，为了节省开支应主要采用当地建筑原料。

②酒店的功能项目规模。酒店的功能项目规模主要指酒店提供的房间类型、数量等客房规模，餐厅类型、餐厅面积与厨房数量等餐厅规模以及娱乐项目与设施规模。

客房规模：包括楼层设置（标准楼层、豪华楼层、行政商务楼层等）、客房类别（标准客房、商务客房、无烟客房、豪华套房、度假套房等）、房间数量等方面的确定。

餐厅规模：包括餐厅的种类（中餐厅、大堂酒廊、咖啡厅、宴会厅、会议室、包厢以及西式餐厅等）、餐厅与厨房的数量和面积以及餐饮设施等方面的确定。

娱乐项目与设施规模：包括 KTV/RTV 包厢、夜总会、健身中心、游泳池、棋牌室、桑拿、室内网球场、高尔夫球场以及保龄球馆等娱乐项目与设施的确定。酒店娱乐项目与设施规模的确定应根据酒店的类型来确定，不同类型酒店的娱乐项目与设施的规模档次也不相同。

③酒店的主要设备规模。酒店的主要设备规模包括供配电系统、给排水系统、供热系统、制冷系统、通风系统、空调系统、通信系统、共用天线电视接收系统、音响系统、计算机管理控制系统、消防报警系统、闭路电视监视系统、垂直运送系统、厨房系统、洗衣系列、清洁清扫系列、办公系列等方面。现代酒店设备投资量大，一般要占全部固定资产投资的 35%~55%。酒店设备前期规划的好坏将决定 90% 以上的设备寿命周期费用，决定设备装置的技术水平和系统功能，决定设备的实用性、可靠性和未来维修量。因此，酒店设备配置规划方案应从酒店的整体利益出发，根据酒店的规模、档次来规划。规划方案应包括设备的市场状况和前景、设备与所需能源和原料的关系、设备的环境条件、技术方案、环境保护、对运行操作人员和管理人员的要求、设备投资方案的经济评价、不确定分析、方案的实施计划以及可行性研究报告等。设备选择应遵循适应性、安全可靠性、方便性、节能性、环保性、配套性的原则。

（3）酒店产品档次分析

拟投资酒店档次的确定主要根据现实和潜在目标市场的消费水平并结合投资者的经济实力来确定。目前酒店的档次大多以国家制定的《旅游饭店星级的划分与评定》为标准。在投资可行性分析中，酒店档次的确定可采取一次到位原则或阶段性到位原则。

①一次到位原则。一次到位原则指酒店在投资筹建时，业主根据酒店档次的定位，按星级划分与评定标准要求一次性投资到位。一次性到位的投资原则虽初期投资成本高、风险较大，但能够避免因多次投资产生的时间成本以及其他有形与无形成本

而被许多投资者采用。

②阶段性到位原则。阶段性到位原则指酒店业主通过分阶段投资而使酒店最后达到所要达到的档次。例如，酒店的一期投资只能达到准四星级档次，通过二期和三期的投资建设才能达到四星级档次。阶段性投资能够分散酒店初期投资的压力，但也会带来一些不必要的成本损失，如因二、三期工程施工引起的顾客投诉以及由此造成的客源流失等问题。

5. 投资回报分析

投资回报分析也称为收益分析，是投入与产出的分析，这是酒店投资者最为关心的问题。投资回报分析包括投资额估算、投资回收期计划、年营业额预算、效益分析等内容。分析方法有保守分析法与乐观分析法两种。

（1）投资额估算

投资额也即投资建设酒店所需支付的成本，主要是初期开发成本（包括建造酒店购买设施设备以及进行酒店装修等）和酒店的经营成本。初期开发成本还包括向所在社区提供基础设施所需的设备，诸如公用事业设备，建设停车场和车库，建设围墙等方面所需的成本。酒店类型、规模、档次、地理位置不同，投资成本也不同。一般而言，投资者会花费总预算成本中的 10%~30% 用于购买土地，50%~53% 用于建设，13%~14% 用于购买家具，13%~18% 用于杂项费用。

（2）投资回收期计划

投资回收期又称还本期，指某一个新建酒店方案，其投资总额以该酒店开业后的利润来补偿的时间。投资回收期的值越小，酒店投资的经济效益就越大，其计算公式如下：

投资回收期 = 投资额 /（每年的盈利 + 税金）

酒店应根据收益、费用分析来预测酒店的投资回收期，并制订相应的实现计划。投资回收期计划为酒店确定了利润目标和还本期限，对于酒店日后的经营具有较大的参考价值和指导意义。

（3）年营业额预算

年营业额预算必须包括客房收入、餐饮收入、康乐收入及其他部门的收益，这些预算只有在对每年的住客率和客房价格进行正确估计之后才能进行。

（4）效益分析

效益分析又称经济评估，也就是酒店投资的可行性分析，分析投资者从所投资的酒店经营活动中获得的总收入与投入总成本相比较是否有盈余。目前酒店多数采用内在收益率（IRR）的方法来分析项目的可行性。收益率是一种根据投资所产生的回收率对资本预算决策进行评估的方法。

二、酒店投资与经营的决策方法

（一）酒店投资与经营的决策分类

按不同的分类标准，酒店的投资与经营决策可分为如下几类：

1. 以决策的条件分类

（1）确定型决策

在这类决策中，系统状态或环境条件是明确的。确定型决策的问题应具备以下四个条件：①有一个决策者希望达到的明确目标；②有两个或两个以上可行的行动方案可供选择；③只有一个确定的自然状态；④每个可行方案在确定状态下的损益值可以计算。

（2）风险型决策

在这类决策中，系统状态或环境条件不明确，但可以估计出发生各种结果的概率。风险型决策问题应具备的条件为：①决策者达到的目标明确；②有两个或两个以上可行的方案可供选择；③存在着两个或两个以上的不以决策者意志为转移的自然状态；④不同的行动方案在不同的自然状态下的损益值可以计算；⑤在几种自然状态下，每种自然状态出现的可能性可以估算，但决策者无法肯定未来究竟出现哪一种状态。

（3）不确定型决策

在这种决策中，系统状态和环境条件是不明确的。不确定型决策应具备的条件除了状态出现的可能性无法估计外，其他条件与风险型决策的条件相同。

2. 以决策的模型分类

（1）结构型决策

结构型决策所涉及的问题能够用一元函数的数学模型来表示，且在约束条件下有最优解。

（2）非结构型决策

非结构型决策所要解决的问题无法全部满足结构型决策基本条件。

（3）边际型决策

所要解决的问题具有多元目标，但可归纳为一元目标函数数学模型来解决。

3. 以决策的规律性分类

（1）常规类型决策

这类决策一般都有章可循，并有一定的决策程序，如库存决策、销售计划等一些经常反复出现的决策问题。

（2）非常规类型决策

这类问题的决策没有一定的章法和决策程序，属于那些不经常出现的决策问题，这些文体往往比较重要。这类问题的决策在很大程度上需要决策者利用经验来解决。

（二）主要的决策方法

1. 确定型决策方法

确定型决策具备 4 个条件，它的自然状态是一种既定情况。因此，它的决策问题是在已知未来可能发生情况的条件下选择较优的决策方案问题。对于这种情况，决策者只需对各种方案所提供的不同效益加以比较，就可选出较优的决策方案。

2. 风险型决策方法

风险型决策，就是对事件在几种不同自然状态下可能发生的概率进行决策。因为风险型决策系统状态或环境条件不明确，所以对未来可能发生的结果只能进行概率估计。概率是衡量一个事件出现的可能性。由于在决策中引入了概率的概念，因此，在依据不同概率所拟定的各种决策方案中，不论选择哪种方案，都要承担一定的风险。

（1）风险型决策标准

从上述决策分类中可知，风险型决策具备 5 个条件，由于风险型决策在所具备的条件中存着不同自然状态下不可控制的因素，所以统一决策方案在执行中会出现几种可能的结果。而且，由于风险型决策中存在自然状态的不确定，决策者对各种自然状态的概率及其损益情况只能进行大致的估计。因此，风险型决策便存在一个选择决策方案的标准问题。选择风险型决策方案有很多标准，应用较为普遍的标准是采用最优损益期望值标准，简称损益期望值标准。损益期望值标准就是根据不同自然状态下的概率，计算出各种方案的期望值，并以此为标准，选择受益最大的或损失最小的决策方案为最佳决策方案。所以，在具体应用中，又可分为最大期望收益值标准和最小期望损失值标准。

（2）风险型决策分析方法

以损益期望值为标准，根据各种不同自然状态和所计算的各种数据分析，风险型决策分析方法主要有：决策表分析法、决策树分析法和矩阵分析法。具体有三种方法：一是采用最大期望收益值标准来选择最佳决策，二是采用最小期望损失值标准来选择最佳决策，三是采用最大可能准则分析法来选择最佳决策。

1）决策表分析法

即运用统计分析，通过有关表格计算出各种方案的损益期望值，然后经过比较，按照最优期望值标准来选择最佳决策的方法。

实际上，最大可能准则分析法是将两个或两个以上的自然状态的风险型决策简化为一个自然状态的确定型决策问题来进行决策的，用最大可能准确分析法的最大的特点是比较简单和稳定。但应提醒注意的是，最大可能准则分析法只能适用于若干自然状态，有某个状态出现的概率比其他状态出现的概率大，而且在该状态下，各方案的收益值或损失值差别不太大的情况。若自然状态概率都很小，且相差不大（即失去的可能性大的这一优势），采用最大可能准则分析法进行决策的效果就不好，甚至会产生错误。

2）决策树分析法

决策树分析法因运用树状图形分析和选择决策方案而得名，它是一种以图解为辅助进行风险型决策的方法。

决策树图形是对某个决策问题分析和计量过程在图上的反映。决策树图形的内容包括：①决策点，用方框表示。决策点是对几种可能方案选择的结果，即最后选择的决策方案。②方案枝，由决策点起自左向右画出的若干条直线，每条直线代表一种备选方案，方案枝的枝数表示可行方案的个数。③机会点，画在各方案枝末端的一个圆圈，代表备选方案经济效果，通过对机会点的经济效果比较，就可以选出最佳决策方案。④概率枝，由机会点向右画出的若干条直线，代表各备选方案不同自然状态下的概率。它的作用是根据不同自然状态下的收益值和概率，计算出各备选方案在不同状态下的期望值，以便制定出机会点的备选方案。⑤期望值，各备选方案在不同自然状态下的收益值乘以概率的计算结果，是为制定各机会点的备选方案提供数据的。期望值一般放在各概率枝的最右端。

应用决策树分析法的步骤：①画出决策树图形。②确定概率值。③计算各自然状态的期望值。期望值为各种自然状态下的收益值分别乘以概率之积。将计算的各备选方案在不同自然状态下的期望值填写在决策树形图中各概率枝的末端。④计算各备选方案的期望收益值。期望收益值是备选方案在各自然状态下的期望值之和。将各备选方案的期望收益值填写在决策树形图中的机会点圆圈上。⑤选择最优决策方案。根据决策树形图，对图中各机会点的备选方案进行比较衡量，选择受益最大的方案为最佳方案，将该方案的最大期望收益值填入图中的决策点方框上方，并在劣于最佳方案的其他方案之上打上“×”。同时，进行一定的定性分析，确定最后的决策方案。

采用决策树进行决策有许多优点：①它构成一个简单的决策过程，使决策者可以按顺序有步骤地进行决策分析；②决策树以其直观的图解，使决策者形象地明了事态发展中可能出现的自然状态、其可能性大小、各种自然状态的风险结果以及可以互相代替的方案，从而有助于决策者进行科学的分析、思考与决策有关的各种因素；③在画出决策树图形后，便于集体讨论和共同分析，有利于权衡利弊，做出抉择。

3）矩阵分析法

矩阵分析法是通过矩阵形势分析来达到最优方案选择的方法。它适用于处理分析数据很多、计算不便的风险型决策问题。

3. 不确定型决策方法

不确定型决策问题，是对未来各种自然状态可能出现的概率无法进行预测和估计的决策问题，因此，不确定型决策在很大程度上取决于决策者的主观臆断。

对于不确定型决策问题的决策，不同的决策者会运用不同的决策标准来进行决策分析，下面是常用的几种分析方法（决策标准）。

（1）最大最小收益值分析方法（小中取大标准）

最大最小收益值分析法是在计算出各方案在各种自然状态下可能最小收益的基础上，以最大的最小收益值为标准，从各最收益值方案中选择最大的一个方案作为决策方案。这种方法，实际上是把最小收益的自然状态假定为必然出现的自然状态，并在这几个最小收益的自然状态下寻找最大值，以确定最佳方案的方法，因此称为小中取大标准法，这种方法的主导思想是对客观情况持悲观态度，认为事情的结果总是向着不利的方向发展。既然万事都不如意，为保险起见，决策时只求在最坏情况下找一个结果较好的方案，这是一种保守的分析方法。因此，有时也把此方法称为悲观准则法。

（2）大中取大标准法

此种分析法与最大最小收益值分析法正好相反。它是从各个自然状态最大收益值中选择最大的一个方案。这种方法实际上是一种好中取好的方法，其主导思想是对客观情况持乐观态度，所以有时也称为乐观准则法。

（3）最小最大后悔值分析法（大中取小标准法）

最小最大后悔值分析法，是计算出在某种自然状态下，由于未采用最佳方案造成的最大“后悔”损失值，再经过比较，从各最大的后悔损失值中选出最小的一个后悔值，作为选择最佳的决策方案的标准。这种方法的主导思想是根据决策时所选择方案在实施中未能符合实际情况而产生后悔的假设，把各自然状态下最大收益值与各方案在该状态下的收益值相减的差值称为“后悔值”，并以后悔值最小的方案为最佳方案。

在实现决策的过程中，当某一种自然状态出现时，才会明白哪个方案的收益值最大，即这才是最佳决策方案。这时由于决策者在决策时没有采用这个方案而采用其他方案，便产生后悔。

（4）折中分析法

折中分析法实际上是一种指数平均方法，它是介于最小收益值和最大收益值之间的一种评选标准。折中的方法是采用折中系数（用 a 表示），计算出最大 益值和最小收益值之间的折中收益值，然后选择最大的折中收益值为最佳决策方案。

折中收益值的计算公式为

折中收益值 =a× 最大收益值 +（1−a）× 最小收益值

其中折中系数 a 值为 $0 \leqslant a \leqslant 1$。当 a=0 时，为保守标准；当 a=1 时为冒进标准。A 取值没有理论标准，是由决策者经过对历史资料的分析，或根据个人经验和认识加以判断确定的。

上述介绍的 4 种分析方法所得到的决策结论不完全相同，是由于评选标准不同所致。最大最小收益值标准，指导思想放在选择何种方案可取得最低限度收益值，属于悲观的标准。大中取大标准，指导思想放在选择何种方案可使收益值最大，属于乐观的标准。最小最大后悔值标准的主导思想则放在选择何种方案可使最大后悔值最小的标准上。折中标准则在最大收益值与最小收益值之间选择。因此，对于同一个决策问题，不同的评选标准会得出不同的结论。实践中，对于不确定型的决策问题，在理论上还未能证明哪种标准是最合理的。因此，究竟运用哪种分析方法，采用何种评选标准为好，则完全取决于决策者对待风险的态度和魄力。

根据国外经验，决策过程中最好采用各种标准进行计算比较，综合分析，将其中被确认为最佳方案次数最多的方案，作为最佳决策方案。

（三）酒店投资与经营决策的准则与步骤

1. 准则

现代酒店的经营决策应以美国管理学家西蒙创导的现代决策理论作为决策的理论准则。现代决策理论的主要论点如下。

（1）决策是管理的核心与基础，是事关企业和全局的事。任何人无论其职务高低，在工作中都要碰到决策问题。

（2）合理的决策不一定是最优的决策。决策的效果应从经济、社会、心理三个方面来进行综合评价，有限合理性原则是决策的标准。

（3）影响决策的因素是多方面的。决策者的情绪、需要、思想、性格、学识及联想力是不可忽视的因素。

（4）企业经营管理的活动可划分为常规化和非常规化两类。前者是可以程序化的，是不必经过决策过程选择的活动，后者则是不可程序化的。因此，非常规化的经营管理活动是决策的主要对象。

（5）涉及创新的决策过程应先确定总目标，通过手段—目的分析找出完成总目标的手段和措施，然后把这些手段和措施当作新的次级目标，再寻找一套详细的完成手段。

2. 步骤

按现代决策理论，决策的全过程如图 3-1 所示。

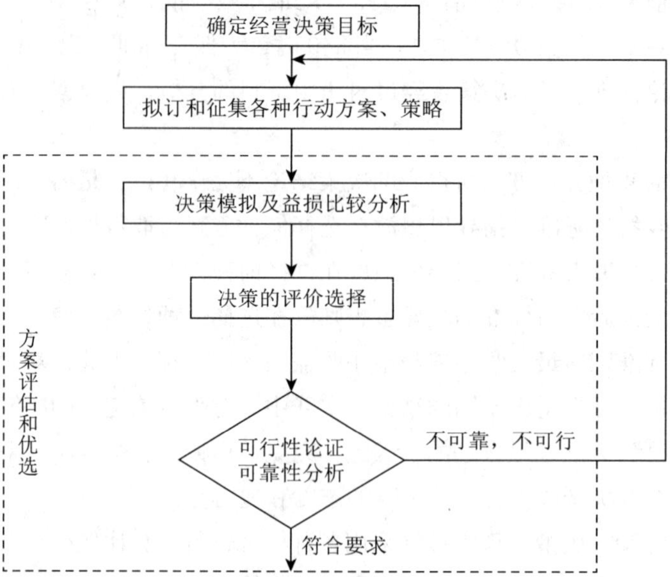

图 3-1 决策过程

一般来说，决策的全过程应包括 3 个步骤。

（1）确定经营决策目标

决策的目的是达到一定的经营目标，确定明确的决策目标才能使所作出的决策把经营管理引向预定的目标。决策理论注重于定量分析与定性分析相结合，所以，确定目标应力求做到定量化。例如，某项新的酒店产品的投资获利指数、回收年限等。确定决策目标时应注意到目标实现的可能性，必须把目标建立在确实有可能实现的基础上。目标确定后要有一定的稳定性和持久性，不能因个别原因更换或放弃。

（2）拟订实现目标的行动方案

拟订行动方案是进行科学决策的关键和基础工作。酒店经营决策所要解决的问题客观上都存在着多种途径和方法，所以应拟订出几种可行的行动方案以供选择，没有选择的方案就不存在决策问题。

行动方案的拟订应充分鼓励酒店各级管理人员和全体员工参加，应向全体员工征要方案，以便从众多的方案、想法中概括、提炼出若干个可供选择的方案。

拟订方案时，应注意考虑各种可能存在的，对方案有影响的因素，并对这些因素进行定量分析，使之定量化、具体化。

（3）方案评估和优选

方案的评估是对所拟订的方案内容、实施条件、效率和问题三行分析论证，衡量利弊，为选择最优方案提供各种参数的定量数据。

第二节 酒店的设计

设计是一门涉及科学、技术、经济和方针政策等多方面的综合性艺术，是基建程序中必不可少的一个重要组成部分。它对项目建设中的经济性和建设使用时能否发挥生产能力或效益，起着举足轻重的作用。

酒店的设计绝不仅仅是布局和装饰的问题，而且是包含多项新理念、新技术的综合性系统性工程。优秀的酒店规划设计能为酒店整体系统的科学性、环保性、舒适性和良性经营运行打下了完好的基础，有利于将来酒店营业时增加营业收入和降低营业成本，会使酒店未来的经营和管理更加得心应手。

一、酒店设计概述

（一）酒店设计的概念

酒店设计包括整体规划设计、建筑设计（方案设计、结构设计等）、功能设计、景观设计、室内装修与装饰设计、配套设计等，也可扩大概念至酒店特色设计、文化设计等。简单地说，酒店设计包括功能规划、建筑装修、文化定位三项主要内容。

从酒店筹建的流程来看，酒店设计包括酒店概念设计、图纸深化（扩出）设计、图纸优化设计等。

从酒店筹建的设计内容来看，酒店设计可分为主设计和辅设计两大类。主设计包括建筑设计（地基设计、结构设计、抗震设计等）、内部装潢设计（室内设计）等。结构设计包括混凝土结构设计、钢结构设计、砌体结构设计、木结构设计等。辅设计包括灯光设计、家具设计、艺术 / 附属设施设计、服务流程设计、超高结构设计、综合机电设计、室内外园景设计、特别灯光与声学设计、后勤区设计及品牌标识设计等。

从酒店设计的基础对象来看，酒店设计可分为新建酒店设计、翻新改造设计两大类。

从设计的任务来看，可分为综合设计、分项设计、局部设计、细节设计。

酒店设计是理性设计与感性设计的高度统一，它的第一个切入点就是为经济效益这一目标服务。酒店设计的目的是为投资者和经营者实现持久利润服务，要实现经营利润，就需要通过满足客人的需求来实现。

酒店可以为顾客创造多种文化：建筑文化、服务文化、管理文化、产品文化等。比如，建筑文化，可以体现在建筑设计的个性美，“内方外圆”“几何斜面”“旋转球体”“自然曲线”，设计的独特文化体现，能大大增加顾客对酒店的印象。

（二）酒店设计的理念

1. 适度性设计

为了迎合消费行为越来越理智的消费者，酒店普遍采用更加完善的设施设备来应对同类产品和市场产生的竞争，以便保持竞争实力，但这样做容易出现“过度设计”。因此，酒店的设计无须过分华丽，而功能舒适才是首要任务。

2. 与时俱进创新设计

当前世界酒店设计的潮流是在注重本土文化的同时，风格日趋现代、简约和时尚，形式上去繁就简，以清洁现代的手法隐含复杂精巧的结构，在简约明快干净的建筑空间里配备精美绝伦的家私、灯具和艺术陈设。要让酒店保持时尚，酒店设计师就要独立创新和标新立异。设计师要有新思想、新创意，追求新技术和时尚。新设计要与国际接轨，具有一定的超前性。不能做一些过时的老套的设计，如客房已经不用窗帘盒了、前台已经不用封闭式高台了，而改用独立式、开放式的更为人性化的柜台了。

3. 精益性设计

力求精品。其中，文化定位、环境塑造、空间营造是精益设计的关键。

4. 低成本高效果

设计一开始时就要努力体现以比较低的成本达到最好的效果。如城市中的酒店就可以减少仓库面积和数量，充分利用社会上的物资配送力量和资源。

5. 客房设计是重中之重

客房是酒店的主体，客房的入住率将直接影响酒店的经济效益。客房是客人使用效率最高、停留时间最长的地方。因此，客房的艺术效果、硬件设施、装修材料、家具、艺术品的配置将影响酒店的规模和档次。客房也是最能体现酒店对客人的关照和态度的地方，客人入住以后，这种感觉会给客人留下深刻的印象，这一印象决定其是否再次入住该酒店。在酒店产业链中，先进的卧室和浴室的设计所带来的营业收入是最高的。因此，新建或改扩建的高星级酒店的设计主要关注床铺的舒适性以及房内的装修水平和浴室设施的完善程度，以求在客房设计和改善宾客感受上能略胜其他酒店一筹。但是，一流的装修和华丽的外表并不能保证能够获得较高的消费者满意度。

6. 绿色环保设计

要通过绿色设计建成绿色建筑，进而创造绿色酒店。

绿色设计也称为生态设计（Ecological Design）、环境设计（Design for Environment）等。其基本思想是在设计阶段就将环境因素和预防污染的措施纳入设计全过程，将环境性能作为设计目标和出发点，力求使设计结果对环境的影响为最小。绿色设计的核心是“3R”，即Reduce，Recycle，Reuse，不仅要减少物质和能源的消耗，减少有害物质的排放，而且要求相关产品及材料能够方便地分类回收并再生循环或重新利用。

绿色建筑又称生态建筑、可持续建筑，是指建筑设计、建造、使用中充分考虑环境保护的要求，把建筑物与种植业、养殖业、能源、环保、美学、高新技术等紧密地结合起来，为人们提供健康、舒适、安全的居住、工作和活动的空间，同时在建筑安全寿命周期内（物料生产、建筑规划、设计、施工、营运维护及拆除过程中）实现高效率地利用资源（能源、土地、水资源、材料等），最低限度地影响环境的建筑物。绿色建筑是一种理念，它运用于酒店的设计、施工、运行管理、改造等各个环节，使酒店获得最大的经济效益和环境效益。

绿色酒店（Green Hotel）是指运用环保、健康、安全的理念，倡导绿色消费，保护生态和合理使用资源的酒店。其核心是为顾客提供舒适、安全、有利于人体健康要求的绿色客房和绿色餐饮，并且在生产经营过程中加强对环境的保护和资源的合理利用。其内容除遵守国家法律法规和标准、证照外，还有节约用水、能源管理、环境保护、垃圾处理、绿色客房、绿色餐饮和绿色管理等方面内容。

7. 人性化设计

酒店是消费者的食、住、娱、商等方面的主要活动场所，其设计均要以满足消费者的正当需求为目标。对特殊客人的需求也要重视。

8. 文化性设计

成功的酒店设计不仅是满足其使用的功能的需要、设计新颖，更重要的是具备独特的地域性和文化性。酒店的设计在功能上要满足使用，这是必须与国际接轨的，也是具有同国际相同的规范、相同的标准，以满足不同国度及不同民族的消费权及使用权，而酒店的精神取向及文化品位则要考虑地域性及文化性的区别。这是现代一个酒店的成功所在。酒店设计师要研究新酒店项目所在地的“文化”，包括地域文化、民族文化、历史文脉，在最初方案设计中如能准确、合理地定位好酒店的文化内涵，酒店就具有了深厚的文化底蕴和无穷的魅力，从而带给客人不仅仅是生理上，还是情绪、心灵上的享受。

9. 主题设计

新酒店的所有设计都要围绕一个主题进行，从风格、用材到细节等都要统一协调。多方面的设计不能各自为政，各搞各的，否则最后就成了“大杂烩”“四不像”。如海滨度假酒店可围绕海洋这个主题进行设计。

10. 前后台并重

总体设计时要正确处理好酒店前台（即对客服务）部分和后台（即后台生产、加工、仓储、办公、安全管理等保障）部分的空间关系、总体比例、面积大小等。要改变过分重视前台而忽视后台的习惯性错误做法。

（三）酒店设计的原则

1. 围绕和迎合满足客人的心理需求

每一位客人来到酒店之前，心里会对酒店有一种潜在的期待，渴望酒店能够具备温馨、安全的环境，甚至渴望这个酒店会给他留下深刻印象，最好有点惊喜，并使这一次经历成为他生活的一部分。营造酒店具有一种温暖、松弛、舒适和备受欢迎的氛围，实现客人心理需求就是酒店设计者的天职。

2. 服务和服从于经营定位的设计原则

市场定位是设计的基础，目标营销市场决定设计形式和经营方式。市场决定设计，设计反过来影响市场。

3. 总体设计应遵循分区明确、关系密切、前后台分开的原则

现代酒店不论类型、规模、档次、外观如何，其内部功能均应遵循分区明确、关系密切、前后台分开的原则。

4. 绿色环保的设计原则

现在，生态价值观越来越规范着人们的社会行为，酒店设计中更多的是积极提倡人为环境与自然环境的融合与共生，室内空间再创造的同时也应是人类生态环境的继续和延伸。新酒店设计要对生态系统和生物圈内不可再生资源建立循环资源系统，充分考虑诸因素彼此之间的相互作用、气候与建筑方位、昼光的利用等设计因素、建筑外表面与体系的选择以及经济准则和居住者的活动等诸多因素，积极利用再生资源、充分利用自然光、太阳能，积极组织被动式的自然通风，节约能源，加强天然资源的利用和保护，积极开发和使用真正环保型的装饰材料，建设绿色酒店。

5. 装修重装饰原则

慎用反光材料：不锈钢、玻璃、壁画、水晶灯。酒店室内装饰的几个重要观点：要有凹和凸的空间；整体比例设计要合适；两种趋向，即选用真品和仿制品；会议室色彩不应太乱；酒店建议要有一个主题墙。

6. 要便于服务和维修的原则

设计需考虑能便于服务人员和工程维修人员完成工作。如管口的检修口安排也不能干扰客人的生活而且不能破坏酒店室内建筑的整体性。凿开墙壁来维修管井是一件非常愚蠢的行为。

（四）酒店设计的关键点

1. 酒店总体设计的关键点

（1）建筑外观的亲和感

进出路线、出入口等要方便客人；虚（如窗户）实（如柱子、墙体）结合；比例适中，三段式——群楼、主体、顶部，要注意符合黄金比例 1∶0.618。与周边环境相融合。设计要充分考虑酒店的文化底蕴等。

（2）建筑内部的人居感

要减少中间回廊，注意垂直交通——电梯选择（包括客梯和货梯），设计电梯尽量在一起，方便客人选择，电梯和客房的配比为 1∶70，群楼建议选择扶梯，防火梯（货梯）要与主梯分开。楼梯的独立交通。大空间的安排。屋檐散水——防止雨水流到楼面上。要合理设计内部交通与各类活动流线。各个功能面积的配比。机房和客用的面积关系。卫生间的布局和面积。客房门要错开。

2. 酒店结构设计应注意的问题

（1）星级对建筑净尺寸要求。

（2）客房面积和柱距的关系。五星级酒店客房开间和进深以 4.2 米 ×8 米的尺寸为宜，这样设计客人感觉比较舒适，也有利于地下车位的布置。

（3）电机井道的尺寸。

（4）投物井道的考虑。

（5）管道井的安排要分开，有一定空间。

（6）多功能厅活动隔断的承重。

（7）电梯门出口的高度要求。

（8）厨房地面不做沉降。因排水沟无法做。

（9）考虑安装震动设备时对服务区域的影响等。

3. 酒店水电空调的初步设计

酒店水电空调的二次设计一般为水电装修设计，应请相关专业设计院进行。

酒店供水要求净化、软化、消毒、稳压、直饮水。酒店内管网的材料要优先选用铜材（包括上水主管），其次考虑选用 PPR 管（利用率高，接头较贵），下水管应坚决不采用铸铁管。水平管道每 70 米要有一补偿装置（减少水锤），供水设计时要有两路为好（建议进行环网设计）。有必要进行净化和软化（去碱）和消毒处理，以避免人们的高血压、肾结石等病出现，可采用在管道中间有一段透明外加紫外线灯（消毒）办法；供水系统须设计合理的稳压装置。采用中水处理系统，做好水的二次利用，如浇花和冲马桶。

电气部分要选用可行的双路供电，须设计有备用发电机组。客房控制的配电盘安装位置要以方便客人为中心，方便维修次之（应考虑）。客房开关面板的选择要求：省力、手感好、简单明快、最好两只不宜多。客房部分不集中控制电源，如手机充电（包括计算机上网）插座、冰箱电源插座、空调风机盘管电源等。清洁（扫）电源的合理布局。客用电源的设计高度要以超过桌面 10~15 厘米为好。布线与弱电管线的距离要注意，但按照目前的技术手段，不必刻意要求；设备启动电流与变压器选择的关系，80% 的变压器符合配置效率最高。变频器设备的合理选用，以有效节能为目的进行考虑。各功能供电系统的有效分离。重视分区电量（包括水量、汽量、油量等）计量，区分以各系统为单位和以各部分为单位两种情况。

4. 酒店的二次设计要点

（1）确认主题是前提

确认二次设计的主题是前提要注重文化内涵，考虑本土特色与旋律性的表现（设计的始末都要突出中心主题）。设计的作品由后来人进行评判。

（2）二次结构设计是重点

二次结构设计材料的选用应考虑其寿命等。对于预埋件前期考虑。厨房设计单向通道以分离客用和服务通道，避免服务人员和客人接触，但厨房的服务通道距离不能过长，应把后厨加工制作和客人消费区域尽量设计在同一层面上。

（3）公共区域的二次设计是关键

附属功能区要有合理的缓冲面积，相同功能、相互有联系尽量设计在一起；客用走廊宽度不小于 1.8 米，管道间门的位置应予以重视；附属信道（服务信道）要与客用通道分开；公共区域卫生间要重视大堂、餐厅等区域，不同区域内的卫生间面积设计应不同；店内水景的设计应慎重，尽量不采用固定式，因为增加了大堂区域的湿度，对装修物不利，也增加了大堂区域的噪声，且循环水的异味需要进行水处理，水面以下灯具、连接线路的影响等；平面布局的调整要以客人为本，要注意人流、噪声、功能、空气污染等与平面布局的关系。

（4）酒店艺术品的设计

要与酒店的文化内涵相协调。要正确对待个人的爱好和客人欣赏角度的关系。艺术品的种类不宜繁杂。艺术品要体现“重装饰、轻装修”原则。酒店的色彩数量有所控制。

（5）酒店背景音乐的作用

不同场合的音乐选择不同。民族音乐与西洋音乐的应合适使用

二、酒店的空间结构与功能布局的规划与设计

酒店的设计不但要新颖，有吸引力，更要有实用价值。除客房外，还要有足够的空间，即供客人活动的公共场所，使客人能在工作、旅游之余有休息、娱乐的地方。恰当的空间结构和合理的功能布局，既能给客人带来舒适愉悦的享受和体验，更能充分利用空间，节约酒店建设投资和运营费用，为酒店创造良好效益，也为酒店的“可持续性发展”奠定了良好基础。

（一）有关建筑·人·空间的理念

空间感是建筑体面的虚实围合给人的心理感受。

人和空间环境有着奇妙的互动关系，人对空间与环境的感受和体验直接影响到人的心理状态。酒店是给离开家的客人提供住宿及其他辅助性产品的地方。酒店服务的无形性、不可分割性、易逝性、易变性决定了服务产品的体验本质。因此，酒店从规划设计开始就要处理好建筑、空间与人的关系，最佳境界是天地人合一。

客人购买的酒店产品，主要是对一定的空间（如客房、会议室、餐厅包房等）在一定的时间内拥有了相对所有权。客人在此空间活动的过程中，客人舒适的消费体验很大程度源于酒店空间的合理性，即符合人体工学。建筑的舒适空间是通过对景物、声音、方向、表面、高度、光线和行走的地面有所变化所造成的，如有过渡空间的房屋比径直通向户外空间的房屋要宁静得多，而且它具备私密的领域感。人通过建筑空间所产生的实体变化而产生了心理变化，“最重要的是景物的变化”，而达到了舒适的感觉体验。同时注意形成空间视觉观察的层次，外空间成为内空间的“天然背景”，而透过次天然的背景可看到更好的远景。如花园、露台、街道、公园、公共户外空间、庭院、绿荫街道都必须使其具备分明的层次，这样才能够使舒适生活的可能性得以形成。

建筑的有效空间也在于建筑与空地之间进行的规划同构，而往往过多的建筑忽视空地与建筑的关系而导致空间失效。

土地有其区位价值，也有其自身价值以及组成价值的各种成分，其中生态价值是一个稀有的成分。

在建筑内部的有效空间必然接纳阳光，空间天然光是室内空间必不可少的。循环不已的阳光对维持人体生理节奏有着决定性的作用，太多的光线扰乱了人的生理机能。同时，建筑的形状有效性对于内部清净或拥挤相对起着很大的作用，对人们的舒适与安宁有着决定性的作用。建筑物室内方形形态彼此干扰使得室内空间模糊，舒适的室内空间是安静与喧嚣的结合体。而狭长形态却能够解决这个矛盾，其长条形状扩大了建筑内部点到点之间的距离（房与房之间的距离），增加了人们在一定的区域内能获得相对安静的舒适性居住条件，人也只有逃离了某种限制方能追求这种对舒适空间的享受。

对于新酒店项目，我们要特别重视对项目的人性、自然和文化内涵的关注和挖掘，正确处理好人与酒店建筑空间的关系，努力让人（包括客人和员工）与自然环境、与建筑本身和谐统一。在规划设计酒店、空间处理、环境设计时都要进行系统的思考，努力使酒店不仅具有完善的物理功能，同时还具有体验、激励等心理功能。目前有一种错误的做法就是孤立地看待酒店建筑，过分关注视觉的冲击（如外立面的强势与华丽、内装饰的过分奢华等）与概念的渲染，而忽视对人的活动及其规律的研究，急功近利、重表轻里。

（二）酒店的空间结构

酒店的空间结构包括六个方面的因素：空间形象因素、空间环境因素、空间尺度因素、空间风格因素、空间功能因素、空间应用相关规范因素。其中，形象因素包括建筑物外形、内部空间形象两方面；空间尺度因素主要指酒店建筑结构，如占地面积、长宽比例、楼高、层数与层高、进深、柱网等；空间功能因素主要指酒店的功能布局、空间分割与组合、功能配套等。

理性与感性的完美结合状态应该是把酒店设计的建筑规划与室内空间融合为一体。装修设计都是在已有建筑构架之上进行的，需要处理好空间的互融性（室内与室外空间的融合、室内空间的融合），建造空间结构和谐的酒店。

和谐的酒店空间结构分两方面：一是酒店作为一个整体，与周边环境、景色、建筑物等之间的结构关系，即酒店建筑和周围环境的协调、酒店功能与周边建筑和所在社区功能的配套，这是大结构；二是酒店内部各功能区的设置、分布、面积、形状等之间的结构关系，即酒店建筑内外环境的和谐，这是小结构。通过预先设计和科学划分，力求功能与布局合理，材料与档次匹配，格调与色调吻合，立体与平面协调，酒店建设与环境保护平衡，节能、节约资源与节地结合，达到生态平衡和可持续发展。

此外，酒店的空间盈利率要占到总建筑面积的85%，这是一个最佳的状态。现在很多酒店因为规划和设计不合理，出现大堂过大、走道过宽、无效面积过多现象，导致空间盈利率低于60%，造成很大投资，但没有收到实际效果。

1. 外部空间大结构

广东省番禺的长隆酒店是正确处理酒店大空间结构的一个成功的现例。酒店与整个野生动物园融为一体，气势磅礴，环境优美，坐拥6000亩热带植物翠景，酒店、客人、野生动物、热带丛林相得益彰，和谐互动共生，使得酒店具有浓厚的自然生态、特色文化。其设计把富有特色的自然景观移植进酒店，与酒店建筑融为一体。建筑外形没有在高度上做文章，也没有采取垂直单体的形式，而是采用几个互相独立、又互相连同的建筑组群，每个单体又有独特的设计风格，形成了一种磅礴的气势。

需要强调一点：平面布局立体看。要正确处理平面和立体不同的视觉效果关系。如酒店室外的景色、游泳池等，不能单看看平面布局图，要多从楼顶去俯视以感受空间比例关系是否合理。还有建筑物中间的中庭与自然采光的关系。

2. 内部空间小结构

（1）视觉空间

一个建筑、一个室内空间给人最直接的印象就是尺度感。

酒店建筑物部分与整体之间、局部与局部之间、主体与背景之间的搭配关系应能给客一种美观。最关键的就是要注意选择最好的比例感。此外，还要考虑平衡（对称平衡、不对称平衡）、和谐等。

比例与美有着密切的联系。古希腊从公元前就知道把比例用在建筑上，来取得建筑造型的美。造型如果没有优美的比例，往往不易表现出匀称的形态。相等的比例没有主次，感觉平淡；过于悬殊的比例又产生不稳定感。比例是造型上的一大难题，不仅要追求美感，还要讲究实用。室内空间中，各种空间、高度与长度等都要注重比例问题。一般采用黄金法则1∶1.618或0.618∶1。

酒店大堂，中、西餐厅，宴会厅内应尽量控制柱网的数量，尽量缩小柱子尺寸，还要控制天花板高度，以扩大视觉空间效果。会议室、歌舞厅、多功能厅等应无柱网。

（2）楼层高度

楼层高度包括两方面内容：一是理论设计高度，即层高。二是实际应用高度，即天花板高度。

客房标准楼层的高度，简称层高，受三个因素影响：一是天花板高度（各室内、公共走廊、电梯间等）的设定；二是结构体、梁高及设备系统（空调、配管、消防喷淋头、音响、感应器等）所需空间的高度；三是地板、耐火层（钢骨结构）等表面材料处理的尺寸及施工方法。楼层高低应介于 2.7~3.0 米。

客房的天花板的高度以 2.4 米为最低高度，太低了容易产生压迫感。也要防止出现房间狭小、天花板太高的空间，让人产生恐惧感。公共走廊的天花板高度最低以 2.1~2.2 米为限度。

（3）面积比例

在酒店设计中，各类设施的面积是有一定的比例配套要求的。这个比例越科学，就越能符合经营需要，更有利于产生更大的平方米产出。这个比例也要与酒店的定位、目标市场相匹配。酒店类型不同，比例差距明显。

酒店常用两组面积数据来描述规模和状况：一是占地面积和建筑面积，二是对客服务区面积（又被称为公共区面积）和后台工作区面积。第一组数据涉及建筑容积率、建筑密度等技术指标，也关系到酒店客人的舒适度。第二组数据涉及酒店的可经营面积、盈利能力等经济指标，既关系到酒店客人消费过程中的舒适度，更关系到酒店的收益与寿命。

这两组数据也都关系到酒店建设成本的合理性和投资人的利益，因此需要认真对待。目前酒店设计中出现的过分豪华、好看但不实用的设计错误现象需要引起重视和纠正。

酒店的各类面积比例决定了将来酒店收入的比例。面积构成分为营业面积及非营业面积，计算时可考虑以两者占总楼地板面积的 1/2 为一般原则。其中：

①非营业面积

·客房的动线、门厅、电梯、电扶梯间、客用厕所等：18%~23%。

·客务部门、布草间、洗衣房等：3%~5%。

·厨房、验收、仓库、冷冻室等：4%~7%。

·管理部门办公室等：3%~5%。

·员工餐厅、更衣室、休息室等：3%~5%。

·机电设备室、管道、工程工作室等：8%~12%。

②营业面积

·客房营业面积：34%~55%。

·客房公共空间：8%~15%。

·餐饮面积：每一席位 1.5~3.0 平方米。

· 宴会厅面积：每一席位 1.6~1.8 平方米。

通常来说，客房的总面积占酒店总建筑面积的 50% 以上（其中，客房部门的净营业面积为客房总面积的 65%~70%），餐饮娱乐面积占 20%~25%，走道、大堂等公共面积占 15%~20%，酒店内部管理功能区占酒店总面积的 10%~15%。各部分具体的数据见表 3-1。

表 3-1　根据酒店客房总数倒算公用设施面积参考标准（欧洲酒店标准）

单位：m^2/ 位

经营区域	可延伸的，大型	中型	小型
大堂			
餐厅、咖啡厅	1.0~1.2	0.8~1.0	0.4~0.8
酒廊 / 酒吧	1.4~1.8	0.8~1.2	＜ 0.6
多功能厅	0.8~1.0	0.6~0.8	＜ 0.4
会议室	3.0~4.0	1.0~2.0	＜ 1
行政及后勤区域	低（a）	一般（b）	高（c）
行政			
前区办公室	0.2	0.4	0.4
其他办公室	0.3	0.6	0.9
厨房及库房	1.0	1.5	2.0
洗衣房	0.6	0.8	0.9
仓库	0.4	0.5	0.6
储藏间	0.5	0.7	0.8
员工区	0.6	1.0	1.2
工程区	1.0	1.8	2.3
系数	× 15%	× 20%	× 25%

注：（1）经济型酒店公用面积可进一步减小

（2）500 间客房以上的酒店将适当减少

（4）室内区域布局

酒店内的所有区域，包括一小间房内或一小块区域的布局也要精心设计、合理布局。如客房卫生间靠窗还是靠门、家具的位置布局、客房的功能区域划分等，都要事先设计好，因为其涉及灯具、开关、插座、管道等的相应位置与分布。

（5）空间的专用属性

谈起酒店空间，还有一个属性概念，根据其用途可分为专用空间和混用空间。专用空间的用途单一，空间的属性内涵小，如总统套房、VIP 专用电梯、传菜电梯、消防电梯、机电设备用房等；混用空间的用途较多，空间的属性内涵大，如多功能厅、公共卫生间男女共用的盥洗台、会议中心的休息区等。

3. 土建设计

土建设计、结构设计主要由建筑设计师来牵头完成，解决新酒店建筑的布局、空间结构、造型、避难层、安全疏散等问题。

土建设计与机电设计、装修设计是息息相关的，三者的设计应在确定了酒店功能布局以及主要设备选定型后才能进行。比如，高层的酒店建筑必须设有设备转换层，而土建设计就须处理好转换层的层高；高层酒店一般要考虑裙楼的设计，没有裙楼的酒店很难合理地布局；厨房和设备用房究竟需要多少面积；多功能厅是否可以减少立柱避免影响使用效果。又如，功能布局未敲定前，厨房和客房卫生间设计就不能降板，以免造成返工。别墅型酒店在选择空调主机时应区别于高层酒店，否则浪费能耗，管理麻烦，因而在土建设计时要充分考虑不同空调机房的设置和面积；还有，若墙体采用轻质材料，在土建结构上可考虑减少钢材和水泥用量，大大节省土建造价等。

（三）酒店的功能布局

室内设计师在酒店方案设计阶段要与业主、酒店筹备人员、酒店专家顾问等充分沟通，充分地进行市场调查，根据不同的酒店类型，恰当地进行功能布局与流程的合理设计，以最大地发挥酒店的社会和经济效益。

1. 功能布局概述

酒店的诸多功能在布局上分两个方面：一是平面布局，二是立体布局（包括楼层分区、室内立体布局）。另一种分类是酒店外部布局和内部布局。在设计和考虑布局方面要注意四个要素：位置、功能、面积、流程。

商务酒店多属高（多）层建筑，其建筑结构型式常由主楼和裙楼（或附楼）组成。度假型酒店的建筑结构形式多样，常见别墅或多层分散建筑。主楼分地下（一般为 1~3 层，）部分和地上部分。地下部分多用于设备机房、后台设施（如员工更衣室、员工餐厅、员工活动室、洗衣房、库房等）和辅助对客服务区（如停车场、康乐中心等）。地上部分为主要对客服务区域。

酒店内部空间的使用一般分成三个主要功能区域：客房功能区（50%~70%），公共功能区（20%~30%），内部管理功能区（10%~15%）。酒店外部布局包括运动区、温泉区、观景区、停车区等。度假酒店项目包括度假区、休闲娱乐区、行政区、配套设施（宿舍、设备房等）四大分区。

功能布局合理，包含三层含义：首先是服务区域的划分要合理。酒店一般分客房区、餐饮区、公共活动区、会议和展览区、健身娱乐区、行政后勤区。其次，这些区域既要划分明确，又要有机联系。最后，空间比例要恰当。除了功能区域的面积比例外，还有产品系列的比例，如房型（标准间、套房、单人房、豪华单人间等）比例、餐厅包房的比例（数量、面积、种类三个比例）等也要合理，符合酒店定位和目标客源市场的需求。

2. 功能的确定

在设计之先，最好根据不同的市场定位、各种空间在整个酒店所占位置及面积、比例的不同，绘出一份流程示意图。功能划分既要满足客人食宿娱购行的各种行为，还要保证酒店管理方（包括各个工种作业）的各种行为的顺利进行（避免交叉作业）。对此，建筑设计人员需要与酒店投资人、筹备方、顾问方等进行认真的研究与探讨，最后确定“酒店功能流程图”，以此作为酒店空间结构与功能布局设计的重要依据。

3. 客房功能区

在现代酒店总建筑面积中，客房的总面积应该占到酒店总面积的 70%~75%，这是一个比较合理的比率，否则就降低了酒店的盈利空间。但有特例——广东的酒店的客房的比率可以略低些，而餐厅的比率较高，这是因为广东人对饮食的要求远远大于对住宿的要求。全国酒店平均下来，餐饮收入仅占总收入的 20%，但广东的酒店可以超过 50%。

酒店的主要收益来自客房，客房功能区面积占酒店总面积的 50%~75%，客房有效面积占客房功能区面积的 70% 以上。设计师要在每层客房层的设计中尽量节省空间，增加数量，尽可能来解决垂直、水平交通的问题和保证客房的基本支持面积。

从建筑设计提供的基础条件来分析，最经济的客房空间通常是一个建筑柱距间分割成两个自然间。20 世纪 80 年代时，客房的柱距多采用 7.2 米 ×7.2 米、7.5 米 ×7.5 米，到 90 年代多采用 7.8 米 ×7.8 米。近几年来，五星级酒店多采用 8 米 ×8 米、9 米 ×9 米的柱距，使客房越做越大，标准越来越高，其空间尺度（客房开间尺寸、客房面积）越来越接近美国标准，当然舒适性也越来越好。客房部分的通道净宽度，单面客房排列时至少 1.3 米，双面客房至少 1.8 米。

分析客人在客房中的各种活动、停留的时间等因素，从建筑成本的经济核算与客房的舒适度的关系来看，设计时宁可将客房的长度延伸一些，客人在其中就会感到舒适很多。因为将客房加宽所需的建筑成本要高一些，而对客房舒适度的影响却可能会小一些。

客房有四个使用功能区域：睡眠区间、工作起居区间、储存及走廊区间、卫生间。一般来说，房间内各区域的净面积为：睡眠区 6~8 平方米，工作起居区 10~16 平方米，储存及走廊区间 3~5 平方米，卫生间 4~7 平方米。客房净面积（不包括浴厕）每间最低面积为单人房 13 平方米、双人房 19 平方米、套房 32 平方米；客房卫生间净面积最低 3.5 平方米。

酒店设计除了要处理好客房与餐饮面积的比例关系外，还要注意处理好客房类型的比例关系。即单人房、双人房、套房、特色客房等在客房总间数中的分配比例。目前商务酒店的单人房需求量较大。

4. 餐饮功能区

餐厅的规模在一般情况下以客房的床位数作为计算依据，标准餐位 1 位 / 床，会议和度假酒店 1.2~1.6 位 / 床，商务和休闲酒店 0.6~0.8 位 / 床。餐饮面积以餐位为标准，每一个餐位平均 1.5~2 平方米（不包括多功能厅或大宴会厅），以此推算出餐厅项目群的面积。根据地理环境，如需要对店外餐饮消费者开放，则按照市场需要增加餐饮面积。《旅游饭店星级的划分与评定》规定，四、五星级饭店一定要有一个咖啡厅（即快餐厅）位置与大堂相连，方便客人用餐，并烘托大堂气氛；要有中餐厅和宴会单间或小宴会厅，较大的酒店最好还能有 1~2 个风味餐厅；在外国客人较多的大城市的酒店里最好有一个规模适当的西餐厅，有装饰高雅、具有特色的酒吧。各色餐厅最好集中一个餐饮区，餐饮区除特殊需要外，一般放在裙房的一层或二层为宜。

厨房面积一般为餐厅面积的 70% 左右，西餐占 50%。厨房与餐厅要紧密相连。从厨房把饭菜送到客人的桌子在没有保温设备的条件下，最好不超过 20 米的距离。厨房与餐厅要放在一个层面上，不到万不得已不要错层。

5. 会议功能区

随着我国现代化建设的发展和加入 WTO 以后国际经济交往的增多，会议旅游已成为不可忽视的客源市场。目前各地除有少量的专业化会议型酒店外，大部分是商务型酒店、观光型酒店和部分设有会议设施的度假型酒店。

会议设施包括大型多功能厅、贵宾厅和接见厅以及若干中小会议厅。会议室要根据酒店功能定位分别按照课堂式、剧院式、U 形桌、回形桌、宴会、酒会进行大、中、小三种类型的设计。会议可移动设备有各类麦克风、电脑投影仪、普通胶片投影仪、幻灯机、电视机、摄 / 录像机、白板、碎纸机等。会议服务内容要能提供冰水 / 茶、文具、毛巾，同时提供背影板、指示牌制作及文件打印 / 装订、请柬制作、专业摄影等服务。会议室的配套空间有盥洗室、贮藏间、衣帽间、化妆间等。

多功能厅要豪华大气，拥有专业灯光、音响设备，可接待最高级别的各式宴会酒会、各类会议及展览、时装表演、演出、网络视频会议活动，集会议室、宴会厅、表演厅、展览厅等多种功能于一体。多功能厅在使用时应能灵活分隔为可独立使用的空间，且应有相应的设施和贮藏间。

多功能厅要有良好的隔音和充足的灯光，除固定灯光外还要有活动灯光，以供各种表演和展览使用。多功能厅用可折叠的活动家具，根据不同的需要随时可以拼装成各种类型的台面。多功能厅一般不设固定舞台，需要时采用拼装式的活动舞台，舞池也用活动地板拼装成。多功能厅的面积要根据市场需要和酒店的规模而定。在一般情况下最好不小于 400 平方米，大的可以到 1000 平方米或更多一些，或另外具有 500 平方米的展厅。与多功能厅紧相连部位，要设有贵宾厅和接见厅，要有适量面积的厨房或备餐间和一个家具周转库房。

大型专业会议厅要具有同声传译、放映、灯光、音响、转播、控制等功能，有音响设备、投影设备、宽带网设备、电话会议设施、现场视音频转播系统等。如召开国际会议和多民族的国内会议，还要有同声传译设备（至少 4 种语言）。

各类会议室的数量应至少有两间。小会议室至少要能容纳 30 人。这些会议室空间也可以多功能使用，可以开会，也可以作小宴会厅和宴会单间。有条件的能够有一个相当于大型多功能厅二分之一面积的中型多功能厅就更加完善了。

会议室的位置、出入口应避免外部使用时的人流路线与店内客流路线相互干扰。各类会议空间及设施应组成一个会议区，最好能放在一层或一个区域。可设在裙房的一层或二层，以方便会议客人，并避免服务设施、人员等的浪费。会议厅要有足够的公共卫生间。包括残疾人卫生间和清洁用具储藏室。

6. 康乐功能区

不同类型的酒店对健身娱乐设施有不同的需求。休闲度假型酒店和会议型的酒店的健身娱乐设施需求量大。商务和观光型的酒店则以健身设施为主，如游泳池（北方寒冷的时间长，最好是室内游泳池）、健身房、桑拿浴和按摩室、台球室和棋牌室等。设有国内会议设施的酒店可根据需要设保龄球室。这些设施组合成一个康乐区或叫康乐中心。康乐区一方面与客房相通，便于客人直接到康乐区健身，一方面又要与客房区分离，以免影响客房区的安静环境。

7. 公共功能区

公共功能区有众多的功能，其面积指标的规划要由市场分析、投资规模、经营方式和客房数量来综合确定。公共区域设计应特别遵循独特、文化性、亲和力、整体感、舒适和服务至上的原则。

公共功能区的功能设置一般都在裙房或低层，这样便于酒店内外的宾客使用，亦便于大量的人流、物流的调度安排和公众性与私密性空间的处理。当然，也有的大酒店将顶层设置为餐厅，这主要是经营者想制造出一个更优美的用餐环境来吸引客人，而且垂直交通得到很好的解决时才可以采用这种处理方式。

无论是酒店业主、酒店经营者，还是设计师对酒店公共功能区的重视已到了无以复加的程度。公共功能区包括大堂、服务、餐饮中心、娱乐中心、会议中心、交通面积等，直接展现出酒店的级别和豪华档次。而大堂和共享空间则历来被视为重中之重。

8. 后台区设计原则

酒店能否正常经营，很大程度上取决于酒店行政管理与后场区域的设计是否合理。其设计原则是：

· 为员工安排专用通道以便他们的工作的其他活动不影响客人。酒店员工则分为两类：一类员工面对客人提供直接服务，如前厅部、管家部、管饮部；一类员工间接为客人提供服务，他们保证酒店的各种设备正常运行，很少与客人见面，如工程部、厨房部。酒店设计亦要为这几部分的酒店人员安排好工作环境。

· 总服务台是所有办公部门中最直接面对客人的部门，它的布局分为前台和后面的工作区，前台长度与客房数量的多少相关，一般以 200 间客房数为基点，也就是 10 米左右，客房增加，前台也相应要加长，客房减少，前台可短一些。前台后面办公室的面积计算公式：客房数 ×（0.3~0.5）平方米。

· 行政管理办公区主要由 7 大部门构成：人力资源部、销售部、公关部、餐饮部、管家部、财务部、秘书室。这几大部门常常是合在一起办公（亦有分开办公的），行政管理办公室的装修与酒店的其他两个功能区一样重要，它对于增加员工士气、提高管理效率、提高酒店档次具有不可低估的价值。现代酒店总经理办公室多数设在便于与客人接触的地方，而不是设在客人不易找到的地方。财务办公室最好设在与营业部门相近的地方。党团工会和人事部门的办公室最好设在便于与酒店职工联系的地方。职工用房包括职工食堂和厨房、职工更衣、洗浴室、职工培训室、文体活动室、倒班宿舍等。这些职工用房最好集中在一个区域内，一般设在地下一层和地上与主楼相通的裙楼或配楼中。行政用房和职工用房的面积一般控制在总建筑面积的 4%~6%。

9. 楼层功能分区

楼层划分功能区域也是一个重要的工作。具体的正确的楼层分区要点是：

（1）区分消费群

物以类聚，人以群分。要把一些相同的消费者、相同的功能区尽可能地放置在同一个楼层或同一个区域。例如，喜欢喝咖啡、喜欢阅读的人总的来说是需要静谧的环境氛围，与喜欢热闹的夜总会消费者恰恰相反，因此不能把咖啡吧、阅览室与夜总会放置在一个区域，不能把商务中心放在娱乐区域。大型及中型会议室也不应设在客房楼层。

（2）考虑消费客人感受和体验

客房要尽量位于高楼层，这样视野好、户外干扰噪声小，能满足客人私密性要求。西餐厅、封闭酒吧、风味餐厅的安排要与桑拿健身、泳池分别在不同楼层安排，也不要相隔太近，不要安排在同一个楼层，否则各种不同味道的混杂也破坏了客人的美好消费感受和体验。

（3）考虑客人需求的连续性

如将健身房安排在与游泳池较近的地方，西餐厅与封闭酒吧、咖啡厅安排在较近的地方，零点餐厅安排在一楼，中餐厅，风味厅靠近，多功能厅与会议室安排在同一楼层，这种安排就是考虑了客人需求的连续性。

（4）尽可能集中同类项，以减少相应的物料流转、人员流动等

如把后台类空间、设施等相对集中，设立行政服务楼层、女士专用楼层、把残疾人房放在低层等。一种常见的错误做法是在功能安排上没有相互照应，只是根据面积大小来安排，结果形成同类功能过于分散，很不方便客人使用。此外，餐厅、会议宜设置于低层以方便人流进出。

（四）专业设施设备的布局

上面主要从酒店服务产品功能方面阐述了空间和布局问题，还有一类布局问题常常被设计人员和筹建人员所忽视，即酒店专用设施设备的合理布局问题，它直接影响酒店的正常运行成本。

1. 设备用房的位置和联合修建

酒店设备用房包括两类：一类是机房（给排水、空调、冷冻、锅炉、热力、煤气、备用发电、变配电、防灾中心等），另一类是维修用房（机修、木工、电工等）。各种设备用旁的位置应接近服务负荷中心。运行、管理、维修应安全、方便并避免其噪声和振动对公共区和客房区造成干扰。还应考虑安装和检修大型设备的水平信道和垂直信道。

从设计上来说，应首先考虑利用酒店附近已建成的各种有关设施或与附近建筑联合修建，但从酒店运营管理上来说不方便，将来容易受制于人，产生过高成本且影响

服务品质。

消防控制室应设置在便于维修和管线布置最短的地方，并应设直通室外的出口。

2. 专业设施设备的布局的合理创新

通常情况下，电话总机、计算机局域网、消防监控系统、VOD 电影点播、卫星及有线电视等系统往往分设在几间房，这样的空间布局就不合理。要在满足功能需要的前提下，合理利用政府法规和结合酒店实际，合理布局，合并同类项，大量压缩不挣钱的机电用房面积，同时可以将多工种岗位合二为一、合三为一，为酒店经营留出更多的面积。例如，将自控热能锅炉的操作管理与制冷设备操作合理的布局，利用一个操作技工进行现场管理；利用场地合理的布局，将消防控制设备、治安监控设备、电视频道监视设备合三为一，统一到一个岗位进行管理操作；利用安全员巡视的机会把辖区内部门和工程部能耗管理的职责统一到人；等等。一般来说，中央空调、新风机组、热交换系统、全部楼宇强电控制柜、污水泵等设施一般酒店布置至少需要 300 平方米。某公司突破原有思路，大胆创新，先进行机电一体化整体设计，计算各功能区域人流密度及载荷量和安全系数，再将能选定的机电设备在室内三维空间进行最优化布局，计算出管钳等维修工具的长度、旋转半径，维修人员的弯腰角度、臂长等尺寸，精确至厘米，然后加 8%~10% 的活动余量，保证：设备主体和维修环境功能实际所必需的三维空间高度、宽度、深度，以科学计算数据为依据，计算出设备机房的实际尺寸，然后再挖地，建设备机房，使整个动力机房压缩至 60 平方米以内，是常规机房面积的 1/5。

3. 发挥专业筹备人员的作用

设计单位往往对酒店设施设备运行、维护的边界性、运行成本等因素考虑不够，因此需要发挥好酒店运营专家、顾问、职业经理人等的作用。他们能根据自身的管理经验，合理利用建筑的格局，充分发挥专业知识，在酒店设施设备的布局和选型方面发挥“一锤定音”作用，达到“场地节约、人员节约、管理简化、维修方便”的目的。

（五）酒店空间布局设计的注意要点

1. 要根据定位符合酒店星级规范要求，不能漏项

既要满足主要功能，也要满足配套功能。如有的酒店设计了多功能厅，能摆 65 桌，容纳 700 多人开会或就餐，但没有设计用来放置桌椅等物品的杂物间，每次布台和撤台特别费事。有的酒店在客房楼层没有设置专用的洗消间和布草间。

不同类型的酒店，餐饮、娱乐、客房的设计与功能布局均有所区别。比如，入住商务酒店的团体客人，他们常以会议、专业联系、销售、培训为主，一般留宿 2~4

晚，大多为男性，客人对单床，双床无过多要求，而入住的单个客人一般留宿 1~2 晚，这种客人从事商务活动的较多，而且喜欢客房是单人床且有浴室和工作区。入住休闲度假酒店的客人，大多以夫妻或家庭为主，多以度假、观光、旅游、运动为主，客房除有双人床以外，还要有露台、进餐区、储藏间和大浴室。总体说来，商务客人喜欢单人间，会议、团体客人喜欢双人间，休闲旅游客人可以多人住一个房间。同样，酒店中餐饮的规划布局也至关重要，设计前一定要制定好具体的经营方案。比如，会议酒店，早餐需要量大，酒店通常都设一个大餐厅提供三餐服务，同时至少设一个特色餐厅。而较偏远的度假酒店，游客在酒店停留时间较长，一般在酒店用三餐，除了有两三个餐厅外，还应设一些室外休息室，像早餐露台、泳池房的快餐店，还可设烧烤等休闲餐饮。因此，需按照酒店的类型、结账方式以及需要的娱乐设施等设计出不同酒店餐厅的氛围、功能和布局来。

2. 空间布局要考虑流线的合理性

酒店的运营过程中，存在“四流”——人流（客人、员工、供货商等相关人员的进出、活动、办公等）、物流（物品的进出、内部的运转、库房的入出、厨房的进出、产品的加工等）、车流、信息流。这些“动线”、流程是酒店运转的动脉。分明顺畅的“动线”流程能使酒店的各项功能协调有序的运转，充满活力。反之，则对客人满意度、服务质量、运营成本、酒店形象、经营效益等都有着十分重要的影响。从建筑设计伊始（不能等到室内设计时），就应高度重视流线设计的合理性问题。

例如：广东某酒店建筑面积 5 万多平方米，整个建筑现代时尚、气度恢宏，但由于设计师缺少酒店专业知识，导致中餐厅的包房距离厨房距离超过了 150 米，营业时上菜速度极慢；多功能中餐厅面积 1600 平方米，但进出厨房仅有一个通道，整个服务流程很不流畅。又如，北京某酒店是个单体楼，原设计中漏了仓库位置，后加在设备夹层，货物入库出库很是费时费力。

规划时要注意：客流、员工流、物流要有专用路线和线道（如残疾人线道、员工线道、服务流线等），流线要分开（不仅仅是要求员工与客人分开，就是员工通道也要注意把人与物分开，不要人物混杂，不然既影响工作，又容易出事故，尽量少交叉；车流通道通畅，与人行道分开）。门厅里的停车点要距离大门 2 米以上。

3. 要注意整体布局与局部布局的和谐性与统一性

要综合考虑酒店内外的景观、功能、流程等，不能只注重店内的装潢设计，而忽略了店外景观的设计与布局。

4. 酒店功能新的调整方向

· 商场商品：减少

·酒店餐饮：萎缩

·酒店会议室：加强

·健身设施：增加

·娱乐设施：部分增加如羽毛球、健身操等，减少保龄球

·外协服务：计算机维护、电梯维护、空调系统维护等

5. 局部布局的特色性或特殊性

在重视和做好大的布局后，局部的布局也不容忽视。否则，也容易出现一些让经营者感到遗憾的地方。举几个例子来说明。

酒店中的餐厅通常无法与酒店以外的餐厅竞争，这里面有前期设计和空间布局不当的原因。可将餐厅安排在酒店中临街的位置，使客人容易看到，而且不必穿过酒店大堂就可进入该餐厅；餐厅的设计也很重要，一个好的设计会让客人在此用餐后留下深刻的印象，并很有可能向自己的朋友亲戚推荐，这就是餐厅设计的宣传效应。后天的良好经营就会形成“好酒不怕巷子深”的局面。如果是度假型酒店，餐厅的布局要求更高。

广东某酒店的会议中心旁设计有露天小花园，便于会议客人会间休息时小憩片刻。设计本意不错，但距离厨房的烟道过近，花草全被热烟烤枯了，需要不断地更换。

北京某酒店靠近环城路，而设计者偏偏将大堂大门、多功能厅（高层）等放在了酒店的西北角，秋冬北风劲吹时酒店大堂、多功能厅温度很低，中央空调根本起不了作用，工作人员和客人都很不舒服，而且大堂的灰尘较多。

6. 其他需要特别注意之处

对于一般规模的度假型酒店来说，体育类运动场馆和设施的种类、规模数量要认真研究和分析。建议室内的、小型化的可以有一些，不主张设户外的足球场。

·仓库的数量、种类、面积与位置。城市里的酒店因为供应充足、便利，可以减少仓库数量和面积，减少库存，充分利用供货商的仓库和供应能力。景区的酒店则要相反。在店内，仓库的位置很重要，既要距离厨房等近，又要方便装卸，尽量减少多次装卸和长距离搬运。

·洗衣房的设计。酒店规模不大时建议取消，充分利用社会资源，以减少投资、减少人员、减少排污、减少能耗、减少管理。但要考虑急件洗涤问题。规模较大且客人洗衣需求大的酒店可考虑配套洗衣房，如果放在地下室，就要考虑物料运输问题。

·备品库要足够。备品库应包括家具、器皿、纺织品、日用品及消耗物品等库

房。备品库的位置应考虑收运、储存、发放等管理工作的安全与方便。库房的面积应根据市场供应、消费储存周期等实际需要确定。

· 职工用房包括行政办公、职工食堂、男女更衣室、男女浴室、厕所、医务室、自行车存放处、值夜班宿舍等项目，并应根据旅馆的实际需要设置。职工用房的位置及出入口应避免职工人流路线与旅客人流路线互相交叉。浴室淋浴头按每 30 人至少要有一个来设置。

· 干式垃圾应设置密闭式垃圾箱，湿式垃圾应考虑设置冷藏密闭式的垃圾储藏室，并设有清水冲洗设备。

· 每层宜设服务员工作间、储藏间、开水间、消毒间、服务人员厕所，可根据需要设置固定或移动式服务台。

第三节　酒店的施工建设、开业准备与试营业

酒店在做完前期的投资可行性分析和酒店设计后，主要的筹建工作就是酒店主体建筑的施工建设和酒店的经营定位和开业准备工作了。

一、酒店的施工建设

在酒店筹建过程中，涉及大量的招投标工作。招投标工作，不仅仅是在选择设施设备、用品用具、项目承担等，也是在选择筹建的伙伴：就工程质量和水准而言，酒店工程承建商的选择至关重要。而很多单位对此不够重视，实际操作上也多有失误。在此，我们着重强调招投标的重要性。

（一）招投标的必要性和重要性

酒店筹建招标，主要包括设计招标、工程招标、设备招标、用品招标、管理招标等形式，也可分为审查性招标、采购性招标等。

在酒店筹建过程中，加强招投标管理十分必要，也十分重要。在酒店筹建或改扩建过程中，无论是设计与施工力量选择、设施设备及各种物品的采购还是其他等方面，无一不是通过招投标来进行选择。

在酒店筹建过程中，工程负责人（或筹备负责人）如何巧妙地处理各种“关系”，

避免与复杂的社会关系网发生正面碰撞，又能有效避免滥竽充数、淘汰劣质产品和没有实力的单位，有效地控制投资成本和控制工程质量，公开进行招投标是一个常用的好办法。

采用招标投标方式进行交易活动的最显著特征，是将竞争机制引入了交易过程，与采用供求双方“一对一”直接交易等非竞争性的采购方式相比，这种方法具有明显的优越性，招标方通过对各投标竞争者的报价和其他条件进行综合比较，从中选择报价低。技术力量强、质量保障体系可靠、具有良好信誉的供货商、承包商作为中标者，与其签订采购或工程施工合同，这显然有利于节省和合理使用采购资金，保证采购或工程项目的质量。招标投标活动要求依照法定程序公开进行，有利于堵住采购活动中行贿受贿等腐败和不正当竞争行为的“黑洞”。

招投标也是酒店筹建办正确行使业主权利的一个最重要的体现。招投标的质量直接影响到项目的工程质量、工期、工程投资等。因此，筹建办的全体人员，特别是总负责人都要高度重视招投标工作的组织和落实工作。

（二）酒店施工建设合同

标准的施工建筑合同是一笔总付的合同，它包括：所要完成工作的完备描述（建筑文件被用于此目的）；酒店管理人员、承包商以及设计公司责任和义务的描述；工程费用及付费方法；开始日期和完成日期；明确承包人工作的最后完成和验收的条件。

在签订合同之前，酒店管理人员通常会从若干个承包人那里获得投标。在私人企业中，可以挑选允许参加投标的承包人。明智的做法是预先选定有资格的承包人，列出有能力投标的公司。这个工作通过会面和评价各公司的技术及资金能力就可以完成。

每个预先确定了资格的投标人会收到投标材料包，其中包括建筑文件、计划的建筑合同复印件和投标表格。投标表格要求承包人提供完成建筑文件中要求工程的费用和时间。承包人递交签字表格，证明本身能够并愿意在规定的时间内按报价进行施工，并遵守合同条款。

在签订合同时，酒店应听取相关的法律建议。合同中应包括惩罚和奖励条款以防止承包人窝工。另外还应商定相关的保险条款。这些条款可能会增加一些费用，但如果没有这些条款，开发商没有法律保障，并可能遭受严重的损失。保险条款还应包括争议解决条款，并在需要时指定一个仲裁人。使用罚款或奖金条款来鼓励承包人按时完工。这些条款以及好的设计文件可以确保工程及时完成并避免纠纷或诉讼。

（三）酒店建设施工管理

1. 依法管理

依法管理的灵魂是施工质量管理，没有对施工质量的管理和监督，就没有合格的项目。国家颁布了《建筑装饰装修管理规定》《建筑装饰工程施工验收规范》（JGJ 73-91）和《建筑内部装修设计防火规定》等有关施工的政策法规。而酒店委托设计单位编制的各种设计、施工图纸及说明，与施工单位签订的施工合同和施工方案等，也都是具有法律约束力的文件。在施工现场管理中，必须以有关政策法规和法律文件作为管理的基本依据，确保工程达到设计和合同规定的质量标准。

2. 专项检查

酒店应强化对施工单位进行各种专项检查和监督，按施工图、工艺要求、用料标准等进行专项核查，杜绝施工单位偷工减料、以次充好、私自改变设计方案和施工工艺等。对在专项检查中发现的问题，应及时提出，责令施工单位立即纠正。对于施工工程的各个环节，如建筑面积、门窗、玻璃、墙面、楼层、涂料刷浆等要进行专项检查，完成一项，预验收一项。在整体工程完成前，应对各个单项工程的质量进行检查，并和有关部门专家、设计人员、施工单位进行会审，为最后的验收打下基础。酒店对施工单位的施工调度和质量检测进行全方位的控制和监督，以保证各施工单位按施工程序有条不紊地进行施工。

3. 工程协调管理

酒店应成立专门的施工办公室，统筹管理和协调工程项目。每天下班后，施工办公室应召开由项目参与各方代表参加的全体会议，由当天值班巡视人员通报工程进度、质量和工程协调等情况。然后共同研究，甚至可到现场处理亟待解决和协调的问题，使第二天值班巡视人员了解工程中已发生的情况、发现的问题及采取的措施，使工程项目保质保量按时完成。

4. 安全管理

施工队进驻施工现场前，酒店应与各施工单位负责人签订安全责任书：保证施工现场禁止吸烟，禁止施工人员袒胸露背或穿拖鞋或不戴安全帽等进入施工现场，施工人员不得进入非施工区域等。同时要求施工队把施工人员的照片和姓名等有关资料交送酒店，由酒店制作并发给每个施工人员带照片的胸卡。施工人员必须佩戴胸卡按指定通道出入施工现场。易燃易爆施工材料必须集中管理，由专人看管，并配备消防器材。施工单位动用明火必须提前申报。

施工期间，酒店应制定现场巡视制度，加强对施工现场的防火防盗工作。

（四）酒店施工建设中注意点

施工图纸总是会发生变化的，所有变化都应该记录下来，并由每一位参与者签字。这样的程序可以把冲突减到最小。

施工中有一些矛盾是不可避免的。对于设计师来说，预见所有可能出现的意外事情并说明施工的每个细节是人力所不及的。业主、项目经理和承包人必须懂得，施工图纸表达了设计师的意图，但不可能展示每一个微小的细节。设计图纸和技术规范中的任何疏漏或错误要依靠项目的具体负责人来合理、恰当地解决。一般工程的不可预见费用为在编人员费用的5%~10%。

如果在酒店施工中的各方都能理解自己的角色并完全懂得所要完成工作的范围，那么大部分的矛盾是可以避免的。酒店管理人员必须明白，他们不能告诉承包人和分包商要做什么，除非通过指挥系统。施工人员必须懂得，他们不能为减少费用或追赶进度而任意地改变设计。如果在项目中工作的各方互相信任和理解，团结成一支队伍，那么酒店的施工工作一定可以在预算内按时、高质量地完成。

二、酒店的开业准备

酒店筹建完成后，就进入开业阶段。在筹备施工直至竣工和试营业前，通过有计划、有步骤地将酒店开业时所需要的文件证照、组织架构、管理制度、资金设备以及各类员工都安排到位，打下一个良好的资源基础，是酒店能够成功试营业的前提。按照时间的推移，前期基础工作重点要抓好工作启动阶段、工作规划阶段和工作行动阶段的工作。

（一）酒店开业准备工作启动阶段

这个阶段的任务主要是报批各类证照、确定管理模式和设计酒店组织架构。

1. 报批各类证照

每一个企业在开业前都必须经过主管部门的批准同意，办理一系列不同的证照。酒店因其经营管理的特殊性，证照的办理比较复杂，缴投的险种也不同于一般企业。

（1）酒店开业所需的各类证照

为保证顺利、合法的经营，酒店在申请开业登记时，须向有关主管单位和审批机关申办20多种经营许可证照，有关证照的名称和批准部门如下所示。

· 营业执照（工商局）；

· 外商投资企业批准书（外商投资工作委员会/工商局）；

· 税务登记许可证（税务局）；
· 企业法人代码（技术监督局）；
· 外商投资企业税务证（税务局）；
· 外汇登记证（外汇管理局）；
· 外汇兑换许可证（外汇管理局）；
· 烟草专卖许可证（烟草专卖局）；
· 卫星收视许可证（文化厅 / 局）；
· 电梯使用许可证（劳动厅 / 局）；
· 环保排污批准书（环保局）；
· 消防验收许可证（消防队）；
· 消防安全许可证（消防队）；
· 锅炉使用许可证（劳动厅 / 局）；
· 文化许可证（文化厅 / 局）；
· 卫生许可证（卫生防疫站）；
· 食品许可证（卫生防疫站）；
· 从业人员健康许可证（卫生防疫站）；
· 特种行业许可证、公共场所合格证、公共场所安全许可证（公安局）；
· 涉外许可证（文化和旅游局）；
· 排烟合格证（环保局）；
· 物价许可证（物价局）。

为减轻酒店开业前的负担，部分许可证或审批手续可以由施工单位申请办理，但须在合同中明确，如电梯使用许可证、锅炉使用许可证、环保排污批准证书等。

（2）酒店经营所需的保险

酒店投保的保险通常有社会保险、财产险和公众责任险。

社会保险属于员工法定福利范畴，包括养老保险、医疗保险、失业保险、工伤保险和生育保险。财产险是酒店在开业伊始为保障日常经营，确保酒店财产安全，向保险公司缴投的保险。公众责任险则是酒店为保障社区公众、客人的人身安全而向保险公司缴投的保险，是酒店管理者在筹备阶段就必须考虑到的。

2. 确定管理模式

由于酒店投资耗费庞大，通常拥有多个股东，加上旅游市场的国际化，有财力的业主不一定有经营能力，于是出现所有权和经营权的分离，在不同程度上产生了并购经营管理、委托经营管理、特许经营管理等多种经营管理模式（详见第二章酒店管理模式内容）。

确定管理模式后，就可以开始按酒店筹建进度来组建其经营班子。通常总工程师、行政管家等经营管理人员最先介入酒店筹建过程，及早介入不仅使经营者在酒店的用途、功能、布局、平面概念设计等方面贯彻其经营思想，还能使经营者在酒店筹建中提出的建设性意见得到采纳，避免不必要的设计更改和资金浪费。

3. 设计酒店的组织架构（详见第四章酒店组织管理）

总体战略确立了酒店的目标和行动方案，管理模式决定了酒店的组织形式，接下来在筹建启动阶段还应该形成酒店的组织架构。酒店的组织架构必须要有利于提高酒店组织的工作效率，保证各项工作能协调有序地进行。

（二）酒店开业准备工作规划阶段

这个阶段的任务是组建以管理班子为骨干的酒店筹备小组，提交开业工作计划书和费用预算；建立各级管理制度及规范运作程序；详细调查研究市场情况和定位，制定开业前的营销总体规划；制定酒店人力资源规划；制订开业前资金使用计划（含采购清单）；最后确定首年度总体经营预算。

1. 开业工作计划书和费用预算

制订酒店开业计划和费用预算，是保证酒店各部门开业前工作正常进行的关键。开业工作计划书有多种形式，酒店通常采用倒计时法来保证开业准备工作的正常进行。倒计时法既可用类似甘特图的表格形式也可用文字的形式表述。见表 3-2。

表 3-2　酒店开业准备工作进度

工作项目	开业前周数 20 29 28 27 26 25 24 23 22 21 20 19 28 17 16 15 14 13 12 11 10 9 8 7 6 5 4 3 2 1
1. 设立临时办公室	——
2. 制订饭店行政架构表、人员编制	——
3. 制订人员招募日程	——
……	
38. 制订房价方案	——
39. 落实宣传文字资料和印刷品	——
40. 修正各部门的岗位职责和工作程序	—— —— ——
……	
104. 全面开展培训工作	——
105. 各部门向财务提交首年经营预算	——
106. 接收电机动力设备并进行测试	——
107. 检查饭店大楼的消防、防盗等设备系统的安装	——

2. 建立各级管理制度及规范运作程序

结合酒店的实际情况和特点修订人事架构。并以此为基础建立营运制度，编写酒店各部门工作手册，提供系统全面的酒店各部门政策与程序，编制完善的工作职责和工作规范，指导员工的招聘、培训和考核工作，为日后酒店管理的标准化和规范化提供依据和基础。

3. 制定开业前的营销总体规划

在这一阶段需要详细调查研究市场情况和定位，制定开业前的营销总体规划。规划应包括形象策划、产品设计、价格制定及市场推广的具体计划和行动步骤（具体内容可参见第九章，市场营销）。

4. 制定酒店人力资源规划

“人无远虑，必有近忧”，今天科学技术的发展、产业结构的调整、酒店间竞争的加剧使得人力资源的转移加速，而人力资源规划能够加强酒店对环境变化的适应能力，避免职业的盲目转移；能够优化内部人力资源配置，改变人力分配不合理状态；能够帮助满足员工需求，调动员工积极性，为酒店的经营和发展提供人力保证；还有利于更好地控制人力成本。因此，在酒店的筹备规划阶段就对未来人力资源供需状况准确预测并制定一个 3~5 年的应对措施，无疑会使酒店和员工都得到长期的利益。

人力资源规划的内容通常包括 3~5 年总体规划、配备计划、补充计划、培训开发计划、绩效与薪酬方案、职业计划、劳动关系计划等主要内容。

5. 制订开业前的资金使用计划和采购清单

根据酒店的经营决策和开业预算，结合市场的最新情况，准备详细的物资采购清单和说明，提交开业前资金使用计划，并得到业主的批准。

在制订酒店各部门采购清单时，应考虑到以下一些问题：

（1）本酒店的建筑特点

采购的物品种类和数量与建筑的特点有着密切的关系。例如，清洁设备的配置数量要考虑楼层的客房数量，餐饮部收餐车的规格要考虑能直接进到洗碗间，按摩床的尺寸要能进按摩间的门口等。

（2）行业标准

国家旅游局发布了《星级饭店客房用品质量与配备要求》的行业标准，是客房部经理们制定采购清单的主要依据。

（3）本酒店的设计标准及目标市场定位

酒店管理人员还应考虑目标客源市场对客房用品的需求，对就餐环境的偏爱，以及在消费时的一些行为习惯。

（4）行业发展趋势

酒店管理人员应密切关注本行业的发展趋势，在物品配备方面应有一定的超前意识，不能过于传统和保守。例如，酒店根据客人的需要在客房内适当减少不必要的客用物品就是一种有益的尝试。

（5）其他情况

在制定物资采购清单时，有关部门和人员还应考虑其他相关因素，如出租率、酒店的资金状况等。采购清单的设计必须规范，通常应包括下列栏目：部门、编号、物品名称、规格、单位、数量、参考供货单位、备注等。此外，部门在制定采购清单的同时，必须确定有关物品的配备标准。

最后，在开业计划书、人力资源规划和资金使用计划都得到确认后，制定首年度总体经营预算。

（三）酒店开业准备工作行动阶段

酒店开业准备工作行动阶段是对规划阶段各项计划的落实，是决定能否成功开业的关键阶段。这个阶段的主要任务是人员的招聘和培训、设备用品的采购安装以及前期市场营销，以保证开业所需的人力资源、设备资源、市场资源和公众资源。

1. 员工招聘和开业前培训

招聘和培训是酒店的一项经常性的工作，对于新建酒店尤其如此，只有拥有足够数量和质量的员工才能开张营业。

（1）招聘

酒店工作行动阶段的招聘工作应有计划、有目标、有步骤地展开，具体程序是：

①制订招聘计划

包括部门、工种、所需员工人数、职业要求、人员来源渠道和对应的招方式、招聘实施的具体方案（地点、参与人员、规模、经费预算等）。新开业的酒店往往倾向于选择旅游职业学校、职介所和报纸等招聘渠道。

②制订并公布招聘启事或简章

通常选择介绍会、报纸广告或专业网站进行宣传，效果比较显著。

③对报名者进行初选

通过对大量个人资料的评价或约定时间的目测后，确定初次面试人员，经过简短的面试筛选和笔试淘汰，向用人部门提供初选名单。现在酒店用人比以往更加谨慎和严格，表现在不仅仅重视知识和经验的考量，更重视应聘者心理素质的测评，在选拔过程中也开始使用各种心理测验方法、评价中心技术等。

④进行部门考核

录用部门与初选合格者进行广泛而详细的面谈，并做最后鉴定。

⑤人力资源部门对部门考核合格者进行背景调查

合格者安排身体检查，通过者签订劳动合同，进入培训阶段。

（2）培训

酒店筹备期间的培训对于开业后服务质量的提高和业务的发展都起着至关重要的作用，它要为即将开业的酒店培养一支专业知识、服务技能和工作态度均符合经营要求的员工队伍。这个期间的培训按内容分为两大部分：一是迎新培训，旨在灌输酒店行业知识、企业文化理念、酒店工作人员的素质要求和职业道德、团队合作精神等，以增进员工对酒店的归属感和对工作的信心；二是专业培训，通常分部门进行，要求员工在上岗前掌握业务原则、程序、标准、技术和方法，以便能立即适应并胜任开业后的工作。

2. 设备用品的采购安装

设备用品从规划选型、订购采买、安装调试到完全投入试运行，这些前期管理工作将为日后设备的运行、维修和更新改造奠定基础。在规划阶段经过诸多方案的论证和筛选后，就进入到行动阶段，即购置设备的实质性阶段，工作程序如下：

（1）成立购置班子

酒店筹备阶段的采购工作量是巨大的，早年广州白天鹅宾馆开业时，霍英东先生曾统计出需要采购的大小设备物品不下 10 万种，这就要求购置班子要包括各相关部门经理，他们应密切关注并适当参与采购工作，确保所购物品符合要求。

（2）深入调研

直接采购人员应广泛收集货源信息，如产品目录、产品样本、产品说明书、电视广告、国内外报刊广告、展销会、订货会、产品用户、制造厂家等，并利用计算机对收集的货源信息进行整理，详细了解设备的各种性能参数、效率等是否符合酒店经营需要。

（3）订货

订货通常要遵循三个步骤：订货申请、询价和报价、签订订货合同。

（4）设备验收

验收前做好对安装、操作人员的培训，通常由设备供应商负责培训，这一点可在订货合同中注明；设备用品到店时，购置班子要进行外观及开箱检查验收，进口设备用品还须由海关开箱，按合同、报关单、品名、规格、数量进行检查，由商检局出具检验报告。对开箱检验中发现的质量缺陷和问题，应当场由买卖双方查看和确认，并如实记录，随后提出索赔。

（5）设备安装

设备的安装质量直接关系到日后的运行效果，因此从做好安装准备工作、安装地点的找平到安装后填写设备安装验收交接报告单，每一道工序都要认真对待。

（6）设备的调试和验收

设备安装完后必须进行调试，这也是对设备安装质量的检查。调试合格、试运转成功后，即可进行安装设备的最后验收。验收合格后，填写“设备移交验收单”，将设备移交使用部门，将所有技术文件、图纸签收归档。固定资产记账，备件入库建账，使用设备编号归口责任管理。

3. 前期市场营销

前期市场营销工作在很大程度上决定了酒店试营业和开业后的营业收入，这部分内容我们将在第六章市场营销中详述。

三、酒店的试营业

酒店试营业的目的在于经过一段时间（半年到一年）的调试磨合，使酒店各部门达到正常的、有效的、步调一致的科学运转，初步实现内部管理科学化，并形成自己的个性化特色。成功的试营业能为酒店的顺利开业和稳健经营奠定基础，所以大部分酒店在正式开业前会有一个试营业阶段。

酒店前期资源准备工作和市场营销工作的质量和效率对于酒店的试营业有着重要的意义，由于这两项工作范围广、时间长，因此有必要在临近确定的试营业日期之前，再次集中核查各项准备工作，确保酒店顺利进入试营业阶段。

（一）酒店试营业前的工作重点

1. 确定酒店各部门的管辖区域及责任范围

试营业前，酒店各部门经理都应到岗，并根据实际情况，最后书面确定酒店的管辖区域及各部门的主要责任范围。特别是酒店的清洁工作，要按专业化的分工要求归口管理，这有利于标准的统一、效率的提高、设备投入的减少、设备的维护和保养及人员的管理。

2. 确保试营业所需的各项设备、物品到位

酒店各部门经理要定期对照采购清单，检查各项物品的到位情况，而且检查的频率应随着试营业的临近而逐渐增高。

3. 确保员工的数量和质量达到要求

不仅员工的数量要满足试营业的需要，而且员工的培训工作必须要达到预期的效果。否则走形的工作程序和服务标准极易令刚刚营业的酒店陷入混乱。

4. 建立各部门财产档案

试营业前即开始建立酒店各部门的财产档案，对日后酒店各部门的管理具有特别重要的意义。很多酒店就因在此期间忽视该项工作而失去了掌握第一手资料的机会。

5. 酒店装饰工程验收合格

酒店装饰工程的验收一般由基建部（业主方）、工程部和相关部门共同参加。这样能在很大程度上确保装潢的质量达到酒店所要求的标准。在参与验收前，应根据本酒店的情况设计一份各部门验收检查表，并对参与的部门人员进行相应的培训。验收后，部门要留存一份检查表，以便日后的跟踪检查。

6. 酒店开荒工作完成

酒店开荒工作即基建清洁工作，包括酒店所有对客区域和后台区域的清洁卫生。试营业前开荒工作的成功与否，直接影响着对酒店成品的保护，忽视这项工作将会留下永久的遗憾。各部门应与酒店最高管理层及管家部 / 客房部共司确定基建清洁计划，然后由客房部的公共区域卫生组对各部门员工进行清洁知识和技能的培训，为各部门配备所需的器具及清洁剂，并对清洁过程进行检查和指导。

7. 部门的模拟运转合格

酒店各部门在各项准备工作基本到位后，即可进行部门模拟运转。这既是对准备工作的检验，又能为正式的运营打下坚实的基础（如表 3-3 为客房部的开业准备工作）。

表 3-3　客房部试营业前准备工作工作清单

试营业前 1 个月
1. 按照饭店的设计要求，确定客房的布置标准
2. 制订部门的物品库存等一系列标准和制度
3. 制订客房部工作钥匙的使用管理计划
4. 制订客房部的安全管理制度
5. 制订清洁剂等化学药品的领发和使用程序
6. 制订客房设计设备的检查、报修程序
7. 制订制服管理制度
8. 建立客房质量检查制度
9. 制订遗失物品处理程序
10. 制订待修房的有关规定
11. 建立 VIP 房的服务标准
12. 制订客房的清扫程序

续表

13. 确定客衣洗涤的价格并设计好相应的表格
14. 确定客衣洗涤的有关服务规程
15. 设计部门运转表格
16. 制订开业前员工的培训计划
试营业前 2 个月
1. 审查洗衣房的设计方案
2. 与清洁用品供应商联系，使其至少能在开业前一个月将所有必需品供应到位，以确保饭店“开荒”工作的正常进行
3. 准备一份客房检查验收单，供客房验收时使用
4. 核定本部门员工的工资报酬及福利待遇
5. 核定所有布件及物品的配备标准
6. 实施开业前员工培训计划
开业前 15 天
1. 对大理石和其他特殊面层材料的清洁保养计划和程序进行复审
2. 制订客用物品和清洁用品的供应程序
3. 制订其他地面清洗方法和保养计划
4. 建立 OK 房的检查与报告程序
5. 确定前厅部门客房部的联系渠道
6. 制订员工激励方案（奖惩条例）
7. 制订有关客房计划卫生等工作的周期和工作程序（如翻床垫）
8. 制订所有前后台的清洁保养计划，明确各相关部门的清洁保养责任

（二）试营业期间的质量管理

开业前的试营业往往是酒店最忙、最易出现问题的阶段。对此阶段工作特点及问题的研究，有利于减少问题的出现，确保酒店从试营业到正式营业的顺利过渡。酒店管理人员在开业前的试营业期间应特别注意以下问题：

1. 持积极的态度

酒店进入试营业阶段，很多问题会显露出来。对此部分管理人员会表现出急躁情绪，过多地指责下属。正确的方法是持积极的态度，即少抱怨下属，多对他们进行鼓励，帮助其找出解决问题的方法。在与其他部门的沟通中，不应把注意力集中在追究谁的责任上，而应研究问题如何解决。

2. 经常检查物资的到位情况

前文已谈到了各部门管理人员应协助采购、检查物资到位的问题。实践中很多酒店往往会忽视这方面的工作，以至于在快开业的紧要关头发现很多物品尚未到位，从而影响部门开业前的工作。常被遗忘的物品有：工作钥匙链、抹布、报废床单、云石刀片等。

3. 重视过程的控制

开业前各部门的清洁工作量大、时间紧，虽然管理人员强调了清洁中的注意事项，但服务员没能理解或“走捷径”的情况仍普遍存在，如用浓度很强的酸性清洁剂除迹、用刀片去除玻璃上的建筑垃圾时不注意方法等。这些问题一旦发生，就很难采取补救措施。所以，管理人员在布置任务后的及时检查和纠正往往能起到事半功倍的作用。

4. 加强对各种设备设施及成品的保护

对酒店内地毯、墙纸、家具等成品的最严重破坏往往发生在开业前这段时间，因为这个阶段店内施工队伍最多，大家都在赶工程进度，而这时各部门的任务也是最重，容易忽视保护，且与工程单位的协调难度往往很大。尽管如此，各部门管理人员在对成品保护的问题上不可出现丝毫的懈怠，具体措施如：

其一，合理安排装修顺序。对空调、水管进行调试后再开始客房的装潢，以免水管漏水破坏墙纸，以及调试空调时大量的灰尘污染客房。

其二，加强与装潢施工单位的沟通和协调。客房部管理人员要加强对尚未接管楼层的检查，尤其要注意装潢工人用强酸清除顽渍的现象，因为强酸虽可除渍，但对洁具的损坏很快就会显现出来，而且是无法弥补的。

其三，尽早接管楼层，加强对楼层的控制。尽早接管楼层虽然要耗费相当多的精力，但对楼层的保护却至关重要。一旦接过楼层钥匙，客房部就要对客房内设施、设备的保护负起全部责任。客房部需对如何保护设施、设备做出具体、明确的规定。在楼层铺设地毯后，需对进入楼层的人员进行更严格的控制，此时要安排服务员在楼层值班，所有进出的人员都必须换上客房部为其准备的拖鞋。部门要在楼层出入口处放些废弃的地毯头，遇雨雪天气时，还应放报废的床单，以确保地毯不受到污染。

其四，开始地毯的除迹工作。地毯一铺上就强调保养，不仅可使地毯保持清洁，而且还有助于从一开始就培养员工保护酒店成品的意识，对日后的客房工作将会产生非常积极的影响。

5. 加强对钥匙的管理

开业前及试营业期间部门工作特别繁杂，容易忽视对钥匙的管理工作，通用钥匙的领用混乱及钥匙的丢失是经常发生的问题。这可能造成非常严重的后果。因此首先要对所有的工作钥匙进行编号，配备钥匙链；其次要对钥匙的领用制定严格的制度。例如，领用和归还必须签字、使用者不得随意将钥匙借给他人、不得使钥匙离开自己（不得将通用钥匙当取电钥匙使用）等。

6. 确定物品摆放规格

确定物品摆放规格的工作应该在样板房确定后就开始进行，但很多管理人员却忽视了该项工作，以至于直到要布置餐厅和客房时才想到物品摆放规格及人员的培训问题。而此时恰恰是部门最繁忙的时候，其结果是难以进行有效的培训，造成客房布置不规范，服务员为此不断地返工。正确的方法是将此项工作列入开业前的工作计划，尽早开始设计各类物品的摆放标准，并将其拍成照片，进而对员工进行培训。部门经理要把好质量关。

7. 注意工作重点的转移，使部门工作逐步过渡到正常运转状态

开业期间部门工作繁杂，但部门经理应保持清醒的头脑，将各项工作逐步引导到正常的轨道上。在这期间，部门经理应特别注意以下的问题：

其一，按规范要求员工的礼貌礼节、仪表仪容。由于酒店还尚未开始大规模接待客人、做基建清洁时灰尘大、制服尚未到位等原因，此时管理人员可能还未对员工的礼貌礼节、仪表仪容做较严格的要求。但随着开业的临近，应开始重视这些方面的问题，尤其要提醒员工做到说话轻、动作轻、走路轻。培养员工的良好习惯。试营业期间对员工习惯的培养，对今后工作影响极大。

其二，建立正规的沟通体系。部门应开始建立内部会议制度、交接班制度，开始使用表格，使部门间及部门内的沟通逐步走上正轨。

其三，注意后台的清洁，设备和家具的保养。各种清洁保养计划应逐步开始实施，而不应等问题变得严重时再去应付。

8. 确保提供足够的、合格的客房

国内大部分酒店开业总是匆匆忙忙，抢出的客房也大都存在一定的问题。常出现的问题是前厅部排出了所需的房号，而客房部经理在检查时却发现所要的客房存在着这样或那样的一时不能解决的问题，而再要换房，时间又不允许，以至于影响到客房的质量和客人的满意度。有经验的客房部经理会主动与前厅部经理保持密切的联系，根据前厅的要求及酒店的客房现状，主动准备好所需的客房。

9. 使用电脑的同时，准备手工应急表格

不少酒店开业前由于各种原因，不能对使用电脑的部门进行及时、有效的培训，进而影响到酒店的正常运转。为此，有必要准备手工操作的应急表格。

10. 加强安全意识培训，严防各种事故发生

试营业期间要特别注意火灾隐患，发现施工单位在楼层动用明火要及时汇报。此外，还须增强防盗意识，要避免服务人员过分热情，随便为他人开门的情况。

11. 加强对酒店设施设备使用注意事项的培训

很多酒店开业之初常见的问题之一是服务员不完全了解客房设施、设备的使用方法，不能给客人以正确的指导和帮助，从而给客人带来了一定的不便。例如，房内冲浪浴缸、多功能抽水马桶的使用等。

本章小结

酒店的投资与建设，是决定一家酒店经营管理是否成功的非常重要的因素。可以这么说，一家酒店筹建是否成功，决定着这家酒店开业后的经营管理是否成功。因此，慎重立项、严谨分析、细心设计、精心施工、细致准备，才可能成功建设一家合格的酒店，也为日后这家酒店的经营管理成功，打下了坚实的基础。反之，则为一家酒店的经营管理，埋下了失败的隐患。

复习与思考

一、名词解释

酒店设计　最大最小收益值分析方法　折中分析法

二、简答题

1. 酒店施工建设的步骤有哪些？

2. 酒店的开业准备应该准备哪些东西？

3. 酒店设计的理念是什么？

三、论述题

1. 如何进行一家酒店的投资的可行性分析？

2. 如何进行酒店的规划与设计？

3. 请试述酒店筹建期间的基本工作。

第四章
酒店的组织计划管理

学习目标

知识目标

○理解酒店组织管理和计划管理的知识

○掌握酒店组织机构的类型

○了解酒店企业组织机构的设置原则

能力与情感目标

○能识别酒店计划管理种类

○能分析酒店计划管理的作用

○能讲述酒店的主要计划工作制定的程序

案例导入

马里奥特的组织管理之道

马里奥特又译为“万豪”，是国际著名的饭店集团，马里奥特的创始人约翰·威拉德·马里奥特在集团的组织管理上形成了自己的独到之处。

1. 强调制度和标准化管理。

马里奥特所属的饭店、旅馆及航空食品公司都采取典型的美国式管理方法，即一切服务、一切食品制作都强调程序化、质量标准化、工作制度化。马里奥特先生要求他的职工，每个人的衣袋里要放一本工作手册，随时对照检查自己的工作职责、工作范围以及完成任务的情况，如是否已经达到了质量标准，是否已经具备了承担该工作的知识技能和实践技能。例如，厨师衣袋里放一本食品配方和菜式配方，一切要按照标准、按照程序、按照规章要求去做，不得随意更改；服务员做房间时，规定在半个小时之内必须按照66个步骤去做；等等。马里奥特先生的这种制度和质量标准管理既控制了成本费用消耗，又保证了食品和服务质量。

2. 实行集权领导。

马里奥特先生从创业开始一直坚持集权领导。从食品的采购、储存、粗加工到供餐服务都实行集中领导，统一管理。虽然多少年来对集权领导一直存在着争论，但是马里奥特先生一直是坚持这样做的。1937年，马里奥特先生建立了统一的食品储存中心和粗加工基地，占地285000平方尺，内设食品质量控制实验和厨房操作检验考核实验室，其成果是有力地控制了成本的消耗和食品的质量标准。饭店管理实行总经理领导负责制，总经理是饭店经营管理的一家之长。由他发布经营管理命令、经营战略、竞争措施，也是由他控制和检查服务质量以及决定企业的发展方向。马里奥特先生还要求，一切马里奥特饭店、汽车旅馆、航空食品公司必须按照马里奥特饭店联合公司的统一经营方针、食品质量标准、服务质量标准去经营管理。马里奥特先生的“一长集权领导负责制”的成功经验被一些饭店联号研究和效仿。

第一节 酒店组织管理概述

酒店的组织管理就是酒店通过制定合理的组织机构和组织形式，并建立组织的规章制度、行为规范、监督机制等将酒店的人力、物力和财力以及其他各种资源进行有效的整合利用，从而形成一个完整的系统，促进组织目标的实现。

一、酒店组织管理的内容

酒店组织管理的主要内容包括酒店组织机构的建立、组织机构内人员的整合与配置等

（一）酒店组织机构的建立

每一个组织机构都有自己的组织机构框架，酒店的组织机构通常用组织机构图表示。酒店的各个部门、各部门的层次以及它们之间的相互关系共同构成了酒店的组织机构。酒店组织机构建立的主要工作如下：

1. 设置酒店的各个部门

酒店根据自己经营管理的需要将酒店分成不同的部门。通常划分为业务部门和职能部门两大类别。业务部门包括前厅部、客房部和餐饮部三大主要部门。职能部门在不同的酒店有不同的划分，通常主要的职能部门有人事部、工程部、财务部、康乐部、安保部、市场销售部及其他职能部门。各个部门有自己的职责权限和业务归属，并且在具体的酒店经营管理中相互协作配合，共同维护酒店的正常运转。

2. 划分酒店的各个机构层次

酒店组织部门都有一定的跨度，有横向的跨度，也有纵向的跨度。由于业务范围的不同，在横向的跨度上就形成了部门，纵向的跨度则从上至下形成不同的层次划分，层次的划分主要通过岗位的设置来确立。以酒店客房部为例，从上至下依次是部门经理、经理助理、主管、再到下面的领班、服务员以及基层的清扫员，他们在管理范围上都有自己的权限和职责，从而形成了组织机构上的层次等级，各个层次通过等级链连接起来，从而形成了酒店的组织机构框架。

3. 建立岗位责任制

形成酒店组织机构框架后，还需要把酒店的具体业务工作落实到各个部门和岗位。需要建立岗位责任制，以明确各个岗位的工作内容、工作任务、作业规范、岗位职责、权利和义务。使酒店的各项工作都有具体的岗位负责，防止多头管理以及管理漏洞的发生。此外，酒店组织内的各个岗位和部门之间以及从上至下各个层次之间都要进行有效的衔接，以形成畅通的运作流程，并通过制定相关的规章制度进行约束和督导，从而保证酒店的业务正常运转。

（二）酒店组织机构中的人员配置与整合

酒店设立了岗位并给各个岗位分配了具体的任务，接下来的任务就是为每个岗位配备人员，因为酒店大大小小的事务都需要通过人的操作来实现，因此，确定了酒店的组织机构之后，管理人员的配备就是至关重要的事情。管理人员的配备通常是根据酒店的需要，或由酒店的上级主管直接从现有人员中任命，或通过对外招聘纳贤。无论通过何种方式进行人员的配备，都需要关注以下两点。

1. 确定用人标准和用工人数

管理人员的配备要根据岗位的需要和业务量的大小确定合理的用人标准和具体的人数配备。一般说来，管理人员除了要具备过硬的专业技能，能够胜任本职工作以外，还必须具备一定的道德素质、品德素养、气质等。酒店用人有自己制定的标准，通常通过设定具体的用人标准进行考核，或考核专业知识、业务能力，或考核个人的思想品德、言谈气质和行为等。酒店的用人关系到酒店的生存和发展，人员的选拔录用非常重要，必须由专门的考核人员进行选拔考核，只有通过了考核，达到部门和岗位的要求，才能录用和上任。管理人员人数的配备则要依据部门和岗位工作量或业务量的大小来确定，不同的酒店有不同的编制定员的方法和标准，或通过定量的分析来确定人员数量，或通过岗位排班与日工作量来确定，或以班组为单位进行确定等，总之，应以切实适合酒店的需要为宜，配备人员过多或过少都会影响酒店的正常经营。

2. 合理地进行授权和员工的使用

合理地使用人才是酒店顺利经营运转的关键，而要使用人才，就必须先对他们进行授权。授权要以酒店明文规定的规章制度为依据，同时，对每个岗位人员所赋予的权利要与其职责相一致。除了合理授权以外，酒店也必须合理地使用人才。其一，要创造良好的工作环境，营造良好的工作氛围，要让每一位管理者及普通员工能满足于自己的工作岗位，满足于工作环境和薪酬待遇，愉快地参与工作；其二，除了将酒店的每一位工作者安排在适合的工作岗位上，做到人尽其才之外，还必须经常对员工进行考核，有针对性地培训，不断提高其专业技能和专业素质；其三，对每一位在岗的管理者和员工，在赋予他们应有权利的同时，也应给予他们一定的能力发展空间，使他们能够充分发挥自己的才智，要有创新酒店的激励机制，为酒店管理者和员工提供实现个人价值的空间。

酒店的劳动组织管理工作需要将酒店各个工作岗位有效整合，组建酒店的业务流程并协调各个岗位和部门之间的协作，这中间需要制定各岗位的作业内容、岗服务规程、岗位的排班、业务的作业程序、信息的传递等，由于酒店的业务内容很多，各业务工作又复杂多变，因此，酒店组织形式也是一项非常复杂的工作，需要酒店各级管理者慎重对待，共同设计和维护。

二、酒店组织机构设置的原则

酒店组织机构设置的原则指的是酒店组织构建的准则和要求。它是评价酒店组织结构设计是否合理的必要条件。一般情况下，酒店组织机构的设立应遵循以下几个基本原则。

（一）目标导向原则

在组织职能运作过程中，每一项工作均应为总目标服务，也就是说，酒店组织部门的划分应以企业经营目标为导向，酒店的组织形式必须要以能产生最佳效益为原则，组织层次和岗位的设置必须以切实符合酒店需要、提高经营运作效率为依据，对于任何妨碍目标实现的部门或岗位都应予以撤销、合并或改造。在总的目标导向下，组织会有许多大大小小的任务要完成，所以我们在组织结构设计中要求“以任务建机构，以任务设职务，以任务配人员”。同时，考虑到酒店提供的服务和产品的复杂性和灵活性，在具体的酒店服务工作实践中有时候会无法真正找到与职位要求完全相符的人员，因此酒店组织在遵循“因事设人”原则的前提下，应根据员工的具体情况，适当地调整职务的位置，以利于发挥每一位员工的主观能动性。

（二）等级链原则

法约尔（Henry Fayol）在《工业管理与一般管理》一书中阐述了一般管理的 14 条原则，并提出了著名的“等级链和跳板”原则，它形象地表述了企业的组织原则，即从最上级到最下级各层权力联成的等级结构。它是一条权力线，用以贯彻执行统一的命令和保证信息传递的秩序。酒店组织结构的层次性、等级性使得等级链原则成为酒店组织必须遵循的重要准则。对酒店来说，等级链原则包含三个重要的内容。其一，等级链是组织系统从上到下形成的各管理层次的链条结构，因此，酒店高层在向各个部门发布命令时，对酒店各部门和各管理层而言必须是统一的，各项指令之间不能有任何的冲突和矛盾，否则就会影响酒店组织的正常运行；同时，任何下一级对上级发布的命令必须严格执行，因为等级链是一环接一环，中间任何层次的断裂都会影响到整个组织工作的进行。其二，等级链表明了各级管理层的权力和职责。等级链本身就是一条权力线，是从酒店组织的最高权威逐层下放到下面的各管理层的一条“指挥链”，酒店组织中每个管理层以及每一个工作岗位的成员都必须清楚自己该对谁负责，该承担什么义务和职责，责、权、利非常清楚明了。其三，等级链反映了上级的决策、指令和工作任务由上至下逐层传递的过程，也反映了基层人员工作的执行情况，以及将信息反馈给上一级领导的信息传递路线，等级链越明确，酒店组织的决策、信息传递以及工作效率和效果就会越好。

（三）控制跨度原则

由于个人能力和精力有限，每个管理人员直接管辖的下属人数应该有一定的范围，不可能无限多，也不能太少。控制跨度原则就涉及对特定管理人员直接管辖和控制下属人数范围的确定问题，也即是管理跨度的大小问题。跨度太大，管理人员管辖下属的人数过多，会影响信息的传递，容易造成人浮于事，效率低下；而跨度太小则容易造成组织任务不明确，工作任务执行起来不力，同样也会影响组织的运作效率。因此，正确控制管理跨度，是提高酒店工作效率、促进组织活动顷利开展的重要保障。现代管理学家对管理跨度问题也进行过广泛的研究，管理跨麦与管理者的岗位和管理者本人的素质有关，它受到个人能力、业务的复杂程度、任务量、机构空间分布等多方因素的影响，还要考虑上下级之间接触的频繁程度，上级的交际与领导能力等多方面的因素。

一般来说，针对酒店服务和产品的特点，高层管理人员的管理跨度小于中层管理人员的管理跨度，中层管理人员的管理跨度又小于基层管理人员的管理跨度，例如，一个部门经理管理 5~6 个部门主管就不是一件容易的事情，而一个客房部主管管理 10 个客房服务员则是轻而易举的事情。因此，管理跨度的确定必须综合考虑各方面因素，且需要在实践中不断进行调整。

（四）分工协作原则

在社会化大生产中，适度的分工可以提高工作专业化程度，进而达到提高劳动生产率的目的。酒店提供的服务产品的复杂性和机动灵活性要求酒店组织对具体的工作任务进行合理分工，并进行有效的协调，分工与协作是促进组织任务顺利完成的保障，也是酒店组织要遵循的重要原则。组织分工有利于提高人员的工作技能、工作责任心，提高员工服务质量和效率。但是，分工过细往往导致协作困难，协作搞不好，分工再合理也难以取得良好的整体效益。因而在具体职责权限划分中，在依据需要设置岗位的基础上，应秉承提高工作效率的原则，灵活地进行工作分配和任务安排，给员工以足够的自我展示空间，同时也要安排中间协调机构，做好中间协调与整合工作，促进组织内部的良好合作。

（五）有效制约原则

酒店组织作为一个整体，它的各项业务的运转离不开各部门的分工与合作。在分工协作的原则的基础上，还应有对由这种分工所引发出的部门与岗位彼此间的牵制与约束。适当的约束机制可以确保各部门按计划顺利完成目标任务，实现组织的总目标。有效的专约机制不仅是上级对下级的有效监督和制约，还包括下级对上级的监督和制约。上级对下级的制约可以促进员工更好地完成本职工作，提高工作效率与服务质量；下级对上级的监督和制约则是通过员工层或低一级的管理层对上级的监督，从而提高酒店管理层的决策和执行能力，如对领导人的约束机制可以避免其独断专行，对财务工作进行监督可以避免财务漏洞等，下级对上级的有效制约必须是在下级对上级的命令坚决执行的前提下进行的，应同时遵循统一指挥，确保酒店的组织运作井然有序。

（六）动态适应原则

动态适应原则要求酒店组织在发展过程中，以动态的眼光看待环境变化和组织调整问题，当变化的外部环境要求组织进行适变调整甚至产生变革时，组织要有能力做出相应的反应，组织结构该调整的要调整，人员岗位该变动的要变动。而且反应要快，改变要及时，从而得以应付竞争日益加剧的外部环境。当前酒店的集团化和全球化扩张的趋势对我国酒店组织结构也提出了更新的要求，我国各大旅游酒店必须迅速适应这种市场竞争态势，尤其是组织结构的动态适应，应不断优化酒店的组织结构，提高酒店的日常经营管理能力，提供更优质的酒店产品和服务，从而不断提升酒店的核心竞争能力。

第二节 酒店的组织结构

酒店的组织结构是指酒店内各组织机构的架构体系，体现了酒店各部门职责范围、同级部门及上下级之间的关系。由于酒店所处的内外部环境的不断变化，因此酒店的组织机构也会随之变化。酒店组织机构的设置并没有统一的标准，而是因各企业规模、类型等的不同而存在差异，各企业均应根据自身的特点和经营目标来设置组织机构，以发挥组织管理职能，保证组织目标的实现。

一、酒店组织结构类型

酒店组织机构是酒店组织管理的指挥系统。组织机构的设置合理性直接影响酒店经营管理活动的开展，因此酒店组织机构的设置必须有利于提高酒店组织的工作效率，保证酒店各项工作能协调、有秩序地进行。酒店组织机构模式主要有以下 4 种。

（一）直线制组织结构

该组织结构的特点是：酒店中各种职位从最高层到最低层按垂直系统直接排列，每一个下属部门只接受一个上级部门的指挥。组织中只设业务部门，不设或仅仅设一两个职能部门，兼及多项职能。直线制组织机构如图 4-1 所示。

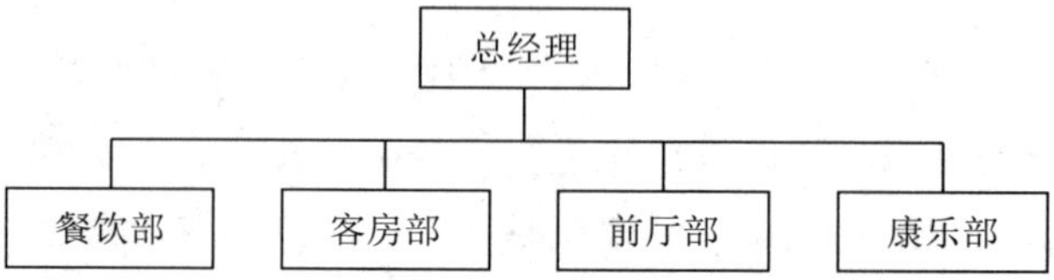

图 4-1 直线制组织结构

这种组织形式的优点是：结构简单；权责分明；指挥统一，不至令出多头；信息上下传递迅速；责任明确、反应快速灵活。缺点是：不利于同级部门的协调与联系；缺乏合理的劳动分工，业务部门既要承担对客接待服务工作，同时还要兼及本应属于职能部门的工作。例如，餐饮部既要对顾客提供餐饮服务，同时还要负责本部门员工的招聘、培训等工作。直线制组织机构模式对高层管理者的素质要求较高。由于管理职权的集中，使得高层管理者负担过重，甚至经常处于忙乱状态。这种形式一般只适用于小型酒店。

（二）直线职能制组织结构

直线职能制组织机构将酒店部门划分为业务部门和职能部门两大类。业务部门是对客服务的一线部门，这类部门（如餐饮部、客房部、康乐部等）的工作直接影响酒店的收入；职能部门不直接与顾客发生联系，而是为一线业务部门服务的部门，如财务部、人力资源部等。各职能部门分别从事专业的管理工作，这些职能部门作为管理者的参谋部门，一般对一线业务部门并无指挥权。直线职能制组织结构如图 4-2 所示。

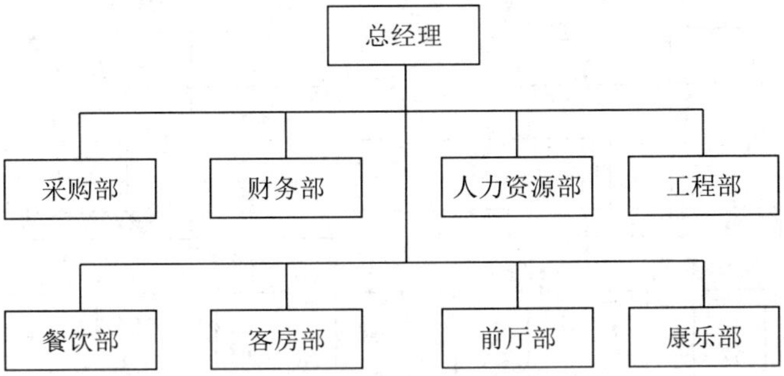

图 4-2　直线职能制组织结构

直线职能制组织结构模式目前被我国大多数酒店所普遍采用。这种组织形式的优点是：吸收了直线制组织模式的优点，权力高度集中，政令统一；工作效率高。由于增加了职能部门，使得部门分工明确，并且有利于发挥职能部门和员工的专业特长，能够弥补管理者的不足之处，并能在一定程度上减轻管理者的负担。缺点是：权力高度集中，下级缺乏必要的自主权，积极性和灵活性得不到很好的发挥；高层管理者常为琐事困扰，不利于集中精力研究酒店经营决策等重大问题；各部门之间横向沟通和协调性差，容易从本部门利益出发考虑问题，而忽视酒店的整体利益。

（三）事业部制组织模式

事业部制组织机构模式是一种适用于酒店公司或酒店集团的组织形式，它的特点是集中决策、分散经营，即酒店集团按照地区或酒店星级标准等因素，成立若干个事业部，每一个事业部即为一个酒店，每一个酒店都具有法人地位，进行独立的经济核算，对本酒店内的计划、财务、销售等工作有决策权。最高领导层主要负责制定整个公司或集团的战略决策，如重要的人事决策、市场的开发，新技术的引进、经营战略的制定等，并采用一定的经济手段和行政手段对各事业部进行监督、协调、服务和控制。事业部制组织机构如图 4-3 所示。

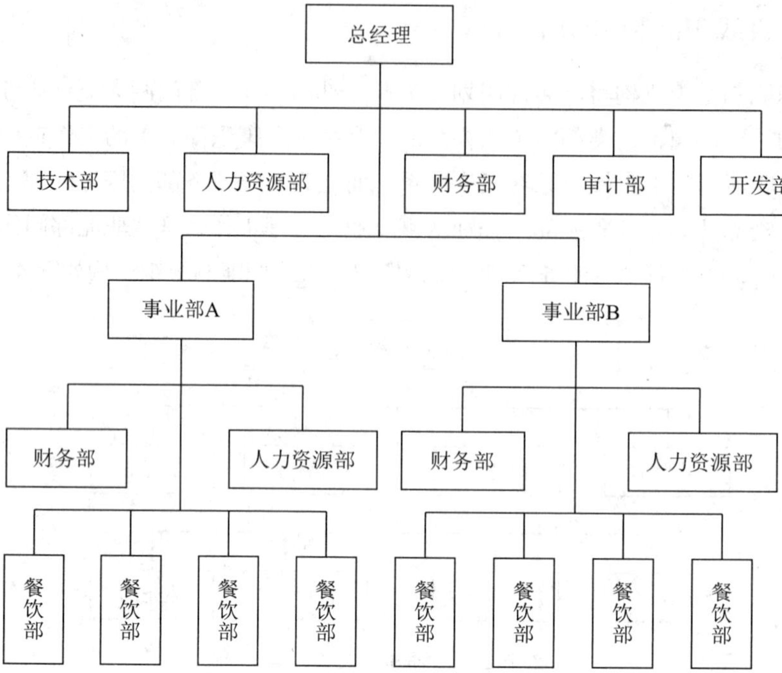

图 4-3　事业部制组织结构

事业部组织机构的优点是：最高管理层摆脱了日常琐事，可以集中精力制定整个企业发展的总目标、总方针及各项长远的战略决策；各事业部拥有较大的经营管理权，利于充分发挥管理者的积极性和主动性，增强环境适应能力及应变能力。这种组织形式也有明显的缺点：对各事业部管理者的素质要求很高，一旦某事业部最高管理人员决策不当，可能会影响该酒店的发展前途；职能部门重复设置，管理人员增多，成本费用增加；各事业部协调少，有独立的利益，因此整体意识较差，可能会因为本酒店的利益而牺牲酒店集团的整体利益。

（四）区域型组织结构

区域型组织结构实际上是事业部制组织结构的一种变异方式，多见于国外的大型旅游酒店集团，如图 4-4 所示。

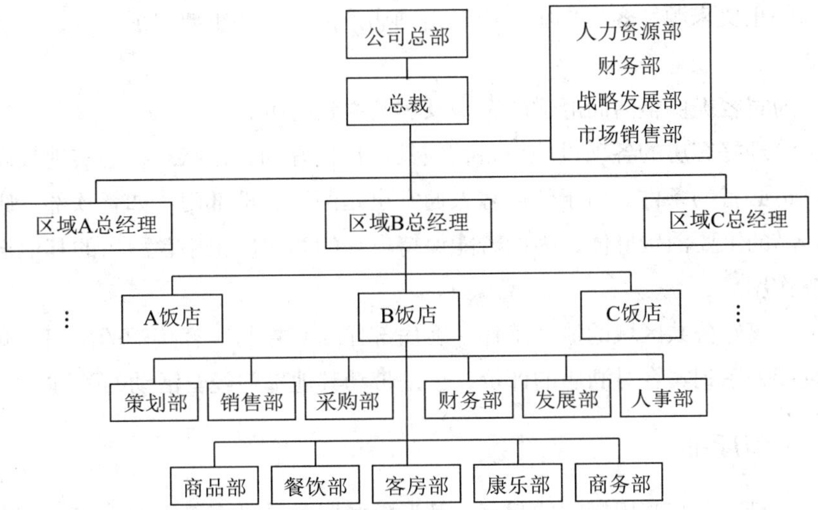

图 4-4　大型酒店集团的区域型组织结构

酒店集团因为发展的需要而不断向国际市场延伸，实施全球扩张战略，酒店提供产品或服务的生产所需要的全部活动基于地理位置而集中，因此产生了酒店的区域型组织结构模式。这种结构的设置一般针对酒店主要目标市场的销售区域来建立。区域型组织结构有较强的灵活性，它将权利和责任授予基层管理层次，能较好地适应各个不同地区的竞争情况，增进区域内营销、组织、财务等活动的协调。但该结构模式也可能增加了酒店集团在保持发展战略一致性上的困难，有些机构的重复设置也可能导致成本的增加。

以上几种组织结构形式各有利弊，采用哪种形式更为合理，要视酒店具体情况而定。总之，组织结构的设计应有利于酒店提高经营管理水平，提高工作效率，充分发挥组织管理的最大效能。

二、酒店的主要部门及职能

现代酒店的部门机构设置，因各酒店规模和性质的不同而不同，但各部门的职能基本是一致的。一般来说，酒店的部门机构是根据酒店为客人提供的产品和服务来设置的，主要有以下 10 个部门。

（一）客房部

客房是酒店的基本设施和主体，是酒店出售的主要产品之一，其营业收入是酒店经营收入的重要来源。客房部服务质量是酒店产品质量的重要组成部分，客房部的主要职能如下。

（1）为宾客提供整洁而舒适的客房及热情周到的服务。

（2）管理好客房的各项设施设备，使其保持良好的工作状态，为实现较高的客房出租率创造必备的条件。由于住店客人通常也是酒店其他部门（如餐饮部、康乐部等部门）产品的主要消费群体，因而若能保持较高的客房出租率，酒店的其他设施便能充分发挥作用。

（3）应搞好公共区域的清洁工作。客房部作为直接与宾客接触的部门，服务质量的好坏直接关系到宾客对酒店的评价，也是带动其他部门经营活动的关键。

（二）前厅部

前厅部是宾客与酒店接触的起点，其形象及服务质量直接影响宾客对酒店的第一印象。前厅部在酒店组织中占有举足轻重的地位，其职能可以概括为三个方面：

（1）前厅部作为酒店经营活动的枢纽，业务工作贯穿于酒店与宾客接触和交易往来的始终，工作内容主要有预订客房、办理入住登记手续、安排房间、提供委托代办服务、接受问询、处理投诉、结账等，业务复杂，涉及面广。

（2）除了对客提供服务之外，前厅部又是酒店组织客源、创造经济收入的关键部门，前厅部通过自身的有效运转能提高客房出租率，增加客房销售收入，这是前厅部十分重要的工作。

（3）前厅部作为酒店信息集散中心，通过提供各种市场信息、建立客户档案、反映经营情况和服务质量评价等为酒店管理者进行科学决策提供依据。

（三）餐饮部

餐饮部是酒店创收的重要部门，通过向宾客提供餐饮服务，为酒店直接创造经济效益。餐饮部的主要职能是：

（1）全面筹划餐饮食品原材料采购、生产加工、产品销售及服务工作。

（2）通过对餐厅服务和厨房生产进行合理细致的安排，提供色、香、味、形俱全且健康、安全的食品及酒水饮料，满足顾客要求。

（3）对外扩大宣传，积极销售，对内提高产品和服务质量，加强管理，降低成本，力争取得最大的经济效益和社会效益。餐饮部与客房部一样，都是直接对客服务的部门，员工形象及服务质量、管理水平直接影响酒店的形象，是酒店管理工作的重要环节。

（四）营销部

营销部的主要职责是推广酒店的主要产品和服务，保证酒店在任何季节都能有充足的客源，维护酒店的声誉，策划酒店的形象，扩大酒店的市场知名度，打造酒店的品牌。营销部的规模大小也与酒店的规模大小相关，大型酒店的营销部由经理、主管、市场营销的专兼职人员组成，为保证酒店客源，酒店营销部还会不定期地组织专门人员进行市场调研，了解市场行情和游客的需求，从而指导酒店组织提供尽可能满足顾客需求的产品。

（五）康乐部

随着康乐业的发展，酒店康乐部受到越来越多的关注。消费者进入酒店除了有基本的住宿及饮食需求外，康乐需求日益增长。通常四、五星级酒店及度假型酒店中都设有康乐部，康乐部借助场地和各种设施设备为客人提供运动健身和休闲娱乐服务。康乐活动项目多种多样，主要有运动类（如球类、器械类活动、游泳）、保健类（如桑拿浴、美容美发）、休闲娱乐类（如棋牌、歌舞）等。

康乐部的职能主要有：通过自身服务，满足客人的运动健身需求；做好康乐中心的卫生工作；保证各种运动设施设备正常运转，做好各种器械及活动场地的安全保障工作，消除安全隐患；对于新型器械的使用及技术性很强的活动项目，给客人提供必要的指导服务等。康乐部也是为酒店直接创收的部门。

（六）工程部

酒店的设施设备是酒店经营所依托的物质基础。工程部的主要职责就是保证酒店所有设施设备，如客房和大厅的室内装修与陈设，水电、空调系统、电话系统、卫生间设备系统等的正常运转与使用。不仅要对各种设施设备出现的问题进行及时的修理，保证能正常使用，还应经常对酒店的各项设施设备进行保养和更新，使之始终处于良好的工作状态，避免顾客使用时发生危险。可以说，工程部的工作关系到酒店员工的操作安全及来店客人的使用安全，关系到客房出租率，也关系酒店服务质量的高低，是酒店重要的后台保障部门。

（七）人力资源部

酒店主要依靠人的活动完成经营管理，兑现服务产品。因此，员工的积极性、创造性、业务水平等直接决定酒店服务质量的高低，决定顾客的满意程度，也是决定酒店竞争成败的重要因素。人力资源部是酒店中的一个非常重要的部门，它一般直接受总经理约领导和制约，其主要职责是为了满足酒店经营管理的需要，协助其他部门做好酒店管理人员和服务人员的选聘、培训工作，提高员工素质和技能，使之符合各个岗位的需要；向各岗位科学配置员工，实现人与事的最佳组合，从而提高工作效率；利用各种激励措施激发员工潜能和工作的积极性、主动性，从而增强企业活力和市场竞争力，为酒店的发展发挥积极作用。

（八）安全部

在我国，酒店被列为特种行业，即易于被犯罪分子当成落脚藏身处并进行违法犯罪活动的场所。酒店是一个公共场所，来往人员复杂，同时因存放备种物资及资产，容易成为犯罪分子的作案目标，因而酒店的安全保卫工作的难度较大。酒店安全部的职责就是制订安全工作计划，完善安全管理规范，对员工进行安全教育，消除安全隐患，及时制止各种犯罪行为的发生。从而保障宾客和员工人身、财产安全及整个酒店的安全，给酒店员工一个安全的工作环境，给顾客一个安全、放心的饮食、住宿场所。

（九）财务部

财务部负责处理酒店经营活动中的财务管理和会计核算工作，主要职责包括建立各种会计账目；处理酒店的日常财务工作，稽核酒店各类营业收入和支出；制定酒店对商业往来客户的信贷政策并负责执行；负责酒店产品成本控制和定价事宜；处理各项应收、应付款事宜；配合人力资源部办理发薪事宜；编制财务预算；代表酒店对外处理银行信贷、外汇、税务、统计等事宜；定期向酒店管理层提供各种财务报告及经营统计资料，为管理层决策提供依据；审核各部门提出的采购申请计划；召集营业部门的财务分析会议。

（十）商场部

商场部即酒店所设的购物商场或购物中心。酒店商场部出售的商品有日常生活用品，主要用于满足客人的生活需求；也出售当地特有的旅游商品，以满足旅客馈赠亲友或者留做纪念的需要。商品的销售不仅能满足顾客的需要，增加酒店收入，那些刻有酒店标志的商品，对酒店又能起到一定的宣传促销作用，因此，不能忽视商场部的作用，应增强商场的经营特色，提高管理水平，更好地实现酒店的经营目标。

第三节　酒店的组织管理制度

酒店的组织管理制度主要包括酒店的基本制度与酒店的管理制度两大类。

一、酒店的基本制度

酒店的基本制度通常有如下几类。

（一）总经理负责制

总经理负责制是酒店组织管理的一项基本制度，即在酒店组织中建立以总经理为首的经营管理系统，总经理处于中心位置，在酒店人、财、物等方面拥有决定权，并根据董事会或投资者的决策，全面负责酒店业务经营管理，同时在酒店的经营成果上负有相对应的责任。总经理负责制适应酒店现代化管理的需要，符合现代酒店经营管理规律的要求。总经理的工作及权限主要包括以下 4 个方面。

1. 经营决策权限

对酒店负有经营决策权，制订酒店的发展计划并组织具体实施。建设酒店组织结构，制定酒店组织管理制度，全面指挥酒店各职能部门和业务部门的经营运作，能任意调派使用酒店的资金、设备、设施、物资等资源以实现组织目标，同时对酒店全部资产负有责任。

2. 人事任免权限

酒店是一个劳动密集型企业，酒店产品质量的高低在很大程度上取决于员工素质、能力的强弱及管理水平的高低。为了保证酒店能提供高质量的服务，用好人、用对人十分重要。因此，总经理应亲自督导酒店的人事任免及奖惩工作，尤其应全面负责优秀管理人才的选聘和任用，保证员工队伍素质和能力符合岗位需要，符合酒店发展的需要。

3. 财务管理权限

酒店经营管理的出发点和归宿是赢利，要实现赢利，做好财务管理工作至关重要。酒店财务管理是对酒店资金的筹措、分配、使用和回收全过程的管理，它贯穿于酒店业务经营过程的始终。总经理必须亲自监督酒店的财务运转状况，控制成本、增加利润，改善经营，以保证经营目标的实现。

4. 酒店企业文化建设职责

酒店总经理负责酒店企业文化建设，保障酒店职代会和工会的权利，支持酒店各组织的活动，不断改善酒店员工的劳动作业条件，维护酒店良好的工作环境及和谐的工作氛围。

总经理负责制赋予总经理一定的权力及权威，同时，还要求总经理对酒店经营管理所取得的社会效益及经济效益承担相应的责任。因此，酒店总经理应具有高度的责任感、良好的职业素质、出色的领导才能。酒店也应该通过各种有效的制度和组织形式，保证总经理的权力和权威既能得到充分发挥，又能受到应有的监督。

（二）岗位责任制

岗位责任制，即在合理分工的基础上，明确规定各岗位及每个岗位上的工作人员必须完成的工作任务、作业标准、权限、工作量以及需要承担的与之相应的责任制度。具体来说，岗位责任制包含四项基本内容：第一，岗位名称、职责范围、上下级隶属关系和具体工作任务；第二，每项工作任务的基本要求、标准和操作程序；第三，应承担的责任和应遵守的制度；第四，与相关岗位的协作要求等。酒店岗位责任制是一个完整的体系，它包括酒店总经理岗位责任制；各部门主管、技术人员和职能部门员工的岗位责任制；一线生产、服务人员的岗位责任制等。

岗位责任制能使每个员工都清楚地认识到自己所在的岗位要求完成哪些工作，怎样完成，应达到什么样的标准和效果。岗位责任制是酒店组织管理的基础，是酒店全体员工的工作指南及各项业务监督检查的依据，要求人人要遵守，严格执行。岗位责任制的落实，有利于确保酒店组织各部门、各层次、各级各类员工各司其职、合理分工，密切配合，从而保证酒店组织的正常运行。

（三）酒店经济责任制

酒店的经济责任制是酒店的另一项基本经济制度，其核心内容是将酒店组织的经营管理目标进行逐层分解，落实到酒店的各个部门、各个岗位和具体的个人。按照责、权、利相一致的原则，将个人创造的效益与酒店整体效益相联系，并以此为基础进行劳动分配，个人创造了多少劳动价值就能分配应有的劳动所得。实行经济责任制，就是将酒店的经济责任以合同的形式固定下来的一种经营管理制度。

酒店经济责任制包括的主要内容有：

（1）制定酒店决策。明确酒店组织的总体经营目标。

（2）落实经济责任。将酒店组织的经营目标层层下放到酒店的各部门、各岗位和个人。通常实行定量化的管理，将酒店的经营目标进行分解，以指标的形式下放，利于考核和成果的评定。

（3）考核。考核是保证酒店目标实现的重要手段，通过考核才能了解酒店各部门、各岗位和个人的工作完成情况，检查经济责任是否完全履行。考核结果必须真实详尽并且清楚公平，它是酒店员工劳动分配的标准和依据。

（4）效益为本，按劳分配。根据各部门和个人所创造的效益实行按劳分配。酒店的经济责任制的分配方式有计分计奖制、浮动工资制、提成工资制等多种。

经济责任制的实施要本着公开、公平和公正的原则，严格按照效益和利益相一致的原则实施按劳分配，这样方能充分调动酒店全体员工工作的积极性和创造性，使每一位员工都能真正为酒店的利益而努力工作，从而实现酒店组织的经营目标，推动酒店的不断发展。

（四）员工手册

酒店员工手册是酒店全体员工应共同遵守的行为规范的条文文件。酒店员工手册的内容包括序言、总则、组织管理、劳动条例、计划方法、组织结构、职工福利和劳动纪律、奖励和纪律处分、安全守则等。员工手册对每个酒店都是必不可少的，它规定了酒店全体员工共同拥有的权利和义务，规定了全体员工必须遵守的行为规范，只要是酒店员工，在酒店的工作（包括外表形象、言行举止等）中都要受员工手册上的条款约束。员工手册对酒店的意义非常重大，是保证酒店有序运作的酒店组织的基本制度。员工手册的内容必须通俗易懂，便于员工操作，从而真正发挥作用。

二、酒店管理制度

酒店管理制度是对酒店管理各个基本方面规定的活动框架，是用以引导、约束、激励集体行为的规范体系。它在整个酒店通用，要求全体员工遵照执行。按照酒店组织部门和业务划分，酒店管理制度又分为部门管理制度和业务操作规范制度。

（一）部门管理制度

部门管理制度是由酒店下属的各专业部门制定，并要求全体员工遵照执行的相关专业管理制度。酒店部门管理制度主要有人事管理制度、财务管理制度、安全保卫制度、行政性管理制度、设备设施管理制度、物品管理制度等。人事管理制度包括人事部对酒店全体员工的人事档案管理制度、劳动工资制度、人员招聘、培训制度、奖惩制度、福利制度和医疗保险制度等；财务管理制度则是根据酒店财务部门的实际情况制定的现金管理制度、信用消费政策、支付制度、营业收入管理制度、资金审批制度和部门外汇管理制度等分门别类的财务管理规章制度；安全保卫制度则是按照国家安全保卫部门的要求而制定的保卫整个酒店人身和财产安全的保卫制度，包括酒店内保制度、消防安全制度、工作安全制度等，其重要性不言而喻；行政管理制度是针对酒店的行政性事务而制定的制度，如行文制度、报告制度、发文制度、行政档案制度、图文资料著作权制度等；设备设施管理制度主要指的是针对酒店各种设备的特点而制定的设备使用、保养、管理等制度；物品管理制度则主要包括物品分级管理制度、物品领用使用制度、物品保管责任制度、物品盘存盘库制度等。

（二）业务操作规范制度

业务操作规范制度是酒店下属业务部门根据自身的业务及其运作特点为规范部门行为而制定的相关管理制度。包括业务运作制度、服务质量标准、劳动考核制度等。业务运作制度主要有业务流程，服务质量检查，考评制度，排班、替班、交接班制度，卫生制度等；服务质量标准是酒店在根据自己的等级、规模以及整体管理水平定位的基础上而制定的提供产品和服务的质量标准；劳动考核制度是对酒店员工的考勤、任务分配奖惩、违规违纪处理等日常业务工作进行规范（见表 4-1）。

表 4-1　上海华亭宾馆客房部作业规程（做床前）

部门：客房部　　岗位：客房服务员　　工作：打扫整理客房		
步　骤	要　求	预期结果 / 质量标准
A. 敲门	（1）清晰地按铃，并等待反应。 （2）如客人有回音，就说："我是客房服务员，我能进来吗？"并等客人开门（等 5 秒钟）。 （3）如房内没有反应，再用钥匙打开门（等 5 秒钟），并重复说一遍："我能进来吗？"	使房内的客人知道，服务员将要进来打扫客房，让客人做好准备
B1. 打开窗帘	直接走到窗前，将薄、厚两层窗帘全部打开，让光线进来，并检查窗帘的状态	保持良好拉关状态
B2. 检查电器	（1）检查房内所有电器、过道灯、顶灯、卫生间灯、床头灯、落地灯、梳妆台上的灯、电视机、收音机等。如发现有电器坏了，立即向楼长汇报，以便及时修复。 （2）如房内有异味，打开窗（从楼长处拿开窗钥匙）	（1）确保电器完好，使客人感到舒适和安全。 （2）让清洁、新鲜空气进房，消除异味

续表

部门：客房部　　岗位：客房服务员　　工作：打扫整理客房		
步　骤	要　求	预期结果 / 质量标准
B3. 将空调调至适当的温度	（1）如果是退房，在夏季调至冷与中档之间，在冬季调至暖与中档之间； （2）如果是住房，在客人已调至合适的温度时，就不要去调它	（1）使新住店的客人有舒适的温度。 （2）动空调开关后，客人可能会不高兴
B4. 将垃圾收集起来，倒入工作车的废物袋中	在房内按顺时针方向走一圈，将地上的垃圾拾起来，然后将垃圾桶拿出去，把垃圾全部倒入工作车上的废物袋中	便于地毯吸尘
B5. 把餐具和用餐车移到房外	（1）将客房供膳部的餐具和他们的用餐车移到房外，放在房门边； （2）打电话给客房用膳部，让其取走送到厨房； （3）继续工作，若打扫整理房间完毕后，仍没有人来取，则需要将这些餐具和用餐车送至楼层服务室； （4）向楼长汇报情况，并与客房供膳部领班联系	不能妨碍客人在走廊中行走，保持规定标准

第四节　酒店的计划管理

计划是指工作或行动之前预先拟定的具体内容和步骤。或者说，计划工作就是决策结果的推行。酒店计划工作的内容，是预测未来环境变化趋势，确定企业经营目标，拟定和选择经营方案，以便充分利用资源，实现企业经营目的。

一、计划的作用与种类

（一）计划的作用

一个好的计划，是酒店经营管理的第一步。计划的重要性，首先表现在计划明确了酒店的发展目标，规定了酒店在计划期内经营管理活动的主要内容，使酒店的一切工作都围绕着计划预定的目标而进行。如果没有计划，没有规定的目标，酒店的经营管理活动将一事无成。

其次，计划的重要性还在于它便于酒店内部协调工作的进行。随着酒店规模的不断扩大，它要求酒店必须能统一安排各项工作，以减少重复和摩擦。各个部门将根据酒店计划确定本部门的经营活动计划，并和酒店的总体计划相协调。由于酒店不同部门的工作人员往往只看到本部门的利益，因此，就必须通过酒店的经营管理计划协调人力和物力。

最后，计划作为一种管理手段，可以提高企业经营管理水平，提高经营效益。在酒店经营管理的各项职能中，计划的职能是首要职能。计划为酒店各项职能发挥作用提供了实际的依据。同时，由于酒店计划制定了企业未来一定时期内要实现的活动指标，并提出了实现活动指标的各种措施，它可以降低劳动消耗、减少支出、增加收入，使酒店在经营管理计划的指导和控制下，不断提高经济效益。

（二）酒店计划的种类

酒店计划的种类很多，用途各异。为了便于管理，并能使计划真正发挥作用，可根据不同的要求和特点，制订不同类型的酒店计划。

1. 酒店的长期计划和短期计划

按照计划期的长短，酒店计划可分为长期计划和短期计划。长期计划又称作战略计划，它是酒店在较长时间如三年、五年、七年内，有关发展方向、规模、设备、人员、经济、技术等各方面的长远纲领性计划。短期计划就是年度计划，具体规定计划期全年度和年度各时期酒店以营业为中心在各方面的目标和任务。酒店长期计划是酒店计划的基础，短期计划是长期计划的实现形式。从指导企业日常经营管理活动的作用方面来看，短期计划是酒店最重要的计划。

许多管理学家把长期计划称作“战略计划”，因为它是战略性的、总体的、全面的；把短期计划称作“战术计划”，因为它是战术性的、分散的、具体的。酒店的长期计划对整个酒店有指导意义，有广泛而深远的影响，关系到企业存亡与效益。酒店的高层管理人员，应对长期计划予以充分重视，采取认真负责的态度，花大量的时间和精力，进行“战略上的部署”，制订出切实可行的长期计划。酒店的中层管理人员，应在长期计划的范围内，制订出行之有效的短期计划，使短期计划与长期计划保持一致，并把短期计划付诸实施，为企业经营管理活动成功打下坚定的基础。

2. 酒店的总体计划和部门计划

按计划的范围来分，酒店计划也可分为酒店总体计划和部门计划。酒店总体计划主要是围绕整个酒店或酒店的几个重要部门而展开的，它包括酒店总体目标、策略和执行方案等。部门计划就是指酒店各个部门制订的计划，它包括部门要实现的目标及各种策略等。酒店的客房部计划、餐饮部计划和商品部计划都是部门计划。部门计划与酒店总体计划也是相互联系的，部门计划的目标是以酒店总体计划为依据而制订的，并有助于酒店总体目标的实现。

酒店总体计划为各部门的计划提供一个基本的框架，它能否完成要依靠酒店各部门的计划。因此，部门计划的好坏将直接影响酒店总体计划的完成。

3. 酒店的经营计划和管理计划

从酒店计划的具体内容来看，酒店计划是由经营计划和管理计划两大体系构成的。

酒店经营计划包括：

（1）酒店经营战略计划，即酒店的长期计划，它从总体上确定了酒店未来的发展水平和标准、经营规模和接待能力以及酒店各项经济效益指标的增长水平。同时，经营战略计划还要就酒店的固定资产建设、员工培训、职工生活福利水平做出总体规划。

（2）酒店销售计划。它是在经营战略的基础上，根据企业未来的发展和市场的变化而制订的年度经营计划。销售计划的主要内容是确定酒店的销售目标和盈利水平。大型的酒店需分别确定客房、餐饮、商品等部门的销售额、毛利率和净盈利水平。为此，在销售计划中，要具体规定酒店销售的措施、时期、费用及控制和评估方法。

（3）市场营销计划。对酒店来说，酒店的市场推销活动，需要营销计划对市场进行全面、客观的分析和决策。酒店营销计划是用来指导酒店在一定时期内各种营销活动的书面文件。酒店营销计划的制订须从实际出发，规划酒店的客源结构，确定酒店的客源市场占有率；同时确定本酒店产品结构、档次、产品的组合方式等，并指出酒店市场推销的主要方向及市场营销策略。

（4）酒店接待业务计划。酒店的接待业务安排是酒店所有经营活动的核心。酒店各个部门的所有计划都必须和接待计划所确定的接待总人数、客源的组织形式、宾客的来源和方式的安排相衔接。酒店的接待业务计划分为月接待计划和重大任务接待计划两类。前者是以月为时间范围，依时序而制订的接待业务计划；后者是指酒店针对某一项重要任务而专门制订的接待计划。

酒店的管理计划主要是指酒店的各职能管理部门为保证酒店经营活动而确定的各种职能计划。它主要包括：

（1）劳动工资计划。它是对酒店的人员及劳动报酬所作出的具体安排。劳动费用是酒店活动中最主要的成本支出。它对酒店的经济效益有着重要的影响，所以要制定较细的计划并予以实施。劳动工资计划需要确定计划期内酒店正常进程所需的职工人数构成；人员素质标准和劳动组织的基本形式；酒店全员劳动生产率和创利率以及酒店的工资总额、平均工资额、奖金、津贴和其他工资的支付额度。

（2）设备建设和维修计划。它是对酒店设备进行投资建设、保养和维修的计划。该计划除需确定酒店计划期内正常经营活动所需增添设备的种类、数量、资金来源和设备更新改造计划外，还需对设备归口保养、设备保养控制作出规定。根据设备的维修制度，确定日常修理方式、工作量、计划修理的周期和方法，并提出计划修理期间设备使用的替代方案、经费预算和力量安排。

（3）财务计划。财务计划是根据酒店经营决策而在酒店资金使用和管理方面作出的规划和安排。财务计划要规定酒店资金使用的一些主要方面，制订出固定资产的折旧、营运资金的需用量和周转速度，收入与利润的分配，及成本与费用计划。

（4）物资供应计划。物资供应计划是为酒店各部门完成接待和供应任务而提供各种物资的计划。物资供应计划要根据酒店经营管理的要求，确定酒店各部门各种主要物资的种类、规格、特性的基本要求，规定各类物资在计划期的需求量、储备量、进货渠道、采购批量等。

（5）员工培训计划。培训计划要对一定时期内酒店员工的来源、素质要求所达到的标准作出规划。还需具体规定员工来自社会招工、职业学校和大专院校的结构安排，确定酒店员工短期或长期的培训内容、层次、对象和时间的安排。

二、酒店计划工作的程序

计划工作的程序，一般包括以下步骤：估量机会；确定目标；确定前提条件；拟订可供选择的方案；评价各种备选方案；选择方案；拟订辅助计划；编制预算。

（一）估量机会

对机会的估量，要在实际计划工作开始之前就着手进行。其内容包括：对未来可能出现的变化和预见机会进行初步分析，形成判断；根据本酒店的长处和短处了解酒店所处的地位；了解本酒店利用机会的能力；列举主要的不确定因素，并分析其发生的可能性和影响程度；在反复斟酌的基础上，扬长避短，进行科学的决策。

（二）确定目标

计划工作的第二步，是在估量机会的基础上，为酒店及下属的各部门确定计划工作的目标。要说明基本的方针和要达到的目标，提出制定战略、政策、规则、程序、规划和预算的任务，并指出工作的重点。

（三）确定前提条件

计划工作的第三步是确定一些关键性的计划前提条件，并使设计人员对此取得共识。所谓计划工作的前提条件就是计划工作的假设条件，换言之，即计划实施时的预期环境。负责计划工作的人员对计划前提条件了解得越细越透彻，并能始终如一地运用它，则计划工作也将做得更加协调，更加切合实际。按照酒店的内外环境，可以将计划工作的前提条件分为外部前提条件和内部前提条件；按可控程度，可将计划工作前提条件分为不可控、部分可控和可控的三种前提条件。外部前提条件多数为不可控的和部分可控的，内部前提条件大多数是可控的。不可控的前提条件越多，不确定性越大，就越需要通过预测工作确定其发生的概率和影响程度的大小。

（四）拟订可供选择的方案

计划工作的第四步是调查和设想可供选择的方案。通常，最显眼的方案不一定就是最好的方案。在过去的计划方案上稍加修改和略加推演也不会产生最好的方案。这一步工作需要发挥创造性。此外，方案也不是越多越好。即使我们可以采用数学方法和借助电子计算机的手段，还是要对候选方案的数量加以限制，以便把主要精力集中在少数最有希望的方案的分析上。

（五）评价各种备选方案

计划工作的第五步是按照前提和目标来权衡各种因素，比较各个方案的利弊，对各个方案进行评价。评价实质上是一种价值判断。它一方面取决于评价者所采用的标准；另一方面取决于评价者对各个标准所赋予的权数。显然，确定目标和确定计划前提条件的工作质量，直接影响到方案的评价。

（六）选择方案

计划工作的第六步是选定方案。这是关键的一步，也是决策的实质性阶段——抉择阶段。可能遇到同时有两个可取的方案。在这种情况下，必须确定首选方案，并将另一个方案进行细化和完善，作为后备方案。

（七）拟订辅助计划

辅助计划就是总计划下的分计划。如在拟订酒店年度综合计划后，需要制订酒店各部门计划。酒店总计划要靠部门辅助计划来保证。辅助计划是总计划的基础。

（八）编制预算

计划工作的最后一步是把计划转化为预算，使之数字化。预算实质上是资源的分配计划，是数字化的计划。预算工作做好了，可以成为汇总和综合平衡各类计划的一种工具，也可以成为衡量计划完成进度的重要标准。

本章小结

本章着重阐述了酒店管理的两大职能——组织管理和计划管理。关于组织管理，主要分析了组织管理要求，介绍了组织管理内容，阐述了现代酒店组织管理制度，重点探讨了现代酒店组织机构设计原则，列举了四种常见的酒店组织机构设置模式，并分析了每种模式的优、缺点，介绍了现代酒店设置的几个主要部门及其职责。在计划管理内容中阐明了计划管理的意义，介绍了酒店的长期计划、年度计划和短期接待业务计划，列举了酒店几种常用的计划指标，重点介绍了酒店计划的编制、实施及控制三大计划管理工作。

复习与思考

一、名词解释

酒店经营战略计划　酒店销售计划　市场营销计划

二、简答题

1. 酒店企业组织机构的设置原则有哪些?

2. 酒店组织机构的类型有哪些?

3. 酒店计划管理的种类有哪些?

三、论述题

1. 请试述酒店计划管理的作用。

2. 请试述酒店计划管理计划工作制定的程序。

3. 请试述酒店的主要的管理制度。

第五章

酒店对客服务部门的运营管理

学习目标

知识目标

○理解酒店的一线对客服务服务部门是如何提供对客服务的

○掌握酒店的一线对客服务服务部门是如何运营的

○了解二线职能部门是一线对客服务部门的坚实的后续保障

能力与情感目标

○能识别一线部门直接对客服务，二线职能部门

○能分析客房部与前厅部两者如何紧密配合

○能讲述酒店任何提供优质的服务产品给客人

案例导入

恪尽职守的餐饮部经理

H饭店是A市10年前唯一的一家四星级合资联营饭店，一期员工均由香港文华集团的专家培训。10年后的今天，此店早已被中方管理者接管。为了适应高度竞争的需要，董事会决定改组领导班子。

新领导上任后，着眼于人力资源的发展，他们通过某权威机构的推荐，聘请了一些旅游院校的讲师及成功饭店的培训人员入住饭店，对各部门进行客观的评估，并针对主要问题适时进行培训。为时一个月的评估与培训结束后，总经理得到一份关于餐饮部的分析报告，报告中除指出食品质量及其他一些方面的长项外，也指出了餐饮部经理需要改进的一些方面。

餐饮部吴经理勤恳而尽职，一年中几乎没有节假日，每天工作15小时左右，从早上7时至晚上10时，随处可见他忙碌的身影，多功能厅、两个中餐厅、西餐厅、大厅酒吧及商务酒吧，众多的经营部门都由他一人承担着全权的责任。餐饮部不设副经理，他既要负责运营部门，又要负责3个厨房。

事实上，H饭店餐饮部的部门主管都是饭店开业时期的员工，他们热爱自己的企业，面对客人，他们依然按照开业时的标准提供服务，培训工作几乎没做。不尽如人意的是，他们的专业知识依旧停留在10年前的水准上，遇到需要自己决定的事情，他们一定要找吴经理，哪怕这件事属自己的职权范围，他们已习惯了一切由吴经理决定。新员工成长慢且流动率极高，老员工只能是“恨铁不成钢”。

另外，餐饮部的经营已是薄利多销了。平均月成本率已高达45%以上，虽然每日看来顾客盈门，但利润率已令人极不乐观。

吴经理认为自己很敬业，说话总是理直气壮，与其他部门经理的合作也很困难，再加上总经理对他信任有限，致使他对餐饮部的控制与管理潜伏着“危机”。

第一节　酒店客房部的运营与管理

酒店最主要的产品是客房，它是酒店向客人提供住宿和休息的场所，是酒店经济收入的重要来源，客房经营管理的好坏直接关系到酒店的声誉，影响酒店产品的质量。客房部担负着客人住店期间的大部分服务工作，其业务范围涉及整个酒店和公共区域的清洁卫生、物资用品消耗的控制、设备的维修保养等。客房管理是连接客房产品生产和消费的纽带与桥梁。客房管理的好坏，能否根据客人类型、客人心理尽量满足客人需求，则成为直接影响客源的重要条件。同时，因客房使用低值易耗品多，物料比例大，如何最大限度地降低成本，提高利润，也是客房管理的重要任务。

一、酒店客房部的组织结构与岗位职责

（一）酒店客房部的组织结构

客房部的组织结构如图 5-1 所示。

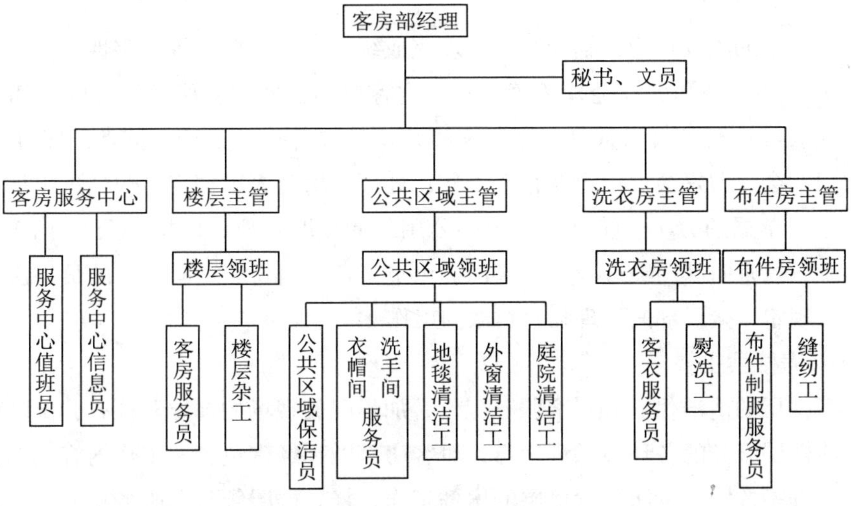

图 5-1　大中型酒店客房部的组织结构

客房部组织机构的模式，因酒店的性质、规模、管理和运行机制的不同而不同。大、中型酒店客房部规模大，机构健全，层次较多，工种齐全，各个分支机构及每一

位员工的职责、分工很明确。

（二）酒店客房部的主要岗位及职责

由于各酒店客房部规模、管理体制不同，这里只介绍主要岗位的基本职责。

1. 客房部经理

客房部经理全权负责客房部的运行与管理，督导下属管理人员的日常工作，确保为客人提供优质高效的住店服务。其直接管理对象是客房部助理经理和客房部秘书，并且对酒店的总经理和房务行政总监负责。工作内容包括：主持客房部工作，对上向总经理和房务总监负责；负责计划、组织、指挥及控制所有房务事宜，确保客房部的正常运转和各项计划指标完成；根据酒店等级，明确客房部员工的岗位职责并制定工作程序，确定用人标准和培训计划，并监督执行；同有关部门沟通协作，保证客房部工作顺利完成；巡视客房部管辖范围，检查卫生绿化、服务质量和设备设施运行情况，发现问题及时研究改进；提出客房更新改造计划和陈设布置方案，确定客房物品、劳动用品用具的配备选购，提供采购方案；制订房务预算，控制支出，降低客房成本，增强获利；处理投诉，收集客人的要求及建议，改进工作；建立合理的客房劳动组织，制订劳动定额；对员工进行考核，选拔培养，调动员工积极性；抽查客房，检查 VIP 房；探访病客和常住客；监督客人遗留物品的处理；检查各项安全工作。

2. 客房部秘书

负责信息的收发传递，辅助客房经理完成统计、抄写档案等文字性案头工作。其工作对客房部经理和助理经理负责。工作内容包括：处理客房部经理的一切文书工作，如代表经理对外发布通知，准备文稿，每日按时收发报纸、信件，接待客人等；参加部门例会，做好会议记录及存档工作；处理客房部人事档案，包括进出员工手续办理，过失单据的分类、统计；主理办公用品的领取发放，保持办公室干净、整洁；统计考勤，每月向部门经理及人事部门提供员工考勤报告表；向新来的员工讲解客房部的有关规定；接受部门经理临时指派的工作。

3. 客房楼层主管

主管楼层的清洁保养和对客服务工作，加强服务现场的督导和检查，保障楼面的安全，使楼层服务的各环节顺利运行，对客房部助理经理负责。工作内容包括：接受客房部经理指挥，主持所分管楼层的房务工作；督导楼层领班和服务员的工作；巡视楼层，抽查客房卫生，查看 VIP 房和走客房；处理夜间突发事件及投诉；与前厅接待处密切合作，提供准确的客房状况；负责所管楼层的物资、设备和用品的管理；处理客人的投诉；处理下属员工报告的特殊情况和疑难问题；对下属员工进行培训和考核；保持楼层的安全和服务台的安静；负责员工每月服务质量的评估工作。

4. 客房楼层领班

楼层领班直接对楼层主管负责，负责管理一个班的接待任务和督导、检查卫生班服务是否按规定标准清扫房间。有些酒店不设领班，只设主管。工作内容包括：安排指导所分管楼层的服务员和杂役工作；负责楼层物品存储消耗的统计与管理；巡视楼层，全面检查客房卫生、设备维修保养、安全设施，确保达到规定标准；熟练掌握操作程序与服务技能，能亲自示范和训练服务员；填写领班报告，向主管报告房况，住客特殊动向和客房，客人物品遗失损坏等情况；安排客房计划卫生；随时处理楼层的突发事件，随时解决客人的疑难，组织好对客接待服务工作；掌握所属员工的工作思想情况和疑难问题，并及时向领导汇报。

5. 客房服务员

客房服务员岗位职责和工作范围包括：清洁整理客房，补充客用消耗品；填写做房报告，登记房态；为住客提供日常接待服务和委托代办服务；报告客房小酒吧的物品消耗情况并按规定补充；熟悉住客姓名、相貌特征，留心观察并报告特殊情况；检查及报告客房设备、物品遗失损坏情况；当有关部门员工需进房工作时应为其开门并在旁边照看。

6. 客房服务中心值班员

客房服务中心值班员岗位职责和工作范围包括：接受住客电话提出的服务要求，迅速通知楼层服务员，对该楼层无法解决的难题，与主管协商请总台协助；与前厅部、工程部等有关部门保持密切联系，尤其是与楼层和总台定时核对房态；接受楼层的客房消耗酒水报账，转报总台收银处入账，并与餐饮部联系补充事宜；负责楼层工作钥匙的保管分发，严格执行借还制度；受理住客投诉；负责对客借用物品的保管、借还和保养；负责客房报纸的派发，并为VIP客人准备礼品；负责做好各种记录，填写统计报表；负责酒店拾遗物品的保存和认领；负责员工考勤。

7. 公共区主管

公共区主管岗位职责和工作范围包括：主管酒店所有公共区域的清洁卫生、绿化美化工作；督导领班和清扫员的工作；巡视公共区域，重点检查卫生；指导检查地毯保养、虫害防治、外窗清洁、庭院绿化等专业性工作；安排全面清洁工作；控制清洁物料的耗用；协助部门经理对下属员工进行培训考评；安排工作班次和休假。

8. 布件房主管

布件房主管岗位职责和工作范围包括：主管酒店一切布件及员工制服事宜；督导下属员工工作；安排酒店员工量体定做制服；与客房楼面、餐饮部及洗衣房密切联系，保证工作任务顺利完成；控制布件和制服的运转、储存、缝补和再利用，制订保管领用制度，监察盘点工作；定期报告布件制服损耗量，提出补充或更新计划。

二、酒店客房部的主要运营管理业务

（一）酒店客房部的主要职能

1. 客房部向客人提供基本的酒店产品

客房是顾客旅游投宿的物质承担者，是住店顾客购买的最大、最主要的产品。所以，酒店的客房是酒店存在的基础，没有了客房，实际意义上的酒店就不复存在了。

2. 客房部的收入是酒店的主要收入来源

客房是酒店最主要的商品之一，客房部是酒店的主要创利部门，销售收入十分可观，一般要占酒店全部营业收入的 40%~60%。

3. 客房部负责整个酒店的公共卫生及布件洗涤发放工作

客房部也是酒店管家部门，不仅负责整个酒店公共部分的清洁保养及绿化工作，也担负着整个酒店布件的洗涤、熨烫、保管、发放的重任，对酒店其他部门的正常运转给予不可缺少的支持。

（二）酒店客房部主要的日常运营管理业务

酒店客房部日常业务管理的主要目的，是保证客人住宿期间能满足客人使用设施与享用物资的需求，为客人提供清洁卫生、设备用品齐全、舒适美观的客房，满足客人享受各种服务的要求，为客人提供物质和精神上的享受。酒店客房部日常运营管理通常包括如下业务：

1. 客房清洁卫生管理

客房的清洁卫生工作是客房部的重要工作之一，客房卫生质量是客人最关心和最敏感的问题，也是酒店服务质量管理的重要内容，酒店必须制定严格的质量标准与操作程序进行管理。客房清洁卫生管理工作一般包括：

第一，客房日常卫生管理。客房日常卫生是客房部的重要工作内容，也是衡量酒店服务质量的重要标准。卫生工作保持得好，就能满足客人的需要。对客房的日常清扫，我国主要采用的是两进房制。主要内容包括三个方面，即清洁整理客房、更换补充物品、检查保养设备。根据酒店的具体情况，应制定相关的工作程序与质量标准。管理人员要加强监督与指导。由于客房状态的不同，清洁卫生工作会有所不同，但基本内容与基本要求是一样的，其基本程序如下所述。

首先是整理、清扫、除尘。按照酒店的规格与清洁卫生工作的要求，整理和铺放客人使用过的床铺，整理客人使用后放乱的各种用品、用具，整理客人放乱的个人衣物、用品，清扫垃圾，抹尘，吸尘。在房间整理、清扫、除尘过程中，应严格按照酒店规定的程序和质量标准进行。

其次是整理、擦洗卫生间。整理各种卫生用品及客人用具，清扫垃圾，擦洗卫生洁具及瓷砖墙面与地面。在卫生间整理、擦洗过程中，应严格按照规定的卫生标准与工作程序，杜绝一条抹布一抹到底的不道德行为。

最后是更换、补充用品。在房间整理清洁过程中，按照标准要求更换布件，补充用品。

第二，客房计划卫生管理。客房部除了日常卫生清洁工作外，还有诸如窗帘、地毯、房顶吸尘，顶灯除尘等卫生项目需要定期循环清洁。因此，应根据酒店的具体情况，制定切实可行的工作计划和卫生清洁标准，科学地安排时间、人员，保证酒店的服务水准。

第三，公共区域卫生管理。客房部除了承担客房区域的清洁卫生工作外，还承担了酒店公共区域公共卫生的清洁整理工作。由于公共区域面积大，人员分散，不利于控制与监督，因此，公共区域的清洁卫生作要根据所管辖的区域和范围以及规定的卫生项目与标准，划片定岗，实行岗位责任制，使员工明确自己的责任与质量标准，管理人员应加强巡视检查，进行监督。

2. 客房接待服务管理

客房部接待服务工作围绕客人的到店、居住、离店三个环节进行，接待服务工作的管理也是以此为基础制定相应的管理程序与管理办法。

第一，迎客服务管理（设客房服务中心的酒店此项服务一般仅向 VIP 客人提供）。客人到达楼层后，希望在人格上得到服务人员的尊重，在生活上得到服务人员的关心。根据“顾客至上”的原则，酒店应制定相应的程序与要求，规范与约束员工的日常行为。员工迎客彬彬有礼，会给客人留下美好印象，使之有一个好心情，也会对酒店产生一个好印象。

第二，客人居住期间服务管理。客人住店期间，希望生活方便，他们的风俗习惯得到尊重。客人的需求变化莫测，酒店仅有规范化的服务仍然不能满足客人需求，酒店应针对不同客人的生活习惯与需求，在规范化服务的基础上，对不同客人应提供合理的个性化服务项目以满足其需求。

第三，客人离店服务管理。客人离店，是酒店接待客人活动的结束。但服务人员的良好服务，会给客人留下美好的印象。客房部员工应按酒店服务程序的规定，做好客人离开楼层前的准备工作、客人离开楼层时的送别工作和客人离开楼层后的检查工作。

3. 客房安全业务管理

客房部管理面积大，接待客人多，工作比较复杂，容易出问题。从整个酒店来讲，安全保卫工作由保卫部门负责，但客房部应该积极配合，保证客人人身与财产的安全。客房安全是指保障顾客在客房范围内的人身、财产及其正当权益不受侵害。

（1）客房安全

客房是顾客的暂居地及财物的存放处，故客房安全至关重要。客房门必须有包括能双锁的门锁、广角窥镜及安全链，其他凡能进入客房的入口处，均应能上锁或闩。客房内务种电器设备应确保安全，卫生间的地面及浴缸应有防滑措施，所有茶具、杯具等应及时消毒，对于家具应经常检查其牢固程度；引领客人进房的服务人员应向客人介绍安全装置的作用及使用方法，并提醒客人注意阅读客房内所展示的有关安全的告示及说明；客房服务人员清扫客房时，应将房门开着，不能随意将客房钥匙放在清洁车上，并检查客房内各安全装置；前厅问讯处等各部门也应严格为住客保密。

（2）走道安全

客房走道的照明应正常，地毯应平整；酒店保安人员应对客房走道进行巡视，注意有无外来陌生人违规进入客房区，提醒客人将门关好；楼层服务员如发现异常现象应及时向安保部汇报；配有闭路电视监视系统的酒店，可以更好地协助客房走道的安全监视及控制。

（3）伤病、醉酒客人的处理

酒店一旦有客人出现伤病，应有紧急处理措施及能胜任抢救的专业医护人员或员工救护，并配备各种急救的设备器材与药品。任何员工尤其是客房部员工，在任何场所若发现伤病客人，应立即向保安或经理报告，总机也应注意伤病客人的求助电话；对一直到下午仍挂有“请勿打扰”牌的住客，应电话或进房询问；如有伤病客人，应实施急救，或送医院治疗。事后由安保部写出伤病报告，呈报总经理，并存档备查，对不同类型及特征的醉酒客人，应区别对待。对于轻者，要适时劝其回房休息；对重者，应协助保安使其安静，以免打扰或伤害其他客人。客房服务员应特别注意醉酒客人房内的动静，以免发生意外。

（4）火灾的防范

酒店应有周密的防火安全计划，包括：成立防火安全委员会，制订防范措施和检查方法，规定各岗位工作人员的职责和任务；制订遇到火警时的紧急疏散计划，如客人及员工如何疏散及资金财产等如何保护；配备、维修、保养防火灭火设备及用具，培训员工掌握必要的防火知识和灭火技能，并定期举办消防演习；对住客加强防火知识宣传，如在客房门后张贴安全门通道示意图及在客房内放置防火宣传材料等；一旦发生火警，总机应向消防部门报警并用紧急广播系统通知客人及员工，要求他们经紧急出口和安全楼梯离开酒店建筑，电梯应放至底层并禁止使用；前厅部应在底层安全梯出口处引领疏散客人，保安人员应严密保护现场。

4. 客房设备用品管理

客房的设备用品种类繁多，在酒店固定资产中占有很大的比重。客房设备和用品是开展客房服务工作的物质基础。管理好客房的设备和物资，是客房业务管理的重要内容之一，也是降低客房营业成本的重要途径、客房部要具体制定设备、物资的管理制度，明确规定各级管理人员在这一方面的职责，合理使用设备物资，努力降低成本，力求得到最大的经济效益。客房内的各种设备应始终处于齐全、完好状态，客房服务员及管理人员在日常服务工作和管理工作中，随时注意检查设备使用情况，配合工程部对设备进行保养、维修，管理人员要定时向客房部汇报设备使用情况。房内各种供客人使用的物品和清洁用品，应备足、备齐，以满足服务工作的需要，保证服务质量。要控制好床单、毛巾等棉织品的周转，控制好消耗物资的领用，建立发放记录和消耗记录，在满足客人使用、保证服务质量的前提下，提倡节约，减少浪费，堵塞漏洞，实行节约奖励、浪费受罚的方针。

① 客房设备用品采购管理

根据客房等级、种类、标准及数量，核定设备用品的品种、规格、等级及需求数量，按照各部门提出的设备用品采购计划，进行综合平衡后确定采购计划并采购。

② 客房设备用品使用管理

做好设备的分类、编号及登记工作。制定分级归类管理制度。建立岗位责任制。实行客房用品消耗定额管理。

③ 客房设备用品更新管理

客房部应与工程设备部门一起制定固定资产定额、设备的添置、折旧、大修和更新改造计划，以及低值易耗品的摊销计划，减少盲目性。设备无论是由于有形磨损还是无形磨损，客房部都应该按计划进行更新改造。在更新改造设备时，客房部要协助设备部进行拆装，并尽快熟悉各项设备的性能及使用、保养方法，投入使用。

第二节　酒店前厅部的运营与管理

酒店的前厅部是酒店接待客人的重要部门，是酒店直接对客服务的起点，是客人在店消费的联络中心和客人离店的终点。它的主要任务是负责销售酒店的主要产品——客房，联络和协调酒店各部门的对客服务事项，为客人提供前厅部的综合性服务。前厅部工作质量的高低，不仅直接影响到客房的出租率和酒店的经济效益，而且能反映出酒店的工作效率、服务质量和管理水平的高低。

一、酒店前厅部的组织结构与岗位职责

（一）酒店前厅部的组织结构

前厅部的组织机构，需要根据本酒店等级的不同、规模的大小、业务量的多少、饭店客源的特色而设置。一般酒店前厅部的组织机构应具备预订、接待、问讯、收银、行李、商务等服务功能，如图 5-2 所示。

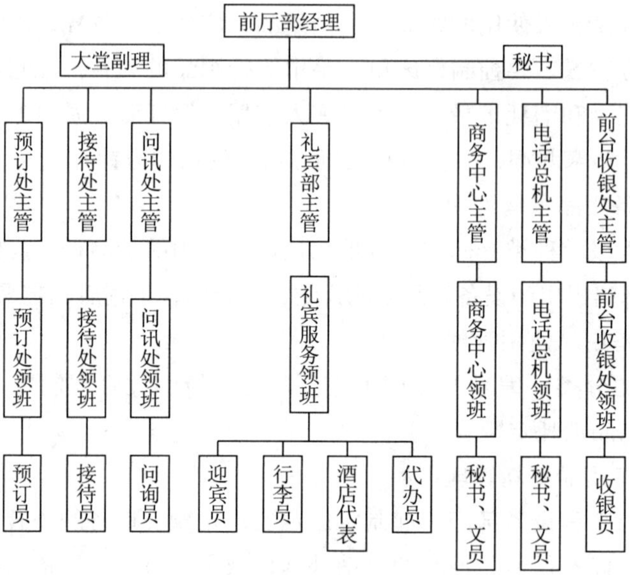

图 5-2　大中型酒店前厅部组织结构

（二）酒店前厅部主要机构及岗位职责

（1）预订处

预订处是酒店订房业务的部门，可以说是前厅部的“心脏”。其人员配备由预订主管、领班与订房员组成。其主要职能是：熟悉掌握酒店的房价政策和预订业务；接受客人的电话、互联网、传真、信函及口头等形式的预订；加强与总台接待处联系；及时向前厅部经理及总台有关部门提供有关客房预订资料和数据；参与客情预测工作，向上级提供VIP抵店信息；负责与有关公司、旅行社等单位建立业务关系，尽量销售客房商品；制订各种预订报表；参与前厅部对外订房业务的谈判及签订合同；加强与完善订房记录及客史档案等。

（2）接待处

接待处亦称开房处。它通常配备有主管、领班和接待员。其主要职能是：介绍、销售客房；接待入住客人，为客人办理入住手续，分配房间；掌握住客动态及信息资料，控制房间状态；制订客房营业日报表格等；与预订处、客房部等保持密切联系，及时掌握客房出租情况；协调对客系列服务工作。

（3）问讯处

问讯处通常配有主管、领班和问讯员。其主要职能是：负责回答客人问讯（包括介绍酒店服务项目及有关信息、市内旅游景点、市内观光、交通情况、社团活动等相关信息）；接待来访客人；及时处理客人邮件、留言、访客等项事宜；分发和保管客房钥匙等。

（4）总机处

总机处通常由总机主管、领班与话务员组成。其主要职能是：转接电话；提供叫醒服务和“请勿打扰”（DND）电话服务；回答客人电话问讯；提供电话找人服务；接待电话预订及电话访客；接待电话投诉；并在紧急情况下充当指挥中心；播放背景音乐。

（5）商务处

商务处，亦称商务中心。通常由商务主管、领班与秘书组成。其主要职能是：为客人提供打字、传真、复印、翻译、长途电话及互联网服务等商务服务；也可充当秘书、管家及翻译；提供代办邮件和特快专递服务；还可为客人提供特殊服务。

（6）礼宾处

礼宾处，也有人称作“金钥匙”。它通常由大厅服务主管（金钥匙）、领班、迎宾员、行李员、委托代办员等组成。其主要职能是：在门厅或机场、车站迎送宾客；雨伞的寄存和出租；引领客人进客房，并向客人介绍服务项目、服务特色等；分送客用报纸、信件和留言；提供行李、出租和泊车服务；负责酒店大门内外的安全和秩序；负责客人其他委托代办事项。

（7）收银处

收银处，亦称结账处。通常由领班、收银员及外币兑换员组成。因其业务性质，收银处一般隶属于酒店的财务部，由财务部直接管辖。但由于收银处位于前台，与接待处、问讯处共同构成总服务台，直接为客人提供服务，因此前厅部也对其实施管理和考核。其主要职能是：受理入住酒店客人住房预付金；提供外币兑换服务及零钱兑换服务；同酒店各营业部门的收款员联系，催收、审核账单；建立客人账卡，管理住店客人的账目；夜间审核酒店营业收入及各种账目；制作营业和销售报表；负责应收账款的转账；办理离店客人结账手续等项事宜。

二、酒店前厅部主要运营管理业务

（一）酒店前厅部的主要职能

酒店前厅部的工作职能具体表现在以下几个方面。

1. 立足客房销售

客房产品的销售是前厅部的中心工作，其他一切工作都是围绕这个中心进行的。客房是酒店最主要的产品，是酒店经济收入的主要来源，客房产品具有所有权的相对稳定性、地理位置的固定性、价值补偿的易逝性等特点，受时间、空间和数量的限制。因此，能否积极发挥销售作用，做好客房产品的销售，将会影响到整个酒店的盈利水平。

2. 掌握正确房态

客房状况的正确显示，是酒店服务质量与管理水平的体现，也是客房产品顺利销售的基础。前厅部的客房状况显示系统包括客房预订显示系统、客房现状显示系统。只有做好客房状况的实时显示，掌握正确的房态，才能更好地开展对客服务。

3. 协调对客服务

前厅部将通过销售所掌握的客源市场预测、客房预订与到客情况以及客人的需求及时通报给其他相关业务部门，使各部门能够相互配合协调，有计划地完成本部门应该承担的工作任务。前厅部通过对客售后服务，及时地将客人的意见反馈给有关部门，以改善酒店的服务质量。

4. 提供各类对客服务

前厅部直接为客人提供各种服务，为住店客人办理住宿手续、接送行李、委托代办业务、记账结账等。酒店前、后台之间以及各部门与客人之间的联络、协调关系等也需要前厅部来牵头。

5. 提供客账管理

目前，国内大多数酒店为了方便客人、促进消费，已向客人提供统一结账服务。客人提供必要的信用证明或预付账款后，可在酒店各部门签单消费，客人的账单可在预订客房或办理入住登记手续时建立。前厅部的责任是区别每位客人的消费情况，建立正确的客账，以保证酒店的良好信誉及应有的经营收入。

6. 建立客史档案

由于前厅部为客人提供入住及离店服务，因而自然就成为酒店对客服务的调度中心及资料档案中心。大部分酒店为住店一次以上的散客建立了客史档案，记录了酒店接待客人的主要资料，这是酒店给客人提供个性化服务的依据，也是酒店寻找客源、研究市场营销的信息来源。

（二）酒店前厅部主要的日常运营管理业务

1. 前厅客房预订业务

客房预订是推销客房产品的重要手段之一。目前，随着旅游业的发展和酒店业的激烈竞争，订房已不仅是客人为了使住宿有保证而进行的单方面联系客房的活动，还成为酒店为了争取客源、保证经济效益的实现而进行的主动式推销，这是双向的预约客房的行为。随着客源市场竞争的加剧，主动式推销客房越来越引起酒店管理人员的重视，订房已成为酒店重要的推销工作。

客房预订的种类，一般有以下几种形式。

①保证类预订。保证类预订使酒店与未来的住客之间有了更为牢靠的关系。通过信用卡、预付订金、订立合同三种方法来保证酒店和客人双方的利益，但使用时要注意其效果。一是信用卡，客人使用信用卡，收银人员要注意信用查询，防止出现恶意透支的现象；二是预付订金，这是酒店最欢迎的，特别是在旺季，一般由酒店和客人双方商定，订金可以是一天的，也可以是整个住宿期间的；三是订立合同，指酒店与有关单位签订的供房合同，但应注意合同履行的方法、主要签单人及对方的信用，注意防止呆账的发生，明确规定最高挂账限额和双方的违约责任。

②确认类预订。客人向酒店提出订房要求时，酒店根据具体情况，以口头或书面的形式表示接受客人的预订要求。一般不要求客人预付订金，但客人必须在规定的时间内到达酒店。否则，在用房紧张的情况下，酒店可将客房出租给未经预订而直接抵店的客人，酒店可不保证提供房间。

③等待类订房。酒店在订房已满的情况下，为了防止由于客人未到或提前离店而给酒店带来的经济损失，仍然接受一定数量的客人订房。但对这类订房客人，酒店不确认订房，只是通知客人，在其他订房客人取消预订或有客人提前离店的情况下可优先予以安排。

④超额预订。在用房旺季时，酒店为防止因订房客人未到或住店客人提前离店而造成客房闲置现象的发生，适当增加订房数量，以弥补酒店经济损失。但超额预订会因为客人的全部到达而出现无法供房的现象，并可能造成酒店的经济损失和损坏酒店的形象。

客房预订业务的程序通常由以下阶段构成：

①受理预订。接到客人的订房要求时，预订人员将客人的订房要求填写在统一规格的订房单内，以明确酒店接受预订的各种信息，如客人姓名、联系方式、抵店时间、需要房间的类别与数量等。

②接受或婉拒预订。酒店根据客人的需求与本酒店的具体情况，确定能否满足客人的预订需求。能满足客人的预订需求时，则接受预订；否则，可婉言拒绝。

③确认预订。酒店接受了客人的预订后应及时给客人发出预订确认书。确认书中应复述客人的订房要求；申明酒店对客人订房变更及取消预订的有关规定；向确认类预订的客人申明抵店的时间；对保证类客人申明收取订金及取消预订的有关规定。

④记录、储存订房资料。预订人员将客人的订房资料分类整理，按客人的抵店时间顺序排列存放。

⑤预订的变更、取消及客人抵店前的准备。如果已确认的预订客人要求变更或取消预订，预订人员应及时办理手续，填写订房变更与预订取消单，以防出现差错影响客房出租。客人抵店前，预订人员应及时将有关资料转交总台接待人员。

客房预订工作中应注意的问题是：客人的预订一经酒店确认，就产生法律效力，所以应该注意，订房信息记录应准确无误；客人抵店前，订房信息要及时转达到相关部门，使他们及时做好接待客人的准备工作；酒店房源方面有任何变化，都应及时通知客人；酒店任何人员为他人办理预订业务，都应按所规定的程序进行，防止造成混乱与损失；把取消预订与违约的有关处理规定告诉客人。

2. 前厅入住接待业务管理

客房预订并没有完成客房产品的最终销售，它只是增加了提高客房出租率的可能性，接待服务和分房管理才是最终完成客房产品销售的程序。分房管理是直接出售客房产品，是一种艺术，分房工作管理得好，就能将高价客房或闲置客房售出，从而减少闲置，增加销售量。

前厅主要的接待业务工作：

（1）按有关规定做好入住登记工作

入住登记的过程是客人与酒店第一次面对面接触的过程。对于酒店总台来说，入住登记手续是对客服务的第一个关键阶段，这一阶段的工作效果将直接影响到前厅部客房产品的销售。提供信息、协调对客服务、与客人建立正式合法的租住关系，是办理入住登记手续的目的。需要注意的是，在办理入住登记手续时应该做到：遵守国家法律法规中有关户籍管理的有关规定，如没有身份证等有效证件，不办理入住登记手续；获取住店客人必需的个人资料；满足客人对房价的合理要求；建立正确的客人账户。

酒店为了维护自身和入住客人的合法权益，保障酒店和入住客人的生命财产不受伤害，可以行使“拒绝入住权”。

（2）客房状况的实时控制

在前厅部的业务运转中，客房状况的实时控制是一项重要内容。客房状况的实时控制是确保客房状况准确的有效手段，它往往是前厅部业务运转的一个核心。掌握酒店的客房状况及其变化，应当引起管理者的高度重视。在客房状况的实时控制过程中，客房状况信息的及时传递、有效信息的及时沟通是十分重要的。客房状况的变化取决于客人住宿活动。客人住宿登记后，其对应的客房状况就由原来的空房或待租状况变为住客房；客人结账后客房状况变为走客房，然后变为空房，客房状况就是这样不停地随着客人住宿的变化而变化。客房状况的变化情况主要通过三个部门在沟通，即客房部、开房处和收银处，这三个部门在沟通和控制客房状况方面应负主要责任。客房部要及时、准确地向开房处报告房态，接待员以此作为接待客人、分派客房的依据。客人离店结账退房时，收银员负责通知客房部，客房部在清理完客房后，再次将最新客房状况通知开房处。准确的客房状况信息取决于这三个部门的信息及时传递。

3. 前厅日常服务管理

（1）迎送服务管理

迎送工作是酒店显示档次与服务质量的关键。客人抵达或离店时，迎宾员应主动相迎，热情服务，将车辆引领到合适的地方，并主动帮助行李员清点客人的行李，以免出现差错。迎宾员还负责维持大厅门前的秩序，指挥、引导、疏散车辆，保证酒店门前的交通畅通无阻。

（2）问讯、邮件服务管理

客人有了疑难问题，会向酒店有关人员询问，酒店有责任与义务帮助客人排忧解难。酒店应对问讯处的工作人员进行相关知识的培训。而问讯员除必须有较广的知识面以外，还需要掌握大量最新的信息和书面材料，以保证在工作中能给客人以准确而满意的答复。

（3）行李服务管理

行李服务是由行李员负责进行的。行李服务中需要注意的问题是，运送的行李需要得到客人的确认，以防止行李出现差错而给客人的行程带来不必要的麻烦。团队行李的交接过程，应注意行李的检查验收，并办理必要的手续，防止行李的损坏和财物的丢失。多个团队出现时，应采取必要的方法加以区分，防止出现混乱错失现象。

（4）电话总机服务管理

电话总机是酒店内外信息沟通、联络的通信枢纽。绝大多数客人对酒店的第一印象是在与话务员的第一次声音接触中产生的。话务员热情、礼貌、耐心、快捷和高效的对客服务，起到了客人与酒店之间的桥梁作用。电话总机服务包括接转电话、问询服务、叫醒服务和联络服务 4 个方面的内容。

（5）客人投诉管理

投诉是客人对酒店服务工作不满而提出的意见。一般酒店前厅部设有大堂副理来接受和处理客人的投诉。通过客人的投诉，酒店可以及时了解工作中存在的问题，有利于酒店不断改进和提高服务质量和管理水平。正确处理客人投诉，可以加深酒店与客人之间的相互了解，处理好酒店与客人之间的关系，改变客人对酒店工作的不良印象。圆满处理客人投诉，可以树立酒店良好的声誉，让客人对酒店的不满降低到最低限度。酒店大堂副理应掌握接待处理客人投诉的方法、原则和技巧。

（6）商务中心服务管理

为满足客人日益增长的商务需要，酒店通过商务中心向客人提供打字、复印、传真、秘书、翻译、代办邮件、会议室出租、文件整理和装订服务。酒店商务中心除应拥有计算机、复印机、传真机、装订机、有关商务刊物和报纸、办公用品和其他必要的设备外，还要配备有一定专业和经验的工作人员，以提供高水平、高效率的对客服务。

（7）其他服务管理

为方便客人，满足客人多方面的需要，酒店前厅还向客人提供旅游代办、机（车、船）票预订、出租汽车预约、收发邮件等服务。这些服务可以由旅行社、出租汽车公司、邮电局等专业部门在酒店设置的专业机构办理，也可以由酒店代为处理。

4. 前厅客账业务管理

前厅客账管理工作的好坏，直接关系到能否保证酒店的经济效益和准确反映酒店经营业务活动的状况，也反映了酒店的服务水平和经营管理效率。前厅客账管理的时间性与业务性都很强。前厅收银处每天负责核算和整理各业务部门收银员送来的顾客消费账单，为离店顾客办理结账收款事宜，编制各种会计报表，以便及时反映酒店的营业活动情况。从业务性质来说，前厅收银处一般直接归属于酒店财务部，但由于它处在接待顾客的第一线岗位，又需接受前厅部的指挥。

（1）客账记录

客账记录是前厅收银处的一项日常业务工作。为了避免工作中的差错和发生逃账、漏账的情况，前厅收银处的客账记录必须由一套完备的制度来保证，并依靠各业务部门的配合及财务部的审核监督。客账记录的方法和要求主要是：

①账户清楚。接待处给每位登记入宿的顾客设立一个账户，供收银处登录该顾客在酒店居住期内的房租及其他各项花费（已用现金结算的费用除外）。它是编制各类营业报表的情况来源之一，也是顾客离店时结算的依据。通常，酒店为零散顾客建立个人账户，团体顾客建立团体账户。

②转账迅速。顾客在酒店停留时间短，费用项目多，每一位顾客一系列的消费都在几天甚至几小时内发生，这就要求转账迅速。各业务部门必须按规定时间将顾客账单送到前厅收银处，防止跑账、漏账、错账发生，保证准时结账，准确无误。如采用计算机收银系统，只要收银员将账单输入收银机，前厅计算机就同时记下了顾客当时的应付款项，能避免漏账，大大提高工作效率。

③记账准确。前厅为顾客建立客账后，即开始记录顾客住店期间的一切费用。顾客的房租采取依日累计的方法，每天结算一次，顾客离店时加上当日应付租金，即为预客应付的全部房租，一目了然。其他各项费用，如饮食、洗衣、长途电话、电报电传、理发、书报、租车等项目，除顾客愿在发生时以现金结算外，其他均可由顾客签字认可后，由各有关部门将其转入前厅收银处，记入顾客的账卡。这就要求记账准确，顾客姓名、房号、费用项目和金额、消费时间等必须清楚，和户头账户保持一致。

（2）顾客结账

现代酒店一般采用“一次结账”的收款方式，指顾客在酒店花费的全部费用在离店时一次结清。这样，既能给顾客带来方便，又能够给人留下服务态度好、工作效率高的良好印象。

顾客的结账方式一般有三种：一是现金支付，这对酒店来说是最理想的，因为酒店收取现金以后可以马上使用；二是用信用卡支付，这种支付方式比较方便，同时酒店的应收款项回收也可得到保证；三是使用金业之间的记账单来支付酒店费用。

（3）夜间审核及营业报表编制

在许多酒店中，收银处夜间工作人员除了上述业务，还要承担夜间审核和营业报表编制的工作。夜间审核工作是将从上个夜班核查以看所收到的账单及房租登录在顾客账户上，并做好汇总和核查工作。营业日报表是全面反映本酒店当日营业情况的业务报表，一般由前厅收银处夜审人员负责编制。其中一份于次日清晨送往酒店总经理办公室，以便酒店经理及时掌握营业总情况；另一份送交财务部门作为核对营业收入的依据。

第三节　酒店餐饮部的运营与管理

现代酒店的餐饮业务管理已成为酒店企业管理的重要组成部分，现代化酒店的规模越大，管理工作专业化的程度就越高。现代化酒店的餐厅已经不仅是供应餐饮产品的场所，而且是具有休闲、宴会、交际等多重功能的场所。餐饮产品是由满足客人某种需要或得到某种享受的物质形态的实体和非物质形态的服务。构成餐饮产品的物质实体称为有形产品，如餐厅的外观、餐饮产品的生产与服务设施、菜肴与酒水的外观及颜色式样等；餐饮产品的非物质形态称为无形产品，是客人对产品内涵的感受，如餐厅的声誉、特色、气氛、位置、等级等。餐饮产品的有形部分与无形部分具有同样的地位，不可相互替代，组成完整的餐饮产品，其核心是可食性。

一、酒店餐饮部的组织结构与岗位职责

（一）酒店餐饮部的组织结构

酒店餐饮的组织结构是确定该部门内各部门之间、相互关系的结构。目的是增强实现部门经营目标的能力，更有效地协调员工与控制整体之间的活动。酒店餐饮组织结构因酒店的类型、等级规模和服务内容的不同而设置不同。餐饮部一般由五个部门组成：餐厅部、宴会部、厨房部、管事部、采购部（如图 5-3 所示）。

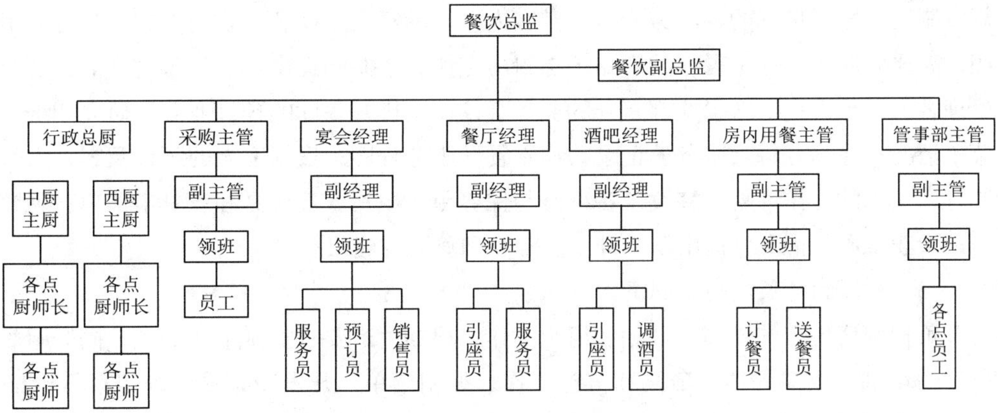

图 5-3　大中型酒店餐饮部组织结构

（二）餐饮部的主要岗位职责

（1）餐饮部经理（总监）的岗位职责

餐饮部经理负责餐饮部门的全面经营管理工作，在酒店的日常餐饮活动中发挥着重要作用。作为餐饮部门的经理要明确自己的重要职责，了解该项工作所必须具备的素质要求，并合理地安排自己的日常工作。只有这样才能真正发挥自己的作用。

餐饮部经理要熟悉本酒店的主要目标市场，了解消费者的餐饮需求并有针对性地开发并能满足题目需求的餐饮产品；要与厨师长一起，进行固定菜单和变动菜单的筹划与设计。不断推出新的菜肴品种；要加强对餐饮采购、验收和储存的管理与控制，降低成本，减少浪费；要督促总厨对厨房生产进行科学管理，健全厨房组织，合理进行布局，保证菜肴质量，减少生产中的浪费，调动厨房工作人员的积极性；要加强餐厅的日常管理，提高对客服务质量，培养餐厅经理的管理督导水平；要促进宴会销售，加强宴会组织与管理，提高宴会服务质量；要每周与厨师长、采购员一起巡视市场，检查储藏室、冷库等，了解存货和市场行情；要每周召开餐饮成本分析会议，审查菜肴和酒水的成本情况；要对酒水和酒吧的销售管理进行控制，维持酒吧的经营特色；要制订餐饮推销、促销计划，扩大餐饮销售渠道，提高餐饮销售量；要发挥全体员工的积极性，监督本部门培训计划的实施，实施有效的激励手段。

（2）餐厅经理的岗位职责

指导和监督餐厅每天的业务活动，保证餐厅服务质量，巡视和检查餐厅营业区域，确保服务工作的高效率；检查餐厅的物品、摆台及卫生；组织安排服务员，监督制订服务排班表；选择新职工，培训职工，评估职工的业绩，执行酒店和餐厅的各项规章制度；发展良好的客际关系，安排客人预订的宴会、便餐，欢迎顾客，为客人引座，需要时向客人介绍餐厅的产品；与厨房密切联系共同提供优质的餐饮产品，及时处理客人的投诉；出席餐饮部召开的业务会议，安排好餐厅的预订业务，研究和统计菜单情况；保管好每天服务的记录，编制餐厅服务程序；根据客人的预订及客人人数制订出一周的工作计划；签发设备维修与保养单，填写服务用具和餐具申请单；观察与记录职工服务情况，提出职工升职、降职和辞退的建议。

（3）餐厅厨师长的岗位职责

负责厨房生产的管理、计划和组织工作，根据生产要求安排工作班次，搞好厨房员工的培训、成绩评估、激励和奖惩工作；编制菜单，开发新菜品，确定菜肴价格；配合主厨师长制定标准菜谱，进行食品生产质量控制；根据对客人人数的统计预测，做好厨房生产计划工作；现场指挥开餐时的厨房生产工作，保证菜品的质量、份额、出菜速度符合标准，协调各班组厨房的生产，协调餐厅与厨房的工作；负责提出厨房所需原料和用具的请购和请领要求；负责厨房原料的消耗和成本控制工作，杜绝厨房中餐饮成本的泄漏点；负责厨房中的烹调和加工设备的管理，检查设备的保养和维修状况；负责厨房的清洁卫生和安全的管理工作；抓好食品卫生和员工个人卫生的管理工作，保证食品卫生符合标准。

（4）餐厅领班的岗位职责

餐厅领班应做服务员的表率，认真完成餐厅规定的各项服务工作；检查员工的仪表仪容，保证服务规范，对所负责的服务区域保证服务质量；正确使用订单，按餐厅的规定布置餐厅和摆台；了解当日的业务情况，必要时向服务员详细布置当班工作；检查服务柜中的用品和调味品的准备情况；开餐时，监督和参加餐饮服务，与厨房协调，保证按时上菜；接受顾客投诉，并向餐厅经理汇报；为客人点菜，推销餐厅的特色产品，亲自为重要客人服务；核对账单，保证在客人签字之前账目无误；下班前，为下一班布置好台面；当班结束后，填写领班工作日志；负责培训新员工和实习生。

（5）餐厅服务员的岗位职责

餐厅服务员要守时、有礼貌、服从领班的指导；要负责擦净餐具、服务用具；要负责餐厅卫生、餐厅棉织品送洗、点数、记录工作；要负责餐桌摆台，保证餐具和玻璃器皿的清洁；要负责装满调味盅和补充工作台的餐具用品；要按餐厅规定的服务程序和标准，为客人提供尽善尽美的服务；要将用过的餐具送到洗涤间分类摆放，及时补充应有的餐具；要做好翻台，餐厅营业的工作。餐厅服务员的具体工作有时很难确定，主要根据企业的经营目标、管理模式而定。许多餐厅使用实习生和服务员助手（传菜员）以协助服务员工作，如为服务台装满用具、饮料、调味品、摆桌椅、摆台、准备冰桶及冰块，清理餐桌等。

二、酒店餐饮部主要运营管理业务

（一）餐饮部的主要职能

餐饮产品与餐饮管理的特点，决定了餐饮管理的基本任务是：加强市场调查，提高服务水平与菜肴质量，满足客人需求，有效地利用人力、物力、财力，合理组织餐饮产品生产的各项经营业务活动，争取良好的经济效益。餐饮管理的职能主要有以下几方面。

1. 餐饮产品的市场定位

餐饮管理的首要任务是做好市场调查工作，选定目标市场，进行餐饮产品的市场定位，根据本酒店的具体情况策划餐饮服务项目、餐饮服务内容，并根据市场环境与酒店条件的变化，适时调整酒店的经营方针与经营策略，增强酒店餐饮产品的竞争能力。

2. 餐饮产品的生产管理

餐饮产品的生产过程是一个复杂的过程，由于参与人员多、使用原材料品种多、生产种类多，使得生产过程的控制显得特别重要。因此，必须加强餐饮管理，努力降低成本，对餐饮产品的生产过程实行全程管理。

3. 餐饮前台对客的服务管理

在客人对餐饮产品的消费过程中，前台员工的服务质量对餐饮产品的销售起着相当重要的作用。应制定餐饮服务标准、服务程序、服务规范，为顾客提供主动、热情、耐心、周到的服务，争取更多的客源市场份额。

4. 餐饮产品的销售管理

要实现餐饮部的经营目标，保证完成经营收入计划，餐饮管理人员就应加强对市场形势的分析与研究，适时调整经营策略，采取灵活多样的营销方式开发市场。

（二）餐饮部主要的日常运营管理业务

1. 餐饮清洁卫生管理

酒店餐饮卫生管理的主要目的是为客人提供符合卫生标准、对人体安全有益的餐食。餐饮卫生是保证就餐者健康的首要条件，也是影响餐饮产品质量的重要因素。为了保证食品卫生，杜绝食品污染和有害因素对人体的危害，保障就餐者的身体健康，酒店应切实抓好餐饮卫生管理工作。餐饮卫生管理工作的主要内容有食品卫生管理、员工卫生管理、环境卫生管理及设备、餐具卫生管理。

（1）食品卫生管理

酒店提供的食品必须是没有受过污染、干净、卫生和富有营养的食品。食品如果受到污染将会给顾客带来疾病危害，造成食物中毒。导致食品受到污染的来源主要是病菌、寄生虫或有害化学物质以及有毒的动植物。因此，必须做好食品污染的预防工作，保证食品卫生。

（2）员工卫生管理

员工卫生管理包括员工个人卫生和操作卫生管理。员工良好的个人卫生可以保证良好的健康状态和高效率的工作，而且可以防止疾病的传播，避免食物污染，并防止食物中毒事件的发生。员工在雇用后每年必须主动进行健康检查，并取得健康证明。员工个人卫生管理除了依靠严格的上岗规章制度外，还应从根本处着手，即培养员工良好的卫生习惯。

员工操作卫生管理的目的是防止工作人员因操作时的疏忽而导致食品、用具遭受污染。员工在操作时禁止饮食、吸烟，并尽量不交谈；员工在拿取餐具时不能用手直接接触餐具上客人入口的部位；不能用手直接抓取食品，应戴好清洁的工作手套，并且在操作结束后处理好使用过的手套；工作时不使用破裂器皿；器皿、器具如掉落在地上，应洗净后再使用；若熟食掉落在地上，则应弃置，不可再使用；注意成品的保鲜、保洁，避免污染。

（3）环境卫生管理

餐饮产品的卫生情况与环境卫生管理大为相关，这里所指的环境包括餐厅、厨房、所有食品加工、储藏、销售场所、洗涤间、卫生间及垃圾房等。按照餐饮产品储存、加工、生产、消费等流程，各环节的卫生管理都必须严格到位，不容忽视。

（4）设备、餐具卫生管理

由于设备、餐具卫生管理不善而污染食品导致食品中毒的事件常有发生，因设备、餐具不符合卫生要求而被罚款或勒令停业整顿的餐饮企业也屡见不鲜。制订出设备卫生计划及各种设备洗涤操作规程并教育训练员工，是搞好设备、餐具卫生的关键。因此，餐饮部应格外重视加工设备及厨具、烹调设备及厨具、冷藏设备、清洁消毒设备、储藏和输送设备等各类设备与餐具卫生管理。设备及餐具的卫生管理，应能保证供应食品不受污染，符合卫生要求。

2. 餐饮生产管理

餐饮产品的生产管理是餐饮管理的重要组成部分，餐饮产品的生产水平和产品质量直接关系到餐饮的特色和形象。高水准的餐饮产品的生产，既反映了餐饮的等级档次，又体现出酒店餐饮的特色。餐饮产品的生产还影响到酒店经济效益的实现，因为餐饮产品的成本和利润在很大程度上受生产过程的支配，控制生产过程的成本费用可以获得良好的经济效益。

餐饮产品生产管理的关键是菜肴生产管理。菜肴生产管理，主要是指厨房的生产预测与计划、食品原料的折损率控制、菜肴的份额数量控制以及编写标准食谱与执行标准食谱等。菜肴成本加大的原因之一是产品过量生产，预防菜肴的过量生产，可以控制无效的食品成本发生。菜肴成本加大的原因之二是食品原料的净料率控制不当，由于菜肴生产的需要，食品原料需要经过一系列的加工，才能符合制作要求，食品原料加工方法适宜，会增加它的净料率，提高菜肴的出品率，减少浪费，从而有效地降低菜肴成本。值得注意的是，提高食品原料的净料率应当在保证产品制作质量的前提下进行。另外，菜肴原料份额也会影响到菜肴的成本，应该给予高度的重视。

3. 餐饮推销管理

餐饮业务的经营管理者必须清醒地认识到，餐饮产品的生产销售是以市场为中心，以满足客人需求为目标。餐饮产品的市场推销是从对餐饮市场经营环境的调查与预测开始的。通过餐饮产品的推销活动，促进生产者与消费者之间的信息交流，消除障碍，刺激客人消费。推销过程实质上是一个信息传递过程，通过推销使消费者对本酒店经营的餐饮产品知晓、理解，成为潜在的消费者。推销是推动餐饮产品从生产领域向消费领域转移的过程，也是促使餐饮产品价值实现的过程。但餐饮产品要真正达到销售目的，除了推销者要选用适当的推销方式外，还要认真做好推销的思想准备，了解客源市场状况，将重心放在客人身上。

餐饮产品的推销可利用报刊、电视、广播等新闻媒介形式进行，也可采用户外广告的形式，如道路指示牌、屋顶标牌、灯箱广告牌、餐厅布告栏等。餐饮产品的推销还可通过推销人员与潜在客人面对面地交谈，向客人提供本酒店的信息，说服潜在的消费者购买本酒店的餐饮产品。酒店还可采用特殊的推销方式，如利用赠券、品尝样品、套餐折扣、赠送礼品等方式进行。

在餐饮产品推销过程中，首先应注意餐厅主题设计，力求办出自己的特色，拥有自己鲜明独特的形象，使客人在消费后留下深刻的印象。餐饮产品推销中，餐饮部门的形象设计可以突出自己的个性，环境情调的不同可以给人一种新鲜的感觉。餐饮部门提供的额外服务，会吸引众多的客人，如时装表演、音乐晚会、优惠供餐等。服务人员的建议式推销也会收到意想不到的效果。有的餐厅采用现场烹饪的方法，可引起客人的极大兴趣。有的餐厅，在推出一种新的菜肴时，采用特价或奉送品尝的方式，会产生良好的推销效果。利用节假日进行餐饮产品的推销活动，是餐饮部门经常采用的一种方式。各种节假日是难得的推销时机，餐饮部门这时都会制订节日推销计划，可以根据自己企业的特点，使推销活动生动活泼、有创意，争取获得良好的经济效益。

4. 餐饮成本管理

餐饮产品的成本管理是餐饮管理的关键。餐饮成本控制贯穿于餐饮产品生产的全过程，凡在餐饮产品制作与经营过程中产生的影响成本的因素，都是餐饮成本管理的对象。餐饮产品成本管理，关键的问题是做好餐饮产品的控制程序。制定并确定餐饮产品的各项标准成本；实施成本控制，对餐饮产品的实际成本进行抽查和定期评估；确定成本差异，分析造成成本差异的原因与责任；消除成本差异，找出解决成本差异的具体方法。

餐饮产品的制作是一个系统工程，餐饮产品的成本控制需要从以下几方面努力。

（1）食品原料的成本控制

食品原料是菜肴制作的主要成本，它包括主料成本、辅料成本、调料成本。主料成本是菜肴的主要原料成本，一般来说，主料在菜肴中占的份额最多、价格最高，是控制的重点。辅料成本又称为配料成本，在菜肴制作过程中，辅料起着衬托主料的作用，也是不可忽视的成本。调料成本是指菜肴生产过程中调味品成本，在菜肴生产过程中关系到菜肴的质量，是餐饮产品成本中一项重要的开支，有时甚至超过主料成本。食品原料的成本控制从两方面入手：一是做好食品原料的采购保管控制，同质论价、同价论质，减少采购中间环节，入库后合理储备，努力降低成本；二是食品原料的使用控制，管理人员应做好食品原料使用的监督工作，一旦发现问题，应及时分析原因，并采取有效措施，进行纠正。

（2）人工劳务成本控制

菜肴的制作是手工劳动，人的因素起着相当重要的作用。人工成本控制，一是用工数量的控制，尽量减少缺勤工时，控制非生产和服务工时，提高生产效率，严格执行劳动定额。二是做好工资总额的控制，人员配备比例适当；高技术岗位的人员过多，会增加人力资源成本，造成人力资源成本过高；低技术岗位的人员过多，又会影响菜肴生产质量。

（3）燃料能源成本控制

燃料能源成本是菜肴生产与经营中不可忽视的成本，尽管在菜肴成本中可能占有的成本比例很小，但在餐饮产品的生产中，仍有一定数量。教育员工重视节约能源、做好节省燃料的工作是非常必要的。在餐饮产品的生产过程中，管理人员应坚持对能源工作和节能效果的经常性检查，以保证燃料能源控制工作的有效性；燃料能源成本的控制方法很多，管理者可以结合本单位的具体情况加以总结，使餐饮产品的生产程序化、标准化，把燃料能源的成本控制到最低限度。

5. 菜单筹划管理

在餐饮产品的生产销售过程中，菜单起着重要作用。餐厅的主要产品是菜肴与食品，它们不宜过久存放，许多菜肴在客人点菜之前不能制作。酒店通过菜单把本餐厅的产品介绍给客人，通过菜单与客人沟通，客人只有通过菜单来了解菜肴的特点，因此菜单成为餐厅销售餐饮产品的重要工具。菜单还成为酒店控制成本的重要工具。菜肴原材料的采购、菜肴的生产、服务人员进行菜肴产品的推销、酒店餐饮产品的效益，基本上以菜单为依据。

（1）菜单的基本类别

根据菜单的不同划分标准，菜单有以下不同的分类。

①根据菜单价格形式分类。

套餐菜单：根据客人的需要，将不同的营养成分、不同的食品原料、不同的制作方法、不同类型与价格的菜肴产品合理地搭配在一起形成套餐。套餐菜单上的菜肴产品的品种、数量、价格是固定的。套餐菜单的优点是节省了客人点菜的时间，而且在价格上也较为优惠。特别是现在许多酒店在套餐菜单上增加了不同档次和标准，更方便客人进行选择。

零点菜单：是酒店最基本的菜单。客人可根据菜单上列举的菜肴品种选择购买。一般酒店餐厅零点菜单的排列顺序按人们的进餐习惯排列，西餐是：开胃菜类、汤类、沙拉类、主菜类、三明治类、甜品类等。中餐则以菜肴食品原料的内容分类，如冷盘、热菜、汤类、主食、酒水等。

②根据菜单特点（周期）分类。

固定菜单：是指每天都提供相同菜品的菜单。它适用于就餐客人较多，且客人流动性大的商业餐厅。许多风味餐厅、大众餐厅、吧房、咖啡厅和快餐厅都有自己的固定菜单；这种固定菜单一般是该餐厅经过精心研制并在多年销售过程中深受客人欢迎并具有特色的菜品品种。

周期循环菜单：周期循环菜单是指按一定天数周期循环使用的菜单，这些菜单上供应的品种可以是部分不同或全部不同，厨房按照当天菜单上规定的品种进行生产。它适用于企事业单位长住型酒店的餐厅。周期循环式菜单的优点是满足了客人对特色菜肴的需求，天天可以品尝新的菜肴产品。但餐厅应该注意剩余食品原料的妥善处理。

宴会菜单：宴会菜单是酒店与餐厅推销餐饮产品的一种技术性菜单。宴会菜单要体现酒店与餐厅的经营特色，根据不同季节和不同客源安排时令菜肴。宴会菜单要根据宴请对象、宴请特点、宴请标准、宴请者的意见随时制定。宴会菜单还可细分为传统式宴会菜单、鸡尾酒会菜单、自助式宴会菜单等。

（2）菜单的设计管理

菜单作为酒店与客人沟通的媒介、餐饮产品推销的重要工具，应该根据本酒店的经营特色进行精心设计，力求外观设计科学、内容清楚真实。在菜单设计中，一定要选择适合不同需求的字体，其中包括字体的大小、字体的形状。如中文的仿宋体容易阅读，适合作为菜肴的名称和菜肴的介绍，而行书体或草写体有自己的风格，使用时应当谨慎。英语字体包括印刷体和手写体。

菜单质量的优劣与菜单选用的纸张质量有很大的关系。由于菜单代表了餐厅的形象，它的光洁度和手感与菜单的推销功能有直接的联系，因此，纸张的选择应该引起管理者的高度重视。一次性使用的菜单应选用价格较便宜的纸张；对于使用周期较长的菜单，应选用耐用性能较好或经过塑料压膜处理过的纸张。

菜单的颜色具有增加菜肴推销的作用，使菜单更具有吸引力。鲜艳的色彩能够反映餐厅的经营特色，而柔和清淡的色彩使菜单显得典雅大方。除非菜单上带有图片，否则菜单上使用的颜色最好不要超过四种。色彩种类太多会给客人留下华而不实的感觉，不利于菜肴的营销。同时，为增加菜单的营销功能，可适当配备必要的照片与图形，这将会产生更好的效果。

菜肴的命名应注意贴切、易懂，特别是中文菜单要能够反映原材料的配制、菜肴的形状、菜肴产生的历史渊源、菜肴名称的寓意。如果能将一些特色菜的配料、营养成分、烹制方法加以简单的介绍，将会产生更好的效果。

设计菜单时应该注意，有的餐厅经常只换内页而不注意更换封面，时间久了，菜单封面就会肮脏破旧，影响客人的情绪和食欲；因为许多客人会从菜单的整洁美观上来判断餐厅菜肴的质量。同时，菜单上菜肴的排列切忌按价格的高低来排列，否则客人会根据菜肴价格来点菜。按照一些餐厅的经验，把餐厅重点推销的菜肴放在菜单的首尾，或许这是一种比较好的办法，因为许多客人点的菜肴里总是有个排列在菜单的首尾部分。

菜单策划设计的关键还要货真价实，不能只做表面文章。菜单设计得非常好，但与菜肴的实际内容不相符合，菜肴质量达不到菜单所介绍的要求，只会引起客人的不满而失去客人。

本章小结

本章主要阐述了酒店一线对客服务部门的运营管理工作。酒店的一线服务部门主要包括客房部、前厅部、餐饮部等直接给客人提供服务的部门。酒店的客房部主要以给客人提供清洁、干净的客房和保持整个酒店的清洁、保洁工作为主；前厅部是酒店经营管理工作的中枢机构，其主要负责客人入住登记、接待等工作，以保证酒店客房产品的最终销售工作得以顺利完成；酒店的餐饮部的工作是给客人提供美味可口的餐饮产品和优质的餐饮服务为主。这些部门的工作好坏，将直接影响到整个酒店对客服务的质量，整个酒店的声誉，最终也将影响到酒店经营业绩。

复习与思考

一、名词解释

固定菜单　周期循环菜单　宴会菜单

二、简答题

1. 客房设备用品管理包括哪几个方面？

2. 客房预订业务的程序通常由几个阶段构成？

3. 餐饮管理的职能主要有几个方面？

三、论述题

1. 请试述前厅主要的接待业务工作。

2. 请试述客房预订的种类。

3. 请试述客房部接待服务工作围绕客人的到店、居住、离店三个环节。

第六章

酒店市场营销部的运营与管理

学习目标

知识目标

○理解酒店市场营销部作用以及它在酒店中的机构设置情况

○掌握营销销售队伍如何建设

○了解酒店市场营销部在酒店中的地位

能力与情感目标

○能识别市场营销组合等市场营销理论

○能分析、市场营销状况等现实问题

○能讲述酒店的市场营销工作如何控制与管理

案例导入

休布雷公司巧妙的定价策略

休布雷公司在美国伏特加酒的市场中，属于营销出色的公司。其生产的史密诺夫酒在伏特加酒的市场占有率达23%。20世纪60年代，另一家公司推出一种新型伏特加酒，其质量不比史密诺夫酒差，每瓶价格却比它低1美元。

按照惯例，休布雷公司的面前有三条对策可用：

1. 降价1美元，以保住市场占有率。
2. 维持原价，通过增加广告费用和推销支出来与竞争对手竞争。
3. 维持原价，听任其市场占有率降低。

由此看出，不论采取上述哪种策略，休布雷公司似乎输定了。

但是，该公司的市场营销人员经过深思熟虑后，却采取了对方意想不到的第四种策略。那就是，将史密诺夫酒的价格再提高1美元，同时推出一种与竞争对手新伏特加酒价格一样的瑞色加酒和另一种价格更低的波波酒。

这种产品价格策略，提高了史密诺夫酒的地位，同时使竞争对手新产品沦为一种普通的品牌。结果，休布雷不仅渡过了难关，而且利润大增。实际上，休布雷公司的上述三种产品的味道和成本几乎相同，只是该公司懂得以不同的价格来销售相同的产品的策略而已。

第一节　酒店市场营销部的组织机构与岗位设置

酒店的市场营销组织是酒店全面负责制定、实施和管理市场营销策略和行动的组织机构。在酒店业的经营实践中，对这类组织所赋予的称谓可能不尽相同，如市场营销部、市场销售部、市场开发部、销售部、销售公关部、营销部等。但不管其称谓如何，只要其全面负责和管理酒店的市场营销工作，都是酒店营销组织。它的设置是根据酒店的具体情况及特殊需要而定的，与酒店的规模有密切的关系。一个小型酒店也许只有一个人负责营销工作，没有专职的营销部门，而一个大型酒店则需要较多的专职营销人员和营销机构，营销机构的规模可能大而齐全，下设客房销售部、餐饮销售部、公关部、广告部、营销办公室等。另外，酒店营销组织还与酒店经营范围有关，如果酒店不经营会议业务，就不必设会议推销部。

一、市场营销部在酒店中的地位与作用

（一）市场营销部在酒店中的地位

市场营销部在酒店经营管理中通常起龙头作用。在酒店各部门中，它是总经理经营决策所必需的顾问参谋和信息中心，负责酒店对内对外形象的创立与维护，同时也是负责酒店市场调查研究和推销的职能部门。

市场营销部同一线各部门有着直接的联系。在部门之间开展具体经营活动中，常常是协调关系，在客人接待方面，是下达计划指令与执行计划指令的关系。

（二）市场营销工作的作用

在市场调查的基础上，确定目标市场。根据目标市场的需求，策划与建议酒店各部门推出适应客人需求的产品，包括创新产品。

根据市场细分，选择酒店最佳的产品组合、营销渠道，制定营销目标、阶段性营销计划和具有市场竞争力的房价，追求最大的营销量和最高的平均房价以及两者的最佳组合，使酒店获得最佳的经济效益。

及时收集旅游市场信息，注重酒店内部接待、促销过程中的信息反馈，定期向酒店营销会议报告各种发展动态，汇总情况，并做好各种市场预测。

二、酒店市场营销部的工作特点和范围

（一）市场营销部的工作特点

1. 贯彻总经理的营销意图

在总经理的领导下，市场营销部全面负责酒店营销工作，这就需要认真领会和贯彻总经理的营销意图，使营销策略符合酒店总体的长期的经营策略。

2. 与各部门的合作性

作为酒店中的一个专门招徕顾客的部门，市场营销部的工作需要依靠酒店各部门的合作，因此市场营销部必须与酒店各部门保持良好的合作。

3. 对各部门工作的指导性

由于营销活动需要关注顾客从入住登记到结账离店全过程的服务和顾客的反应，并借此来获取最全面、最详尽的信息，这便决定了营销公关部对其他各部门的工作具有指导性，围绕顾客满意这一最终目标，可帮助其他各部门随时改进和完善服务。此外，酒店营销公关部也是酒店内信息来源最为广泛的部门，通过搜集从各种渠道传来的信息对酒店的经营策略的调整和正确的决策也起重要的作用，从而也影响到各部门的工作调整和改善等。

（二）市场营销部工作范围

（1）与有关旅行社、旅游公司、外贸公司、金融机构、学术团体及其他社会团体、经济实体和机构进行洽谈，签订住房合同及其他各类合同。

（2）走访旅行社、旅游公司及其他旅游中间商，与他们保持良好的关系，争取他们积极宣传自己酒店的产品和服务，以提高酒店的知名度，为旅游者所信赖和接受。

（3）制订客房的标准价格、包价价格、长包房价格、淡季客房推销价格、特殊促销活动价格，制定价格的折扣、价格的调整策略并制定预订金、佣金的标准和支付方法等。

（4）策划特别促销活动，如策划情人节、母亲节、成人节、父亲节、圣诞节、春节、各种食品节的促销活动等。

（5）进行人员推销，争取提高客房出租率、会议设施使用率。

（6）安排团体客人的食宿及其他事宜。

（7）参加国际、国内旅游博览会、旅游展销会，借机扩大酒店的影响，争取直接预订。

（8）建立海外营销办事处或营销代理机构。

（9）选择与加入酒店预订网络。

（10）发送往来业务信函、电报、电传、传真，回答客户关于酒店的价格、产品和服务等的询问，向旅行社报价，有可能的话，酒店自行组团等。

三、酒店市场营销部组织机构与岗位设置

（一）市场营销部的组织机构

1. 组织机构

一般中小型酒店销售部与公关部设置在一起，大酒店则将市场销售部和公关部单独设置。

酒店市场营销部编制为9~10人。文员负责客史资料、档案管理和秘书工作。公关设2~3人。团体销售及散客销售视酒店实际情况而定，哪一种比较侧重就相应增加哪一方面的营销力量（见图6-1）。

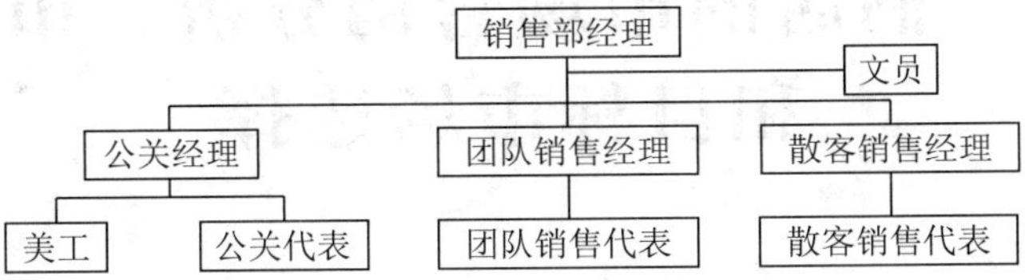

图6-1　市场营销部组织机构

2. 组织机构设置的注意事项

有些酒店将宴会营销也划归市场营销部，而有些则划归餐饮部，这并无固定模式。在实际工作过程中，如将宴会营销划归市场营销部，则对于一些既订客房又订餐饮的顾客考虑包价更为简便易行，在完成客房、餐饮两类指标上更易协调。因为这属于内部协调，而划归餐饮部则涉及部门之间的协商。宴会营销划归餐饮部的优点是在菜肴等方面更易满足客人的要求，因为通过与厨房的内部协调即可。

（二）酒店市场营销部岗位设置

1. 岗位设置

市场营销部经理（或总监）；团队销售经理；团队销售代表；散客销售经理；散客销售代表；公关代表；美工；文员。

2. 岗位设置的注意事项

（1）根据酒店规模及市场情况，一人可兼任多职，同样，对于以团队为主的酒店，可适当增加团队方面的营销力量。根据酒店全年的营业计划，制订酒店全年的营销计划，其中包括各个阶段具体的促销任务与战术，以保证全年营销计划的落实。

（2）根据酒店的具体情况，还可设置其他岗位，如有些酒店推销较多的包价项目，则可专设一名营销代表负责包价市场。他负责向总经理提出各种建议方案，其中包括广告、促销、公共关系、特殊营销、人员培训和发展客户关系等方面的建议方案。

第二节　酒店的市场营销分析、市场细分和目标市场选择

一、酒店市场营销分析

（一）酒店 SWOT 分析

SWOT 分析也称营销环境分析，是指酒店经营者通过对营销环境进行系统的、有目的的诊断分析，以便清楚地明确本酒店的优势（S）、劣势（W）、营销机会（O）和威胁（T），从而确定酒店的营销战略。

酒店的经营管理及其营销活动都受到来自酒店内部和外部众多因素的影响。我们把影响酒店营销活动的内部因素和外部因素所构成的系统称为酒店营销环境。而把有利于酒店营销活动顺利而有成效地开展的酒店内部因素称为酒店营销的优势（S），如酒店优良的组织机构及现代化经营思想、优秀的酒店文化及雄厚的酒店资源等。反之，不利于酒店营销活动开展的酒店内部因素，如低劣的员工素质、紊乱的管理制度、不称职的管理人员、低品位的酒店文化等，我们称之为酒店营销劣势（W）。酒店营销机会（O）是指有利于酒店开拓市场、有效地开展营销活动的酒店外部环境因素，如良好的国家经济政策、高速度增长的市场等。反之，不利于酒店开展营销活动的外部环境因素，我们称之为酒店营销威胁（T），如竞争对手越来越多、竞争对手实力增强、经营的目标市场萎缩等。

1. 酒店优势、劣势的诊断

酒店组织机构、酒店文化和酒店资源是判断酒店营销优劣势的三个重要因素。因此，酒店经营管理者通过对这些要素的认真诊断，大致能从总体上看出酒店营销的优势和劣势，从而充分发挥本酒店的优势，不断改进本酒店的不足之处，制定出切合实际的营销战略。

酒店是否拥有营销优势，首先要从其组织机构来看。酒店决策层人员的经营观

念素质、部门的设置和分工协作、中层管理人员的素质以及基层员工的职业形象等诸多因素是衡量酒店组织机构的具体内容。因此，通过对这些内容的分析、诊断，就可以确定酒店的组织机构是否有利于酒店营销活动顺利而有效地开展。

判断酒店营销优劣势的第二个要素是酒店文化。酒店文化是指全体员工所拥有的职业偏向、信念、期望、价值观及职业化工作习惯的表达形式。它包括酒店的精神面貌、优良传统、良好的声誉、建筑的外貌形象、内部的规章制度、奖惩制度、分配制度、员工职业道德、产品艺术设计和造型等具体内容。通常，优秀的酒店在这方面表现出良好的品位和品质，从而造成文化上的营销优势。

酒店资源是判断酒店营销优劣势的第三个要素。它包括人力、物力、财力、工作时间及管理的经验和技术等内容。一般来说，具有强大营销优势的酒店在这几个方面都具有较雄厚的实力。

2. 酒店营销机会、营销威胁的诊断

酒店外部营销环境总是为酒店经营管理者提供营销机会或产生营销威胁。这是每家酒店都会面临的情况，经营管理者只有善于分析外部环境，捕捉各个重要机会，并同时善于发现各种潜在和现实的挑战，才能使酒店适应外部环境，这可谓适者生存。

3. 酒店外部营销环境包括外部微观环境与外部宏观环境

外部微观环境是指直接影响酒店经营活动的市场环境，它包括消费者、供应商、中间商、酒店竞争者等。外部宏观环境是指间接影响酒店经营活动的综合性大环境，如自然、历史、文化、政治、法律和经济环境等。

通过 SWOT 分析，有助于酒店经营人员选择合适的营销战略。如图 6-2 所示。

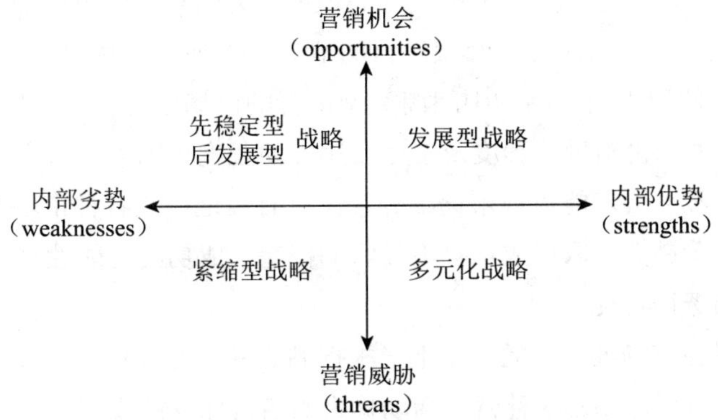

图 6-2　SWOT 营销战略选择

4. 市场利基者及其竞争策略

在酒店行业中，那些专门关注市场上被大酒店或集团忽视的某些细小部分，在这些小市场上通过专业化经营来获得最大限度的收益，也就是在大企业的夹缝中求得生存和发展。这种有利的市场地位在西方市场营销学中被称为“niche”，常译为“利基”，指对一个企业来说最有利的位置，在这个位置上可取得最大限度的利益。所谓市场利基者也就是处于这种地位的企业。事实上，这种市场地位不仅对于小型企业有意义，而且对某些大酒店中的较小部门也有意义，他们常设法寻找一个或几个既安全又有利的市场位置。通常具备足够市场潜量和购买力、利润有增长潜力、对主要竞争者不具吸引力、企业有能力占据且能靠自己的信誉能对抗主要竞争者等特征，可视为最有利的市场地位。

（二）STP 分析

在对酒店市场情况分析的基础上，进行市场细分化（Segmenting）、市场目标化（Targeting）和市场定位（Positioning），即实行“STP”营销，是酒店营销策划的核心，也是决定营销成败的关键。

1. S——市场细分

酒店经营者依据选定的标准或因素，将一个错综复杂的酒店异质市场划分成若干个需要和要求大致相同的同质市场（即亚市场），以便能有效地分配有限的资源，展开各种有意义的营销活动。酒店市场细分方法常见的有：地理细分法，即按地理因素划分酒店市场；人口细分法，依据顾客年龄、性别、收入、职业等人口统计因素划分；心理行为细分法，即按顾客生活态度、个性、消费习惯、购买时机、寻求利益、使用状况、使用频率、忠诚程度、态度等心理和行为因素进行市场细分；酒店使用者细分法，按旅游目的、团体规模及旅游目的地等因素划分市场；酒店购买者细分法，即按只购买而不使用酒店产品的中间商类型进行的市场细分；外出用餐顾客细分法，即按顾客用餐目的、价格敏感程度及餐厅使用方便程度等因素进行市场划分。

总之，酒店经营者若能重视市场细分理论且有效地使用各种市场细分方法，将为酒店后续的各种营销活动取得成功打下扎实的根基，成功的可能性将会大大增加。

2. T——市场目标化

酒店经营者在市场细分化的基础上，根据酒店的资源和目标选择一个或几个亚市场作为本酒店的目标市场，这种营销活动称为酒店目标营销或市场目标化。

市场细分和市场目标化两者为酒店带来很多益处。首先，有利于酒店经营者发掘最佳的市场机会。进行市场细分后常会发现既有产品尚未充分满足客人的需求，或找到一些未被竞争对手注意的亚市场，这对知名度不高或竞争实力不强的中小型酒店，更具有实际意义。通过市场细分，酒店有可能找到营销机会，在竞争日益激烈的市场环境中求得生存和发展。其次，有利于按目标市场顾客的需要来指导或改进既有产品或开发产品，使酒店提供的产品更适合客人需要与要求。最后，市场细分及市场目标化有利于针对目标市场制定合理的酒店营销组合，使酒店有限的资源集中用在选定的目标市场上。

3. P——市场定位

酒店进行市场细分并选定其目标市场及其策略后，接着就要对如何进入和占领市场做出决策。若选择的目标市场已有竞争对手，甚至竞争对手已经占有了有利的市场地位，则酒店经营者应首先着手对竞争势态进行分析与判断，并对目标市场顾客选择酒店所重视的标准或追求的利益加以分析与研究。通过竞争势态的分析，酒店经营者要了解现有的竞争者们在市场中处于何种地位，竞争实力怎样，有何独特之处，在分析目标市场顾客追求的利益时，应查明客人选择酒店的明显利益、重要利益及关键利益。在对竞争形势和客人所追求的利益进行分析的基础上，再进行本酒店的市场定位构思。

所谓酒店市场定位，指根据目标市场的竞争形势、酒店本身条件及客人追求的关键利益，确定酒店在目标市场上的竞争地位。具体地说，就是为了使本酒店或产品—服务组合在目标市场顾客的心目中占据明确、独特、深受欢迎的形象（或地位）而做出相应决策和进行的营销活动。

通常，酒店所采用的市场定位因素或依据有很多，诸如酒店的设施、服务、价格、地理位置、安全、建筑风格、名气与声誉、优良的习惯与传统、气氛等。这些因素既代表客人关注的利益，又是体现酒店竞争实力的要素。因此，酒店经营者应有选择、有侧重地确定最能体现实力和酒店个性的那些定位要素来开展本酒店或本集团的市场定位活动。例如，国际著名的喜来登酒店集团素以服务周到细腻著称，以“在喜来登，一切从小的做起，服务无微不至”这一形象跻身于高度竞争的世界酒店行列。

酒店市场定位通常包括三个阶段的工作：第一是明确酒店客人的关键利益和酒店竞争优势；第二是市场形象的策划；第三是有效、准确地向市场传播酒店的市场形象。这三个阶段的工作大致可分为五个具体步骤进行。

（1）明确酒店目标市场客人所关心的关键利益（因素）。市场定位的目的之一是树立酒店明确、独特的深受客人喜欢的形象。为此，经营者必须首先分析研究客人在选择酒店时最关心的因素及客人对现有酒店的看法，这样方能投其所好。

（2）形象的决策和初步构思。经过第一步定位工作，经营者就要研究和确定酒店应以何种形象出现于市场方能获得客人的青睐。值得注意的是，酒店经营者在进行这一步工作时，应站在客人的立场和角度去思考问题，如“该酒店能为我做些什么”“我为什么偏要选这家酒店而不选择别的酒店”等。

（3）确定酒店与众不同的特色。市场定位的另一个目的是要树立独特、容易让人们记住并传播的形象。事实上，酒店之间在许多方面均可显示出自己的特点或个性，如管理风格、服务、价格、地理位置、建筑特色等。经营者应选择最能体现本酒店个性的特色应用到酒店形象的构思与设计中去。

（4）形象的具体设计。这是指酒店经营者在前三步分析的基础上应用图片、文字、色彩、音乐、口号等手段，将构思好的理性形象具体地创造出来，使它对客人的五官感觉产生作用，让客人容易记住酒店的形象。

（5）形象的传递和宣传。酒店的市场形象一经设计完善，就应立即选定适当的宣传时机和合适的宣传媒介向目标市场客人宣传和传递；否则，即使形象设计得再好也只能是停留在酒店经营者的脑海里。

综上所述，酒店经营者应当明确，STP 营销策划是一种能导致经营成功、取得更多市场占有率的好办法，然而其难度也是显而易见的。因此，这就要求经营者具备渊博的市场知识、强烈的竞争意识。

二、酒店市场细分的概念和步骤

（一）什么是市场细分

市场细分理论是以消费者需求的“异质性”引起的。市场可以分为“同质市场”和“异质市场”两类。凡消费者对商品的需求、欲望、购买行为和对的经营组合策略的反应有一定的一致性，这种产品的市场就是同质市场，如蔬菜市场、食盐市场等，生产和销售此类商品的无须进行市场细分。但是，大部分商品市场，由于消费群的需求有较大的差异，这种市场就是异质市场，在酒店市场上，根据客户的不同偏好，向市场提供不同的产品。

酒店为明确经营方向，根据服务对象的需求、购买心理和行为的差异，把异质市场划分为若干个子市场，以便有效地调配使用资源进行营销的行为叫市场细分（Market Segmentation）。同一细分市场中的个人、团体和有着某种或某些共有的特点，其需求之间的差别很细微，而在各个不同的细分市场之间，消费者的需求则呈现出比较显著的区别。

（二）市场细分的作用

（1）有利于酒店研究潜在市场需求，发现新的市场机会。通过市场细分，旅游可以有效地分析和了解不同客户群的需求满足程度和市场上的竞争状况，抓住机会制定相宜的营销策略，就有可能占据市场优势地位。

（2）有利于酒店制定经营策略和调整生产、销售计划。通过市场细分，集中了解了目标市场的需求和愿望，就可以制定不同的经营方案，更好地研究营销因素组合，以适应各细分市场的要求。

（3）有利于酒店提高竞争能力，以较小的投入争取理想的经济效益。确定了目标市场后，旅游可以集中人力、物力、财力，经营适销对路的旅游商品，有的放矢地开展针对性经营。

（4）有利于酒店确定市场覆盖策略，发挥优势，扬长避短。大型的酒店往往提供多种产品与服务，最大限度地吸引客户。小型旅游由于资金、设备和模的局限，在整体市场或较大的细分市场上无法与大竞争，但它们却可根据其特点针对大未曾顾及的某些尚未满足的酒店市场需求，细分出一个小市场，推出合适的产品，也能获得良好的效益。

（三）市场细分的要求

一般说来，酒店要发现和选择有利的细分市场，要注意以下几点：

（1）划分细分市场的特性必须是可衡量的。如果酒店市场的某些因素或特征难以识别与度量，那么它们就不能作为细分市场的依据。因此，在确定划分市场特性时必须考虑其可衡量的特点，从而测定细分市场的规模与购买力。

（2）细分市场的规模必须大到足以使酒店实现它们的利润目标，而且有一定发展潜力。在进行市场细分时，酒店必须考虑到细市场上客户的数量和购买力。为此，市场细分应该从富有潜力的市场起步，处理好当前经济利益与长远利益关系。

（3）细分市场必须是可以达到的。酒店应该有能力通过各种广告手段，把旅游产品信息传递给细分市场的客户，而且酒店产品能够通过营销活动，为该细分市场的消费者群所购买。如果市场难以达到，酒店产品就难以对消费者有所影响，对这种市场进行细分是毫无意义的。

（4）各个细分市场对酒店市场营销各项组合中任何要素的变动都能作出差异性的反应，如果几个细分市场对一种市场营销组合作出相似的反应，就无须为每个市场制定各自的价格策略，这样的市场细分是不成功的。对细分的消费者群，应该统筹考虑他们对所有市场营销组合因素的各种反应，这样才可能为所选择的目标市场制订出有效的市场营销组合方案。

（四）市场细分的步骤

（1）选择好需要研究的酒店产品的市场范围。需要注意的是，这个所确定的市场范围的宽度必须适中，要与酒店的自身能力和营销目标联系。

（2）列出这一市场范围内所有潜在消费者的全部需求，从而选出具体的细分变量作为细分形式的细分单位。在进行这项工作时，要注意删除那些具有普遍意义的因素，选出的细分单位要有独特的代表性。

（3）进行调查设计并组织调查活动。通过对相关的酒店产品购买者，尤其是目标顾客的调查，可以深入了解各细分市场的需求与购买行为。

（4）分析调查结果并确定各个可能的细分市场的名称、规模、特征。选择细分市场，设计市场营销策略。

三、酒店目标市场选择策略

当酒店选定目标市场后，如何经营好这些目标市场，这是酒店市场营销人员需要考虑的一个重要问题。酒店目标市场选择策略是指酒店如何选择自己的目标市场。常用的目标市场选择策略有：

（一）无差异营销策略

无差异营销策略，是指酒店不进行市场细分，而把整个市场作为自己的经营对象。这种方法在酒店的实际经营中表现为不分主次，凡是客人都接待。这种方法如图6-3所示。

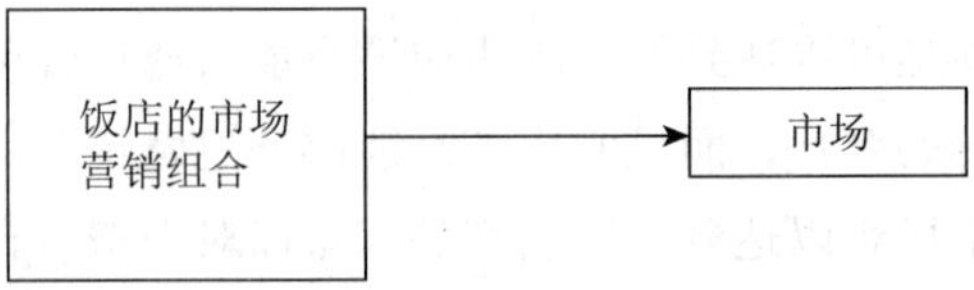

图 6-3　无差异营销策略

酒店市场营销人员试图用一种营销组合来对付整个市场，目的是集中满足市场消费者的共同需要。这种策略在营销学中称为无差异策略。无差异策略适用于：

第一，同质市场，即市场需求差异小得可以忽略不计的市场。

第二，新产品介绍期。

第三，需求大于供给的卖方市场。

无差异营销策略既有一定优点又有不足之处。优点主要是它可以减少酒店的经营成本和营销费用。由于采用单一性的营销组合，产品的组合成本、销售渠道的费用及促销费用都大大降低。不足之处是这种策略忽视了市场需求的差异，可能会导致部分宾客的不满意。另外，这种策略不能适应竞争激烈的市场环境。

（二）差异性营销策略

酒店选择两个或两个以上亚市场作为目标市场，称为差异性营销策略。如图 6-4 所示。

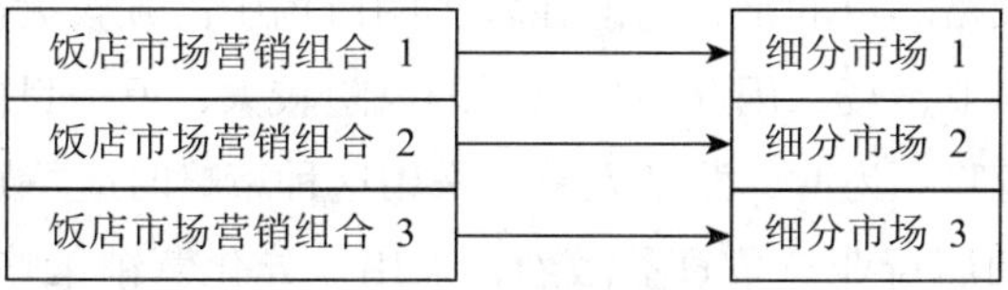

图 6-4　差异性营销策略

酒店选择两个或两个以上的目标市场，并针对不同目标市场采用不同的营销组合，这种经营策略在营销学中称为差异性营销策略。差异性营销策略适用于：

第一，规模大、资源雄厚的酒店或酒店集团。

第二，竞争激烈的市场。

第三，产品成熟阶段。

（三）集中性营销策略

有时酒店市场营销人员不愿意将酒店的有限资源分散在许多亚市场上，避免势单力薄，而宁可将资源集中使用于某一个最有潜力且最能适应的亚市场上去，这样可以在自己的目标市场上取得绝对优势或建立强大的形象。这种以一个亚市场作为目标市场的方法，称为单一目标市场法。

营销人员使用某种特定的营销组合来满足某个单一目标市场，并将酒店的人力、物力、财力集中于这一个目标市场，这种策略在营销学中称为集中性营销策略。集中性营销策略如图 6-5 所示。

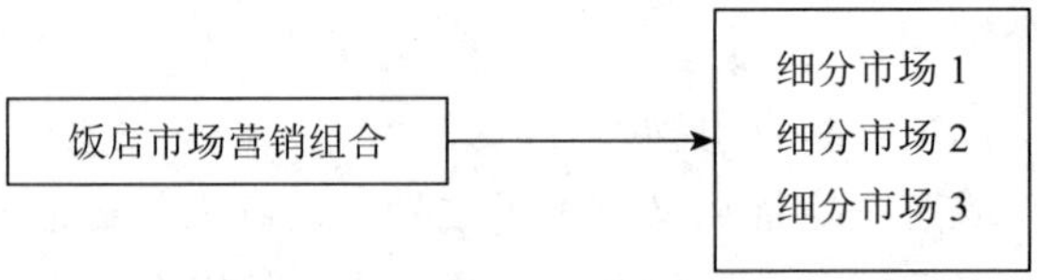

图 6-5　集中性营销策略

集中性营销策略适用于：

第一，酒店资源并不多的中小型酒店。

第二，竞争比较激烈的市场。

集中性营销策略对酒店的主要好处，首先在于它有利于酒店经营项目专门化。其次，有利于酒店提高资源的利用率。最后，它还有利于酒店在目标市场上建立扎实的基础。这种营销策略的目的是希望能在较小的市场中占领较大的市场份额。由于酒店将资源集中于某一亚市场，因此酒店所冒的风险较大，万一目标市场发生不利的变化，酒店就会面临危险。为此，营销人员在采用这种策略时应特别小心谨慎。

近年来，由于酒店行业竞争日益激烈，采用差异化营销策略的酒店也日趋增多。这就意味着酒店将以多种产品、多种价格、多种销售渠道及多种促销手段来满足不同的目标市场，由于选择多个目标市场，酒店的收入得以增加，并能减少酒店的经营风险。但也由于目标市场的增多，酒店的经营费用和营销费用也随之增多，同时也增加了营销人员管理工作的难度。

第三节　酒店市场营销策略组合

我们把影响酒店经营的各种因素划分为两大类：一类是不可控因素，主要指各种经营环境影响因素；另一类是可控因素，包括酒店的产品和服务、价格、销售方式和销售渠道、销售促进等因素。酒店的市场营销策略组合，就是对酒店可控因素进行最佳组合和运用，以适应市场环境不断变化的营销战略。市场营销组合的基本要求及目的就是要用最合适的酒店产品及服务、最合适的价格、最合适的销售方式和渠道、最合适的促销方法及最佳的组合，更好地满足客人的需求，以取得最佳的经济效益和社会效益。有关酒店市场营销策略组合的分类理论很多，最著名的为美国学者麦克塞斯的 4 PS 分类方法，他把市场营销组合的因素分为产品（Product）、价格（Price）、渠道（Place）、促销（Promotion）四个方面，简称为市场营销组合的“4P”战略。这四个因素的不同组合及变化，必须适应酒店经营环境的变化要求，从而产生出许多营销组合策略。

一、酒店市场营销中的产品策略

（一）酒店产品的概念和层次

酒店市场营销学中的酒店产品是指顾客参加酒店活动整个过程中所需产品和服务的总和，是具有以提供酒店服务为核心利益的整体产品。

酒店市场营销管理者应该理解酒店产品的五个层次（见图 6-6）并对其进行运用。酒店产品包括基本服务与扩展服务，它们共同组成服务产品策略，基本服务是服务产品赖以存在的基础，扩展服务是使基本产品区分于竞争者产品的操作部分。酒店市场营销的起点在于如何从整体产品的五个层次来满足顾客的需求，对酒店产品五个层次的理解由内层到外层依次进行，越是内层的越基本，越具有一般性，越是外层的越能体现产品的特色。由此，第一层次是最基本层次，是无差别的顾客真正所购买的服务和利益，实际上就是酒店对顾客需求的满足。也就是说，酒店产品是以客户需求为中心的，因此，衡量酒店产品的价值，是由顾客决定的，而不是由酒店决定的。在第二层次，抽象的核心利益转化为提供这个真正服务所需的基础产品。而第三层次，需要考虑的便是期望价值，这里的期望价值是顾客购买酒店产品时希望并默示可得的，与酒店产品匹配的条件与属性。第四层次是附加价值，指增加的服务和利益。这个层次是形成酒店产品与竞争者产品差异化的关键，“未来竞争的关键，就在于其产品所提供的附加价值”。第五层次是潜在价值，指酒店产品的用途转变，由所有可能吸引顾客的因素组成。

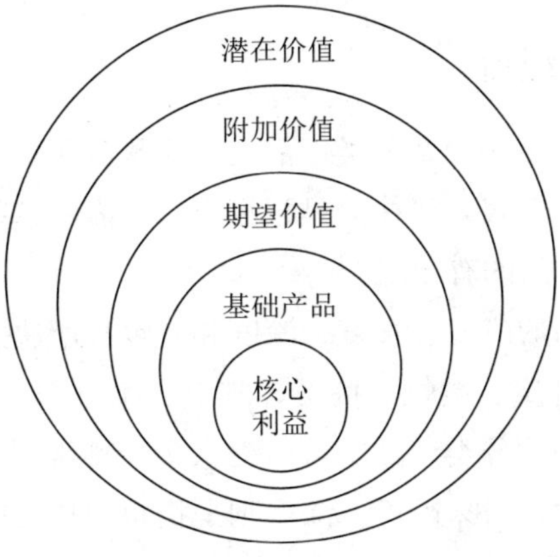

图 6-6　酒店产品的层次

（二）酒店产品的构成要素

1. 地理位置

酒店地理位置的好坏意味着可进入性与交通是否方便，周围环境是否良好。有的酒店位于市中心、商业区，也有的位于风景区或市郊，不同的地理位置构成了酒店产品某些不同的内容。

2. 建筑

酒店建筑式样会影响顾客对酒店的选择，所以，酒店的建筑也成为酒店产品的构成要素之一。

3. 设施

包括客房、餐厅、酒吧、功能厅、会议厅、娱乐设施等，酒店设施在不同的酒店类型中，其规模大小、面积、接待量和容量也不相同。而且这些设施的内外装潢、体现的气氛也不一样。酒店设施是酒店产品的一个重要组成部分。

4. 服务

包括服务内容、方式、态度、速度、效率等，各种酒店的服务种类，服务水平是不可能完全相同的。

5. 价格

价格既表示了酒店通过其地理位置、设施与设备、服务和形象给予客人的价值，也表示了客人从价格反映产品的不同质量。

6. 氛围

酒店的硬件和服务人员的行为共同构成了酒店的氛围，直接影响顾客的消费行为。

（三）酒店产品的组合

大多数客人进酒店不是来消费分类产品的，而是分类产品的组合。虽说整体产品代表了酒店的整体功能，但客人往往只是根据自己的需要选择其中若干项的组合。因此对酒店来说，要考虑产品的有效组合。

产品组合由酒店产品的广度、长度、深度和一致性所决定。广度是指酒店共有多少项分类产品。例如，客房、餐饮、商场、邮电、桑拿浴、游泳池、网球场、舞厅、健身房等。长度是指每一项分类产品中可以提供多少种不同项目的服务。例如，餐饮有咖啡厅、扒房、粤菜厅、川味饭等。深度则是指每一项目中又能提供多少品种。如上述各餐厅能提供的菜肴、酒类和饮料的品种。一致性是指各分类产品的使用功能、生产条件、销售渠道或其他方面关联的程度。一致性并不是一个固定的概念，从不同角度看，会产生不同的评价。例如，对酒店而言，客房与餐饮在生产条件上绝不存在一致性，但从销售渠道上可能有较好的一致性。在价格与服务上更能达到一致——住店三天以上的客人免费提供自助早餐。酒店在以上四个方面根据市场需求形式不同组合的“局部产品”，将是增加客源和提高收益的一个重要方法。

从数学角度说，广度、长度和深度的内容越多，组合出来的局部产品就越多，但这并不一定是经济有效的。产品越多，成本越高，投入的服务越多，质量也越难保证。所以酒店一定要视实际可能来确定组合规模。现在许多酒店在基础条件不足、财力拮据、服务质量还很低的情况下，一味追求攀星升级，不断增加新的设施项目，致使酒店经营难以收到预期的效果。

客人的需求是无限的，酒店的能力永远是有限的，如何在这“无限”与“有限”之间找到一个最佳的结合点，这才是酒店经营者的任务。

（四）酒店产品的设计要点

目前，全世界同类产品的竞争往往表现在两个方面。

第一是表现在对核心产品的准确认识上。假如顾客乘飞机需要的是经济舱，你设计出的却是头等舱，那么，就不会有顾客来订机座；反过来顾客需要的是头等舱，你设计出的却是经济舱，你既不能使顾客满意，又损失了赚大钱的机会。

第二是适当地扩大附加产品。成功酒店增加附加产品的目的，往往是使顾客获得意外的惊喜。如酒店的宾客可在傍晚时，在他们的床头发现一块巧克力薄荷糖，或者一只小水果篮。正如许多酒店经理经常所说的那样，我们要用宾客所喜欢的特殊方法来为宾客服务。

这里需要注意的问题是，这些增加的附加产品也会增加成本支出，营销者必须考虑顾客是否愿意为享受这些附加产品而增加支出？经常的情况是，原来的附加产品很快会变成顾客预期的利益。如现在宾客都期望在酒店客房里有闭路电视、化妆品盘。这意味着想保持优势的酒店必须不断寻找更加多的附加产品来与对手不同。另外一种情况是，随着一些酒店提高了具有许多附加利益的产品的价格，一些酒店又返回到用更加低的价格提供更加基本的产品上去的策略。以美国酒店业为例，伴随着追求尽善尽美的四季酒店，威斯汀酒店和凯悦酒店的发展，我们看到费用较低的酒店也在迅速发展，如红屋顶客栈、汽车旅馆和汉普顿旅馆等。住这些酒店的顾客只需要有可过夜的住宿服务，最多再加上早餐服务。

成功的酒店产品的设计要点可以概括为以下五条原则：(1) 产品便于使用；

（2）顾客买得起这一产品；（3）产品便于代理商如旅行社销售；（4）具有良好的售后服务系统，如质量保证系统；（5）产品也易于被酒店提供出来。

（五）酒店产品设计的具体内容与方法

1. 酒店产品质量的设计内容与原则

（1）酒店产品质量的内容

酒店产品质量的内容，简单地说，就是酒店消费者能享有他们所购买的标准可靠和舒适方便的住房、食品等产品和其他服务，以满足他们生理和心理上两方面的需要。具体包括酒店的建筑、装潢、设备、设施条件和维修保养、清洁卫生状况、管理水平和服务质量等各个方面。

（2）酒店产品质量设计的原则

酒店产品质量设计的原则可以概括为适合性与适度性两个方面。

酒店产品质量的适合性是指酒店的建筑、装潢、设备、设施条件和维修保养、清洁卫生状况、餐饮、客房管理水平和服务质量等要适合酒店各类目标客源的要求。

酒店产品质量的适度性，就是指根据目标客源的等级要求即付费标准，以合理的成本，为目标客源提供满意的具有适度质量的酒店产品，以实现酒店产品长期利润最大化的目标。在这里，如果有些质量不是目标客源付费所要求的，那就是多余的质量，应该省去。

值得注意的是，适合的质量与适度的质量这两者又是紧密联系在一起的。“适合”强调要投顾客需要类型之好，“适度”强调要投顾客需求等级之好，这两者都是在使顾客满意的基础上，为实现酒店长期利润最大化的目标服务的。

2. 酒店产品功能的设计方法

一种产品可以附加不同的功能。不附加额外功能的产品被称为是裸体产品，它是任何一种产品发展的起点。酒店也可以通过增加更多的功能来创造较高等级的产品，同时，增加功能也是取得竞争性优势的一种重要的手段。

那么一种产品应该有多少种功能？酒店应该定期对顾客进行调查，调查的问题有：

——你喜欢这一产品吗？

——这种产品的哪一种功能你最喜欢？

——我们可以通过增加什么样的功能来改进这一产品？

——你愿意为增加的功能支付多少钱？

这些问题的答案可以为酒店提供改进产品功能作参考。酒店可以从增加费用与增加顾客利益两方面对某一功能进行评价。

现代酒店有两种基本功能。一种是它作为产品的经济功能。这就是要在满足顾客需要，不断维持与扩大客源时，或提高客源质量的同时，使酒店的长期利润最大化。另一种是它作为产品的效用功能。这就是要在合理的价格与成本限制下，尽可能多地满足不同目标顾客的各种欲望，解决他们的各种需求问题。

这里需要进一步注意以下两个问题。第一个是合理的价格与成本限制；第二个是尽可能多地满足不同目标顾客的各种欲望，解决他们的各种需求问题。

显然，酒店作为产品的效用功能要服从于酒店的经济功能。由于酒店的建筑与装修是为更好地发挥与完成酒店产品的效用功能服务的。因此，它也要服从于酒店的经济功能。

现在，我们用美国酒店业对宾客的一些系统调查研究的成果来说明宾客对酒店基本功能的要求。

（1）宾客第一次选择、再次选择和离弃一家酒店的原因

1）宾客第一次选择一家旅馆的原因

绝大多数宾客的意见是：酒店位置靠近购物中心、餐馆和其他商业网点是他们首先考虑的因素；清洁卫生也是大多数人考虑的第二个因素。对房费多少倒并不十分介意，这被列为第三个被考虑的因素。网球场、高尔夫球场和游泳池等特别设施，更不为大多数被征询者所重视，而把它们放在调查表的末端，占 9%。这一点也使调查者感到有点惊讶。

2）吸引宾客再次到一家酒店来住的原因

这与第一次被考虑的因素大不相同了。调查表明，酒店的清洁卫生已跃居为被考虑的首要因素，占 60%；良好的服务态度居第二位，占 50%；对一般设施要求达到满意水平，如接待、膳食、酒吧及客房用膳占 45%；而对客房价格则再一次显示出并不普遍关心，只有 1/3 的宾客提到它。对有无特殊设施，比第一次选择考虑的人要少，只占 5%。

3）使宾客不再去一家酒店住宿的原因

宾客不愿意再去一家酒店住宿的原因可以被概括为三大类。第一类是基于影响健康的问题。如房间外面传入嘈杂声音，缺乏热水供应，空调有故障和室内固定装置质量低劣，有 41% 的宾客指出了其中的一个或几个原因。第二类是人事问题。它包括工作人员的不礼貌，没有好的房间预订办法，办理住宿和离店手续烦琐费时，以及过重的小费负担。第三类是有关使用客房时的舒适问题。如毛巾不够大或不够厚，卧具不合适，肥皂式样或大小不合适，缺乏冰水供应，没有足够的烟灰缸以及缺少盥洗用

纸等，有 53% 的宾客提出了这些问题。

（2）宾客对哪一类酒店的设施、设备与服务评价最高

依据美国消费者杂志提供的对宾客年度问询表的调查资料的分析，得出下列结论。

1）什么样的经济等酒店会使宾客最满意？

在经济等的旅馆中，汉普顿连锁旅馆（Hampton Inn）获得最高评价。其原因就是酒店客房的干净和服务员的质量。汉普顿旅馆除了关注宾客住宿的基本需要以外，还增加了额外的服务，如免费赠送早餐和报纸。汉普顿旅馆还为宾客提供保证：不管出于什么原因，如果没有安全满意的话，可以不付钱。从客房清扫员到前台接待员的每一个人都履行这一保证。

2）什么样的中等酒店会使宾客最满意？

这类酒店的经营宗旨是提供能适合一切宾客需要的设施、设备与服务。它们的地理位置是多种多样的，从公路旁，城市内，到胜地区域里。这类酒店要比经济等旅馆更大一点，通常有游泳池和餐厅。调查表明，它们的设施已经失去了吸引力。从总体上说，这类连锁酒店评价得分平平，很难指出其中的哪家酒店经营得更好。

3）什么样的高价酒店会使宾客最满意？

在调查中，宾客对这类酒店评价最高，特别是在客房面积方面。它的客房面积要比普通客房的面积大，许多是两间客房的套间。套间里有一台大冰箱，一台电炉、一台微波炉，一套盘子和容器。酒店里也有公区区域，在那里宾馆可以享受免费的早晨，鸡尾酒和每周一次的正餐。这一公共区域的活动也促进了住店客人间的社会交际。这家连锁旅馆通过研究发现，宾馆离家时间长的话会感到孤独。

4）什么样的豪华酒店会使宾客最喜欢？

调查显示，四季酒店在各方面都得分最高，它有着完善的功能和良好的服务；大使套间（Embassy Suites）名列第二，它是有两间客房的套间。这对商务旅行者和夫妇在一起的旅行者来说很有吸引力。

（六）酒店产品的评价与筛选

酒店产品投入市场并非产品设计过程的终结，酒店还应对产品进行定期的检查与评价，从中选出畅销及经济效益好的产品和具有发展前途的产品，并淘汰滞销及经济效益差的产品和没有发展前途的产品。酒店评价、筛选产品一般采用四象限评价法、矩阵评价法或产品生命周期评价法对现有产品进行分析和评价。具体酒店产品的评价与筛选方法，可见酒店市场营销教材。

二、酒店市场营销中的价格策略

影响酒店服务产品定价的因素主要有三个方面，即成本费用、需求和竞争。成本是酒店产品价值的基础部分，它决定着酒店产品价格的最低界限，如果价格低于成本，酒店便无利可图；市场需求影响顾客对酒店产品价值的认识，决定着酒店产品价格的上限；市场竞争状况调节着价格在上限和下限之间不断波动的幅度，并最终确定酒店产品的市场价格。值得强调的是，在研究酒店服务产品成本、市场供求和竞争状况时，必须同酒店服务的基本特征联系起来进行研究。

（一）酒店定价目标

酒店在定价以前，要考虑一个和酒店总目标、市场营销目标相一致的定价目标，作为定价的依据，传统定价目标一般有最大利润、投资回报、市场份额、社会目的、多重目的、非战略战术等。综合来看，主要分属两类定价目标：利润导向目标和数量导向目标。前者强调从组织的资源及劳动力的投资中获取高额的利润，后者更为注重提供更多的服务数量或拥有更大数量的顾客。

1. 利润导向目标

利润导向目标包括：最大利润、乐观利润、满意利润、最佳资金流动、扩大总利润、目标收益率、快速收回投资。主要有三种：

（1）最大利润目标

指酒店希望获取最大限度的销售利润或投资收益。以追求最高利润为定价目标的有很多。追求最高利润，是指酒店长期目标的总利润，如酒店可以有意识地牺牲一些容易引起人们注意的酒店产品的价格，借以带动其他酒店产品的销路，甚至可以带动高价利润酒店产品的销路。最大利润目标并不等于最高价格，而并不必然导致高价，产品价格过高，迟早会引起各方面的对抗行为，人们很难找到高价垄断能维持很长时间的例子。

（2）投资回报目标

就是酒店把它的预期收益水平，规定为投资额或销售额的一定百分比，叫投资收益率或投资回报率。定价是在成本的基础上，加入了预期收益。这样酒店要事先估算，酒店产品按什么价格，多长时间才能达到预期利润水平。采用这种定价目标的酒店，应具备两个条件：第一，该酒店具有较强的实力，在行业中处于领导地位；第二，采用这种定价目标的多为新产品、独家产品以及低单价高质量的标准化产品。

（3）适当利润目标

也有的酒店为保全自己、减少风险，或者囿于力量不足，满足于适当利润作为定价目标。比如，按成本加成法决定价格，就可以使酒店投资得到适当的收益。而“适当”的水平，则市场可接受程度等因素有所变化。

2. 数量导向目标

数量导向目标包括最大销售额、满意销售额、维持或争取市场份额、吸引主要的早期使用者、市场渗透率，以下两种为代表。

（1）以销量最大化为定价目标

包括增加服务产品的销量，从而争取最大的销售收入；保持或扩大市场占有率来保证生存和决定的兴衰。采用此种目标的酒店有大也有小。每个酒店对本酒店在市场中的所占份额是容易掌握的。因而以此作为保持或增加份额的定价目标和依据，比较切实可行。

（2）以适应竞争，争取尽可能多的顾客数量为定价目标

大多数酒店对竞争者价格很敏感，定价以前更多方搜集信息，把自己产品的质量、特点同竞争者的产品进行比较，然后做出抉择：低于竞争者的价格出售；与竞争者相同的价格出售；高于竞争者的价格出售。市场存在领导者价格时，新的酒店要进入市场，只有采用与竞争者相同的价格。一些小企业因生产、销售费用较低，或者意扩大市场占有率，定价会低于竞争者。

3. 酒店具体的定价目标

（1）生存

在不利的市场条件下，为确保能生存下去的定价，可能会放弃一些利润。

（2）利润最大化

为保证一定时期内取得最大利润的定价。这一时期是与服务生命周期有关的。

（3）销售最大化

为占据市场份额而定价。这可能包括最初用亏损销售以赢得最大的市场份额。

（4）信誉

希望用定价确立其独占者的地位。星级酒店和大型商场就是典型例子。

（5）投资回报

基于为了实现所期望的投资回报价。

4. 酒店价格的构成

从酒店经营者角度考虑：酒店价格应该在扣除自己所支付的一切成本和营业税以后还可获得利润。这样，酒店经营者价格是由该商品的成本加营业税收加利润构成

的。在征收营业税（5%）的情况下，这种商品的价格构成是：

酒店商品的经营者价格 = 成本 + 营业税收 + 利润

= 成本 + 价格 × 营业税率 + 利润

价格 − 价格× 营业税率 = 成本 + 利润

价格（1− 营业税率） = 成本 + 利润

$$酒店商品的经营者价格 = \frac{成本 + 利润}{1- 营业税率}$$

这里的成本包括旅游会计科目上的经营成本、经营费用与管理费用。

（二）酒店定价方法

1. 成本导向定价法

（1）成本加成定价法

成本加成定价法，是指酒店按服务过程中耗费的直接成本、分摊的间接费用和边际利润进行定价。其计算公式如下：

定价 = 直接成本 + 间接成本 + 利润加成

直接成本或直接费用，是指酒店服务过程中消耗的原材料、能源和直接人工。间接成本是指酒店服务过程分摊的固定资产折旧费、管理费和租金、保险费等。

利润加成是指按成本（直接成本 + 间接成本）的某一个比例计算的利润目标。

餐饮产品的定价基本采用以成本为导向的定价方法，一种是销售毛利率法，又叫内扣毛利率法。

①销售毛利率定价法

销售毛利率法，是以品种销售价格为基础，按照毛利与销售价格的比值计算价格的方法。由于这种毛利率是由毛利与售价之间的比率关系推导出来的，所以叫销售毛利率法，其计算公式如下：

品种理论售价 = 原料总成本 ÷（1− 销售毛利率）

例：鲜百合炒肾球。用鲜百合 100g，肾球 100g，配料 50g，其中，鲜百合进价每 500g 是 6 元，起货成率是 95%，无副料值，鸭肾每 500g 进价是 13 元，起货成率是 85%，无副料值，配料成本和调味成本共计 2 元，销售毛利率是 53.3%，这个品种的理论售价是多少？

解：

第一步，先计算原料总成本：

鲜百合起货成本 =（6 ÷ 95%）×（100 ÷ 500）=1.26（元）

鸭肾起货成本 =（13 ÷ 85%）×（100 ÷ 500）=3.06（元）

第二步，代入公式：

理论售价 =（1.26 元 +3.06 元 +2 元）÷（1−53.3%）=13.53 元

答：鲜百合炒肾球的理论售价是 13.53 元。

②成本毛利率定价法

成本毛利率法，又叫外加毛利率法，是指以品种成本为基数，按确定的成本毛利率加成本计算售价的方法。由于这是由毛利与成本之比的关系推导出来的，所以叫作成本毛利率法。其计算公式如下：

品种理论售价 = 原料总成本 ×（1+ 成本毛利率）

例：荔蓉鲜带子。用荔蓉馅 150g，鲜带子 6 只，菜心 100g。其中荔蓉馅每 500g 8 元，鲜带子每只 2 元，菜心每 500g 0.6 元，起货成率 30%，无副料值，调味成本是 1 元，成本毛利率是 41.3%，这个品种的理论售价是多少？

解：

第一步，计算原料总成本：

鲜带子起货成本 =2 元 × 6 只 =12 元

荔蓉起货成本 =（150g ÷ 500g）× 8 元 =2.40 元

菜心起货成本 =（0.6 元 ÷ 30%）×（100g ÷ 500g）=0.40 元

第二步，代入公式：

理论售价 =（12 元 +2.40 元 +0.40 元 +1 元）×（1+41.3%）=22.33 元

答：荔蓉鲜带子的理论售价是 22. 33 元。

注意，这里计算出来的只是理论售价，或者只是一个参考价格，因为在实际操作中，还要根据该品种的档次及促销因素来最后确定品种的实际售价。

（2）目标收益率定价法

是根据旅游的总成本和估计的总销售量，确定一个目标收益率，作为核算定价的标准。即

$$\text{单价} = \frac{（\text{固定成本} + \text{单位变动成本} \times \text{产品数量} + \text{目标利润}）}{\text{产品数量}}$$

目标收益率定价法具有易于使用的优点，并为酒店制定房价提供了指南，但这种方法没有考虑市场需求的程度和旅客的心理，不能适应不同细分市场需求。因此，实际生活中，只能把目标收益定价作为制定价格的出发点。

酒店房价定价的千分之一法和赫伯特法以及菜肴定价时使用的计划利润法，都是

这种定价法的形式。

1）千分之一法

千分之一法是指房价为平均每间客房建筑造价的千分之一。其计算公式为：

$$每日客房价格=\frac{酒店建造总成本}{酒店客房总数}\div 1000$$

例如，酒店有100个房间，总投资200万美元，那么200万美元的千分之一是2000美元，即为100个房间的总价格，而每个房间的平均价格则是20美元。千分之一法是在假定酒店平均开房率70%条件下制定。在这条件下，单房租收入就有足够可能赚取酒店毛利中的55%，扣除其他费用后，房租收入可以使酒店每年还本6%。

要说明的是：①用千分之一定价法计算出来的房价是每日客房的平均价格，实际每间客房的价格可以有差别，有的高于它，有的低于它，但平均价格不能低于此数。②千分之一定价法的实际经济含义是：通过3年左右的经营，建造总成本应该通过客房的销售额收回来。

2）赫伯特定价法

赫伯特公式是由50年代美国旅馆和汽车旅馆协会主席罗伊·赫伯特主持发明的。其实质就是以目标投资回报率这个经济指标作为定价的出发点，预测酒店经营的各项收入和费用，测算出计划平均房价。这个公式的定价原理是：计划投资回收率指标与投资额相乘，就是要求获得的净利润。客房应该获得的销售额，连同其他部门的经营利润一起，扣除了支付酒店管理费用和其他各项营业费用外，还必须包括要求的净利润：

客房部需达销售额＝酒店总投资×目标投资回收率＋酒店管理、营业费用－其他部门经营利润＋客房部经营费用

根据客房部需要达到的销售额和预测客房出租率，便可算出计划平均房价：

$$计划平均房价=\frac{客房部需达销售额}{可供出租客房数\times 计划期天数\times 预测出租率}$$

下面试举一家800间客房的酒店为例，说明如果要获取15%的投资回收率，如何运用赫伯特公式来测算平均房价。

目标投资回收率	15%
总投资额	80000000元
目标净利润	15000000元
折旧	8500000元
建筑物	5000000元
家具、设备用具	3500000元

税金和保险	3000000 元
税金	2500000 元
保险	500000 元
行政管理和推销广告费用	15500000 元
维修与保养	2530000 元
热源、光源和动力	3200000 元
广告推销	2700000 元
行政管理	5200000 元
其他费用	1870000 元
减：餐饮部门利润	394000 元
加：电话部门亏损	780000 元
客房部经营费用	17720000 元
客房部要求达到的收入	57106000 元
可供出租客房数	800 间
计划期天数	365 天
预计客房出租率	75%
计划平均房价	260.76 元

客房部要求达到的收入 =80000000×15%+8500000+3000000+15500000−394000+780000+17720000=57106.000（元）

$$计划平均房价 = \frac{57106000}{800 \times 365 \times 75\%} =260.76（元）$$

赫伯特公式法比千分之一法合理。使用这一方法时，酒店是根据计划的销售量、固定费用和需要达到的合理的投资收益率来决定每天每间客房的平均房价。因此，由这个公式决定的房价是否合理，是由计算过程中所使用的各种假设是否有效和正确决定的。这种方法的缺点是客房部必须承担实现计划投资收益率的最终责任。但是，其他营业部门经济效率低，不应当由高昂的、缺乏竞争力的房价来弥补，同样，其他部门的高额利润也不应当成为制定过低房价的理由。此外，这个公式还有一个概念性错误：是根据预计的营业额来确定房价的，而价格又是影响营业额的一个重要因素。可见，这个公式是从盈利的需要出发的，而没有考虑旅客需求这个变动因素。

2. 竞争导向定价法

定价时主要以竞争对手的价格为考虑因素，其特点是，只要竞争者的价格不动，即使成本或需求变动，价格也不动。反之亦然。

（1）领头定价法

如果所制定的价格能符合市场的实际要求，采用领头定价姿态的，即使在竞争激烈的市场环境中，也是可以获得较大的收益的。

（2）随行就市场定价法

这种根据同一行业的平均价格或其直接对手的平均价格决定自己的价格。他们认为市价反映了行业集体智慧，因此随行就市定价法能使本获取理想的收益率。

（3）追随核心酒店定价法

在酒店市场上，一些有名望、市场份额占有率高的酒店往往左右着酒店价格水平的波动，在一些存在着酒店集团多少有点垄断性的市场上，它们的价格决策往往影响更大。精明的酒店市场营销人员在激烈的竞争中眼睛时时盯着别人，特别是竞争对手，以及对市场价格起主导作用的酒店动向。

竞争导向定价法此中采用最普遍的是追随定价法。之所以普遍，主要是因为许多酒店对于宾客和竞争者的反应难以做出准确的估计，自己也难于制定出合理的价格。于是追随竞争者的价格，你升我也升，你降我也降。在高度竞争的同一产品市场上，宾客，特别是大客户旅行社对酒店的行情了如指掌，价格稍有出入，宾客就会涌向价廉的酒店。因此一家酒店跌价，其他酒店也追随跌价，否则便要失去一定的市场份额。对于一个产品不能储存的行业来说，竞争者之间的相互制约关系表现得特别突出。相反，竞争对手提高价格，也会促使酒店做出涨价的决策，以获得较高的经济效益。

3. 需求导向定价法

这是以宾客对酒店产品价值的理解和认识程度为依据来制定价格的，是市场导向观念的产物，包括理解价值定价法和需求区别定价法。

（1）理解价值定价法

即根据旅客理解的价值，就是根据顾客的价值观念。这要求运用经营组合中那些价格因素影响旅客，顾客心目中对酒店产品价值的印象，并根据顾客的价值观念制定相应的价格。

例如，一位消费者在商店的小卖部喝一杯咖啡要付 1.5 元，在一个小酒店就要 2.00 元，而在大酒店的咖啡要付 3.00 元，如果要到酒店的房间内饮用，则要付 5.00 元。在这里，价格一级比一级高并非是由成本所决定，而是由于附加的服务和环境气氛增加了顾客对商品的满意程度，而为商品增添了价值。

运用理解价值定价法的关键是，要有自己的产品同竞争对手的产品相比较，找到比较准确的理解价值。因此，在定价前必须做好营销调研，否则，定价过高或过低，都会造成损失。定价高于买方的理解价值，顾客就会转移其他地方，销售量就会受到损失；定价低于买方理解价值，销售额便会减少，同样受损失。

理解价值定价法认为，某一产品在市场上的价格和该产品的质量、服务水平等，在宾客心目中都有特定的价值，销售的产品的价格和宾客的认知价值是否一致是产品能否销售出去的关键，因此，运用这种方法要做到以下两点：

1）酒店产品的价格尽可能地靠拢宾客的认知价值。这需要运用各种市场调研手段及实销经验，尽可能全面地收集宾客对酒店产品价值的评价，从而为制定宾客可以接受的价格提供客观的依据。

2）改变宾客的主观价值评价。这需要运用各种市场宣传手段，改变宾客既定的价值评价。对酒店制定的现行价格认可

（2）区分需求定价法

它可以有好几种形式：

①区别对待不同顾客：同一产品或服务，对不同顾客价格不同。

②区别不同的产品形式：不同的产品形式，成本不同，但旅游并不按各种形式产品的成本差比例规定不同的售价。

③区分不同的地点：在不同地点出售相同的产品和服务，虽然的边际成本可能没有发生变化，仍可制定不同的价格。

④区分不同的时间：可以在不同的季节、不同的日期，甚至不同的种类，规定不同的价格。

但要有效地实行区分需求定价法，需要具有一定的条件：

第一，市场能细分，而且不同的细分市场必须表现出不同的需求强度。

第二，低价细分市场的买主不能有机会向高价细分市场的买主转售。

第三，高价竞争几乎没有压低价格进行竞争销售的可能。

第四，分割市场和控制市场价需要的费用不能超过采用区分需求定价所能增加的营业额。

第五，差别定价不应引起顾客的反感，以免导致销售量和营业的减少。

旅客是根据他们的经历、消费能力和意图来比较价格的。某一价格对于富有的旅客来说是便宜的，而对低收入的旅客而言却被认为很贵。同一旅客在不同时间、到不同地点去旅行以对于同一价格也会有不同的反应。因此，制定不同的旅游价格，就便于吸引不同类型的旅客。需求导向定价不再是以成本为基础，而是以宾客对产品价值的理解和认识程度为依据。需求导向定价法是市场导向观念的产物，包括理解价值定价法和需求区别定价法。

（三）酒店定价策略

定价方法侧重于从量的方面对产品的基础价格作出科学的计算，而定价策略则是运用定价艺术和技巧，根据酒店市场的具体情况制定出灵活机动的价格。下面就酒店几种常见的定价策略作一简单介绍。

1. 率先定价策略

制定新产品最初价格时常采用的价格策略主要有：

（1）撇油价格策略

撇油的原意是把牛奶上面那层油撇出来。撇油价格指制定高价，以便在短期内把钱赚回来。在产品投入阶段，市场需求弹性较小，新产品在市场上奇货可居，因此，迫切需要这种新产品的消费者往往原意高价购买。当产品进入成长阶段或成熟阶段，再降低价格，以便吸引对价格较为敏感的细分市场。

采用撇油价格策略的优点是：①可使较快获取较高营业额，以便收回产品研制成本；②当产品刚进入市场时，企业的生产能力往往较低，采用撇油价格策略，可使的生产能力随着市场需求的增长面逐渐扩大；③从高价降至低价较易，而从低价上升至高价则较困难，因而撇油价格策略可以方便在以后的竞争中实行降价竞争。但是，使用撇油价格策略，定价高，会刺激很多竞争者进入市场。

（2）渗透价格策略

采用渗透价格策略，更多地从长远利益考虑，把产品价格定得比较低，以便市场渗透，获得较大的市场占有率。

采用渗透价格策略的特点是：产品价格低于市场价，薄利多销，采取压低成本，减少环节的办法，增加销售。

采用渗透价格策略的条件是：潜在市场比较大，低价可以扩大市场面；价格敏感程度高，低价可以增加销售；有潜力降低可变成本；分配渠道畅通，销售经营环节精简；有供大于求的趋势。

采用渗透价格策略，酒店惯用的做法是：

①不急于给市场报价，具体做法往往先出小册子再加插页报价格。

②报价的同时，加注有关附加条款，诸如：旺季加多少，机场税加多少……

③解体产品，分项定价。

④增加最低订货额度，经常见到的如：不少于 ×××。

⑤降低质量，降低成本，减少辅助服务。

⑥公开降价，风险太大，保险的办法是回扣和“桌面下”的交易。

但是采用渗透价格策略。改变价格的余地比较小，而且往往要较长时间本利才能得到回收。

（3）产品介绍阶段暂时降价策略

降低产品价格，能吸引更多顾客，所以，有不少常在产品介绍阶段，采取暂时降价的策略，以便加速消费者接受采用新产品的过程。投入阶段一结束，就提高产品的价格。一些酒店在刚开业的几个月，常常采用这种策略，以便吸引客户，争取客源。

2. 心理定价策略

现代市场营销观念告诉我们，酒店提供顾客满意的东西，就是适销对路。因而，顾客对产品的满意程度如何，对定价影响极大。抓住顾客心理，刺激其消费动机，从而达到促销、多销的目的。这种高效益的定价策略，就称为“心理定价策略”。

（1）尾数定价策略

又叫奇数定价。酒店为迎合宾客求廉心理，给商品制定一个以带有空头的数结尾的非整数价格策略，如 0.99 元，9.95 元等，奇数定价可以给宾客一个价格低的印象，并能使宾客产生对定价认真负责的信任感，餐饮产品的标价常采用此策略。下面以餐馆为例，说明尾数定价策略在菜肴定价中的应用。

①菜肴价格的尾数应为奇数

特别应当是 5 或 9 价格在 6.99 美元以下的菜肴，其价格尾数常常是 9。酒店之所以采用这种做法，主要原因可能是酒店长期使用这样的尾数，大多数宾客已经习惯，宾客会认为酒店给了他们一定的折扣。例如，某菜肴的价格为 1.79 美元，宾客往往会认为该菜肴的价格应当是 1.80 美元，酒店为了扩大销售量，有意给他们一分钱折扣。如果把菜肴价格定为 1.81 美元，不少宾客就会认为酒店故意多收一分钱。根据调查，如果菜肴的价格从 1.99 美元降至 1.96 美元，销售量反而会降低。

价格在 7 美元至 10.99 美元的菜肴，其价格尾数以 5 为最常见，这是因为价格较高的菜肴应当打较大的折扣，尾数为 5，宾客会认为酒店给了他们五美分折扣。此外，到价格较高的酒店就餐的人，主要是为了享受，而不是为了“吃”，他们认为以 9 结尾的价格，是酒店的价格，因此，以 5 为尾数的价格，更能适应这类宾客的心理。

价格在 10 美元以上的菜肴，尾数为 0 也是很常见的。但是，酒店在制定高价菜肴的价格时，也应当充分利用宾客的心理。例如，某一菜肴的价格可以定为 19.00 美元，而不要定为 20.00 美元。

②价格中的第一个数字最重要

宾客常根据价格的第一个数字作出消费决策，他们认为价格中第一个数字要比其他数字重要。例如，一般宾客认为 0.79 美元与 0.81 美元两种价格之差要比 0.77 美元与 0.79 美元两种之差大。因此，酒店比较愿意将某菜肴的价格从 0.72 美元提价至 0.77 美元，却不大愿意将菜肴的价格从 0.79 美元调整至 0.81 美元。

③价格数字的位数应该尽量少一些

宾客对价格数字的位数是很敏感的。他们认为 9.99 美元和 10.25 美元两种价格之差要比 9.95 美元和 9.99 美元两种价格之差大得多。因此，很多餐馆在定价时，尽可能使菜肴的价格低于 10.00 美元或 1.00 美元，即尽可能减少价格数字的位数。这样制定的价格，就不大会引起宾客的抵触情绪。

④尽可能使菜肴价格保持在某一范围内

宾客常把某一价格范围看成是一个价格。例如，他们常把 0.86 美元至 1.39 美元看作 1 美元；把 1.40 美元至 1.79 美元看作 1 美元半；把 1.80 美元至 2.49 美元看作 2 美元；把 2.50 美元至 3.99 美元看作 3 美元；把 4.00 美元至 7.95 美元看作是 5 美元等。因此，如果餐馆调价以后，菜肴的价格仍在原来的范围之内，就不易为宾客知觉，从而，也就更容易为宾客所接受。

⑤调价频率不宜过快。幅度不宜过大

调价过于频繁或调价幅度过大，会引起宾客的反感。通常每次菜肴的调价幅度应在 2 美分至 5 美分。快餐厅一年内调价次数不应超过三次。

⑥菜肴价格之差不应过大

如果菜单上菜肴的价格相差过大，宾客就会产生价格结构不合理的感觉，他们就可能会选择低价菜肴。国外有些酒店经营管理人员认为，菜单上最高价格与最低价格之差不应超过一倍。

（2）整数定价策略

一般顾客对于消费品的购买，属于不懂行的购买，即该产品的制作过程、烹调技艺、原料情况、何种配料等都是不了解的，也不需要去了解，除非欣赏角度。一般消费者又有“一分价钱一分货”的价值观念，为了让顾客对自己的选择放心，除了提高售时服务，让顾客试用、试穿、品尝等促销方式以外，明码实价，将价格合理地调整到代表产品价值效用数附近的整数上面，顾客选购起来容易比较，可以放心地购买。例如，餐厅中的一般饮料为 8.00 元、7.50 元或 6.00 元，而不同的酒类根据其质量、品牌可分别定价为 18 元、20 元及 40 元一杯不等。

（3）声望定价策略

豪华产品的定价，定以高价，既提高了产品的身价，又衬托出消费者的身份、地位和能力，给人们以自我实现的心理满足。例如，在定价时，若按成本加成计算出一桌酒水费用为1637.60元，按声望定价法则为1800元，针对商务人员，特别是港、澳、粤地区客人较多的情况下，还可定价为1888元，讨了“要发发发”的口彩。对于追求实惠的客人，还可对其“优惠”为“一路发发”，即定价1688元。

凭借酒店在宾客心目中良好信誉及宾客对名牌产品、高档产品“价高质必优”的心理，以较高的价格吸引宾客购买而制定的酒店产品价格。采用这种定价法需要做详细的市场调查：酒店除考虑细分市场客人的身份和消费实力外，还要考虑年龄结构和客人所能接受的最低、最高价格限度。尤为重要的是，产品的价格必须与质量相吻合，这样才能符合酒店的信誉，不伤害客人的利益。

（4）分级定等定价法

酒店市场营销人员认为，消费者不大会感觉到价格上的细微差别，消费者对各种牌号和花色的商品的需求曲线应当是阶梯形。因此，他们把商品分为几档，每一档定一个价格。这样标价，可以使消费者感到各种价格反映了产品质量的差别。对买主一说，这种标价法简化了选购商品时的斟酌。

酒店业常采用这种定价法来确定房价结构。酒店对客房分级定等，制定不同的价格，就可吸引对房价有不同要求的不同旅客。

分级定等时，级数不宜过多。一般来说，300间客房以下的酒店常有三种房价，300间客房以上的酒店常有5种房价，当然，酒店的客房分为几个等级应根据酒店的具体情况而定。老酒店通常有较多不同类型和大小房间，而新酒店里的房间大小往往差不多，因此，老酒店的房价等级就比新酒店多。同样道理，大酒店的房价等级比小酒店要多一些。

美国希尔顿国际酒店公司负责市场经营的前副总裁、康奈尔大学酒店管理学院客座副教授伯里格在介绍希尔顿国际酒店公司的房价结构时指出：房价的分布应当和统计学中的正态分布差不多，百分之四十客房的价格为平均房价，百分之二十客房价格应当高于平均房价，另外百分之二十客房的价格应低于平均房价，剩下的客房，百分之十应是最高房价的客房，百分之十为最低房价的客房，这样一共有五种房价。由三种房价组成的房价结构，价格应按客房总数的百分之二十、百分之六十、百分之二十分布把占百分之六十的房间的价格定为平均房价。他认为，这样的房价结构可使酒店处于有利竞争地位。一个酒店可以把最低房价定得比竞争对手低，但同时，最高的房价可以高于竞争对手，这样的房价结构，更能满足不同旅客的需求。

要使这种房价结构取得成功，各种等级的客房的面积、家具、位置、方向等方面应有明显的区别，以便使旅客相信，这些不同等级的房价是合理的。

分级定等定价时，档次的差别不宜太大，也不宜过小。确定各种等级房价之间的差价，主要有两种方法：一为固定差别法，二为百分比差别法。

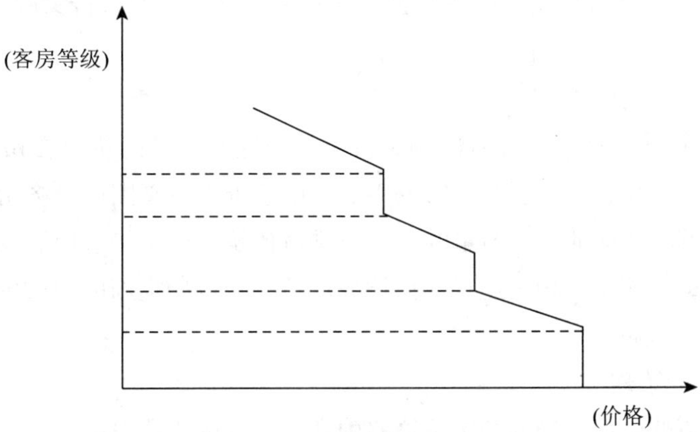

图 6-7　分级定等定价法

表 6-1　房价结构

甲旅馆：					
单人房价	$65	$78	$94	$114	$135
双人房价	$78	$94	$113	$137	$162
乙旅馆：					
单人房价	$39	$47	$55		
双人房价	$45	$53	$61		

表 6-1 表示的两种单人房价之间或两种双人房价之间的差额称作水平差，单人房价与双人房价之间的差额称作垂直差。饭店甲采用百分比差法定价，其水平差与垂直差都是 20%。酒店乙采用固定差法，其水平差都是 8 美元、垂直差都是 6 美元。固定差价法是酒店制定房价结构的传统做法，许多西方酒店现在仍采用这种做法。但是，固定差价法不及百分比差价法有利，如果每两种邻近的房价相差一定的百分比，较低的几种房价之间的差价就比较小，而较高的几种房价之间的差价就比较大。在激烈竞争的市场环境中，使用百分比差价法的酒店可以制定与竞争对手同样低甚至比竞争对手更低的房价，保持自己的竞争力；同时，其较高的那几种房价可以比竞争对手列高，以便酒店取得更高的收益。由于较低的几种房价的客房时，就有可能选择价格略高的客房。高价客房之间的差价虽然较大，但那些住价格昂贵的旅客，一般来说对价格的高低不会过于计较。

在美国的酒店业里，垂直差价有不断缩小的趋向。对酒店来说，每间客房中多住一个人或两个人，所需的客外费用是很小的。有些酒店管理人员认为，双人房价应当比单人房价高 1/3 左右，但在不少酒店里，双人房价只比单人房价高 10%~20%。因此，双人房价对那些与配偶一起进行公务旅行的旅客，以及进行家庭式旅游的旅客，更具有吸引力。

（5）传统习惯定价法

某些产品主要是根据传统习惯制定价格的。这些产品的价格在市场上已为消费者所习惯，价格变化，就会引起顾客的不满。由于资本主义国家经济始终处于动荡之中，因此，不可能在保证产品质量的前提下维持传统习惯价格，他们或通过降低产品质量、减少重量、缩小体积等途径保持原先的价格；或确定新的习惯价格，来增加的利润。

3. 招徕定价策略

招徕定价策略是促销导向的定价策略中常见的做法，其中包括：

（1）廉价出售某些产品

吸引顾客在购买这些产品的同时，购买其他产品。采用这种做法的，常把部分产品的价格定得特别低，甚至低于成本费用，以便给予消费者一种价格低廉的印象，以此招徕顾客。餐馆常使用这种定价策略。虽然，出售某些廉价菜肴或饮料，会无利可获；但是，从整体考虑，由于顾客也必须购买其他菜肴或饮料，不仅可收回这些廉价品所失去的利润，还可提高总营业收入数额和总利润数额。酒店提供免费服务项目，也是在应用这种定价策略。

（2）特别减价销售

在某些季节和节日，降低价格，招徕生意。采用这种价格策略，需和广告宣传活动紧密配合，掌握好广告和销售的时机。采用这种做法的，希望通过扩大销售量降低成本。一般来说，在产品滞销时采用这种做法，更为适宜。

（3）虚假折扣策略

这是某些西方采用的一种欺骗性宣传。这类宣称某种产品或服务的价格已从以前的高价降至目前的低价，借以吸引消费者。而事实上，价格根本没有丝毫变化。显而易见，我们不应当仿效这种做法。

（4）特殊事件价格

旅馆在某些季节和节日，或在本地区举行特殊活动的日子里，降低价格，招徕生意。采用这种方法需和广告宣传活动紧密配合，掌握好产品和销售的时机。一般来说，在淡季时，采用这种策略，更为适宜。

4. 折扣回扣策略

酒店给予顾客和旅游中间商各种优惠或折扣，鼓励客户大量购买自己的产品，以保证酒店的客房出租率和餐饮等产品的大量销售。

（1）数量折扣

给予购买量达到一定数量的客户以某种折扣优惠。数量折扣有以下两种形式：

①非累计折扣：应用于一次性购买，客户一次性购买的数量或金额达到酒店规定的要求时，就可得到某种折扣优惠。购买数量越多，折扣越大，以鼓励和刺激客户大量购买。

②累计折扣：累计折扣更具有吸引力，更可起到潜移默化的作用，使客户在众多的购买对象中认定提供累计折扣优惠的酒店品牌，凡是与该客户业务有关的住店消费，均有极大的可能会按此确定的对象寻求满足。

例如，租房业务中，凡租 16 间客房者只收 15 间客房费，俗称“16 免 1”；连住 7 天者免 2 天房费等一次性优惠折扣。在餐厅酒水业务中，即订 12 桌酒水只收 11 桌费用的一次性优惠折扣俗称“12 免 1”。同一客人一年中累计住店超过 16 天者打 9 折，累计住店超过 1 个月者打 8 折；用膳客人凭餐厅发给的优惠登记卡用餐，每次餐后由餐厅登记签名，进餐 10 次后，可免费进餐 1 次等。这些均属于酒店采用的累计折扣优惠法。

公司价格，又称商业价格，有些公司常与酒店建立长期的联系，这些公司保证在某一时期内租用该酒店一定数量的客房，作为交换条件，酒店则给予他们一定的折扣。美国酒店的公司价，一般说来是最低房价，但也可以比最低房价略高一些或略低一些。如果旅行社保证到某个酒店公司租用一定数量的客房，他们也能得公司价。酒店是否给予顾客公司价，应当考虑市场的竞争状态、市场需求情况和酒店本身的需要。

有些西方酒店向与本酒店建立业务关系的保证，酒店按商定的价格收款，如果这些旅客到酒店后，这种房价的客房已经出租完了，酒店安排他们到较高房价的客房住宿，而仍收取原先商定的价格。这种安排实际上是另一种形式的商业价格。

团体价是为了使酒店更有竞争能力而制定的。不论旅客住哪一种客房，团体旅客都应付同样的房价。通常，国外酒店根据不同季节或者一周内不同日期的情况，制定不同的团体价格。

参加会议的旅客，通常付相同的房价。在可能时酒店把客房数量最多的房价定为团体价。在有三种房价的酒店里，给予参加会议的旅客的各种客房数应在 20%—60%—20% 的比例；在有五种房价的酒店里，则应成 10%—20%—40%—20%—10% 的比例。酒店把整个会议看成是一种特殊安排，参加会议的旅客，有些人得到较好的客房，而另一些人只能住差一点的房间。大部分酒店力图按比例出售各类客房。但是，如果在会议期间，客源不足，而会议举办单位要求较大折扣时，酒店就很可能会同意按较低的房价，甚至按团体价收费。

（2）现金折扣

国外酒店参照商业采用的信用购买方法，即“先用后付款”“分期付款”的方式吸引客人，亦采用赊销、结账方法，以刺激顾客消费，若顾客用现金支付，则采取优惠折扣策略。同时，酒店在价目表中明目标价，如“2 / 10，净价 30”表示 10 天付现有 2% 的现金折扣，全部费用须在 30 天内付清。

（3）实物折扣

酒店对于大量消费的客户，给予实物的刺激。如赠送茶点、饮料、菜肴或纪念品等。对老顾客和有购买潜力的新客户有较大的吸引力，对收入较高但有获得纪念品爱好习惯的日本人和讲究经济实惠、收入低下的消费群体，也有较大的刺激作用。如酒店给外宾赠送中式筷子、餐后送中式点心、水果等；给中宾加免费菜、点心、饮料，免收空调费等，均属实物折扣优惠。

（4）季节折扣

在节假日，在旅游淡季，酒店采用季节折扣或淡季优惠价的方式刺激客人，如周末两天对于西方的酒店，亦是一周中的淡季。酒店在淡季时的房价往往要比正常房价低得多。不少西方酒店还制定了家庭房价，吸引家庭旅游者在淡季和周末时来店居住。有的酒店标准房两个床，平常每间 120 美元一天，周末和节假日一间标准房加铺加床仍收 120 美元，酒店采用季节折扣和一系列促销活动，使淡季中酒店营业不淡。

（5）同业折扣和佣金

酒店给予旅游中间商的佣金数额是决定旅游中间商是否向旅客介绍某一酒店的重要标准之一。许多西方酒店除了给予旅游中间商优先订房权之外，还给予他们一定的折扣或佣金。但具体的做法却有所不同。美国希尔顿国际宾馆公司向旅行批发商收取净房价。如果旅行批发商代替团体订房，该公司向他们吸取的房价比团体价低 15%，如果旅行批发商为零散旅客订房，则向他们收取比规定房价低 15% 的价格。美国雷迪逊旅馆公司在期末给予旅行社 15% 的佣金，以便增加来店的公务旅行者人数。赫艾特旅馆公司则规定：旅行社为旅客每预订 24 间客房，该公司就免费向旅行社提供 1 间客房。

营销人员可采用下列公式计算折扣、佣金法之后所应达到的客房出租率：

$$相等客房出租率 = \frac{目前客房出租率 \times (标价 - 直接成本)}{标价 \times (1 - 折扣率) - 直接成本}$$

（6）推销津贴

旅游中间商的促销广告和宣传展销活动，为酒店带来充足的客源，他们的目标是各自的利润，然而也宣传了酒店，扩大了酒店的知名度和社会影响，树立了酒店的形象。资助旅游中间商开展促销活动，既搞好了与中间商的社团关系，稳定了酒店客源，又扩大了酒店的知名度，乃一举两得，何乐而不为？因而，现代酒店业亦非常注意引进商界各种刺激“讨好”中间代理商、批发商、零售商的津贴折扣优惠策略，且只有过之而无不及。酒店业常用的数量折扣方法有公司价、团体价、长往旅客价和会议价。

（7）回扣和津贴

回扣是根据价格表给顾客或中间商的减让。津贴是通过零售商给予零售推销员的奖励，以便鼓励推销员大力兜售某种产品

三、酒店市场营销中的渠道策略

（一）酒店销售渠道的含义与模式

1. 酒店销售渠道的概念

酒店销售渠道是促使把酒店服务产品交付给顾客的一整套的相互依存，相互协调的有机性系统组织。在酒店市场营销中，为了获得竞争优势，应该寻找酒店产品分销商，扩大和方便顾客对酒店服务产品的购买。这个过程涉及参与从起点到终点之间流通活动的个人和机构。

酒店销售渠道按照其到顾客手中是否经过中间商可分为直销服务渠道和经过中间商的服务渠道。

2. 酒店销售渠道模式

在产品和服务从酒店转移至宾客的过程中，任何一个对产品和服务拥有所有权（使用权），或负有推销责任的机构和个人，就叫一个渠道层次，渠道层次的构成即销售渠道模式。酒店销售渠道模式如图 6-8 所示。

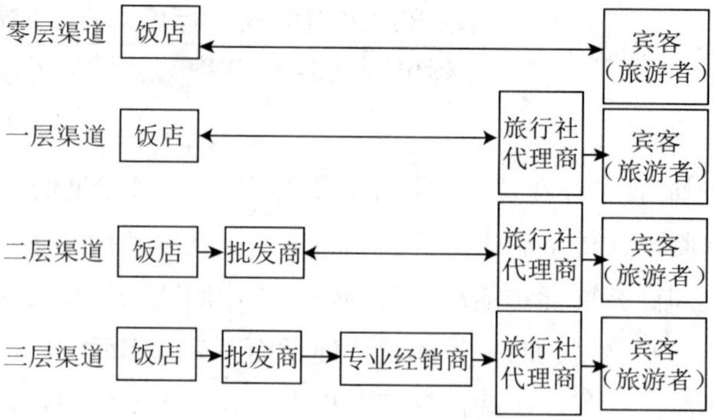

图6-8 酒店销售渠道模式

（二）酒店销售渠道的特点和作用

1. 酒店市场直销方式的特点

直销是指不经过中间商，而直接向最终顾客提供酒店服务的过程，其特点是：

（1）对服务的供应与表现，可以保持较好的控制，若经由中介机构处理，往往造成失去控制的问题。

（2）以真正个人化服务方式，能在其他标准化、一致化以外的市场，产生有特色服务产品的差异化。

（3）可以在同顾客接触时直接反馈回顾客目前需要，这些需要的变化及其对竞争对手产品内容的意见等信息。

（4）对某一特定专业个人的需求（如著名的辩护律师）情况下，公司业务的扩充便会遇到种种问题。

（5）采取直销有时便意味着局限于某个地区性市场，尤其是在人的因素所占比重很大的服务产品中，更是如此，因为，此时不能使用任何科技手段作为酒店与顾客之间的桥梁。

（6）酒店也经常通过中介机构来销售酒店服务产品，这些中介机构便是中间商。酒店市场中间商将酒店与酒店客户连接起来，这也意味着他们将介入酒店的销售工作，同时很大程度上影响着酒店的产品销售。

2. 酒店中间商的作用

（1）酒店中间商起着沟通酒店与顾客的作用。消费者是“上帝”，而“上帝”对本生产的产品感觉如何呢？这需要酒店花大力气去调查和研究。例如，对于一个酒店产品，参加者是否觉得安排合理？对于它的服务，顾客是否满意？这些问题对酒店的生存发展至关重要。而酒店要生产、要销售、要调研市场，精力难免有限，此时如果有一些优秀的酒店中间商，他们就能及时地汇总顾客的意见和建议，转达给酒店，以达到提高酒店产品质量的目的。

（2）参与酒店市场经营活动，如市场调研、市场预测、促销活动。因为酒店中间商一般都拥有自己的消费者，所以易与消费者联络，收集第一手资料。

（3）简化了与消费者接触的程序，降低了交通费用与成本。假设有三家酒店，他们要接触到三位消费者就需要九次活动，而通过同一个中间商，只要求六次活动，这意味此三家既可以不需拥有庞大的销售队伍、推销设备及设施，又可简化交易联系节省大量的时间。

3. 酒店中间商的职能

（1）调查市场，收集反馈信息。与酒店生产相比，酒店中间商拥有更好的调查研究市场的条件。因为在消费者眼里，他既是卖方，又是消费者利益的保护者，一旦他们对产品的质量有所不满，便会向酒店中间商投诉，这就形成一个庞大的信息网，通过它，酒店中间商向生产提出建议，使产需对路、产销合后，努力实现最佳经济效益。

（2）参与促销，扩大客源。能否不断地扩大客源是酒店成功的关键，这就需要中间商共同开发市场，参与各种促销活动，吸引各个层次的游客。

（3）组合酒店产品。酒店产品和旅游活动密切联系，酒店中间商同时可以向参加酒店的人提供包括食宿、交通、购物旅游产品，和酒店产品一起形成一个系列，满足消费者的要求。

（三）酒店销售渠道主要成员

1. 旅行社

在我国，将为旅客安排旅游服务以及出售旅游线路的统称为旅行社。旅行社也可称为酒店零售商，不派员陪同旅游。包价包括交通、中转、观光游览、酒店房价等费用，一般也包括膳食费用。

（1）旅行社的分类

国外将旅行社分为三类：旅游代理商（Travel Agent）、旅游经销商（Tour Operator）、旅游批发商（Tour Wholesaler）。

①旅游代理商（Travel Agent）

又称为旅游零售商，它通过自己的销售网点，将整合旅游产品直接销售给旅游者。旅游代理商可以是独立经营，也可以是某个旅游批发商或经销商的属下机构，代为出售其旅游线路和旅游项目，构成酒店销售网的一环。旅游代理商受酒店委托销售，按合同规定的价格出售给旅游者，按销售额一定比例提取佣金，通常为销售额的10%~20%。

②旅游经销商（Tour Operator）

一方面将单项旅游产品组合成旅游线路（即整合旅游产品概念）销售给旅游代理商，另一方面也有自己的销售点面向公众直接销售，兼有旅游批发商与旅游代理商的双重身份。

③旅游批发商（Tour Wholesaler）

只组合旅游产品销售给旅游经销商和旅游代理商，不直接面对公众销售。旅游批发商一般是实力非常雄厚的大型旅游中间商，通过与交通部门（航空公司、铁路及旅游车船公司等）、酒店、旅游景点以及其他餐饮娱乐设施直接谈判，将这些单项旅游产品组合成旅游线路，确定一个包价（有大包价、小包价）。当每个旅游团的活动及日程安排好后，旅游批发商向这些单位发出日程安排表并做出预订，然后交由旅游经销商或旅游代理商将包价旅游项目出售给团队或散客旅游者。其营业收入主要包括从各种交通公司的代理佣金和酒店订房差价的收益。如果包价中含餐饮，旅游批发商还可从酒店得到整个包价10%左右的佣金。

我国现行旅行社与酒店的取酬关系与国际通行做法不同：旅行社能获得远低于门市价的批发价，很少采用佣金制。其实这就成为酒店与渠道之间、各渠道成员之间产生矛盾的一个重要原因。首先，这种方式使得酒店与旅行社利益对立，旅行社拼命压价，因为差价越大，其利润越高，酒店又极不情愿自己的利益受损。其次，酒店对各渠道成员所给的旅行社价格高低不一，这样也不利于渠道成员间的融洽关系，很多精力用在跟酒店讨价还价上了。因此，在国内实行佣金制，与国际旅游运作标准接轨，已成为一种需要和趋势，这样才能促使旅行社积极开拓市场，因为在佣金制下，销售额越大，利润越高，也能使酒店与渠道成员精诚合作，共同推出具有竞争力的价格，达到“共赢”。

（2）旅行社订房的特点

由于旅行社在业务经营中存在风险大、批量大、季节性强等特点，旅行社对酒店的预订也会受上述因素的影响。旅行社订房主要有以下几个特点：

①订房数量大

除大型会议外，一般商务、政府组织机构等订房数量受其自身业务规模所限不会太大，但旅行社订房则不然。通常旅行社的年接待量都在万人次以上，大型旅行社其组团（或接团）人数甚至达几十万人次，如中国国际旅行总社1993年外联游客数量超过100万人次。因此，旅行社的订房对旅游酒店尤其是旅游城市和风景区的酒店而言是最主要的生意来源。

②订房价格低

旅行社为了尽可能提高经营利润以及降低直观报价，增强旅行社价格竞争力，通常会向酒店争取较低的团队价格。加上付给旅行社佣金，旅行社的实际订房价格往往比门市价低四成或更低。

③订房时间集中

旅行社订房季节性强，通常都集中在旅游旺季，而淡季则订房较少。这样便使酒店在旅游旺季客源激增，形成营业高峰，淡季时则营业处于低谷。在营运高峰，酒店设施超负荷运转，而营运淡季，酒店设施和接待能力闲置，这种现象给酒店的经营管理带来一定的困难。为了避免订房过于集中，酒店应采取相应的措施，如采取淡旺季价格，与旅行社合作开展冬季包价或在淡季推出特殊旅游活动项目，尽可能做到淡旺季订房的均匀分布。

④订房取消率高。

酒店大量接受旅行社订房，具有很大的风险。旅游业是一项很敏感和脆弱的行业，尤其是组团旅游，极易受政治、经济和突发事件的影响而出现大幅度波动，团队取消在有的地方十分普遍。例如“千岛湖”事件发生后，由于台湾团大部分取消，以接待台湾团为主的祖国大陆许多酒店蒙受很大的经济损失。鉴于团队旅游容易出现的高取消率，酒店在确定自己的目标市场时，应合理地安排各细分市场的比例，以期实现市场细分配置的最优化，尽可能降低风险，正如西方谚语所说：“不把所有的鸡蛋放于同一个篮子中。”

⑤订房连续性强

酒店通常与旅行社保持密切的业务联系，因而旅行社的订房也能够连续持久。旅行社一般都将自己的团队安排在有主要业务往来的酒店，而不会随意向其他酒店订房，原因很简单：双方了解，合作容易，且能够与酒店达成有利的价格协定。如果酒店能够保持与旅行社的密切合作，对于酒店客源的稳定以及进行客源预测都十分有利。

2. 全球预订系统（GDS）

电子信息技术的迅猛发展，出现了一个新的预订系统——全球配票系统 GDS（Global Distribution System），其已成为酒店一个新的、发展极快的营销渠道。

GDS 是以一些大的航空公司 CRS（CRS 即中央预订系统）为基本框架，旅行社、酒店 CRS 以及其他旅游、组织加入其中形成的一个世界范围的、多层次配票网络，以计算机网络技术为支持，图 6-9 就是 GDS 的结构图。主要有四大组成要素（见图 6-9 左侧文字所示）：

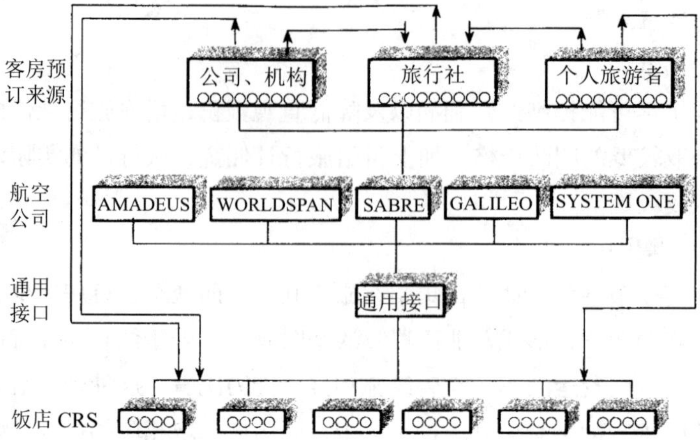

图 6-9 GDS 结构

（1）航空公司 CRS

图 6-9 中间的航空公司 CRS 是在一些大航空公司原有的机票预订体系基础上发展起来的，可充分利用原有资源，为其成员提供覆盖面更广、成本更低的预订服务。因此，国外旅行社（约 45000 家）几乎都加入这家或那家航空公司的 CRS，就能通过方便的计算机网络预订机票或酒店客房，较之原来由酒店的 800 电话系统预订，更为快捷、高效、省钱。正是这种高效服务，旅行社已渐渐开始通过航空公司 CRS 而非直接通过酒店 CRS 来预订酒店产品。而 1993 年，酒店 CRS 的所有订单中，来自航空公司 CRS 的订单首次超过来自 800 电话预订的。同时，对旅行社来说，通过航空公司 CRS，可非常便利地得到机票、酒店客房以及汽车租赁等配套组合服务，旅行社也乐于通过它预订。对于酒店而言，营销渠道显然是加长了，但也是不得不接受的现实，因为航空公司 CRS 实力强大。

构成 GDS 基础的航空公司 CRS 主要有以下五个：

① AMADEUS 系统

该系统由欧洲几家最大的航空公司联合创立和经营，它们是：法国航空公司、德国汉莎航空公司、西班牙伊比里亚航空公司和斯堪的那维亚航空公司。该系统通过计算机同其伙伴航空公司及其客户相连。遍布世界各地的售票点均通过此系统订票。任何售票点若有退票，一秒钟内各售票点便能将其再次配出。若某航班时间有变更或临时有航班增加，其信息可在瞬间传递到世界任何角落的售票点。

② WORLDSPAN 系统

该系统又称 PARS / DATAS Ⅱ。是美国泛美航空公司、TWA 航空公司和西北航空公司三家共有的电脑预订系统，在世界各地拥有 52000 多个终端。

③ SABRE 系统

该系统是美国航空公司的电脑预订系统，在澳大利亚的名字为 EANTASIA。

④ GALILEO 系统

该系统又称为 APOLLO 系统，是美国联合航空公司采用的预订系统。其用于酒店预订系统的名称为 ROOM MASTER。

⑤ SYSTEM ONE 系统

（2）通用接口

为使航空公司 CRS 与酒店 CRS 联通，GDS 中还需要一个重要组成要素——通用接口，它能为任何大的航空公司 CRS 和酒店预订系统提供双向界面。当航空公司、旅行社或租车公司的预订员接到订房要求后，该预订要求被航空公司 CRS 构成的网络通道，通过接口中的一个，转酒店 CRS 系统中，酒店能否接受预订的信息又被立即转回该预订员处，保证给顾客即时的答复。

（3）酒店 CRS

GDS 网络中最下层是酒店与酒店 CRS（Central Reservation System 中心预订系统）。GDS 目前只包括那些拥有酒店 CRS 系统的酒店集团或联合组织，这些酒店 CRS 要么是专门的酒店预订服务系统，要么是酒店联号集团自己的 CRS，或者是大的酒店联合体的 CRS（后面将详细说明）。单个的独立酒店要想将 GDS 作为自己的一个营销渠道，一般要通过这些酒店 CRS 才能实现。

当前，GDS 系统有一个难以解决的问题：对于单个的独立酒店，该系统尚无法以合理的成本将它们纳入其数据库。这便迫使单个酒店通过其他途径加入 GDS：

①加入一个特许经营集团；②加入一家酒店代表公司（hotel representative finn）；③与某个能进入 GDS 的公司签订合约，但需交纳费用；④加入某个酒店联合体，其 CRS 与 GDS 连接。在美国，几家州级酒店联合体已办理这种代理业务，考虑开办此业务的则更多。

然而，这些可行方式都很昂贵。1995 年，平均预订费为 18 美元（不包括付给旅行社的费用），这么高的收费标准对于中档价格的酒店确实是个难题：希望利用 GDS 广受欢迎的预订网络，但它们的房价在 40~60 美元，承受如此高的手续费比较吃力。这也许是众多中等规模的经济型酒店纷纷加入成本稍低的特许经营集团的原因之一吧。

（4）客房预订来源

随着国际互联网的飞速发展与广泛应用，人们有了更大的选择空间：旅游者外出旅游，可以通过旅行社包办行程，可以自己上网安排：①直接进入酒店的网页查看信息并预订；②通过中介预订：可进入旅行社、酒店 CRS、航空公司 CRS 或 GDS 的网页提出预订要求。而酒店则面临新的机遇与挑战，应尽快适应这种变化，调整自己的渠道策略，保证稳定、优质的客源。

3. 专门的酒店预订组织

（1）概述

它是一种单纯的酒店预订组织，除代理客房销售外，有些酒店订房及销售组织还通过本系统的传播媒体，如年鉴、成员酒店宣传册等为成员酒店促销。世界上较著名的有尤特尔国际有限公司（Utell Intenational LTD）、最受欢迎酒店组织（Pre—ferred Hotels）、世界一流酒店组织（Leading Hotels of the World）、斯坦根伯格预订公司（Steigenberger Reservation Service）、超级国际酒店组织（SupraNational）、旅行信息公司（Travel Resource）、德尔顿全球预订公司（Delton Global Reservations）、选择酒店订房系统（Choice）等。

（2）UTELL 介绍

专门的酒店预订组织中最为著名的当数尤特国际有限公司（Utell International LTD）。

UTELL 是一家总部设在英国的酒店代理公司，遍及 180 个国家与地区，代表了超过 6500 家等级各异的酒店。这些酒店从市中心酒店到机场酒店，从温泉疗养胜地到高尔夫度假地酒店，从商务酒店到旅游度假酒店，从普通旅游酒店到豪华酒店，能为顾客提供极广泛的选择。截至 1998 年上半年，中国大陆已有 24 家酒店加入 UTELL，分布在北京、成都、大连、广州、桂林、海口、杭州、哈尔滨等地。

UTEIL 提供的服务具有以下优势：

1）灵活、便捷的预订方式

利用 UTELL，顾客可以三种方式进行预订：

①电话订房：从 UTELL 手册上查到距离最近的办事处电话号码，拨通电话后，将得到各酒店的信息，同时订房员将记下顾客的有关信息，包括：想要订的酒店名称及地点；抵达酒店的日期及住宿天数；住宿类别及人数；顾客姓名；付款方式（通过 Pavtell 还是顾客结账时自付）；如是旅行社订房还会记下旅行社的名址。电话中能马上得到预订确认。

②通过 GDS 预订：使用电脑上的 UI 密码，进入 Abacus / Worldsoan、Amadeus，System One。Apollo 7 Galileo，Axess 或 Sabre，Fantasia，选择所要的 UTELL 旗下酒店，可以看到有关资料，并可立即得到预订确认。如使用 Paytell 预订，还会得到可立即支取的佣金。

③通过 HotelBook 的电子邮件订房系统。

2）独特的 Paytell 财务服务

①使用 Paytell 预订，在预订的同时即可取得佣金，不需追讨。还可以当地货币计算佣金额，直接从顾客的款项中扣除应得部分存入银行内，不需支付银行手续费及外汇转账费。

②通过 Paytell 预订，顾客可预先支付住宿费用，确保款项不会因利率波动而损失，同时客房也将得到保留。

③旅游代理商：参与其中的旅游代理商能不使用自己的信用卡即可通过自己的旅行社名义确保订房。

协助旅游代理商向非 PayCom 的酒店追索佣金。

3）充分的客房保证

①使用 Paytell 预订，可获稳妥的订房保证。无论顾客何时抵达酒店，均能为其保留房间。

②方便的取消预订方式。由于每家酒店取消预订的规定不同，UTELL 在预订时即提供详尽的信息。而且如在酒店规定时间内取消订房，UTELL 会自动将预付款项或保证金退还。

4）超值优惠

①独家享有酒店提供给 UTELL 顾客的特别优惠。同时有多种综合房价供选择：商务价、周末价、优惠价、客户配套价等。

②每期 Hotelfocus 季刊将呈献一个最佳旅游行程，提供更多酒店的优惠及附加福利，同时为属下酒店促销宣传。

5）崭新的电子媒体

UTELL 已在全球资讯网 WWW（World Wide Web）上设立崭新的电子媒体 HotelBook，设有彩色网页，全面介绍旗下各酒店的详尽信息。网页上的基本资料包括：酒店的文字介绍、地址及标准房价等。除此，UTELL 的 HotelBook 还提供最新促销旅游点的旅游快讯，各促销产品、业内趋势等。

HotelBook 已成为"全球资讯网中首要的酒店超级市场"，其接下来的计划是与航空公司、汽车出租服务、旅游行政管理部门及旅游代理商的网页建立更密切的合作关系，为顾客提供更丰富的服务项目。

4. 联号酒店的预订系统

（1）联号酒店的预订系统的优势

联号酒店较之于独立酒店一个突出优势就是：拥有自己的全国乃至全球性客房预

订中央控制系统，能为其成员酒店提供集团内订房服务。而且与其他集团合作，使用共同的预订系统资源。通过这一系统，可以在世界各地的成员酒店里办理其他成员酒店的客房预订。假日酒店、喜来登、希尔顿等国际连锁酒店都开设免费的预订电话，顾客通过它能随时了解该连锁内某一成员酒店的客房出租情况。如果需要预订，无须放下电话便可得到预订确认，你可以知道你将住在哪个房间，里边有什么设施，房价是多少。有的酒店连锁成员其客房预订的四分之一甚至更多来自连锁集团的预订中心。

（2）联号酒店预订系统的类型

①集中型预订系统

酒店集团拥有一个预订中心，其数据库储存各酒店客房使用情况、房价、会议设施、餐饮、娱乐及运动设施、客户档案等资料，订房中心、集团区域预订办事处及各成员酒店都可迅速共享此信息资源。客人可在当地成员酒店或预订办事处预订异地或异国某成员酒店客房，工作人员通过电脑端终将客人预订要求传到预房中心，如该酒店的客房、房价等符合客人要求，工作人员可立即确认预订要求；如不符合，则向客人介绍其他成员酒店。订房中心的电脑也可打印预订通知书，再寄给所订酒店。这种预订系统要求成员酒店与订房中心联网，技术要求高，建立统一的联网终端需要大量的资金与技术投入，同时也需要工作人员精通电脑与网络操作，对于一些发展中国家尚有一定难度。假日酒店连锁集团（Holiday Inn）采用的 Holidex Ⅱ系统和喜来登国际酒店集团的 Reservation III 都是采用了这种集中型预订系统。但由于所有预订必须经过订房中心处理，有时会造成不必要的财力、人力和时间浪费。例如，一位客人在纽约预订芝加哥另一成员酒店的房间，订房工作人员将客人要求传送到集团的订房中心，再由订房中心将订房信息传送给芝加哥的酒店，以确认是否接受预订。而实际上直接拨通芝加哥成员酒店的电话，便可得到迅速的答复。

②分散型预订系统

它不是由集团的订房中心统一办理订房服务，订房中心的电脑与位于世界各地的订房办事处联系，而不与集团所属的大部分酒店联网；各酒店将接到的订房要求传到各订房办事处，由办事处处理当地的订房工作。分散型预订系统可以有效、经济地处理区域内的订房要求。

5. 酒店联合体（Consortium）预订系统

随着连锁酒店不断发展，其规模与影响越来越大，在销售、预订、经营管理方面都更有优势，这对那些独立的大酒店以及众多小酒店来说，无疑是很大的威胁，为了提高自身竞争力，与庞大的酒店连锁抗衡，它们纷纷联合起来，成立各种各样的联合组织，统称为酒店联合体。

酒店联合体就是指一些具有相类似标准的酒店自愿结合起来，共同交纳一定费用，集中起来用于共同的促销、预订和其他服务。联合体内的成员酒店使用一个共同标识，建成一套联合的预订与销售网络。其宗旨是：在世界或地区范围内，创造出一个集体的形象，以赢得更多的顾客。酒店联合体的功能有些与酒店连锁类似，如使用共同的预订系统，搞联合的、大规模的促销活动，实行联合采购等。但不同之处是联合体的成员酒店在财务上、经营管理上都是完全独立的，联合体或其他成员无权干涉。

和酒店连锁一样，当前世界上的酒店联合体也是名目繁多，五花八门，不仅组织形式各异，连功能也不尽相同，其规则、条例更是相差很远。如有的联合体要求其成员具有相似水准，提供相似的设施与服务，面对一个特定的市场；有的联合体，其新成员加入需要严格的申请、调查、投票等手续，有的联合体则希望保持稳定的规模与接待能力；而有的联合体的加入手续比较简单，要求也并不严格，吸纳范围非常广泛；有的联合体只吸收独立的酒店加入，不发展已属于某一酒店连锁的成员，有的联合体则无此限制，但大部分联合体允许其成员使用其他预订系统的服务；有的联合体侧重于联合促销，有的强调联合预订，有的会更注重集体购买，还有的联合体开办学校以培训各成员的员工；总而言之，尽管联合体之间存在如此多的不同，它们的目的却是一致的：使那些在国际上没有代表组织的酒店能吸引更多的顾客来住。实践证明，酒店联合体是一种非常成功的形式。

有这么多的酒店联合体，它们之间存在竞争也是难以避免的。因此，酒店联合体也会有自己的市场定位，有自己的特色与个性，并营造出鲜明的联合体形象。

有些酒店联合体其成员均为经营优良的豪华酒店，联合体本身也以高品质著称，这里包括一些酒店联合体中的佼佼者，如世界最受欢迎酒店组织（Preferred Hotels Worldwide，PHW）、世界一流酒店组织（The Leading Hotels of the World，LHW）等。其中，PHW 的成员中有在世界最佳酒店排名榜上有名的香港半岛酒店、法国巴黎的里兹酒店和布里斯托尔酒店、瑞士的里奇蒙酒店以及美国的贝尔艾尔酒店。而 IHW 则自诩不主动寻找成员，欲加入者须自己提出申请。当然两者均须经严格的现场调查，董事会投票表决等程序，但一旦加入，则得到高品质的认可和荣誉。中国的广州白天鹅宾馆和北京贵宾楼酒店成为 LHW 的成员，而北京王府酒店则是 PHW 的成员。

有的酒店联合体如美国的最佳西部国际酒店组织（BestWestern International）是中档酒店的联盟，最佳西部国际虽不如 PHW 和 LHW 那样豪华高档，但其规模实力却丝毫不逊，在世界 20 家最大的酒店联合体排名中保持领先。又有专门由小酒店组成的酒店联合体，如瑞士的小酒店协会就是将小酒店联合起来，发挥特色经营的优势，并在预订、促销方面集中力量与大酒店连锁竞争，以谋得一席生存空间。还有的酒店联合体针对廉价酒店（或汽车旅馆）组织起来，比较大的有美国的廉价客栈（Budget Host Inns）、友谊客栈（Friendship Inns）和澳大利亚的旗帜客栈（Flag Inns）等。另外，有的酒店联合体非常有特色，如法国罗基斯与奥伯格（Logis and Auberges de France）是一个规模相当大的家庭旅馆联合体。

酒店联合体的特色各有不同，规模不一，而且联合体内各成员的平均客房数相差很大。如英国航空公司联合体内的酒店平均客房数最多，为 335 间；而因特酒店、大别墅和法国罗基斯与奥伯格的成员平均客房数较小，分别为 55 间、31 间和 16 间。尽管它们差距很大，但其发展的趋势是一样迅猛的。

6. 联营组织预订系统

（1）概述

联营组织是指一些酒店出于互利的愿望而同意相互间处理客人预订的机构。

联营组织大致可分为三种主要形式。一是合作性酒店集团，二是自发形成的酒店协会，三是特许权经营集团。

（2）优势

联营组织有一个预订系统，通过这一预订系统，为各成员酒店提供客源。联营预订系统无论对各成员酒店，还是对旅游消费者均有好处。归纳起来有如下几点：

①能及时得到肯定性预订；

②能改善酒店出租率；

③预订方便；

④能及时填补因预订取消而引起的空缺；

⑤有利于经营者对出租数据作不断的分析；

⑥能提高酒店预订人员的工作效率。

独立酒店加入酒店集团除了可以使用酒店集团的名称、标志、运作程序、服务标准等外，又可享有另一重要的优势：国际性酒店集团大多有遍布世界的销售渠道以及较为先进的客房预订系统，配备市郊方便的电脑中心和直接订房电话，为集团成员处理客房预订业务，并在各酒店间互荐客源。酒店集团在各地区设立的销售办公室和销售队伍，不仅向各酒店及时提供市场信息，同时还在各主要市场为酒店招徕团队和会议业务。

（3）酒店协会

随着酒店联营集团在 20 世纪 60 年代不断壮大，一些小型酒店和酒店团体为了增强自己的竞争力量，纷纷自发地形成一个个合作性酒店集团，也可称为酒店协会。酒店协会的成立对协会各成员都有好处，如：

①可以联合起来进行广告促销等活动；

②具有良好的形象和较好的代表性；

③有利于酒店市场定位；

④资金上的相互合作；

⑤集中预订系统的形成；

⑥团体招聘和培训人员。

世界上著名的酒店协会是由 170 个相互独立的豪华酒店所组成的“世界一流酒店集团”（1eading Hotels of the world）。

（4）特许经营酒店集团

特许权经营涉及授权者和被授权者两方面，双方通过某种契约达成协议，授权者愿意将酒店的名称、商标、预订系统等授予被授权者的酒店。而被授权者必须向授权者支付一定的费用，并严格执行合同规定。

7. 电脑联网预订系统

指用于整个旅游活动包括机票、酒店等预订在内的电脑预订网络。目前全世界使用最为广泛的电脑预订系统包括：

（1）Apollo 系统

它是美国联合航空公司采用的预订系统。该系统在欧洲、澳大利亚、新西兰等使用时名为 GAIJLEO，在加拿大使用时名为 GEMINI，该系统中用于酒店预订系统的名称为 Room Master。在美国有 58500 个终端采用 APOLLO 系统，在欧洲的终端达 26400 个。

（2）SABRE 系统

是美国航空公司的电脑预订系统，在澳大利亚名称为 EANTASIA。SABRE 系统在美国拥有的终端为 72000 个，欧洲为 3419 个，澳大利亚为 1672 个。

（3）PARS / DATAS Ⅱ（WORLDSPAN）系统

这是美国达美、TWA 和西北 3 家航空公司共有的电脑预订系统，在世界上拥有 52000 多个电脑终端。目前，达美航空公司与著名的 AT&T 电脑公司签订合同，准备在 10 年内建立一个合资，达美将投资 28 亿美元。这个尚未命名的将满足达美全部的内部电脑需求，还为它提供电脑预订系统。

（4）A—MADEUS 系统

它是由欧洲几家最大的航空公司联合创立和经营的，它们是法国航空公司、德国汉莎航空公司、西班牙伊比里亚航空公司和斯堪的纳维亚航空公司。该系统通过计算机同其伙伴航空公司及其他客户相连。遍布世界各地的航班售票点，均通过该系统订票。它的预订能力为每秒 1750 次，目前实际预订速度为每秒 450 次。任何售票点若有退票，一秒钟之内即可为另一个售票点支配。若某航班时间有变更或临时有航班增加，其信息可在瞬间传递到世界任何角落的售票点。该系统自 1978 年启用以来，伙伴航空公司已增加至 29 家，并且向包括中国国际航空公司在内的约 700 家航空公司提供信息，客户中还有 21000 家旅行社和 18000 家酒店及 9 家汽车出租公司，已经占据了 2 / 3 的欧洲市场。

8. 其他旅游预订系统

（1）航空预订系统

世界著名的航空预订系统有以下 6 个：日本航空公司的 AXESS 系统，西班牙伊比利亚航空公司的 ARIES 系统，中东、亚洲、非洲等 60 多家航空公司联合使用的 SITA / SAHRA 系统，美国大陆、大西洋、阿拉斯加和美国西北 4 家航空公司共同采用的 SHARES 系统，德国汉莎航空公司的 LRS 系统以及 AERLINGOS 航空公司的 ASTRAL 系统。航空预订系统中也包括酒店客房的预订。ARIES 系统和 LRS 系统已由 AMADEUS 系统所取代。

（2）交通运输公司

航空公司为酒店输送的客源包括飞机乘客、航空机组成员，航空公司组织的包价旅游者或包机游客，航空公司是酒店的重要销售渠道。当然，除了航空公司以外，其他交通设施的办事机构，如出租汽车公司、铁路服务处等，也可成为酒店的销售渠道成员。

（3）其他

酒店除可以选择以上几种销售渠道成员外，还可以选择其他一些渠道成员。如旅游局、旅游协会、旅游信息中心、各国驻华大使馆、进出口贸易公司、大型、各城市的大专院校等，这些组织也将或多或少地为酒店提供客源。

（四）酒店销售渠道选择与评估

1. 酒店销售渠道的选择

选择高效的旅游酒店销售渠道之前，先要确定渠道计划工作的目标。目标包括预期要达到的顾客服务水平，进入市场的重点，中介机构应发挥的作用等，值得注意的是在制定渠道目标时，酒店经营者必须考虑到：酒店产品的种类、数量、质量及竞争能力；酒店市场需求结构；酒店中间商的营销能力；竞争对手情况；酒店市场的变化趋势；酒店产品的市场重点；政治、经济环境的影响程度。

在渠道目标确定后，酒店就要开始选择销售渠道的策略，选择方案有：

（1）直接销售策略和间接销售策略

当酒店产品的消费者购买频率低，但购买量大时，酒店往往采用直接销售策略，因为消费者为了谋求供应关系相对稳定，加上具体交易时，产需双方往往需要较长时间协商谈判才能达成协议，因此直接销售途径比较适宜。

（2）长渠道和短渠道策略

渠道的长短即指经销旅游产品时通过中间商的个数，选择中间商环节多的营销渠道称为长渠道，环节少的渠道称为短渠道。长短渠道的选择，主要看中间商的销售能力，包括其推销速度、经济效益、市场信息等。中间商的销售能力大，需配置的中间商的环节就可减少。反之，为保证市场的产品覆盖面，就要加长营销渠道。

（3）宽渠道与窄渠道策略

渠道的宽窄，取决于每个渠道层次使用中间商的个数。在客源不太丰富而且十分分散的地方，渠道宽能保证一定客源；在客源丰富且相对集中的地区，自然要选择窄渠道。在决定渠道的宽窄时，有三种方案可供选择：

①独家销售渠道：在有限的几家中间商中，挑选一家作为销售代理，对于旅游产品具有某种特殊性的，他们往往采用这种模式，并希望经销商能因此更积极地推销，提高产品声誉，扩大利润率。

②密集型销售渠道：为方便旅游购买，选择尽可能多的中间商推销自己的产品。

③择优型销售渠道：选择少量优秀的中间商来推销酒店产品，它能稳固市场竞争地位，并促进与挑选出来的中间商建立良好的关系，获得足够的市场覆盖面。

酒店市场销售渠道策略有很多种，到底选择哪一种要根据不同酒店的市场重点而定，而且渠道策略一经选定并不是一成不变的。由于酒店市场随政治、经济、科技等因素不断地发生着变化，所以为适应市场，酒店必须具备灵活的头脑，选择不同时刻不同的最佳销售渠道。

2. 酒店销售渠道绩效的评估

（1）酒店渠道服务分配的质量评估

服务产品分配质量的高低取决于分销渠道成员对顾客需要满足的及时程度。酒店对顾客需求的及时反映已经成为酒店必不可少的能力，甚至可以成为核心竞争力。而这种速度反应在要及时根据顾客的要求提供服务、提供专业化的酒店产品，建立 QR（quick response 快速反应）系统以便在顾客的需求发生的时候提供给顾客所需的服务，消除顾客的缺乏状态。许多大型酒店在设计和管理渠道网络时，着重建立快速反应机制，这关系到酒店是否能及时满足顾客需求的能力。快速反应的能力把酒店作业的重点从根据预测，转移到对顾客需求做出反应方面上来。

①建立柔性系统。柔性系统包括两层含义，它既指酒店能够快速对顾客的需求做出反应，还要具有高度的弹性化。顾客的需求可能有规律，也有可能没有规律，特别是酒店业更是如此，在竞争日益激烈的今天，酒店的竞争优势就是对不规则的顾客需求做出快速反应，满足顾客需求。这里包括三层含义：第一，事先要有充分的准备，以便及时满足顾客需求。第二，瞄准市场变化趋势，开发新产品，以便在顾客需求发生大趋势改变的时候，能够及时推出新的产品。第三，建立计算机快速反应系统，为了能够更及时、高效、正确地对顾客的需求做出准确的行动。

②展览物流优化运输。国外研究表明，展览商品运输成本占商品总成本的比例可能达到 10% 左右，如果缺乏优化控制，没有合理设计运输路径，就会造成运输成本的大幅上升。而与运输关系密切的酒店则更应该制定高效的运输解决方案。

（2）酒店销售渠道的财务绩效评估

酒店销售渠道的管理人员可以通过财务指标对其渠道的绩效进行评估，一般可以从市场占有率、渠道费用、销售等方面进行分析。

1）市场占有率分析

市场占有率是分析经营状况的主要指标，根据美国权威结构的研究结果，在许多行业中市场占有率与利润成正相关关系。可以从三个方面考核这一指标，即全部市场占有率、可达市场占有率、相对市场占有率。

①全部市场占有率。全部市场占有率是指销售额占全行业销售额的百分比。即

$$\text{全部市场占有率}=\frac{\text{某一企业销售额}}{\text{全行业销售额}}\times 100\%$$

由这个公式可知，酒店在核算销售额的口径必须与核算行业销售额的口径一致，酒店自身的数据很方便的就可以取得，对于行业则必须有一个明确的界定范围，既不能扩大，更不能缩小，应客观的反映实际情况。

②可达市场占有率。可达市场占有率是指酒店认定的可达市场上销售额占酒店所服务市场百分比。所谓可达市场是指酒店计划进入的重要目标市场。它具有三个特征：第一，酒店认为是产品最适合的市场；第二，是酒店市场营销努力所及的市场；第三，在酒店销售业绩中占有重大的比重。一个酒店可能只有相对较小的百分比的全部市场占有率，但是有近 100% 的可达市场占有率。

③相对市场占有率。所谓相对市场占有率是指酒店销售额与主要竞争对手销售业绩的对比。这一指标可以说明酒店分销渠道是否比竞争对手的更有效率。通常可采用两个指标来计算相对市场占有率：一个是酒店销售额相对最大的三至五个竞争对手的

销售额总和的百分比。例如，某酒店市场占有率为 20%，其最大的三个竞争对手的占有率分别为 30%、24%、16%，则这个酒店的市场占有率为 $20 \div 70 \times 100\%=35\%$。一般情况下相对市场占有率高于 33%，即被认为是强势的。另一个相对市场占有率是以酒店销售额相对市场领袖竞争者的销售额的百分比来表示的。如果一个酒店的相对市场占有率超过 100%，表明该酒店本身就是市场领袖；如果相对市场占有率等于 100%，表明本酒店与当前的领袖酒店一样是市场的领袖。从动态的角度看，如果发现这个相对市场占有率呈现增加的趋势，表明酒店正接近市场领袖型。

2）渠道建设费用的分析

渠道建设费用花费的多少也是考核酒店渠道的重要指标，渠道费用是指从渠道开发、维护、发展等所使用的一切费用，它的大小以及各种费用的比例关系，直接关系到渠道成员的利润。一般它由如下项目构成：

①直接人员费用：包括酒店销售的渠道管理人员，渠道营销人员，渠道拓展人员等的工资、奖金、差旅费、交际费等。

②促销费用：包括新渠道的拓展的广告费用、渠道促销的奖品费、文案设计费等。

③包装和品牌管理费：包括包装费、产品说明书费用、品牌制作费、品牌管理费等。

④其他费用：除了以上的费用以外的所有费用。

评价渠道费用主要采用两个原则，一是费用比例与功能地位的匹配性，二是费用增长与销售增长的对应性。合理的渠道费用构成应当是与分销功能分配相匹配的。根据价值工程原理，每一项必要的渠道功能都可以按照其重要性、执行难度等赋予一定的功能系数；有关的功能耗用的费用与渠道总费用之比就是有关的功能的费用系数。合理的功能系数应该大于或等于 1。

从总量上看，渠道费用与销售额应保持一个合理的比例关系。经常出现的问题是费用在大幅度地增长，而销售额却增长缓慢。从内部来看，费用超过销售额的增幅，表明部分渠道的功能减弱了，所以，应该采取措施改善。

3）渠道赢利能力的分析

渠道赢利能力评价主要是通过若干重要指标的分析的。这些指标分别从不同的侧面反映了渠道获利的能力。

销售利润率　销售利润率通常作为渠道获利能力的主要指标之一，用于说明渠道运转带来的销售额中包括多少利润。有效运转的分销渠道能够节约成本费用，树立品牌形象，销售利润率是售后利润与商品 / 服务销售额的比率，其计算公式是：

$$\text{销售利润率}=\frac{\text{税后利润}}{\text{销售额}}\times 100\%$$

将其变换一下，就得到如下公式：

$$\text{渠道销售利润率}=\frac{\text{各个渠道成员税后利润之和}}{\text{销售总额}}$$

费用利润率 评价分销渠道效率的另一个重要指标是分销费用利润率，即分销渠道在运行中每花费 100 元能够创造多少利润。其公式如下：

$$\text{费用利润率}=\frac{\text{当期利润率额}}{\text{费用总额}}\times 100\%$$

如果“当期利润”是税后利润，则费用利润率与销售利润率之间存在下列关系：

$$\text{费用利润率}=\text{销售利润率}\times\text{费用效用系数}$$

其中，费用效果系数是指分销渠道在运转中单位费用创造的销售额，或者说是渠道创造的销售额与其花费的渠道费用两者之比。即

$$\text{费用效果系数}=\frac{\text{销售额}}{\text{渠道费用}}$$

扫二维码查看《酒店与旅行社合同范本》

四、酒店市场营销中的促销策略

在酒店市场中，营销的作用越来越重要，促销作为营销的一个组成部分，所包含的内容越来越多，分工越来越细。因此，各种促销手段的使用，将直接影响营销活动的效果。

（一）酒店市场营销中促销要素组合与沟通系统

1. 促销及促销组合

所谓促销，即是让顾客及时和尽可能多地了解酒店产品，以达到加快销售速度的目的。促销组合是指五种主要促销手段：大众推广（Mass selling）、公共关系、人员推销（Personal selling）、销售促进（Sales promotin）和网络营销。大众推广又可细分为制作广告和出版各类宣传品，如图 6-10 所示。

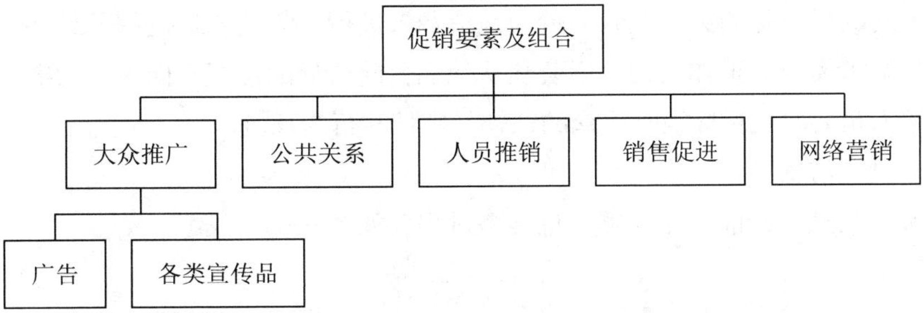

图 6-10 促销组合

人员推销是指推销员与消费者直接交流，促成买卖交易的实现；大众推广和营业促销又称作非人员推销；大众传播主要是向大众传播信息，增强客源市场的公众对自己所提供的产品的了解，提高自身的知名度；营业促销包括为了刺激需求而采取的能够较快产生作用的促销措施，如举办或参加展览会，开展有奖推销，示范表演，放映介绍产品的电影、录像、幻灯片等。

可见，酒店促销行为又可分为两部分：第一，鼓动型宣传，又称形象宣传，旨在树立本国或本地旅游的形象，提高在客源市场的知名度，促使打算出国旅游的人做出倾向性选择（这主要是政府及酒店市场开发和促销部门任务）。第二，推销型宣传，重在向那些已经有意选择自己产品的人提供详细的销售信息，如酒店内容、交通、到达目的地后的住宿条件、旅行内容等，促使其下决心购买（这部分工作主要由酒店、旅行社、航空公司的销售销部门来承担）。

2. 建立一个有效的营销沟通系统

大型酒店要管理一个复杂的营销沟通系统。与中间商、顾客和各类公众进行沟通，中间商又与他们的顾客和各类公众进行沟通，顾客彼此之间以及其他公众之间又经口头的方式进行沟通，同时，每个群体提供的信息又反馈给其他各个群体。要使信息传递有效、迅速，必须建立有效的营销沟通系统。其主要步骤是：确定目标视听公众—确定信息传播目标—设计信息—选择信息传播渠道—管理和协调总的营销沟通过程。

（1）确定目标视听公众

营销信息的传播者，必须一开始就在心中有明确的目标视听公众。这视听公众，可能是酒店产品的潜在购买者、目前使用者、决策者或影响者。信息传播者应该研究视听公众的需求、态度、偏好和其他特征，作为确定信息沟通目标的前提。

（2）确定信息传播目标

确认了目标视听公众及其特点后，营销信息传播者必须确定寻求什么样的反应。

当然，最终的反应是购买，但购买行为是消费者进行决策的长期进程的最终结果，营销信息传播者需要知道如何把目标公众从他们目前所处的位置引向更高的准备购买阶段，营销人员要寻找目标视听公众的认知、感情和行为反应。

（3）设计信息

在进行信息设计前要先了解信息传播过程，如图 6-11 所示。

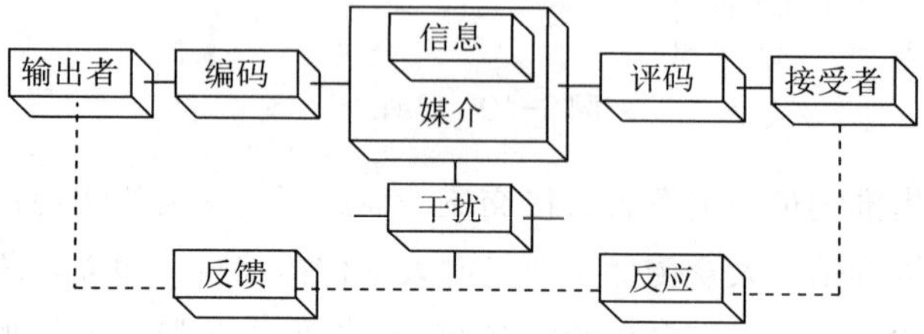

图 6-11　信息传播的过程

图中各个部分的含义是：

输出者：要把有关自己能提供的旅游产品的信息传递出去。

编码：研究如何将所要传递的信息以生动的、能吸引人的方式表现出来，即将信息编成符号。

信息与媒介：将已经编成符号的信息交给传播媒介。

译码：传播媒介将编成符号的信息表现出来，并使接受者理解。

接受者：传播对象，即酒店客源市场的公众，尤其是潜在顾客。

反应：接受者对所接触者对所传递信息的反应返回到播出者。

干扰：在传递过程中出现的一些计划外的问题，使接受者对所传递信息做出不同的反应。

期望的公众反应明确以后，信息传播者就该进而设计一个有效的信息。最理想的是信息应能吸引注意，引起兴趣，唤起欲望，导致行动（AIDA 模式）。信息的设计需要解决四个问题：说什么（信息内容），如何合乎逻辑地叙述（信息结构），以什么符号进行叙述（信息形式）及谁来说（信息源）。

信息内容，信息传播者要决定对目标公众说什么，以期产生所希望的反应。

信息结构，一个信息的有效性，像它的内容一样也依靠它的结构。结论的提出、论证及表达次序等组成了信息结构。

信息形式，信息传播者必须为信息设计具有吸引力的形式。印刷广告中为引起注意，常使用这样一些方法，如新颖和对比有吸引力的图片和大字标题，别具一格的版面，信息长短和位置，以及颜色、外形和流动性；如果信息在电台播出，信息传播者还得仔细选择字眼、音质（讲话速度、节奏、音量、发音清晰）、音调等；如果信息是通过电视或人员传播的，所有这些因素加上体态语言（非言语表达），都得加以设计，展示者还须注意他们的脸部表情、举止、服装、姿势和发型；如果信息由产品或它的外包装传播，信息传播者必须注意颜色、质地、气味、尺寸和外形。

信息源，信息对视听公众的效果也受到视听公众如何看待传播者的影响。

信息源的可信度由专门技能、可靠性和令人喜爱等因素组成。专门技能是信息传播者所显示、所具有的、支持着他们论点的专业知识；可靠性是涉及的信息源被看到具有何种程度的客观性和诚实性；令人喜爱性描述了信息源对公众的吸引力，诸如坦率、幽默和自然的品质，会使信息源更令人喜爱。

（4）选择信息的沟通渠道

①人员的信息沟通渠道。利用人的直接交流进行信息传递，它们可能为推销人员在旅游市场上与顾客接触时构成，也可能在与朋友、邻居、父母、姐妹等潜在顾客交谈中构成的。

②媒介信息沟通渠道。它是通过大众媒介，如报纸、电视、电台、杂志、广告牌、招贴等传递信息。这样的沟通渠道虽不如人员沟通那么直接而有效，但它却是促使旅游产品走向千家万户的主要手段。

（5）管理和协调营销促销沟通过程

提供给目标公众多种多样的信息，其沟通工具必须加以管理和协调。协调的营销信息沟通会使购买者对其意图产生更多的一致性，它导致总的市场营销信息沟通战略旨在提示该旅游是如何帮助旅游购买者解决他们的问题的。

3. 建立促销预算

促销预算是指对促销方面应投入费用的估计。正如知道了拥有多少资金才能对行动做出计划一样，它是进行促销活动的基础，预算方法有以下三种。

销售百分比法 以旅游在特定时期的销售量为依据确定其促销费用。一家酒店在当年的7月1日决定下一年的拨款，它将去年7月1日至今年7月1日间的销售额乘以5%，得出的金额即为下一年的促销费用。这种方法将促销与产品价格、利润、销售量结合起来，推动促销活动更积极地开展，但同时，这又限制了促销的创造性发展，因为拨款依据的是销售额而不是市场出现的机会，它不鼓励设立确定每种酒店产品和地区值得开支多少的促销预算。

竞争对手相似法 即根据竞争对手预算费用来决定自己的促销费用，这对于一家刚开始进入运营的酒店来说较为适应。但一家已成熟的酒店不应用这种方法，因为各家情况不同（资金市场重点等），别人的促销策略不一定适合自己，站在自己的立场处理

问题才会客观一点。

目标法　即促销人员确立自己的目标，并估算出达到这些目标所要用的资金，由此来决定促销费用。这种方法将销售看作是促销的结果，使销售随着对市场的不断深入而得以扩大。

4. 促销组合策略

每个酒店对促销手段的侧重点不同。展览场馆可能注重公共关系，因为展览场馆本身就是人与人接触的地方，搞好公共关系能使顾客回头率提高，并吸引新的顾客；酒店代理商则侧重人员推销。不论将促销手段如何组合，首先要考虑它们的特性与成本。

大众推广具有高度公开性、普及性和引人注目的特点，它能为酒店树立一个长期的形象。例如，上海科技馆举办亚太非正式会议，通过电视节目的转播，使人们留下了深刻的影响。广告还能回忆销售速度，一个广告只要不停地在电视、报纸等媒介中出现，它就会给人们留下深刻的印象，并在今后的购物行动中产生影响。

营业促销具有刺激性。能产生强烈迅速的反应，如赠送小礼品、价格优惠等，但它的效果只是短时期的，对建立长期的品牌不甚有效。

公共关系具有沟通性。它通过各种有效的社会手段，把社会公众所需了解的基本信息和社会公众及本职工提出的要求与意见进行双向传递和处理，进而增加本商品和服务的品种和数量，改善并提高服务的质量，使之在各方面最大限度地与公众的要求利益取得一致，从根本上树立本企业的形象和声誉，扩大酒店市场占有率，获得理想的经济效益和社会效益。

人员推销具有与顾客接触的直接性。它是建立在彼此的信任上，一名好的推销人员，能使顾客与之建立一种长期关系，所以现代酒店市场，人员推销正在受到越来越多的瞩目，但同时，它的花费也是促销手段中最高的。

网络营销具有虚拟性。

促销组合要受到酒店到底是选择拉还是推的战略的影响。所谓推的战略，就是酒店运用人员推销和其他手段，把产品推销给中间商，中间商再卖给消费者；其战略则用广告等措施，吸引顾客购买酒店产品。

根据不同的目的、不同的时期，战略会不同。例如，展览场馆吸引住客，就积极开展公共关系，并用广告等宣传工具引起大家注意，这是拉的策略；而酒店代理商要扩大对零售商的销售，就会派推销人员，上门推销，这即是推的策略。但不管酒店侧重于哪一种，促销组合都要与之相适应，还要考虑本身的能力和顾客能否接受的心理。

（二）酒店广告促销策略

酒店广告是指利用一定媒介，把各种酒店产品或服务的信息传送到潜在的顾客中去，以达到促销的目的。现在，人们的生活被形式各异的广告充斥。他们打开电视机、翻开报纸或走在街上，无时无刻不发现广告的存在。广告是一种投资手段，是顾客得到商品信息的主要渠道之一。因此，有效地利用酒店广告，制定好广告策略，也是酒店的重要任务之一。

1. 酒店广告的分类

酒店广告按针对的目标来分有产品广告。所谓广告，指主要为介绍酒店的各方面情况，目的在于树立其良好的形象。它往往包括以下内容：

①宣传酒店的价值观念，使之成为一个基本的象征和基本的信念，对内产生凝聚力，对外产生号召力，使酒店形象连同它的观念和口号进入千家万户。

②介绍酒店的生产和服务情况。例如，有的酒店在广告中列举本酒店的高级技术人员名单，甚至列举他们的论著和科研成果。这无疑会给公众留下深刻印象，认为该酒店人才济济，技术力量雄厚。有时候，还可以介绍酒店优良的服务，从而达到创造购买气氛的目的。

③解释生产目的和消除误解，当公众对酒店的有关情况因不明了而产生误解时，可以考虑运用以退为进的策略，刊登解释性的、纠正性的广告以消除误解，保护已建立起来的声誉免遭破坏。

而所谓的酒店产品广告，则以介绍酒店产品特点为主，希望能引导顾客的购买欲望。

按广告所付出的投资费用来分，酒店广告可分为免费广告与付费广告。

付费广告是大多酒店普遍采用的广告形式。因为通过电视、报刊、广播，广告所能涉及的范围很广，特别对于新的酒店来说，吸引顾客并让他们了解其产品的最快、最有效的办法，就是付费广告。但与付费广告相比，免费广告的魅力不仅仅在于它不需要大量投资，而且它所能达到的效果往往高于付费广告。

2. 酒店广告策略

（1）确定广告的目标

在设计广告之前，先要分析市场形势，识别和分析广告的宣传对象。即应向哪些人提供广告信息，广告宣传的目的又何在。为此，酒店需要得到以下信息：公众的地理分布情况；公众的年龄、民族、性别、文化水平、社会风俗等；公众对本与竞争对手产品和服务态度的评价；及公众的心理构成。

在了解广告宣传的对象后，即可制定目标。一般来说其目标有：进一步建立形象，提高声望，在现有的顾客中争取更大的信誉；争取新客源，扩大销售地区；以及建立一个新的目标市场，启发新的酒店需求。

（2）编制酒店广告的预算

广告预算是酒店投入广告活动的费用计划，它规定计划期内从事广告活动所需经费总额和使用范围。一般来说，广告费用包括这样一些部分：

广告媒介费用：指报纸、杂志、电视、电台、电影、邮寄、幻灯、招贴画等广告费用支出。

广告设计制作费用：指美术、印刷、制版、照相、录音和录像等制作费。

广告调研费：制作广告过程中所进行的民意测验、市场调查、广告效果测验等费用。

广告管理费：广告部门事务费、工作人员工资和差旅费等。

杂费：包括广告材料费、样本费、赠品、资料费用等。

（3）制作广告

广告的制作包括确定其内容、表现形式及对整体广告计划的协调。

广告内容的设计要有文学性、创造性 、幽默、生动且贴近生活。它包括设计主题、结构、语言的风格、氛围、形式等。其中广告的主题必须突出酒店产品的特点。

酒店广告的表现形式一般有：故事式——叙述一个发生在酒店产品与顾客之间的故事，借此给人们留下深刻的印象；引证式——借有名望的人来证明产品的优点；悬疑式——给顾客留下疑问，以刺激他们再次接触了解产品；比喻式——同适当的比喻引出产品；解题式——夸大一个问题，而让顾客知道只有本产品才是解决问题的唯一答案。此外，广告表现形式还有许多种，如示范、推荐、以歌作为代表等。广告可以同时采用几种形式，以达到最好的广告效果。

（4）选择广告媒介

主要的广告媒介有：报纸、电视台、电台、杂志、直邮、户外广告、交通广告、广告电影等。各种媒介都有各自的优点和局限性。选择广告媒介时，要考虑一系列因素，诸如广告对象、广告媒介的传播数量和质量、最佳收效时间、宣传的范围和费用等。

为了帮助选择广告的媒介方式，可把它们细分，如表 6-2 所示。

表 6-2　广告媒介方式分类

品类	宣传工具	所用手段
报纸类广告	在日报上刊登广告，在一般杂志上刊载广告，在专业报刊上刊载广告，在书籍中或封面上刊载广告，利用节目单，在广告宣传杂志上刊载广告。	报纸、杂志和其他出版物。
印刷品广告类	商品说明书、商品目录集、价格表、家庭杂志、各种传单、报纸杂志的副刊。	分发、投寄、展览和博览会上散发；利用其他杂志的副刊，利用中间商散发。
广告宣传信件类（直邮式广告宣传）	专门信件、复印信件、系列信件。	邮政投递、分发、结账单附件。
张贴广告类	广告画、巨型张贴画、保留广告、霓虹灯广告。	广告柱、广告牌、墙壁、橱窗、飞机、汽车。
广告性的文具品类	信封、表格、收据、名片。	同顾客的接触。
荧光灯广告类	荧光光画、霓虹灯字、霓虹灯陈列。	商店的门面、橱窗、出售厅、展览会和博览会。
投影广告宣传类	电视、幻灯片、电影、录像。	集会、展览会、博览会、电视、橱窗、中间商。
装潢广告宣传类	模仿品、装潢材料、布置品、图片、假人、雕塑品、招牌。	橱窗、玻璃柜、陈列柜、墙壁、出售厅、集会。
音响广告宣传类	电台广播、录音机、电唱机。	集会、展览会、电台、中间人。
辅助销售式广告宣传类	模型、广告类的礼品、展示牌、附加物、有价票证、包裹袋、透明包装物、粘贴商标。	售货时与顾客谈话、学徒训练、交货、中间人。
以交通工具作广告宣传类	电车、地铁、公共汽车、车站、运输、自己的交通工具、道路。	公路、停车场、车站和机场
举行广告宣传活动类（带有促销性质）	做报告、演出、举行记者招待会、参观、展览会和博览会。	电影院、酒店、酒店、大厅、轮船、飞机、自己的场地、展览会和博览会。

（5）确定广告的时间和频率

广告宣传的时间和频率的选择取决于广告宣传的预算和广告宣传的目的。一般说来广告宣传的预算费用越充足，播映频率和次数就越多，选择最佳广告宣传的机会也随之增多，当然其宣传效果相对地说会更好一些。

3. 测定酒店广告的效果

酒店广告效果检测通常可以有以下几种：

（1）分类评价

按照一定的分类标准将各种广告集中在一起，请调查对象对这些广告做比较并打分。分类标准可以根据情况自己设定，例如，把该地区所有酒店的公共关系广告集中起来比较，这方面的调查结束，对于了解酒店在公众心目中的地位有参考意义。

（2）回忆测验

具体方法可有多种，如可将十个广告编为一组，每个展示 10 秒钟，请调查对象说出对哪个广告印象最深，能记得哪些内容。这种调查可以了解广告是否醒目，刺激强度是否足够，内容是否有趣，手法是否新颖等。

（3）创新程度检验

将本酒店的各种广告收集起来，向调查对象了解对这些广告是否满意，有没有可能设计更新的同时也可以了解，广告是否过分夸张，从公众角度看，广告应当怎样做更容易为人接受。

此外，还应辅以各种社会调查方法，以了解酒店在公众中的知名度和市场占有率等指标，然后可以计算广告的效果率。设广告费用是 Y，所得到的效果（旅游知名度的增加）为 x，效果率为 R，则公司为 R-x Ⅳ。如果费用不变，效率越大，则效果率越大；如果效果不变，费用越大，效果率越低。

（三）酒店公共关系促销策略

公共关系的主要功能是沟通信息、协调社会组织与公众之间的关系、扫除相互关系中的障碍、谋求合作和支持。它主要是通过各种现代化的传播手段，及时掌握来自公众的各类信息，使自己不断适应所处的环境，并为制订正确的经营方针和策略提供咨询。同时，通过向公众及时传达各类信息，来赢得社会各方面的理解和支持。

作为一种管理概念，公共关系在国外已有较长的发展历史。欧美各国将它广泛用于整个社会的各个部门，在经营管理、市场营运、大众传播领域发挥着独特的功用。工商和社会机构普遍设置公共关系协会；不少高等院校开设公共关系专业；国际上也成立了世界公共关系协会和国际公共关系学会。公共关系已越来越受到国际社会的广泛重视和运用。

1. 酒店公共关系的活动原则

为使公共关系工作卓有成效，必须先了解公共关系活动的原则。

（1）以事实为根据的原则

建立良好的公共关系，首先考虑的不是技巧，而是对事实的准确把握，必须进行科学的调查研究，收集关于公众的情况，关于旅游与环境互助情况的各种信息，只有掌握了足够多的事实，才能进而策划公共关系的活动计划。

（2）“做”和“说”相结合的原则

由于酒店公共关系是一种传播活动，因而容易被误解为是一种单纯的宣传技巧。这就更要强调，良好的形象必须以良好的产品和服务为基础，也就是说，首先要“做”得好，只有提高产品的质量和服务水准，满足不同顾客的不同需求，才能赢得公众的信任和支持。

然而，在现代社会条件下，一家酒店要想获得更好的生存和发展环境，仅仅靠“做”是不够的，还要进行推广，也就是“做”的前提下要“说”。“酒香还要勤吆喝”，公共关系的本意就是“自己做”加“被人认识”，要想获得别人的信任和支持，就必须要让别人了解自己，否则就谈不上互相理解和互相适应。

这里，“做”和“说”是一对辩证的关系。“做”是“说”的基础，“说”是“做”的需要，光“做”不“说”，在现代社会条件下，已难以获得更好的生存和发展条件；光“说”不“做”，这既有违于公共关系的宗旨，也违反社会道德规范。公共关系就要在提高酒店产品质量和服务水准的基础上不断扩大知名度和荣誉度。

（3）效益、互利和创新相结合的原则

从公共关系的角度出发，效益这一概念意味着经济效益和社会效益的总和。如果旅游只追求经济利润，不承担其他社会责任，那么酒店必定会声名狼藉，甚至无法生存。现代酒店经营管理的一个重要思想，是要同时注重其经济效益和社会效益，这也是酒店公共关系思想中一个十分重要的内容，自然也是公共关系工作中应该遵循的一个重要原则。

酒店无时不在与各种公众发生着各种关系，要使这些关系成为促进发展的有利环境单方面的让利是不行的。无论在计划决策、搜集信息、反馈公众意愿方面，还是在谈判席、洽谈会上，都要有互惠互利的意识，以利于随时调整自己的政策和方案，促成事业的成功。值得指出的是，实施互利原则不是一种故做姿态，而是政策性、计划性、灵活性很强的具有创造性的工作。

酒店的成功与出色的公共关系工作分不开，而成功的公共关系工作则必定是具有创新特点的。酒店公共关系工作固然离不开细水长流式的日常活动，但从公共关系本身的性质来看，它所从事和处理的对象主要是一种关系，关系经常在变化，具有极大的灵活性因素，不以耳目一新的方法和形式来处理各种关系，就无法吸引公众对酒店的注意力，更无法使公众留下深刻印象。酒店要创造性地开展工作，通过新颖、独特、令人难忘的公共关系活动，塑造酒店的崭新形象，以人无我有的公关手段来出色完成诸如广告、推销等方面的任务，以取得事半功倍的效果。

（4）公开、正当与合法手段相结合的原则

酒店公共关系是一种在现代经济条件下正常的交往和联系。为此，有效的酒店公共关系活动必须遵循公开、正当与合法手段相结合的原则。

2. 酒店公共关系活动模式

所谓公共关系模式，是指一定的公共关系工作方法系统。一个公共关系模式，是由一定的公共关系目标和任务，以及这种目标和任务所决定的数种具体方法的技巧构成一个有机的系统。旅游要根据自己的特点，发展的特定要求，社会环境所提供的具体条件，以及公众的不同类型，不同要求，选用不同的公共关系模式。

（1）宣传性公共关系

这种模式是以利用各种传播媒介向外传播为主，目的是直接向社会公众宣传自己，以求最迅速地将酒店内部的信息传输出去，形成有利的社会舆论。

1984 年，美国总统里根圆满地结束了对中国的访问，临别时要举行答谢宴会。按以前惯例，像这种规模的国宴总是在人民大会堂宴会厅举行。当时新开业不久的北京长城酒店公关部觉得这是一次极好的提高知名度的机会，经过一番卓有成效的努力，答谢宴会终于在长城酒店如期举行了。随同里根访华的 500 名外国记者一起参加了宴会采访。宴会开始后，记者们争先恐后通过电传机向世界各通讯社发稿："今天 × 时 × 分，美国总统里根在北京长城酒店举行盛大的访华答谢宴会……" 于是，Chat wall（长城酒店）的大名一下子传遍世界各地。

宣传性公共关系的特点是主导性强，时效性强，能比较有效地利用传播媒介沟通与公众的关系，而且能获得比较广泛的沟通面。但它也有间接性的局限，往往使沟通停留在"认知"的层次。

（2）交际性公共关系

这种模式以无媒介的人际交往为主，其特点是具有直接性、灵活性和人情味，能使人际间的沟通进入"情感"层次，它的目的是通过人和人的直接接触，为酒店广结良缘，建立广泛的社会关系网络。其方式包括社会交际和个人交际，如各种各样的招待会、座谈会、工作午餐会、宴会、茶会、慰问和专访活动、接待应酬等形式，个人署名的信件往来，也属于人与人的直接接触。

交际性公共关系的作用在酒店业中表现得特别明显。酒店业公共关系工作大量地渗透在那些日常的服务工作之中，诸如为顾客提供优质的服务，回答顾客的投诉，解释误会和疑难，都需要公关人员的耐心、友善和诚意。

（3）征询性公共关系

这种模式以采集信息，舆论调查、民意测验为主，其特点是日积月累，持之以恒，它需要耐力和诚意。其目的是通过掌握信息为经营管理提供参谋，如开办各种咨询业务，建立接待机构，处理投诉，开展有奖测验活动，制作调查问卷收集顾客意见等。

（4）社会性的公共关系

顾名思义，这种模式以各种有组织的社会性、公益性、赞助性的活动为主，如开业庆典活动，周年纪念酒会，当地传统节目的活动，公益赞助活动等。酒店都以一定的社会为它的活动舞台，公共关系人员要充分利用这个舞台的空间和时间，善于抓住一切有利时机，导演出高潮迭出的"连台好戏"，使酒店在社会舞台上有声有色，引起社会公众的广泛注意。

社会性公共关系有两种形式：一是以酒店本身的重要节目为中心，如利用酒店的开业大典，周年纪念，邀请各界嘉宾，渲染喜庆气氛，借庆典活动与各人士建立关系，打下友谊的楔子；二是以酒店所处的社区或有关组织的重要节目为中心，如参加所在地有影响的节日活动，赞助福利、慈善事业，建立的"文化形象"等。社会性公共关系的特点在于它的公益性、文化性、不拘泥于眼前的得失，而着眼于整体形象和长远的效益。

（5）服务性公共关系

这种公共关系活动是以提供各种优质服务为主的，目的是以实际行动来获取社会公众的了解和好评，建立良好的酒店形象。由于服务的目的不仅是促销，而且更在于树立和维持良好的形象，因此，具有公共关系的特性。

服务性公共关系最显著的特点在于实在的行动。由于它和酒店各个部门的业务密切渗透，因此不能仅靠公共关系部门去进行，而要由酒店总经理协调各个业务部门去共同进行。

（6）维系性公共关系

这种模式是以较低的姿态，持续不断地向公众传达酒店的各种信息，久而久之，使酒店的形象潜移默化在公众的记忆系统中。它的主要功能就是设法在不知不觉中造成和维持一种有利的意见气氛，以维持酒店的良好形象。可见，维系性公共关系是一种深化、推动公众对酒店产生"认识—行为—理解"的模式。

良好的酒店形象，一定是持续努力的结果。如果酒店在一段时间里无声无息，人们就有可能忘掉它。因此，公共关系人员应该以一种不那么引人注目的方式，不断地在公众耳边吹风，从而在公众中起潜移默化的作用，不落痕迹地维系酒店在公众心目中的形象。例如，上海市在一次国际旅游展览中提出这样的口号："让世界了解上海，让上海了解世界。"充分施展各种公关手段，与世界各国的来宾们广交朋友，互通信息，以热情周到的服务，让外宾感受到"不虚此行"。这里就包含了维系性公共关系所产生的潜移默化的作用，在这一部分公众心目中维系了良好的形象。

（7）防御性公共关系

这种模式是酒店与外部环境发生整合上的困难，与公众的关系发生某些摩擦苗头的时候，通过各种调整手段，以适应环境的变化，适应公众的要求，防患于未然。

公共关系应该以防为主，在情况正常的时候，要善于发现问题，预见问题，及早制定出防治措施，才能在公共关系活动中保持主动。例如，上海某展览馆在建造时，建筑工地在施工中给附近居民带来不便。于是，酒店和施工队在工地旁树立了一块很大的告示牌，上面写着“市建一队在此施工，给您带来了麻烦，请原谅”。此外，施工时还应注意做到不在居民的通道堆放建筑材料等，以此博得居民的谅解。因此，以防为主是公共关系处理一切关系失调问题的上策。

（8）矫正性公共关系

这种模式是在酒店的公共关系严重失调，发生“酒店形象危机”的时候，立即采取一系列有效措施，做好善后工作，配合其他有关部门，挽回酒店的声誉。

3. 酒店公共关系活动策略

公共关系作为一种经营管理艺术，绝不是偶然的、随机的活动，而是在酒店与公众之间的内外交往中，进行有目的、有计划的一种管理行为。因此，公共关系活动要有周详的计划，选择最佳方案，以增强其严密性、条理性和科学性。

所谓公共关系活动策略，指的是实施预定的公共关系项目时所需的技巧。因此，制定公共关系方案既要强调其计划性，又要使活动关系灵活机动，富有新意。

（1）制定活动方案时，预测可能有哪些影响因素，在具体进行某一公共关系活动时，往往会受到经费预算、技术细节以及时间、地点、环境、气氛等可控和不可控因素的影响。例如，不要在发生重大国际性或全国性事件时向报社发新闻，因为这时发的新闻大多要被挤掉。因此，公共关系人员必须根据新变化、新条件、新要求来构思新的活动策略。

（2）具体公关项目的执行要选择适当的时机。选择时机，对一个人来说至关重要，一个良好的公共关系活动方案，如果错过了有利时机，就不能有效地发挥公共关系的作用。经验丰富的公共关系人员通过事先周密全面的计划，抓住一切有利时机，积极主动开展各种公共关系活动，以达到预期的公共关系目标。

（3）设计公共关系活动，要把不同的传播渠道结合起来，公关项目的具体实施，从本质上说是一种传播活动，因而传播渠道的选择也是公共关系活动策略中一个重要因素。

（4）要准备几套不同的活动方案，要研究有无其他方案可以达到同样目的，却又省力、省时、省钱呢？所要的是以最小的投入，最小的资源得到最大的效益。

（四）酒店的网络营销促销

1. 网络营销促销基本概念

（1）网络营销促销的含义

网络营销促销是借助网络技术和网络渠道所进行的营销活动。从网络营销促销概念内涵与外延的界定上不难看出，酒店网络营销促销的实质不是简单的网络技术应用，而是网络化的市场营销活动。网络营销促销也不单是网上销售或网上广告，而是市场营销战略和策略在网络环境中各种实现途径的综合体现，包括形象塑造、市场策略组合、预订销售、客户服务、市场调查、营销评估等各个方面。同时，网络营销促销是整体营销体系的组成部分和分支，必须与总体营销目标保持一致，与各种传统营销手段互补协调。在此意义上，可以把网络营销促销定义为市场营销总体战略在网络环境下的具体体现与实施。

（2）网络营销促销的特点

网络营销促销与传统营销的最大差异，在于市场营销活动所凭借的中介媒体由传统的报纸杂志、信件函电、电视广播等转换为新型的互联网络。基于网络的大型活动营销因此具有全天候、跨国界、即时性、交互式、多媒体甚至富媒体（Rich Media）、推式与拉式功能兼备等明显优于传统营销方式的特点。以网络为平台在产品售前、售中、售后各环节展开全程市场营销活动，充分发挥网络技术优势和功能，最大限度地满足客户需求，以达到目的。

（3）网络营销促销的基本形式

从酒店利用网络资源和技术的深度和广度来分，网络营销促销包括利用网络媒体登载广告、利用电子邮箱进行邮件营销和利用网站进行全方位网络营销促销三种基本形式。

酒店网络营销促销的具体功能来分，网络营销促销包括网上市场调查、网上形象塑造、网络产品展示、网络促销、网络分销、网络公关、网络客户服务等形式。

网络营销促销包括 B2C 营销、B2B 营销、C2B 营销和 C2C 营销 4 种形式。B2C 酒店对单个顾客的营销方式，主要是为潜在顾客提供影响其购买行为和购买决定的商业信息；B2B 是酒店对供应商和赞助商等机构或公司的营销方式，它主要是维持和不断改善公司之间的合作伙伴或战略伙伴关系，从而使合作双方或各方达到互惠互利，双赢或多赢。C2B 是单个顾客对多个酒店产品进行自由选择、组合和定价，由酒店竞标接盘。C2C 是单个顾客根据酒店提供的产品信息和参加活动的提示，自行安排参加活动的行程。

2. 网络营销促销的阶段性特征

酒店开展网络营销促销一般要经历试探营销、电子邮件营销、网站营销几个阶段。

（1）试探营销阶段

酒店在了解互联网各种营销功能和开展网络营销促销所需条件之后，根据自身营销资源的状况和营销战略目标的要求，形成是否开展这种营销活动的意向。如果形成肯定的意向，酒店决策者便可委托专业网络营销促销咨询公司进行网络营销促销开发可行性研究，编制网络营销促销发展战略、发展计划和近期实施方案。

在没有自己独立网站和缺乏网络营销促销人才的情况下，酒店可以利用免费网络资源或支付少量服务费进行以下几种方式的试营销：

①利用免费网站发布供求信息：利用互联网上某些提供免费发布供求信息的网站，根据酒店产品或服务的特性发布相关市场营销信息。

②直接向潜在客户发送信息：利用互联网上的信息寻找潜在客户，然后利用免费电子邮件向潜在客户发送信息，达到营销目的。

③网上拍卖：在提供免费拍卖业务的网站进行注册，发布产品买卖信息，进行促销性拍卖交易。

④加入酒店专业信息网：通过支付少量服务费用，加入本行业专业信息网，有助于营销信息传递到目标市场消费者。

（2）电子邮件营销阶段

酒店在这一阶段对网络营销促销有了较为系统的认识，开始招聘必要的网络专业人才，并制订网络筹建财务预算。此时，多数酒店会主动与专业网络公司联系，申请酒店在网络公司网站的专用电子邮件信箱，以该网站为平台进行各种电子邮件营销活动。

加入专业网站，注册本机构专用电子邮箱，并在网站专业技术支持下，酒店可以进行以下几种方式的电子邮件营销：

①收集邮址：加入与酒店相关的讨论组、电子邮件组、电子杂志和新闻组等，通过在酒店专题组的电子邮件沟通，收集电子邮件地址，建立广泛的营销客户网，为今后进行针对性电子邮件营销奠定基础。

②直接广告：在相关讨论组、电子邮件组、电子杂志和新闻组做广告。

③间接广告：在公司电子邮箱增加自动回复功能，提供酒店产品或服务信息和常见问题解答等，对重要商业信息进行重复链接，引起读者注意。但对重要客户和业务伙伴，应亲自回复，突出人性化服务。

④签名广告：在电子邮件中签名部分列明本机构电子邮箱地址、联系电话、传真、通信地址等，也可简要介绍本机构主要业务范围。

（3）网站营销阶段

酒店在本阶段的工作重点转移到网站建设，包括域名申请、网站规划、网页制作、网站发布、网站推广以及网站的管理和维护等。本阶段基于网站的市场营销活动内容丰富，形式多样，比较典型的营销方式有以下类型：

①搜索引擎排名：搜索引擎是用于查询网站的数据库工具，可分为机制排名和人工分类排名两种引擎。它是浏览者寻找目标网站的主要手段，所以，当一个网站建成并正式发布之后，首要的推广任务就是向各大搜索引擎登记。如果网站的潜在客户不限于国内，除了向国内主要的搜索引擎登记之外，还要向国外的搜索引擎登记。注册搜索引擎的数量和在搜索结果中的排名对增加网站访问量具有重要影响。

②网站交换链接：是相关网站之间为增加网站访问机会而互相设立链接点，通常采用图片链接和文本链接两种形式。交换链接的数量还是搜索引擎决定网站排名的一项参数，因而成为评价网络营销促销效果的一项重要标准。在选择交换链接合作伙伴时，应遵循客源互补和品质相当的原则，以免造成客源流失或网站品质受损的负面后果。

③网页广告：在本机构独立网站或所加入的网站设置各种网页广告，常见的有位于网站主页顶部和底部的横幅旗帜广告、位于网站主页两侧的竖式旗帜广告、位于竖式旗帜广告下方的按钮广告和附在可下载墙纸上的墙纸广告等。网页广告一般采用GIF、JPG等图文格式，通过应用Java等语言可使其产生交互性，使用Shock、Wave等插件工具可以产生动画影像效果。此外，集动画、声音、影像和用户参与于一体的富媒体格式也越来越多地应用于网页广告之中。

④信息网和分类广告：在专业信息网发布载有大型活动机构网址的信息和分类广告，会使感兴趣的访问者根据网址来访问本机构的网站，从而有效提高本机构网站的访问量。如果选择在知名或权威的大型活动行业网站发布信息和分类广告，会取得更佳的营销效果。

⑤新闻组与网上社区：新闻组是网站的基本服务项目之一，可以形成众多专业相同、兴趣相投的通信沟通园地，参加同一新闻组的成员网友有着共同兴趣，或关心特定主题，利用新闻组可有效地推广酒店网站和活动产品。网络社区是网上特有的一种虚拟社会，其中网上论坛和聊天室是最主要的两种表现形式，在网络营销促销中有着独到的应用，可以增进酒店与客户之间的关系，有利于增强亲和力和吸引力，还有可能直接促进网上销售。网上论坛有助于酒店了解客户对大型活动主题及其相关产品的评价和意见，同时借助对特定主题的研讨，加深他们对酒店活动主题的理解和兴趣。

3. 网络营销促销的主要功能

网络技术在酒店市场营销中的应用，可以在网络环境中实现酒店市场营销在以下几个方面的基本职能：

（1）形象塑造

通过开展网络营销促销，酒店得以在较短时间内树立和强化形象，并在网站建设和网站展示过程中不断完善和提升形象。

网络营销促销的重点是网站推广，而网站又是品牌的网络展示窗口，可以使更多的人了解到产品和服务。从营销的角度来讲，网站不仅仅是一个品牌的网上窗口，更是塑造和提升品牌的重要营销工具。好的网站则必须具有正确的市场定位，能够满足目标市场顾客群体的需要，在网络展示方面明显优于竞争对手，并且直观和易于使用。因此，在网络营销促销的网站建设中，必须突出网站方便的导航功能、完善的帮助系统、快捷的下载速度、简单友好的用户界面，以及对搜索引擎友好的链接。

（2）信息沟通

通过网络信息高速公路传递和接收市场营销信息，可以使酒店拉短与客源市场的距离，适时掌握市场需求变化，从而提供能够适应和满足市场需求的酒店产品。

（3）市场促销

网络产品信息展示的多媒体化和信息沟通的交互性优势，使酒店能够通过网络进行更有效的广告和营业性促销。具有链接功能的弹跳式视窗广告、旗帜广告、按钮广告、网上拍卖等网络促销手段，可以根据消费者的兴趣提供酒店活动一般广告、详细活动介绍、网上预订甚至网上优惠直销服务，因而能有效激发需求者购买欲望，影响其消费行为和增加酒店产品销售量。

（4）产品开发与试销

通过市场调查，酒店可以借助网站开发和测试符合市场需求的新的可选活动项目，并根据网络调查得到的反馈意见筛选和完善酒店活动。产品开发与测试的网络化具有成本低、信息反馈快、针对性强、客户参与性强等特点，同时，通过开发与测试过程的公开化，加之在网站新闻通讯和页面的重点宣传，使新的活动项目得到更广泛的推介。

（5）网络分销

利用具有网上交易功能的网站，酒店可以使其分销渠道通过国际互联网络延伸到世界各地，形成四通八达的全天候、无国界产品分销网络。由于酒店产品是通过消费者而不是产品的空间移动来实现其商品交换，所以以产品销售信息和购买信息沟通为主要特征的网站平台成为大型活动机构理想的低成本、高效率分销渠道。网络分销的主要形式包括独立网站的直接分销、合作伙伴网站之间的交换代理间接分销和专业销售网站的委托代理间接分销等。

酒店活动主要为顾客提供特定主题的活动经历与感受，并为活动参加者提供活动期间的食宿服务和与活动主题有关的小纪念品，所以比较适于采用网络营销促销手段。互联网为酒店提供了一个向用户介绍自己产品或服务的理想环境，网站通过在访问者点击率较高的新闻通讯和其他专业栏目加载相关主题的链接，可以使浏览者方便地获得有关酒店活动的详细信息，以及购买产品的方式与渠道，具有销售功能的网站可以使消费者直接进行预订或购买。

（6）客户服务

互联网为酒店提供了形式多样、功能强大的客户服务手段，其形式包括客户常见问题解答、列表电子邮件、电子公告板、聊天室、新闻发布等，其内容包括活动主题介绍与相关知识、目的地概况、活动日程安排、预订咨询与受理、相关规定与注意事项、日程变更通知、酒店活动成果与评价等。

酒店还可以借助网络较为方便地建立客户档案，并根据客户的兴趣为其提供各种服务信息，包括随时通知客户大型活动日程安排的变化，各种表演节目的变化等。良好的网络客户服务有助于维持和改善大型活动组织者和参与者的相互关系，激发观众参加大型活动的主动性，使之成为活动主题忠实的信仰者和支持者。

（7）市场调查

借助互联网进行市场调查，酒店可以有效降低调查成本、缩短调查周期、提高问卷回收率。网上调查通过调查主题吸引读者，使感兴趣的读者在方便的时间，以简便的选择方式或少量的键盘输入方式提供调查答案，生成调查统计数据。网上调查信息沟通的即时性和交互性，保证了酒店能够在第一时间掌握市场变化的最新动态，并对酒店活动产品进行市场反应的跟踪调查，适时改进或调整产品结构以满足不断变化的市场需求。

网上调查以网站调查问卷为主要形式，以相关主题的电子邮件调查、弹跳视窗调查、网上投票、网上聊天和访问频率统计等为补充形式。多种形式和多种渠道的网络调查使大型活动机构得以从网上获取更丰富、实效性更强的基础资料，甚至能够轻易获取竞争对手有关产品、价格、促销手段等关键信息，从而为酒店及时调整竞争战略和策略提供了科学的依据。

（8）网上赞助

借助大型活动的公益主题和轰动效应，吸引有关政府部门、名人和一般公众进行网上赞助和捐赠活动，作为交换可以为赞助者和捐赠者提供各种网上广告宣传和名誉宣传，如在网站中设立政府赞助、大公司赞助、名人捐赠、公众捐赠、主题赞助、分主题赞助等广告宣传栏目或荣誉榜。

4. 营销代理网站的选择

从国外情况来看，比较成熟的网络营销促销代理服务项目，有虚拟主机、网站设计、搜索引擎优化、邮件列表、网络广告、咨询服务、网上市场调查等几个方面。其中虚拟主机、网站设计、专业邮件列表服务等已经非常成熟，网络广告市场不断扩大。在国内，除了虚拟主机市场已经比较成熟之外，其他网络营销促销代理服务尚处于初期发展阶段。

酒店专业代理网站只是在近十年才在国外出现，多数网站为酒店提供地址名录信息和沟通渠道，少数网站为大型活动承办者和参加者提供预订代理服务。创建于1999年的Special EventSite. corn公司主要提供沟通酒店的网上链接服务，并提供有关新闻报道、广告和网上论坛等服务。创立于1999年的StarCite. com公司把市场定位于酒店市场，提供活动酒店的中介服务，成为电子商务平台。成立于1999年的Eventshome. com公司，则与行业展览机构合作，共同举办大型活动网上展览，并为参展机构提供与客户的网络联系，如安排旅行、预订酒店、研讨会报名和预约会谈等。成立于1999年的SeeUthere. com公司，为组织酒店活动的个人或机构提供网上互动邀请（邀请与答复）、网上预订和网上促销。

在我国酒店专业代理网站尚未出现这一条件下，国内酒店在选择专业网站代理网络营销促销服务只有三种选择，一是寻求国外大型活动专业网站的技术支持，二是选择国内通用专业网站的技术支持，三是创建自己的网站。对于一般大型活动机构而言，受资金、技术甚至大型活动组织专业经验的制约，以上第二种选择是比较现实和可行的。根据目前业务的需要和未来发展的方向，酒店可以就下述专业网站营销代理业务模式选择适合自身特点的专业代理网站：

（1）供求信息平台模式

利用免费查询、发布提供信息的方式吸引大量目标用户，此类网站拥有大量的同行业和个人用户资源。

（2）上网综合服务模式

从事域名注册和网站建设、维护和推广业务，此类网站拥有大量用户资源和网络营销促销技术资源。

（3）搜索引擎网站模式

从事网络搜索业务并为其他机构提供网站建设和网络广告代理业务，此类网站知名度高，网络展示范围宽，拥有稳定的大众化用户资源。

（4）营销资源模式

有丰富的传统营销与网络营销促销经验和技术资源，提供网上网下相结合的营销服务，比较适合中小酒店。

（五）酒店其他宣传促销手段

1. 酒店招贴画

在各类酒店宣传品中，招贴画的作用和功能十分突出，它以张贴的形式、视觉信息的传递、文字语言和视觉形象的有机结合等特征，给人以瞬间强烈而又清晰的印象，是各种酒店招徕宣传场合比较“抢眼”的宣传品，越来越受到各国各地区酒店宣传部门的重视。

2. 酒店宣传小册子的设计

酒店小册子是酒店为了介绍酒店产品服务及其他信息而印制的宣传手册，它是酒店进行促销的有力手段。在酒店产品的销售中，由于宾客与酒店之间通常存在较大的空间距离，因而，宾客在做出购买决策时，在很大程度上依赖于间接信息，而小册子便是间接信息的传递者之一。此外，由于酒店产品在销售上的超前性，宾客不可能在看到实际产品后再预订，他们预订决策往往依赖于事先在小册子上读到和看到的一切服务项目、服务设施与价格标准。由于小册子是宾客购买决策的依据，酒店必须重视小册子的制作和发放，使之成为酒店有力的销售工具。

3. 直邮推销

直邮推销（直接通信推销）和其他方式的广告相比较，前者明显的优点是能准确地针对某些特定的对象，从而提高推销效果。直邮推销只是推销的方式之一，而非一个与其他推销活动脱节、独立而不借助于其他形式的推销活动。

直邮推销一般包括函件、通知、传单、明信片以及附在信封里的其他附寄品。

寄发的邮件可用下面的一种或数种形式：信函、回复、宣传纸夹、小册子、对内发行的刊物、照片、海报、翻印文件、唱片、日历、菜单、明信片，以及各种印刷品。

第四节　酒店市场营销管理和营销控制

一、酒店市场营销管理概述

（一）酒店市场营销管理的含义

酒店市场营销管理是指对酒店理想的经营项目和营销活动进行计划、组织、执行和控制，以便能创造、建立和维持与酒店目标市场的良好交换关系，达到实现酒店总体目标的目的。

（二）酒店市场营销管理的一些特点

（1）酒店市场营销管理是一种包括分析、计划、执行和控制的过程。

（2）酒店市场营销管理的目的在于使期望中的交易达成。

（3）酒店市场营销管理的实施可增进酒店和客人双方的利益。

（4）酒店市场营销管理着重产品、价格、促销和销售渠道的相互协调和适应，以实现有效的营销反应。

（三）酒店市场营销管理与酒店其他管理的区别

酒店市场营销管理与项目管理、财务管理、人事管理等的区别在于：

首先，它所牵涉的对象不是处于酒店内的，而是处于酒店外的不特定对象，对于顾客消费的了解，不像其他管理信息那样易于获取，而必须投入大量的人力资源才能获得。因此，营销管理的效果更需要仔细评估。

其次，营销管理的中心乃是交易的过程。这是酒店与外在环境最重要的相互作用，它的任何作用或影响都是极明显且非常重大，不像财务管理等，其影响固然也大，但时间性的要求则不如营销管理的急迫。

最后，由于营销管理与外在环境的密切性，任何修整不仅仅包括酒店内部的行动，还要求外在环境的配合。这都使得营销管理的任务执行起来更为艰巨困难，更需要一流的人才来进行。

二、酒店市场营销管理的具体内容

从酒店市场营销管理的定义上看，我们可以从分析、计划、组织执行及控制四个方面来陈述酒店市场营销管理的基本任务。

（一）分析方面

（1）酒店市场营销环境分析；

（2）酒店消费者购买及消费行为分析；

（3）酒店市场分析；

（4）酒店产品和服务分析；

（5）酒店竞争分析。

（二）计划方面

（1）酒店市场营销形势的概括总结；
（2）酒店的经营机会、威胁、优势、劣势的确定和评价；
（3）酒店市场营销目标、策略的制定；
（4）酒店长期和短期营销计划的制定；
（5）进行准确的销售预测。

（三）组织和执行方面

（1）酒店市场营销观念在全体员工中的灌输；
（2）以营销导向的酒店组织机构的建立；
（3）选择合适的营销人员；
（4）对新老营销人员的培训；
（5）酒店各种促销活动的开展；
（6）酒店市场营销部内部及营销部与其他各部门之间的广泛交流和密切配合；
（7）酒店市场营销信息系统的建立；
（8）酒店新产品开发、价格制订及销售渠道的建立。

（四）控制方面

（1）酒店市场营销数据的分析、归纳和总结；
（2）用既定的绩效标准来衡量和评价酒店市场营销活动的实际结果；
（3）分析各种促销活动的有效性；
（4）评估营销员的工作成绩；
（5）采取必要的纠正措施。

三、酒店市场营销控制含义和主要问题

（一）酒店市场营销控制的含义

酒店市场营销控制是指为了确保酒店实现预期的营销目标而采取的一系列有意义的行动。它是酒店市场营销管理的主要职能之一，并与分析、计划、执行等职能密切结合，形成酒店完整的营销管理系统。

（二）酒店市场营销控制的主要问题

营销部是酒店的一个重要功能部门，它一方面促使产品和服务与市场需要和需求吻合，另一方面向酒店其他管理部门传递市场情报。在酒店市场营销活动过程中，营销控制问题可分成以下六个方面：

1. 酒店决策当局对营销部的控制

营销部的各项活动及其成效，直接影响酒店的生产经营、财务、人事等部门的活动和成效。因此，就产生了最主要也是最重要的营销控制问题，即酒店决策当局如何对其营销部门的活动、成效进行最有效的控制。

2. 营销部门对酒店其他部门的控制

酒店市场营销部门的工作必须得到其他部门的密切配合和支持才能顺利地进行。然而由于酒店市场营销部与其他部门是同级的，营销主管如何才能对互相依存的酒店其他部门的活动具有足够大的影响力呢？

营销导向的观念已成为酒店的一种有用武器，但也因此而导致部门间冲突的发生。补救的办法并不是一味地增加营销部门的权力，而是发展部门间更有效的沟通系统，促使酒店的各部门都能朝同一方面，致力于酒店的整体利益。

3. 营销部门对外界中间商的控制

酒店中间商的行为不一定总是有利于酒店市场营销活动的。因此，营销总监会碰到如何对酒店中间商实行较好的控制这一问题。例如，那些对酒店贡献大的中间商，酒店应给予适当的奖励，相反，对那些不守信用的中间商，酒店应考虑放弃，或采取必要的惩处。

4. 营销部门对营销人员的控制

酒店市场营销总监还会碰到如何对营销人员，如销售经理、公关经理等的控制问题。营销总监可以通过设置良好的权责关系、预算制度、成效审查制度、报酬制度等，来执行这一项营销控制工作。

5. 营销部对营销计划成效的控制

由于营销环境中的各因素，如市场、竞争、需求等不断变化，从而使酒店市场营销计划的实际成效和预期成效发生偏差，为此，营销总监需要对营销计划执行如果加以控制。

6. 营销部门对营销方案的控制

这种控制问题与营销部所采取的营销方案，如酒店新产品开发计划、主要广告活动，或新市场开拓等有关。它属于如何在预定期许及预算内进行这些方案一类的问题，其主要的控制工具为规划法、计划评查法、预算及专案成效研究。

四、酒店市场营销控制过程

酒店市场营销控制工作如同营销计划工作一样，是一个包括多步骤的复杂过程。如图 6-12 所示。

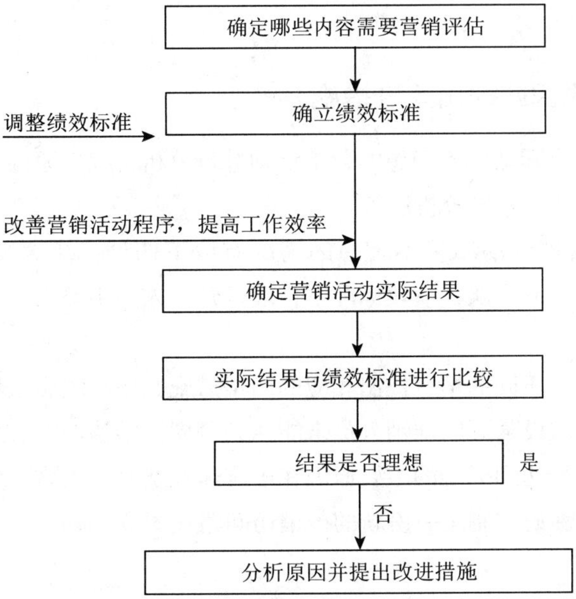

图 6-12　酒店市场营销结果与标准比较

（一）确定哪些内容需要营销评估

可供营销评估的内容很多，如营销人员的工作效率、广告宣传效果、营销计划的有效性、营销调研工作的有效性等，营销总监应从中选出主要的内容，作为评估的对象。

（二）确立绩效标准

即确定营销控制的衡量单位，并将这些衡量单位加以定量化。例如，某酒店将每年推销人员全年应增加 50 个新客户作为推销人员的绩效标准，或者将记住酒店广告内容的读者至少占全部读者的 15% 作为酒店广告宣传的绩效标准。

（三）确定酒店市场营销活动的实际结果

酒店市场营销人员可以从酒店市场营销信息系统中得到信息，然后分析总结，得出各项营销活动的实际结果。

（四）营销活动实际结果与绩效标准进行比较

必须将酒店市场营销活动实际结果与绩效标准进行比较，以确定是否实现预期目标。

（五）分析原因并提出改进措施

经过比较，对实际结果不理想的营销活动进行分析，找出原因。分析的方法有许多种，如因果分析法、差异分析法等。

通常，引起营销活动结果不理想的情况有以下四种：绩效标准定得太低或太高；营销人员不努力或失误；绩效标准不合理且营销人员不努力；外界不可控因素的影响。

营销人员可根据不同的情况提出相应的纠正措施，提高酒店市场营销活动的实际效果。例如，我们假设某酒店推销人员未能达到每周推销访问顾客 25 次的绩效标准。经分析发现，他不能达到标准的主要原因在于旅途花费时间太多。为此，销售经理应帮助该推销人员重新研究制定一份新的推销访问路线图。

五、酒店市场营销控制的类型和方法

酒店市场营销控制程序很复杂，可以分成多种类型。这里我们讨论其中主要的三种类型。它们分别是年度营销计划控制、获利性控制和战略性控制。如表 6–3 所示。

表 6–3　店市场营销控制的类型

控制类型	主要负责人	控制目的	控制工具
年度营销计划控制	营销主管及中层营销人员	检查计划指标是否实现	销售分析 市场占有率分析 费用百分比分析 顾客态度分析 其他比率分析
获利性控制	营销控制员	检查企业盈利或亏损情况	通过对产品、销售区、目标市场、销售渠道及预订数等分析而加以控制

续表

控制类型	主要负责人	控制目的	控制工具
战略性控制	营销主管及企业特派人员	检查企业是否抓住最佳营销机会，检查产品、市场、销售渠道总体情况及整体营销活动情况	营销核对清查（或称营销审计）

（一）年度营销计划控制

当酒店市场营销人员制订年度营销计划后，一年中的时间都用在计划的执行上，目的是使营销计划目标如营业收入、市场占有率等如期完成。然而，酒店的外部和内部营销环境是一个不断变化的动态环境，其中有些因素的变动常会影响营销计划的执行工作，因此，为了确保营销计划的实现，营销人员必须进行年度营销计划控制，如图 6-13 所示。

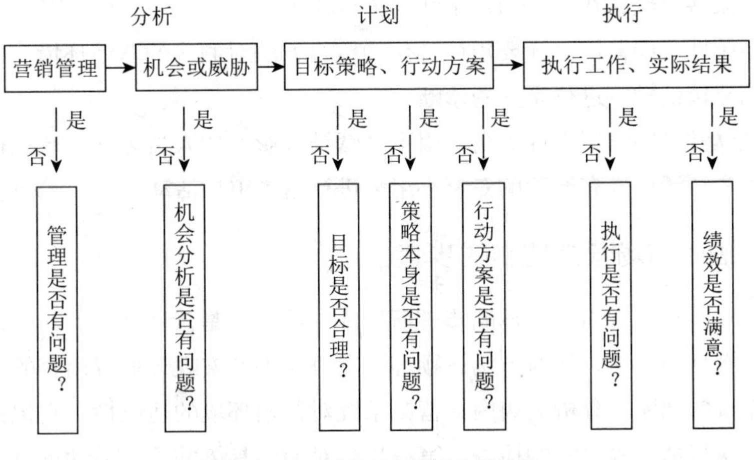

图 6-13 酒店年度营销计划控制

（二）获利性控制

营销人员不但要进行年度计划控制，还要对酒店各种经营项目、亚市场、中间商等进行获利性控制。这种控制有利于营销人员做好产品市场开发和扩展决策，并有利于酒店选择合适的销售渠道。

六、酒店市场营销审计

（一）法定营销审计的含义

酒店市场营销审计是最常用的战略性控制的手段。酒店都有必要经常性地回顾一下酒店的总体经营情况，从而使酒店的经营适应变化着的环境和各种机会。酒店市场营销审计是指通过定期、广泛、系统和独立的检查方式，对酒店的营销环境、内部营销系统、特殊营销活动等整体审计。

（二）法定营销控制的特点

营销人员在进行营销审计时，应注意营销审计的如下四个显著特点：

（1）定期性。即营销审计应按每年或每季度定期进行，而不能当酒店出现经营问题或危机时进行。

（2）广泛性。即营销审计要对酒店所有的营销活动进行全面的核对检查，而不是仅仅对酒店某些已经存在问题的营销活动进行检查。

（3）系统性。即营销审计要用标准化的检查方法对酒店的营销环境、内部营销系统及特殊的营销活动等进行系统的诊断。

（4）独立性。即营销审计应由一组不受营销部影响的人员去独立地执行。如酒店决策人员可邀请酒店外有经验的专家小组来进行营销审计活动。

（三）酒店市场营销控制的步骤

酒店市场营销审计由三个诊断步骤所组成。第一步是营销环境回顾。即分析目前及将来的营销环境，它包括对市场、顾客、竞争对手及宏观环境等内容的检查。第二步是营销系统的回顾。分析酒店内部营销系统对营销环境的适应性。它包括对酒店目标、策略、执行情况等内容的检查。第三步是对酒店具体的营销活动进行回顾。分析酒店市场营销组合的构成，特别是要对酒店产品、价格、销售渠道及各种促销活动进行检查。我们将酒店市场营销审计的具体内容归纳为以下三个步骤。

第一步　酒店市场营销环境回顾

1. 客源市场

（1）什么是酒店的主要市场和公众？

（2）每一主要市场还包括哪些重要亚市场？

（3）每一亚市场现在和将来的规律及特征是什么？

2. 顾客

（1）什么是顾客和公众对酒店的感觉和态度？

（2）顾客是怎么样作出购买或选择决策？

（3）顾客现在和将来的需求和满意程度处于何种状态？

3. 竞争对手

（1）谁是酒店的主要竞争对手？

（2）竞争的发展趋势如何？

4. 宏观环境（社会大环境）

当地的人口、经济、技术、政治和文化等有哪些主要的发展？这些发展是否影响酒店市场营销？如何影响？

第二步　酒店市场营销计划系统的回顾

1. 目标

（1）酒店长期和短期的整体目标和营销目标是什么？

（2）这些目标是否清楚确切地表达出来？是否有一个明确的评估标准？

（3）营销目标是否合理？是否充分利用酒店资源和营销机会？是否具有竞争力？

2. 策略

（1）酒店实现目标的核心策略是什么？这样的策略是否有较大的成功可能性？

（2）为了实现营销目标，酒店是否已分配足够的营销资源，太多了还是太少了？

（3）这些营销资源是否已按产品、销售区及市场等做了合理的分配？

（4）这些营销资源是否已比较合理地分配到酒店主要的营销组合因素上去（如酒店产品、促销、销售渠道等因素）？

3. 执行情况

（1）酒店是否制定年度营销计划？

（2）酒店是否使用标准控制程序？

（3）为了掌握各种营销活动的有效性，酒店是否进行定期的分析研究？

（4）酒店是否有完善的信息系统为决策人员在进行计划和控制工作时提供各种有用的信息？

4. 组织

（1）是否安排高层管理人员参与营销部门的分析、计划、执行等工作？

（2）营销部的工作人员是否能胜任工作？酒店是否需要对他们进行培训、激励或提升？

（3）营销人员和执行人员的职责是否明确？

（4）酒店全体员工是否充分理解营销观念？他们在实际工作中是否以此作为指导思想？

第三步 酒店具体营销活动的问题

1. 酒店产品

（1）酒店的主要产品是什么，一般产品是什么？

（2）酒店是否要淘汰某种产品？

（3）酒店产品现状如何？酒店产品整体组合情况又如何？

2. 价格

（1）酒店价格是根据成本、市场需求，还是竞争因素来制订的？

（2）酒店若提价或降价会使市场需求发生何种变化？

（3）酒店客人是怎样理解酒店价格水平的？

（4）酒店是否要对临时价格进行宣传？假如这样做，效果会如何？

3. 销售渠道

（1）酒店销售渠道是否为酒店带来更多利益？

（2）酒店销售渠道是否要增加或减少？

4. 人员推销

（1）酒店销售队伍的规模是否足以完成营销目标？

（2）销售队伍是按何种形式组织的，是否合理？

（3）销售队伍是否具有很高的士气和效率？销售人员的能力如何？

（4）在制订销售指标和评估实际成绩时，是否有一套正规的程序？

5. 广告、公关宣传及特殊促销

（1）酒店的广告活动目标是什么？是否健全？

（2）广告活动所使用的费用是否适当？广告预算又如何拟定？

（3）广告的主题与文稿是否有效？顾客对酒店广告的看法如何？

（4）广告媒介是否选择恰当？

（5）酒店特殊促销是否有效？

（6）有无良好的公关宣传计划？

本章小结

酒店的市场营销是指酒店企业为了让目标顾客满意，并实现酒店的经营目标而展开的系列有计划、有步骤、有组织的活动，它是现代酒店企业经营的龙头。根据不同的市场需求状况，酒店应确定相应的营销管理任务。

· SWOT 等市场营销分析是酒店企业开展市场营销活动的基础工作，有助于酒店企业通过“STP”营销策划，对酒店企业进行正确的市场定位。

· 在市场定位基础上，通过产品、价格、渠道及促销四大营销组合策略，组织和实施营销活动，是酒店企业营销活动的基本内容。随着营销理念发展，又形成了 4P 的服务营销组合理论。以顾客忠诚度为标志的市场份额的质量，取代了市场份额的规模。

· 在酒店市场营销活动过程中，做好市场营销的调研与计划、市场营销的控制与审计，是酒店市场营销管理的主要内容，它对确保酒店市场营销活动的成效，具有很大作用。

复习与思考

一、名词解释

SWOP 分析　市场利基者　STP 分析　麦克斯四 P 分类法　需求导向定价法　理解价值定价法

二、简答题

1. 酒店市场营销部在酒店中的地位。

2. 酒店的市场营销工作的控制与管理。

3. 酒店营销部管理规章制度。

三、论述题

1. 请试述营销销售队伍如何建设。

2. 请试述市场营销组合。

3. 请试述酒店的市场营销工作如何控制与管理。

第七章 酒店人力资源管理

学习目标

知识目标

〇理解人力资源管理的含义

〇掌握酒店中的人力资源管理该如何进行

〇了解酒店员工的招聘、员工的培训等

能力与情感目标

〇能识别酒店中的人力资源管理中的重点问题

〇能分析员工的工作绩效评估

〇能讲述人力资源管理的基本工作

案例导入

Spas国际公司的人力资源管理

雷克斯先生在2月回到他的母校，去面试几个即将毕业的学生，这几个学生都是准备应聘Spas国际公司财务部职务的。Spas国际公司是一家大型管理公司，拥有并管理着60多家豪华健身俱乐部。虽说雷克斯只是一名市场营销专家，但Spas国际公司有一个习惯做法，就是派公司的高级行政人员回到他们的母校去招聘新员工。

波莉就是其中的一名学生，由于两人有很多相似之处，所以他们谈得相当投缘。面试结束后，雷克斯为波莉安排了一次到芝加哥公司总部的实地旅行。在那里，波莉得到盛情款待。波莉的表现也给公司财务总监留下了深刻的印象，他给波莉安排了一个职务，关于上班的地点，他为波莉提供了7个可选择的城市，但建议她选择规模小一点的公司，因为在小公司中不仅能让一个人承担更多的责任，而且做出的业绩也是有目共睹的。波莉愉快地接受了他的建议，准备到亚利桑那州开始她的新工作。

无论是雷克斯本人还是到芝加哥的那趟旅行，都给波莉留下了深刻的印象，她盼望早日开始自己的职业生涯。可当波莉第一天到公司报到时，她的出现竟让她的新老板大吃一惊，他甚至不知道波莉要来。“总部的人干什么事都是事先没个安排，真要把人气死了。”他边低声叨咕着，边告诉波莉做一些眼前并不重要的工作，没对她进行什么特别交代。

第二天早晨，老板告诉她：“把那些过期未付的公司账目档案都整理出来，再与那些超过60日尚未付款的公司取得联系。我马上要出差，周四回来。”

波莉开始工作。她对公司目前还在使用手工操作的存档系统感到很惊讶，但还是尽自己最大的努力，把所有档案按照字母排列顺序、全部的发票按照开票日期的先后顺序一一整理出来。星期三，她还与6家已经过期60天仍未付款的公司取得了联系，并安排了与他们下周见面的时间，波莉的目的是想与他们订立一个偿付过期账目的时间表。可以说，为了能与这些人取得联系，波莉做了大量的工作，而且也鼓起很大的勇气。周三晚上，当波莉离开办公室回家时，她为自己能够把工作做好而感到非常自豪。

周四早晨上班后，波莉急于将这几天自己的工作向老板汇报，可在叙述的过程中，她从老板的表情上感觉到好像自己有什么事做得不对。紧接着，就听老板说："我下周没有时间去这几家公司。你难道没有看到放在我桌子上的时间安排吗？还有一件事我要说明，我们不与各公司商定偿付时间表，我们只要整理出保付支票或者直接去商业咨询局（类似中国的消费者协会）就可以了。如果你对什么事不清楚的话，就问我。你们年轻人怎么连起码的常识都不懂，我真不知道学校是怎么教育你们的。你比上次他们塞到我这儿的女孩还差劲。"波莉顿觉心灰意冷。

问题：Spas 国际公司在人力资源管理工作的哪些方面存在问题？简要说明这些问题是什么。

第一节　酒店人力资源管理概述

在酒店的人、财、物、信息、时间这五大资源中，人力资源是酒店最基本、最重要、最宝贵的资源。只有人，才能使用和控制酒店的其他四大资源——物资、资金、信息和时间，从而形成酒店的接待能力，达到酒店的预期目标。一家酒店无论其组织如何完善，设备如何先进，若酒店的员工没有发挥他们的工作积极性，永远也不可能成为第一流的好酒店。人力资源决定了酒店其他资源的使用效果和酒店经营活动的效果。

酒店是劳动密集型的服务企业。酒店提供的产品主要是由人提供的、能满足客人各种需求的服务。服务产品的质量直接取决于服务人员的素质及其对工作和企业的满意程度。国外酒店管理专家已提出酒店传统意义上的客人满意战略，即 CS 战略（customer satisfaction）应向员工满意战略，即 ES 战略（employee satisfaction）转变；只有满意的员工，才会有满意的客人。

因此，人力资源管理已成为酒店现代化管理的核心，是酒店经营管理成功的重要保证。

一、人力资源管理的基本含义

所谓酒店的人力资源管理，就是指对酒店从业人员进行招聘、培训、调配、发展、激励、升迁、补偿、协调直至退休的全过程的计划、组织、指挥和控制。人力资源管理包含两个层次：一是培养与发展管理，即对人力资源进行计划、组织、指挥和控制等，使人力资源发挥最大的效能；二是日常运作管理，即对员工从招聘进酒店直至离职退出酒店的全过程的培训、调配、发展、补偿、协调等实际操作。招聘是为酒店选择合适的人员，使酒店能够职得其才，使员工能才得其用。酒店对于招聘的人员实行上岗前培训以及上岗后的进一步培训或调换岗位的培训，以全面提高员工素质，使之能与岗位需要相结合，使员工能获得发展空间，使酒店能得到所需要的人力资源。职工对酒店做出了贡献，理应得到恰当和公正的报答，这是酒店应承担的职责。在人力资源管理中，最主要也是最繁杂的工作就是人力资源管理的实际操作。

然而，人力资源管理的效能如何，在很大程度上取决于管理理念。酒店作为一家经营性企业，其经营理念应重视下列几项要点：即人力资源的管理模式、人力资源的管理思想、人力资源的管理目标以及人力资源管理的原则。

二、人力资源管理模式

中、西人力资源管理模式不同，应当在学习西方科学的人力资源管理方法的基础上，结合我国酒店业实际创造性地创建酒店人力资源的管理模式。

西方人力资源管理模式是事先设定目标，据此寻找合适的人才，通过一种激励机制去刺激人力资源的供给，从而实现预定的目标，其实现途径主要是自由雇佣制。美国的人力资源管理体系相对完整，从规划到最终使用、评估都很完善，但在美国也存在分别以 IBM 和微软为代表的两种不同的管理原则。微软是全球最大的软件供应商，它的人力资源管理战略是从不在乎员工的流动，也不会耗费大量时间对人才进行培训，他们讲求的是效率与效果；IBM 则完全不同，它注重员工的素质培养和团队精神，他们认为人才是靠培养获得的，从而也在公司内部建立了师傅制。美国公司管理总的来说还是属于典型的西方模式，特别是著名的壳牌和杜邦公司。欧洲的人力资源管理模式除具备美国的特点之外，受政府和社会的影响也较大，它的许多企业拥有微软和 IBM 双重原则。东方的人力资源管理模式以东方文化为主，但有些国家也与西方相结合，这也是全球人力资源一体化进程的一部分。如日本管理模式的核心是终身雇用制，尤其是喜欢雇用一些刚毕业的学生，逐步提升。亚洲四小龙则在东方的基础上夹杂一些西方的特点，它像东方传统文化一样注重品行，也像西方一样注重其知识创新能力，没有完全形成终身雇佣制，且流动性较强。从世界各国各种管理模式的分布来看，各种管理理念都在不同程度上取得了一定的成绩。这说明在管理原则上，没有最好的，只有最适合的。像微软与 IBM 由于分属行业的区别，经营性质不同，管理模式也各异。国内人力资源管理模式习惯套用一种固定的模式，没有自己的特点。因此，我国企业应参考国内外同行业的管理模式原则，但切忌忽略本国的人文及社会情况，要建立一套完整的适合自己的管理体系。

三、“以人为本”的管理思想

我国酒店的组织管理深受马克斯·韦伯科层制理论的影响，采用严格的以岗位为中心的组织结构严密的管理体系。在酒店业供过于求的经营环境中，酒店经济效益不佳，员工薪金待遇不高，造成一线员工的参与性差，再加上酒店员工流失严重、培训不足，不仅人力资源的有效利用难以实现，更酿成酒店服务质量低下，阻碍了酒店的进一步发展。从人力资源管理的角度看，“以人为本”的管理思想尤其适合酒店企业。加里·德斯勒在其《人力资源管理》一书中指出：人力资源管理非常重视工作生活环境，即不仅要利用人来创造最高的工作绩效，实现最大的生产价值，也要为员工创造一个良好的工作环境。这就是“以人为本”管理思想的重要内容。这一人本主义的管理思想已经深入中国的管理学家心中，在很多文献中提到了“以人为本”的管理哲学。传统的人事管理和现代人力资源管理的主要区别就在于前者没有建立“以人为本”的管理思想。在中国的酒店业中应当实现科学的人本管理，应当把酒店人力资源分解成两个层次：一部分是由酒店管理者组成的高层管理人才，对于这部分管理者，应以科学为先导，以激励和价值基础为中心，充分利用其积极性和主动性，提倡以团队和授权为导向，充分发挥中高层管理者的智能参与水平，强化各种人本要素，包括其意愿、管理力量、协调、交流和素质，确保酒店的发展和回报并行同步；而对于底层管理人员和酒店一线服务员，由于他们的收入低、从事该项职业所要求的素质并不是很高，因此，可以采用科学管理和人本管理的双重管理方法，即从科学管理的角度看，不必太在乎员工的流动，也不必耗费大量时间进行培训，应当采用科学的方法促进他们努力工作，讲求效率与效果，从人本管理的角度看，由于酒店业是一种面对面的服务，服务质量高低既取决于培训程度，更取决于员工的工作热情，于是，要为他们创造一个良好的工作环境，以免影响一线服务人员的情绪，进而影响服务质量和服务效率。

四、酒店人力资源管理目标

酒店人力资源管理的目标是调动酒店职工的积极性和创造性，提高劳动效率。具体来说，包括三个方面的内容。

1. 造就一支优秀的员工队伍

酒店要正常运转起来并取得良好的经济效益和社会效益，不仅要有先进的管理方法，还要有一支优秀的员工队伍。

2. 实现最佳劳动组合

一支优秀的员工队伍，要通过科学排列、组合，使员工以最佳的组合，做到职责分明、各尽所能，材尽其用、人尽其才，形成一个精干、有序、高效的有机劳动组织。

3. 创造宽松融洽的工作环境，使员工的积极性得以充分发挥

人的管理并不在于“管”人，而在于“得”人，谋求人与职、人与事的最佳组合。“天时不如地利，地利不如人和”，正说明人心向背的极大威力。酒店的人力资源管理，就是要通过各种有效的激励措施，创造一个良好的人事环境，从而使员工安于工作、乐于工作，最大限度地把员工的聪明才智和创造性发挥出来。

五、酒店人力资源管理的原则

在酒店人力资源管理中，为了合理开发和利用人力资源，有效地挖掘员工的潜力和工作积极性，创造良好的人力资源管理体制，应该遵循如下诸原则。

1. 任人唯贤

任人唯贤就是选拔和重用酒店中德才兼备、年富力强、成绩突出的员工。反对、杜绝任人唯亲，以免造成酒店经营的失败。

2. 唯才是举

推荐和晋升员工要以其才能和工作成绩、实际贡献为基础，要选拔那些乐于为酒店事业贡献才智的人。重视人才的使用，既是重视人力资源的开发利用，也是创造良好人事环境的重要举措，它不仅会给酒店培养出一批年轻有为的后备军，而且会直接创造出极大的财富。

3. 合理流动

酒店组织作为一个有机体，要坚持其活力就要不断地新陈代谢，补充新成员，辞退不称职人员。只有保持酒店员工的合理流动，才能给酒店带来新的生机与希望，

防止员工队伍老化。

4. 奖勤罚懒

加强对酒店员工业务水平、工作能力和工作态度的考核，并把考核结果作为员工晋级、奖励、惩罚的依据，真正起到奖勤罚懒、鼓励创造、重奖有贡献者的作用。

5. 最佳组合

在人力资源管理中，注意量才适用，知人善任，因事求才，因才施用，事得其人，人尽其才，通过工作分析和人事组合，达到酒店劳动的最佳组合。

6. 有效激励

酒店各级管理人员都要充分认识到人力资源开发利用的重要性，不要把人力资源管理看成是人事部门的事，而要充分认识了解员工心理、分析员工行为，有效地调动员工的积极性，把人力资源管理视为酒店全体管理人员分内的事，并在严密的管理制度上 . 辅以灵活的管理方式和领导艺术，充分激发起全体员工的创造力和积极性。

第二节　酒店人力资源基本管理

各个不同的酒店根据自身酒店的特点，有其不同的人力资源管理手段和方法等，但不同的酒店在基本的人力资源管理内容和具体的人力资源工作方面，都是相似的。

一、酒店人力资源管理的基本内容

要实现现代化人力资源管理和人力资源管理人员专业化，酒店的每个管理人员必须了解和掌握人力资源管理的理论、方法以及职能。一个酒店人力资源管理通常包括如下内容：

1. 根据酒店的经营管理目标和酒店的组织结构制订酒店的人力资源计划

在制订酒店的人力资源计划时，着重解决两个问题：酒店需要多少人，需要什么样的人，即做好酒店人力资源数量和质量的预测。

2. 按照酒店人力资源计划以及酒店的内部和外部环境招聘酒店员工

酒店员工招聘除了在外部招聘以外，还可采用提升和调动工作的方法，以达到将最合适的人安排在相应的工作岗位上的目的。

3. 经常性地不间断地对员工进行培训

为了使每个员工胜任其担任的工作，适应工作环境的变化，必须对员工进行经常不断的培训。由于员工所担任的工作层次不同，所以培训方式和内容也不一样。对在操作层工作的员工应进行职业培训，即注重工作技能方面的培养；而对担任管理工作的员工则应进行发展培训，即注重分析问题和解决问题能力的培养。

4. 努力提升员工的工作积极性

员工的工作表现取决于两个基本因素：工作能力和努力程度。通过有效的培训，员工具备了做出成绩的能力，但还需要管理人员来调动他们的工作积极性。酒店的管理人员必须掌握调动员工的工作积极性的理论和方法，培养“企业精神”，增强酒店的凝聚力，激励员工做出出色的成绩。同时，还要分析酒店客观存在的工作不尽如人意的原因，研究防止和解决的方法。

5. 掌握有效的领导方式

酒店的管理人员必须掌握有效的领导方式，而有效的领导方式的基础是搞好酒店内部的沟通。因此，管理人员必须熟练地运用沟通技巧，采用因人、因时的领导方式，才能达到有效的管理，发挥人力资源的最大效能。

6. 合理有效的评估

成绩考评既是酒店人力资源管理效能的反馈，又是对员工成绩、贡献进行评估的方法。管理人员掌握正确的成绩考评方法，可以对员工的工作成绩做出正确的评估，并为提升、调职、培训、奖励提供依据。

二、酒店人力资源管理的具体工作

一般酒店的人力资源管理包含有如下具体的工作：

（一）工作分析

工作设计是酒店组织结构设计的延续。酒店组织结构确定之后，按具体情况划分各个部门。在每个部门内还应包括各个工作岗位及具体的工作内容。工作设计还应包括制订一套关于每个工作岗位的任务、性质、条件和要求的标准，并以此标准来衡量职工的工作表现。具体地讲，有两项非常繁重、复杂却又非常重要的工作内容——工作岗位设计和职务分析及职务说明书的制订。岗位设计不仅仅指管理层的职位，还应包括操作层的每一个工作岗位（见表 7-1 某酒店客房楼层督导的职位说明书）。

表 7-1　某酒店客房楼层督导的职位说明书

工作识别信息

职位名称：楼层督导	所属部门：客房部
直接上级：楼层主管	直接下级：楼层服务员
班次：早班	工作时间：08：00~17：00
分析人：张三	分析时间：2002 年 12 月 3 日
工资级别：略	职位编码：11-17

工作概要

检查督导早班服务员按标准程序清扫客房；督导服务员对客服务规范化，使其处于良好工作状态；保证本段客房及公共区域设备完好，物资齐全等，对所管楼层的服务质量负责。

工作内容

1. 了解当日所辖区域房态，参与布置检查 VIP 房。

2. 合理安排劳动力，并对下属员工考勤，检查楼层服务员的工作流程。

3. 负责保持、维护、检查客房和公共区域、消防通道的清洁卫生。

4. 检查每日走客房、空房、住人房等的日常、计划卫生的质量，保证及时将 OK 房报至客房中心。（其余的工作内容略）

任职条件

1. 要求从事该职位的人员具有大专以上学历，旅游饭店管理专业的人员可放宽至中专学历。

2. 具有 1 年以上在饭店客房工作的经历。

3. 具有良好的书面和口头表达能力。

4. 外语和计算机应用水平能够达到饭店的基本要求等。

1. 工作分析

工作分析是指根据酒店工作的实际情况，对酒店各项工作的内容、特征、规范、要求、流程以及完成此项工作所需员工的素质、知识、技能要求进行描述的过程，它是酒店人力资源管理开发与管理的最基础性工作。

工作分析的主要目的有两个：

（1）研究酒店中每个职位都在做什么工作，包括工作性质、工作内容、工作责任、完成这些工作所需要的知识水平和技术能力以及工作条件和环境。

（2）明确这些职位对员工有什么具体的从业要求，包括对员工自身素质、员工的技术水平、独立完成工作的能力和员工在工作中自主权等方面的说明。

2. 工作分析的要素

（1）什么职位

工作分析首先要确定的是工作名称、职位。这方面的信息可以通过工作分析来获得。

（2）员工体力和脑力要求

现代酒店的各类工作岗位需要员工既付出体力劳动，又付出脑力劳动，但是由于工作性质和内容的不同，体力劳动和脑力劳动在各个岗位工作中所占的比例不尽相同。

（3）工作将在什么时候完成

为了确保工作质量和工作效率，工作分析需要对完成工作的具体时间进行调查和计算；同时，这也是执行国家法定工时和保证员工身体健康的需要。具体地说，就是要详细掌握工时和工作排班情况。

（4）工作将在哪里完成

这是指了解工作地点和物理环境方面的信息。

（5）员工如何完成此项工作

通过研究工作内容和性质，确定员工在完成一项工作时必须掌握的工作方法以及具体的操作步骤。这方面的信息是决定工作完成效果的关键，也是工作分析最重要的一部分。

（6）为什么要完成此项工作

为了了解某项工作的重要性及如何衔接的问题，就要掌握该项工作与上一个环节是如何联系的，对下一步工作有什么意义，为下一步工作如何做提供依据，并明确该项工作的隶属关系，怎样接受监督以及进行监督的性质和内容等。

（7）完成工作需要哪些条件

从工作分析角度讲，完成工作所需要的条件主要包括两个方面的内容：一是承担工作的员工应该具备什么样的素质和技能；二是完成工作所需要的设备和工具，以及其他辅助性工作。

（二）制订酒店的人力资源计划

酒店的人力资源计划与酒店整体的经营计划息息相关。只有在酒店确立了整体的经营管理目标和经营计划后，才能制订相应的酒店人力资源计划。酒店的人力资源计划又从人力资源方面保证了酒店经营计划的实施。

酒店人力资源计划的主要内容如下：

1. 确定人力资源需求计划

通过对酒店工作的任务分析，确定酒店企业将来需要的人力资源的数量和素质等标准。制订人力资源计划首先应与酒店总体经营计划相匹配，因为任何企业对人力资源的需要，从根本上说，都是由企业完成其未来发展目标和战略的需要而决定的。比如，开办一家新的酒店，或因经济衰退而缩小经营规模等，这些总体经营计划会对企业人力资源需求产生很大的影响。另外，人力资源需求计划应是对企业未来经营状况的一种反映。基于对酒店发展目标和经营规模的思考，管理者就可以估计出要达到预定目标和经营规模所需配备的人力资源的规模和素质情况。

2. 通过职务分析，确定具体的职位空缺计划

职务分析旨在确定某工作的任务和性质是什么，以及应寻找具备何种资格或条件的人来承担这一工作。职务分析必须着眼于分析以下信息：这一职务包含的工作活动有哪些；工作中人的行为应该怎样；工作中使用什么机器、设备、工具以及其他辅助用具；衡量工作绩效的标准是什么；这一职务工作的有效开展对人的素质条件有什么要求。职务分析结束后，要编制职务说明书，作为以后各阶段人力资源管理工作（如招聘、考评、激励培训等）的依据和指导。一旦酒店明确了需要展开什么工作，那么，将它与现有酒店的职务设计情况相比较，就可以制订出具体的职务空缺计划。职务空缺计划反映了酒店未来需要补充的人力资源的类型和结构。

3. 结合人力资源现状分析，确定满足未来人力资源需要的行动方案

针对企业当前人力资源的需要与供应的差距，管理者可以测算出来人力资源短缺的情况和酒店中可能出现超员配置的领域，然后决定通过何种途径寻找合适的人来填补空缺的职位。增补、选拔员工或减员的行动方案，应针对不同类别的职务与人员恰当地制订，不能采取过于简单或强求统一的方法来处理。

4. 从人力资源开发需要出发，制订员工职业生涯管理计划

酒店人力资源计划的制订必须考虑员工职业生涯的发展阶段，以帮助员工确认自己的职业兴趣并制订合理的职业生涯计划。因为，任何人都需要在相对稳定的职业生涯中发展自己的技能，并取得比较稳定的工作收入。管理者要有针对性地开展人力资源管理工作，就必须了解员工的职业发展阶段，并与此结合，制订合理的人力资源计划和政策。

总的来说，人力资源计划的制订不仅影响到酒店的经营管理活动，也直接关系到员工的前途命运。在越来越重视人力资源开发的现代企业中，采取措施帮助员工"成为他们能够成为的人"，促进员工实现工作中的成长与发展，这已经不单是一个口号或价值观的东西，而且日益成为看得见的行动。对于以促进员工成长与发展为

己任、注重人力资源开发的企业来说，人力资源计划的制订就不能不兼顾企业经营和员工个人发展这两方面的目标，并在两者的综合考虑中制订出有效的综合性职业管理计划。

（三）定员定编

定员定编就是确定用人的数量和标准。定员定编工作直接关系到人力资源利用和工作效率的提高。合理的定员能帮助酒店充分挖掘劳动潜力，降低劳动力成本，提高员工的技能和素质；反之，则会造成人员结构不合理、机构臃肿、人浮于事、工作效率低下等一系列问题。定员定编工作是酒店人力资源工作中的重要课题。

在定员定编工作中，首先要确定各类人员在人员总数中所占比重即定员结构。因此，要对员工进行分类。可以按一线服务类和二线服务类来划分。一线服务类是指直接为客人提供服务的员工，如前台接待员、行李员、订房员、迎宾员、客房服务员、餐厅服务员等；二线服务类是指不直接与客人接触的员工，如工程维修人员、厨师、采购人员和办公室文员等。酒店要根据自身的情况，确定一线和二线人员的比例。

酒店在确定员工编制时有一个重要的参照标志，即客房数量。这是国际酒店业基本公认的定员标准。因为客房是酒店建筑物的主体，其营业收入能够占到酒店总收入的一半以上，客房的投资成本也最大，因此以客房数作为定员参照标志是合理的。目前，美国酒店的定员比例为 1 ∶ 0.6，即拥有 100 间客房的酒店只需员工总数为 60 人。这一比例与美国劳动力成本高有直接的关系。根据我国的实际情况，我国酒店的定员比例可以为 1 ∶ 1.5。当然，酒店的档次与类型不同，定员定编的比例也可有所不同。比如，高档商务型酒店，人员配置比例就可定得高些；经济型酒店，人员配置比例就可定得低一些。

（四）人员招聘与选拔

酒店招聘员工本着用人所长、容人所短、追求业绩、鼓励进步的宗旨，以公开招聘、自愿报名、全面考核、择优录用为原则，从学识、品德、能力、经验、体格等方面对应聘者进行全面审核；同时，在招聘工作的管理上要强调计划性和效率性原则（见表 7-2 马里奥特饭店的招聘和用人原则）。

表 7-2 马里奥特饭店的招聘和用人原则

一步到位 马里奥特饭店宁可招聘那些热爱服务业的员工，然后再对他们进行专业化的培训，而不愿意招聘那些已经有服务工作经验但缺乏对客服务热情和愿望的人员。该饭店有这样一句格言：厨师要乐于烹饪；客房清扫员要乐于打扫卫生。这些要求和准则不但能够保证服务质量，更有助于减少饭店人员的流失。 金钱不是万能的 马里奥特饭店不忽略金钱对员工的重要性，但更重视金钱以外的因素对员工的激励。实际上，在影响马里奥特员工是否继续在饭店供职的因素中，远远超过金钱影响的有这样一些因素：工作与生活的平衡、领导作风、提升机会、工作环境和培训等。在马里奥特饭店工作年限越长，就越有这样的感受和需求。而饭店也相应地制定了富有弹性的和具有人情味的福利政策。 主张内部提拔 有一半以上的该饭店经理是从内部提拔起来的。所有马里奥特饭店的员工，根据他们工作能力的大小，有享有平等的升职机会。通过内部提拔的用人机制，该饭店集团优良的组织文化传统得到了传承。此外，内部提拔的机制还吸引了不少的外部人员前来加盟，同时有效地避免了已经在该集团供职员工的外流。 注重雇佣的口碑效应 在员工招聘中，马里奥特饭店采用的是类似于招徕饭店客人的做法。求职者到该饭店应聘，饭店会用对待客人一样的态度去对待前来应聘的求职者。而对待那些已经在饭店工作的人员，饭店则尽量为他们营造一个温馨的工作氛围。该集团的总裁 J.W. 马里奥特先生曾经说：“70 多年来，我们秉承这样一个信条——如果我们能够照顾好我们的员工的话，我们的员工就会照顾好我们的客人……”

酒店招聘，有广义与狭义之分。广义的招聘包括外部的招聘和内部的招聘，狭义的招聘仅指外部的招聘。这里所指的招聘是狭义的招聘，即指依法从社会上吸收劳动力、增加新员工或获取急需的管理人员、专业技术人员或其他人员的活动。酒店的业务与规模要扩大，酒店的经营与管理水平要提高，都需要从外部招聘一定数量和质量的人才，酒店必须确立正确的招聘指导思想，遵循科学的招聘程序，并综合运用有效的招聘方法。

1. 酒店员工招聘程序

酒店员工招聘程序一般要经过准备筹划、宣传报名、考核录用与招聘评估等阶段。

（1）准备筹划阶段

这一阶段主要包括确立招聘工作的指导思想，根据酒店经营的需要和社会上劳动力资源的状况，确定招工计划等。

①确立招聘指导思想。一是塑造形象的思想；二是投资决策的思想；三是市场导向的思想；四是遵纪守法的思想。

②人力资源需求预测。酒店人力资源需求预测，实际上就是酒店未来人员数量上和质量上的变化预测。一般而言，影响酒店人员需求变化的主要因素有：酒店规模的变化；酒店等级、档次的变化；酒店企业组织形式与组织结构的变革；酒店经营项目和产品结构的调整；酒店人员素质要求的变化；酒店人员流动状况；社会科学技术的进步。

③人力资源供给分析。酒店人力资源的供给情况，直接关系到酒店的招聘政策。要制订科学的员工招聘计划，做好员工招聘工作，必须对人力资源供给状况进行详尽分析，以便正确制订员工的招聘标准和政策。

④策划招聘方案。酒店在招聘的准备筹划阶段应认真思考以下问题：什么岗位需要招聘、选拔，招聘多少人员，每个岗位的任职资格是什么，运用什么渠道发布信息，采用什么样的招聘测试手段，招聘预算是多少，关键岗位的人选何时必须到位，招聘的具体议程如何安排。在此基础上，根据国家有关部门的政策、酒店短缺岗位的任职资格以及酒店人力资源市场的供求情况，确定招聘区域、范围和条件，确定相应的人事政策，并据此确定招聘简章。

（2）宣传报名阶段

发布招聘信息与受理报名，既是筹划工作的延续，又是考核录用的基础，起着承上启下的作用。这一阶段主要应抓两大环节：一是发布招聘简章，其目的在于使就职者获得招聘信息，并起到一定的宣传作用；二是接受应聘者报名，其目的是通过简单的目测、交谈与验证，确定其报名资格，并通过填写就职申请表，了解就职者的基本情况，为下一步的考核录用工作奠定基础。

（3）考核录用

考核录用阶段是招聘工作的关键，主要包括全面考核和择优录用两项工作。全面考核就是根据酒店的招聘条件，对就职者进行适应性考查。择优录用，就是把多种考核和测验结果组合起来，综合评定，严格挑选，确定录用者名单，并初步拟定工作分配去向。

（4）招聘评估

招聘评估是酒店员工选拔、招聘过程中不可缺少的一个环节，必须结合酒店情况进行动态跟踪评估。如果录用人员不符合酒店岗位的要求，那么不仅在招聘过程中所花的财力、精力与时间都浪费了，而且会直接影响到相关岗位与部门的工作成效。

2. 酒店员工招聘途径

酒店从外部招聘人才，应根据所需人才的要求采用不同的途径。

（1）借助外力

人员招聘，特别是高层管理者、重要的中层岗位与尖端的技术人员的招聘，是一项专业性和竞争性非常强的工作。有时，酒店利用自身的力量往往难以获得合适的人才。对此，酒店可以委托专业搜寻、网罗人才的“猎头”公司，凭借其人才情报网络与专业的眼光和方法，以及特有的“挖人”技巧，去猎取酒店所需的理想人才。当然，酒店也可采用人员推荐的方法，即通过熟悉的人或关系单位的主管引荐合适的人选。

（2）借助网络

网上招聘具有费用低、覆盖面广、周期长、联系便捷等优点，日益成为招聘的主渠道之一。酒店通过网络招聘人才，既可以通过商业性职业网站，也可以在自己公司的主页上发布招聘信息。

（3）借助会议

随着我国以市场为基础的人力资源开发及就业体制的建立与完善、人才市场的逐步形成与规范，各种人才见面会、交易会等也相继增多。酒店应抓住这种时机，广为宣传，塑造形象，网罗人才。

（4）借助“外脑”

现代社会知识爆炸，科技突飞猛进，经营环境千变万化，酒店要想自己拥有和培养各类人才既不经济，又不现实。酒店可以采取借助“外脑”的途径，其方法主要有：一是聘请“独立董事”，以保证决策的客观性和科学性；二是聘请顾问，参与企业的重大决策和有关部门的专项活动；三是委托专业公司经营管理或进行咨询与策划，以减少风险。

（5）借助培训

为了提高自身的素质，越来越多的酒店中、高层管理者积极参加各种外部培训班，以更新自己的知识结构，拓展人际关系网与发现新的发展机会。在培训期间，酒店管理者会接触到各种各样的人才，有些人才可能正是酒店急需引进的。因此，酒店管理者应利用外部培训机会，有意识地物色所需的紧缺人才，并借助同学情谊与自身魅力等吸引优秀人才加盟。

3. 酒店员工招聘技术

（1）笔试技术

笔试，是指在控制的条件下，应试者按照试卷要求，用记录的方式回答的一种考试。这种考试一般在以下几种情况下使用：一是应聘人员过多，需要用笔试先淘汰一部分人员；二是招聘岗位需要特定的专业知识与能力，而学历和职称难以考量其是否具有必要的应知和应会；三是需要测试其智商等要素。

（2）面试技术

面试是一种评价者与被评价者双方面对面的观察、交流的互动可控的测评形式，是评价者通过双向沟通形式来了解面试对象的素质状况、能力特征以及应聘动机的一种人员考试技术。面试是一项较为复杂的工作，酒店招聘主管人员在正式面试之前，应做好面试的各项组织和准备工作。主要包括选择面试场所、选择面试方式、确定面试的内容和步骤三个方面。

（3）测试技术

招聘录用过程中使用的测验类型有很多，大致可以归纳为操作与身体技能测试、心理测试、模拟测试几类。

4. 酒店员工的初选、考试与评估

为保证招聘工作的顺利进行，必须对应聘者进行初选、考试与评估。

（1）初选

应聘者往往人数很多，人力资源管理部门不可能对每一个人进行详细的研究和考察，否则花费太高。这时，需要进行初步的筛选，即初选的过程。内部候选人的初选比较容易，可以根据酒店以往的人事考评记录进行。对外部应聘者则需通过初步面试、交谈、填写表格和提交应聘材料的方式，尽可能多地了解他们的情况，观察他们的兴趣、观点、见解、创造性和性格特征，淘汰那些不能达到这些基本要求的人。在初选的基础上，对余下的数量相对有限的应聘者进行考试和评估。

（2）考试与评估

考试的方式和考试过程的设计必须尽可能地反映应聘者的技术才能、与人合作的才能、分析的才能和设计的才能。在招聘中经常使用的考试方式如下：

①智力与知识测试。包括智力测验和知识测验两种基本形式，这两种测试与未来管理人员分析才能和设计才能有关。

② 竞聘演讲与答辩。这是知识与智力测验的补充，因为测验可能不足以完全反映一个人的基本素质，更不能表明一个人运用知识和智力的能力。发表竞聘演讲，介绍自己任职后的计划和打算，并就选聘小组的提问进行答辩，可以为候选人提供一个充分展示才华、自我表现的机会，通过设计问题和观察也能得出有关他们的设计和与人合作的才能。

③案例分析与候选人实际能力考核。这种测试是对候选人的综合能力的考察。可借助“情景模拟”或“案例分析”，将候选人置于一个模拟的工作环境中，如前台、

酒吧、商务中心、市场营销部等，运用多种评价技术来观察他的工作能力和应变能力，以判断他是否符合某项工作的要求。

5. 酒店员工的挑选与任用

经过测试合格的候选人通常还要接受体格检查，这对于酒店员工来说是非常重要的，某些疾病（如传染疾病）可能不适合酒店工作。所有测试和检查都合格的候选人原则上可作为挑选和录用的对象。挑选工作包括核实候选人材料、比较测试结果、听取各方意见、同意聘用、发放录用通知等步骤。任用就是将核实的被聘者安置到合适的岗位上。挑选合格的员工进入酒店后，首先要接受上岗教育。上岗教育包括企业的历史、产品和服务介绍、规章制度、组织机构、福利待遇等具体内容，也包括企业的价值观、经营理念、英雄模范、应具有的工作态度等企业文化方面的教育。岗前培训同时也是新员工适应企业环境的过程。工作的轮训是一个不可缺少的内容，它不但能拓宽新员工的技能和工作经验，而且有助于培养他们的合作精神和对不同岗位同事的理解。

经过一段时间上岗培训，新员工才能真正成为企业的一员。这时，人力资源部门可以综合该员工申请的职位、培训期的表现和他个人的能力倾向，将他安排在合适的职位上。

第三节　酒店人力资源发展管理

对于人力资源管理，很多人有一种认识上的误区。认为人力资源管理工作无非就是招聘员工、培训员工、考评员工、解聘员工等事项，无非就是人事管理工作。对于人力资源管理，缺乏一种以人为本的管理理念，缺乏一种以资源，而且是酒店最重要资源的角度来看待酒店员工队视野与胸怀，更谈不上去积极挖掘、培养、发展人力资源以提升酒店人力资源工作的有效性。若这种认识来自于酒店的高层管理者或者是业主方，那是不利于整个酒店的经营管理的。

一、我国酒店人力资源队伍存在的主要问题

我国现代酒店发展至今，已有三十多年的历史，人力资源上存在的问题主要体现在以下几个方面。

（一）随着酒店业产业规模的不断扩大，酒店一线服务人员的需求在急剧上升，但旅游人力资源市场在萎缩

20 世纪 80 年代，旅游涉外酒店业刚刚起步，酒店供不应求，够得上五星级的高档酒店、合资酒店更是门庭若市，既有外语会话能力又有专业服务技能的人才短缺。国家为尽快培养出一大批能直接到酒店工作的人才，在教育政策上倾向于发展中等职业教育，很多中学改为旅游职业学校，直接为大酒店输送劳动力。20 世纪 80 年代后期和 90 年代初，由于酒店投资建设过度，酒店从供不应求变为供大于求。人力资源市场也随之发生变化。20 世纪 90 年代末以来，由于很多外企公司和高新技术企业的行业优势远远超过酒店，酒店的经济待遇无力与其他行业相媲美，国家又不断扩大高等教育招生的背景下，旅游职校的生源逐步减少，人们进入酒店就业的愿望在减弱。在经济发展和教育体制改革的双重压力下，一方面，经济发展推动了酒店业的市场需求扩大，需要更多的劳动力，另一方面，酒店业经营的微利时代制约了酒店员工待遇的提高，在生源萎缩的夹击下，酒店人力资源供给远远不能满足酒店业高速发展的需求。

（二）酒店人力资源结构分布失衡

从纵向看，酒店业的发展呼唤素质高、外语好、专业知识扎实、一专多能的复合型人才。而中专、职校生与本科以及更高学历的硕士、博士等旅游高级人才的比例严重失调。从横向看，酒店人力资源存在着严重的专业缺口问题。其主要表现是既有实践经验又具有较高理论水平的旅游人才难觅。学历较高的本、专科毕业生往往具备了某一方面的专业知识和文化知识而没有较多的实践机会，他们在酒店的实践上有较大的欠缺；而旅游职校的学生往往实践经验比较丰富，但文化水平和理论水平很有限。从目前我国各有关旅游高校的毕业生就业倾向和毕业后所从事的工作看，一大批经过大学本科教育的旅游专业大学生毕业后纷纷转行，不再从事旅游行业工作，加剧了酒店业的人才短缺。

（三）行业培训师不足是酒店业人力资源开发存在的另一个问题

目前我国酒店的培训师主要有三类：第一类是大专院校的教师和专业研究者，理论知识较丰富，但缺乏与实践的结合；第二类是酒店中的管理者和业务能手，有实践经验，但缺乏系统、科学的理论知识；第三类是既有一定实践经验又有相当理论水平的人员。其中，第一、二类师资不少，第三类师资匮乏。

（四）酒店业人才流失严重

酒店员工流动分为酒店行业横向流动和跨行业流动两种。酒店行业内人力资源的合理流动有利于行业内劳动力的调剂，充分发挥现有人力资源的优势。跨行业流动对于酒店乃至整个酒店行业而言都是一种损失。其中，跨行业流动主要集中于酒店一线操作服务型员工，他们的经济待遇较低，劳动强度又大，因此他们的跨行业流动较频繁。

二、员工培训

培训是酒店人事管理的重要内容，是人力资源开发的重要手段。职工培训对于人力资源开发有着极为重要的作用，是酒店人力资源管理的一项重要功能。酒店优质服务需要有良好的工作态度和训练有素的服务人员，高效的管理需要具有管理才能的管理人员。无论是合格的服务人员还是管理人员都离不开培训。培训是现代酒店管理过程中必不可少的工作。

酒店从总经理、部门经理、主管领班到服务员，可相应分为决策层（总经理、副总经理、酒店顾问等）、管理层（部门经理、经理助理）、执行层（主管领班等基层管理人员）和操作层（服务人员及各部门的工作人员）四个层次，由于在不同层次工作的职工，所需掌握和使用各种技能的比率各不相同，因而要分别进行不同层次的培训。我们通常将培训分成职业培训和发展培训两大类。职业培训主要针对酒店一线操作人员（服务生、调酒员等）；发展培训主要针对管理人员。

不管新老员工，一进酒店，都需接受培训。新员工需要入职培训，酒店的老员工在不同的阶段也同样需要不同类型的培训方可保持与时俱进。以酒店前台工作为例，在 20 世纪 80 年代以前，酒店基本采用手工操作来办理入住和结账手续。而当今酒店一般都采用了电脑技术，从而极大地简化了酒店的入住登记和结账离店手续。可见科技的迅猛发展使老员工面临了知识和技能老化的新问题。此外，当今酒店业竞争加剧，客人需求越来越高，加上酒店产品中人对人的服务成分很大，员工素质的高低直接影响其对客服务质量的好坏。因而，酒店不约而同地走上了这样一条相同的道路：狠抓员工培训，促进服务质量和竞争优势的保持和提升。

从系统的角度来看，培训可以划分为四个不同的阶段：培训需求分析、培训项目的设计、培训项目的实施和培训效果评估。如此不断地循环往复，逐渐实现酒店组织的既定培训目标。

（一）培训需求分析

专家指出，可从组织需求分析、工作需求分析和个体需求分析这三个方面着手进行培训需求的分析。

1. 组织需求分析

该分析指的是组织在确立其培训重点之前，必须首先对整个组织所处的环境、制定的战略目标以及组织所拥有的资源状况进行一次全面的了解和分析。例如，美国“9·11”恐怖事件发生之后，美国酒店业迫切感到了在安全培训方面的需求。又如，在酒店餐饮流程的改造中，如果只是强调后台厨师研制新菜品的工作，而不对酒店营销人员和餐饮前台人员进行促销培训，菜品翻新的培训计划就很难达到预期的效果。

2. 工作需求分析

工作需求分析是通过工作分析来确定一项具体的工作或职位由哪些任务组成，完成这些任务需要什么技能，以及完成到什么程度就是理想的或者说是合乎标准的。工作需求分析是培训需求分析中最烦琐的一部分，但只有对工作进行精确的分析并以此为依据，才能编制出真正符合企业绩效和特殊工作环境的培训需求和培训课程。

3. 个体需求分析

把潜在的参加培训的人员个体所拥有的知识、技能和态度，与工作说明书上的相应条款的标准进行对比，则不难发现谁需要培训以及他 / 她具体需要在哪一方面进行培训的问题。换句话说，个体需求分析是要找出个体在完成工作任务中的实际表现与理想表现之间的差距。

（二）培训项目的设计

一旦培训需求确立之后，下一步要考虑的问题便是如何通过精心的培训设计去达到培训所要达到的目标。专家指出，一项精细的培训设计需要将以下四个方面的问题纳入通盘的考虑：培训目标是什么；受训人员训前的准备情况如何；成人学习或培训的原则是什么；培训师有何具体特点等。

首先，在目标的确立阶段，培训设计者应当尽量将目标具体化、明确化以及可衡量化。例如，“提高员工的满意度”之类的培训目标是很难成功的，因为员工的满意度是一个很难量化的指标，即使通过量化的手段测出了满意度指数，那么酒店方面所投入的时间和精力成本难免会过高；而“减少员工的流失率”就是一个较为具体并且比较容易获得的数据。

其次，培训效果的好坏往往在设计阶段就埋下了伏笔。在培训开始之前，非常有必要对员工的实际情况进行摸底，并且找出他们的工作绩效与组织所期望的绩效之间的差距。这样会激发员工参加培训的欲望。反之，如果一个员工在培训开始之前没有做好思想准备，那么再好的培训对他来说，都只不过是走过场而已。

再次，培训或学习的原则是什么？酒店在做培训设计时，应当尽量考虑大多数学员的实际水平和吸收新知识与技能的能力。例如，针对酒店员工大多数是成年人的特点，培训师应当在培训中多采用重复和强化的手段，帮助成人记忆所要掌握的具体内容；针对酒店大多数员工文化素质偏低的特点，培训内容应当尽量保持形象和直观的原则；为了方便员工在训练后的工作中最大限度地运用培训所学，酒店培训应当尽量保持这样一个原则：培训内容和方式尽量与真实的工作情形保持尽可能强的相似性等。实践表明，成人学习有以下定律：成人偏好自我学习的经验；成人学习速度和效率不一；成人学习是持续不断的过程；成人学习是在刺激感官中发生的；在实际操作中的学习效果最佳；传授—示范—实操是成人学习新技能的最佳方法。

最后，培训设计还应当考虑培训师的具体特点。毋庸置疑，培训师的素质如何将直接影响到学员的培训和学习效果。一个称职的培训师通常应当具备以下条件或特征：对授课内容和专业技术了如指掌；顾及大多数参训人员的学习能力；耐心倾听和解答学员提出的问题；具有幽默感；对讲授内容抱有兴趣；讲解透彻清晰；充满热情等。

（三）培训项目的实施

一项培训是否达到预期的效果，在很大程度上取决于培训项目在前、中、后期的各项工作是否落实到位。很多经理们的培训计划做得很好，但却没有成功地实施培训。在培训项目的实施过程中，自然会遇到方方面面的问题和阻力。如在我国，大多数酒店培训项目都是在职培训，在培训时间的安排上经常会与业务接待时间或员工的休息时间或多或少地发生冲突。实践表明，如果没有各部门和与培训项目有关人员的通力合作，再好的培训项目计划也难以得到顺利的实施。

在培训项目的实施阶段，恰当的培训方法的选择和运用是成功的关键因素之一。在实践中，针对酒店管理人员的发展培训和针对非管理人员的职业培训需求往往差别很大。因此，酒店有必要采用不同的方法对不同的群体进行有针对性的培训。

1. 职业培训

职业培训的主要对象是酒店操作层的职工。培训的重点放在培训和开发操作人员的技术技能方面，使他们熟练掌握能够胜任工作的知识、方法与步骤。职业培训按其培训顺序可分为岗前培训和持续培训两大类。

（1）岗前培训

岗前培训是新职工走上服务岗位之前的培训。凡是新招收的员工都必须经过培训，“不培训就不能上岗”要作为酒店铁的定律。

岗前培训包括入门培训和业务培训两部分。

入门培训着重于对新职工进行酒店基本知识教育、思想观念教育和职业道德教育，以使新职工对酒店工作有一基本的了解。

业务培训的内容可以分成两大部分：一部分为工作培训，另一部分为行为培训。工作培训主要包括专业外语、服务规程、服务技能与技巧、食品饮料知识、卫生防疫知识等，着重于服务工作直接有关的内容。行为培训主要包括形体训练、酒店礼节礼貌、主要客源国礼仪、安全保卫与保密知识、酒店消防知识等。在培训过程中，切不可只重视工作培训而忽视行为培训。服务人员良好的行为规范和工作能力是训练有素的酒店合格职工的一个标志。

业务培训方式可以分两个阶段进行。第一阶段可根据培训的具体内容分别用听、看、练的方式，或者用听、看、练相结合的方式进行。第二阶段是经过第一阶段的培训以后，必须投入到实际的服务过程中去实践，即跟班上岗，在熟练员工传、帮、带的磨炼中，成为一名合格的酒店员工。

（2）持续培训

新职工上岗后，要不断地进行持续培训。持续培训包括再培训、交替培训和更换培训。

再培训的目的是使上岗后的职工复习已经遗忘或不太熟悉的业务，或是通过再培训，使已掌握的技能和技巧进一步提高，以达到完善的水平。

交替培训是使职工成为多面手，掌握两个以上的工作岗位的技能，以便更充分地利用人力资源，既有利于部门间的人事调配，也可防止有职工因故调离工作岗位时而造成无人顶替的混乱。

更换培训是指将已经上岗但不称职的职工及时换下来，而对他们进行其他工种的培训。

一般根据换岗下来的职工的性格和能力，选择在新的岗位上能胜任工作的工种进行更换培训。无论是岗前培训还是持续培训，目的都是培养一支胜任酒店工作的优秀员工队伍。

2. 发展培训

发展培训的对象是在酒店从事管理工作的人员和通过外部招聘或内部提升而即将从事管理工作的职工。由于酒店管理层中既有决策层、管理层，又有执行层，他们虽然同属管理人员，但侧重点不同，因此，培训的内容也应不同。

基层管理人员，如领班、管理员等，他们的工作重点主要是在第一线从事具体的管理工作，执行中、高层管理人员的指令。因此，为他们设计培训内容应着重于管理工作的技能、技巧，培养他们如何由被动地执行操作指令转为主动地接受指令并组织同班组的员工工作，培养他们掌握组织他人工作的技巧。中、高层管理人员的培训应注重于发现问题、分析问题和解决问题的能力，用人的能力，控制和协调的能力，经营决策能力，以及组织设计技巧的培养。中层管理人员，尤其是各部门经理，对其所在部门的经营管理具有决策权，因此，他们除了必须十分精通本部门的业务，了解本部门工作的每一个环节和具体的工作安排之外，还要了解与本部门业务有关的其他部门的工作情况，懂得与其他部门的配合与协调。高层管理者的工作重点在于决策。因此，他们所要掌握的知识更趋向于观念技能，如经营预测，经营决策、旅游经济、管理会计、市场营销以及国家的旅游法规、外事政策等内容。

（四）培训效果评估

大量的事实证明，很多酒店尽管在培训方面投入了不少的人力、物力、财力和时间，但是培训效果却往往不尽如人意。培训效果评估是培训项目中最重要的一个环节，但是在实践中这个环节往往是最薄弱的，常常得不到重视。究其原因，往往是经理和主管们不十分了解应该如何评估培训效果。因此有必要介绍一下培训效果评估的理论及其方法。

1. 柯氏四段培训评估理论

在众多的培训评估理论中，柯氏四段评估理论的历史悠久并且最有名气。四段评估包括反应、学习效果、行为改善和结果。

（1）反应

即受训者对培训的总体感受如何？经理们一般可以通过问卷调查法和访谈法的方式，了解和征求学员们的意见和对培训项目本身包括培训师的评价。

（2）学习效果

即受训者对培训内容的掌握程度。具体的评估办法可以视情况采用测验或演练观察等方法。如对比学员训前和训后对酒水知识的了解和掌握情况，则不难发现他的学习有没有效果。

（3）行为改善

即受训者在工作岗位上运用培训所学后，他的工作行为和绩效发生了什么样的变化？例如，比较一下餐饮摆台人员训前和训后的工作效率以及他的对客服务态度变化情况，便可得知培训对其有没有起到作用。当然，在这部分评估中，要注意识别引起员工行为和工作绩效变化的真实原因。因为导致行为改善的因素不止培训一种。但是，要做到这一点是不容易的。

（4）结果

培训的最高一个层次的评估是看培训给部门或组织究竟带来了什么样的影响和变化？这些变化是多方面的，酒店可从客房销售的REV—PAR值、宾客满意指数、员工满意指数以及投资回报率等变化的角度，对培训效果进行深层次的评估。不难发现，这部分的评估可操作性不强。如前所述，就像很难区分是培训还是培训以外的因素导致员工绩效改变的道理一样，酒店在部门和组织层面上的绩效变化，很难断定是否是由培训因素所导致的。

应当指出的是，柯氏四段培训评估理论虽然在实践中得到了广泛的运用，但该理论本身存在局限性。如前所述，该理论尤其是它的第三和第四个层次的评估可操作性并不强，很难创建令人信服的可以量化的指标体系；很难区分个人行为改善和组织绩效改善是由培训因素还是培训以外的因素导致的。不但如此，该理论可以说是站在培训的角度审视培训效果，而对于培训以外的因素如组织文化对培训效果的影响如何，却不得而知。

2. 霍氏培训评估理论

霍顿在总结了前人在培训评估理论方面存在的不足的情况下，创造性地提出了培训成果转化系统的理论，即员工在工作中运用培训所学知识时会受到一系列因素的影响。这些因素不但包括培训本身的因素，而且包括受训者个人以及组织的环境氛围的影响。从效果来看，这些影响因素可能产生的是积极的或正面的影响，也有可能产生的是消极的或者是不好也不坏的影响。培训效果的好与坏是所有影响因素综合作用的结果。归结起来，培训影响因素可以细分为次要的影响因素（如员工的自我效能）和三个主要因素：环境影响、动机因素和转化所需的必要条件。为了使培训成果转化系统理论能在实践中加以运用，以便评估组织的培训转化系统运行情况，霍顿等人还专门制作了一个可以具体评估培训的诊断测试工具——学习成果转化系统指标体系。

三、工作绩效评估

（一）工作绩效评估概述

绩效是人们所做的同组织目标相关的、可以观测的、具有可评价要素的行为，这些行为对个人或组织具有积极的或消极的作用。绩效评估则是收集、分析、评价和传递有关某个人在其工作岗位上的工作行为表现和工作结果方面的信息情况的过程。

（二）绩效评估的方法

实践表明，不同的个人绩效评估目的，应该采用不同的评估方法。不恰当的评估及其运用会给个人和组织带来负面的效应。方法的选用往往对绩效评估结果的客观性和公正性造成直接的影响。总的说来，个人绩效评估可以分为三个大的类别：特征评估法、行为评估法和结果评估法。三类评估方法各有千秋。表 7-3 列出了三类方法的优缺点。

表 7-3　特征评估法、行为评估法、结果评估法的优缺点

	优　点	缺　点
特征评估法	开发费用低 使用的维度有意义 容易使用	评估出现偏差的可能性高 不容易量化 主观随意性大 受干扰因素多
行为评估法	使用具体的行为维度 员工及领导均可接受 便于提供反馈 对奖金的发放和职位的晋升比较公平	开发及使用耗时较多 开发费用高 可能出现评估偏差
结果评估法	很少有主观偏见 上下级均可以接受 便于个人绩效与组织绩效的结合 鼓励共同设立目标 适合奖金及晋升决策	可能助长短期行为 可能使用错误的标准 可能使用不充分的标准

1. 特征评估法

所谓绩效特征评估，是指评估雇员在何种程度上拥有组织和所担任的职位所需要的重要特征（如独立性、创造性等）。特征评估法包括：图表尺度评价法、叙述文章法、强制选择法和混合标准法。我们将以图表尺度评价法为例（表 7-4）对特

征评估法加以展示。

表 7-4 图表尺度评价法

工作特征	表（1 分）	中下（2 分）	中等（3 分）	中上（4 分）	优秀（5 分）
工作态度	1	2	3	4	5
专业知识	1	2	3	4	5
业务技能	1	2	3	4	5
工作质量	1	2	3	4	5
合作精神	1	2	3	4	5
独立性	1	2	3	4	5
出勤情况	1	2	3	4	5
综合印象	1	2	3	4	5

2. 行为评估法

该方法从员工在工作中所表现出的具体的行为角度，对其工作绩效进行评估。行为评估法具体包括关键事件法、行为锚定等级评价法、行为观察评价法等（表 7-5），为针对酒店经理的沟通工作表现进行的行为锚定等级评估。

表 7-5 行为锚定等级评价法

说明	分值	行为举例
与员工有效沟通并能经常参加会议	7.00	经理召集会议解释饭店为什么要裁员，员工可以提问题并讨论为什么要减少某些岗位的员工
	6.00	经理在忙于业务拓展时候，经常增加政策制定委员会的碰头次数，以保证项目合作顺利，交流畅通
与员工的交流令人满意并能有时候参加会议	5.00	经理每周让生产线上的员工到自己的办公室，做一次非正式的谈话，介绍企业的做法
	4.00	经理当天不和前台经理谈关于行李员人浮于事的现象，但会对客房经理表现出这种担忧
	3.00	经理错过了部门会议，不走访下属员工，但在饭店各处留条子说明应该做些什么
与员工沟通困难并很少参加会议	2.00 1.00	在执行委员会会议上，经理批评下属的意见是愚蠢的

3. 结果评估法

如表 7–3 所示，结果评估法有诸多明显的优点，如很少有主观偏见，上下级均可接受等。有鉴于此，在酒店的具体实践中，结果评估法得到了广泛的运用。尽管如此，该评估法也不是没有局限性的。例如，在酒店销售人员的业绩评估中，同样一位销售人员有可能在两个不同的评估期内付出了相同的努力，但在结果上，这两个评估期的业绩好坏有可能悬殊。究其原因，很有可能是市场因素发生了变化。又如，在对经理个人业绩的评估中，以财务指标为导向的结果评估往往诱发经理们在工作中的短期行为。此外，不同的结果评估法会导致不同的工作价值观和行为倾向。所以，在酒店的实际工作中，适宜视情况采取不同的结果评估法。常见的结果评估法有三种：劳动效率评估法、目标管理评估法和平衡计分卡评估法。这些方法除了被用来评估员工个人绩效之外，还常被用来评估部门或团体的工作绩效。接下来我们以目标管理评估法为例，让大家对基于结果的评估法有一个初步的了解。

目标评估法，顾名思义，就是评估人员与被评估人员一起制定被评估人员在评估期内的具体目标，同时制定到达该目标的计划、步骤甚至方法等。在实施过程中，评估人员还需要阶段性地与被评估人员一起讨论目标的进展情况，并根据实际情况对目标加以适当的调整和修改。最后，在评估期结束时，根据目标完成情况对被评估人做出绩效评价。表 7–6 给出了目标管理评估样表。

表 7–6 目标管理评估样表

饭店名称__________　　经理姓名__________

评估期间__________　　评估人__________

业绩目标	结果考评指标	结果
1. 市场份额	间 / 夜数	增加了 3%
2. 顾客服务 / 顾客评价	得到肯定性评价的百分比	从 90% 增加到了 94%
3. 客房部利润	客房部收入占总收入百分比	提高了 1 个百分点
4. 员工道德	投诉率	下降了 5 个百分点
5. 员工发展	参加培训的人数	增加了 10%
6. 健康及安全条件	事故数量	下降了 10%
7. 饭店外部关系	领先水平	没有变化

（三）评估面谈方法及注意事项

绩效评估的主要目的，一方面是帮助员工查找导致不理想绩效背后的原因，并以此来增加共识、减少误解和猜疑，另一方面是为员工绩效的改善和员工今后的职、业发展方向提供积极的参考和建议。为此，有必要采用恰当的面谈方法和遵循绩效面谈的一些原则。

常见的绩效面谈方法有三种：告知与诱导型、告知与倾听型以及问题解决型。在实施告知与诱导型面谈时，评估师或经理人员把评估结果告诉被评估人之后，应当着重向被评估人提供对症的良策，诱导他改善或提高其工作绩效的动机和行为。在告知与倾听法的运用中，首先评估师或经理将考评结果客观地向被评估人反馈，当被告知不好的绩效评估结果时，被评估人员往往情绪比较激动，有经验的评估师在这个时候往往采用少说多听的办法，给员工一些申诉或宣泄的机会，尽量减少或缓解绩效评估中容易出现的矛盾和问题。与告知与倾听型面谈方法相似的是，问题解决型面谈法也要求评估师设身处地地为被评估人着想，仔细倾听员工的真实感受。但是问题解决型面谈法的主要目的是要求通过评估面谈从根本上解决被评估人工作绩效不佳的问题。例如，有的性格内向的员工，尽管他已经在工作中尽力了，但因其性格的原因很难在销售工作中打开局面。在这种情况下，适宜建议员工更换工作岗位，到与客人打交道较少的酒店其他部门工作。不难看出这样的评估属于发展性评估，其宗旨在于帮助员工更好地了解和认识自己，并且在工作中找到适合自身发展的工作岗位。这样，员工的工作绩效提升的可能性便增大了，进而对组织的工作绩效也会产生积极的影响。需要说明的是，在实际工作中往往不能只单纯运用某一种方法，应当视情况对面谈方法加以灵活的运用。

为了达到面谈的目的，评估人员在与被评估人员的交谈中，需要注意以下事项：谈话内容要客观而具体；不要绕弯子；少批评，多鼓励；鼓励员工多说话；聚焦问题的解决方案；确立新的评估目标；加强面谈后的后续工作。

（四）绩效评估中的问题

理论和实践表明，绩效评估并非易事。有调查显示，有 70% 的雇员表示业绩评估并不能让他们清楚管理层对他们的期望是什么，只有 10% 的员工认为业绩评估是成功的。更多的员工觉得业绩评估反而让他们对工作的目标状态更模糊了。另有调查显示 51% 的企业觉得现有的评估系统对企业没有价值或价值极小。

为什么会出现这样的现象呢？一方面，是由于绩效评估本身的难度并非常人想象的那样：只是上级领导给下级打分而已。另一方面，在绩效考核中，一个微小的失误都有可能导致人力资源管理中明显的不良后果。导致绩效评估不成功的因素较多。

绩效评估出现这样或那样的问题在所难免，关键是如何避免可能出现的问题。为此，可以从以下三个方面着手，减少人力资源评估带来的偏差。其一，对人力资源评估中容易出现的问题首先要有全面的了解，这是防患于未然的不可缺少的步骤之一。其二，制作或选择恰当的绩效评估工具。众所周知，没有放之四海而皆准的评估工具或标准，唯有量身制作的经过实践反复验证的并且是适合评估目的和情形的工具，才能最大限度地保证评估的客观性和公正性。其三，对评估人员在进行评估之前要进行专题培训，使他们在评估业务上精通，并且在思想上保持与组织所期望的境界尽量吻合。当然，除此之外还有很多因素值得我们注意，如员工的参与度和领导的支持度等，都是人力资源评估工作取得预期效果的必要条件之一。

本章小结

本章介绍了酒店人力资源管理的含义、目标及要求，以及酒店人力资源管理的内容。在此基础上，本章重点阐述了酒店人力资源的招聘，并介绍了酒店人力资源部门是如何对新员工和老员工进行培训和激励的。本章内容充分说明，人力资源的开发与管理工作贯穿酒店经营管理的始终，是酒店的一个神经中枢，非常重要。在现代酒店经营管理中，需要把人力资源当作有效资源进行科学的开发、管理和利用，充分发挥员工的潜能。这些都是酒店为宾客提供高质量、高品质服务，从而获得良好经济效益和社会效益的重要保证

复习与思考

一、名词解释

人力资源管理　以人为本　职业培训　发展培训　柯氏培训

二、简答题

1. 酒店人力资源管理目标。

2. 酒店人力资源管理的原则。

3. 酒店人力资源管理的基本内容。

三、论述题

1. 请试述我国酒店人力资源队伍存在的主要问题。

2. 请试述“以人为本”的管理思想。

3. 请试述人力资源管理模式。

第八章

酒店财务管理及经营绩效分析

学习目标

知识目标

○理解财务管理工作

○掌握酒店经营绩效评价

○了解酒店财务管理的职能

能力与情感目标

○能识别酒店的预算管理

○能分析酒店的财务分析

○能讲述酒店的综合实际评价体系

● 案例导入

酒店的资本运作，酒店经营管理的高级阶段

2007年7月3日，美国黑石集团宣布将出资260亿美元现金收购全球酒店巨头希尔顿酒店集团。260亿美元的出价是世界上迄今为止最大的酒店业并购，相当于希尔顿酒店每股出价47.50美元。

收购的是不动产，酒店的品牌和管理格局应该是没有变化。

近年以来，全球酒店集团上演了一幕幕并购大戏，预示了全球酒店集团进入了并购活跃期。

2005年发生了153起大大小小的酒店合并案，总价值237亿美元，而2004年为132起，总金额达324亿美元。

从一方面看，收取酒店管理费要比持有酒店利润更高而且风险更小；但是从另一方面看，酒店是中长期投资回报率较高的地产项目，而2005年在全球范围内的房地产兴旺行情是变现不动产的大好时机。

无论是收购还是变现，交易双方都有着相应的理由和目的。回顾历史，跨国酒店集团的发展历史也就是并购的历史。

喜达屋从资金管理公司通过并购成为大集团，后来以小吃大并购喜来登。喜来登在20世纪60年代从一家酒店起家，其股票在20世纪70年代被ITT（美国北方电讯公司）购买，ITT的资金加上喜来登专业酒店管理技能结合使喜来登成名，20世纪90年代晚期喜来登从ITT分离。喜达屋下的艾美从一家法国航空公司下属的酒店公司起家。圣腾是HFS通过分阶段收购成为大集团的，如1992年收购天天客栈，1993年收购超级汽车酒店。

20世纪80年代，以半岛酒店为核心资产的香港大酒店集团两度被称为股市狙击手的刘銮雄和罗旭瑞发动收购。半岛酒店当时是香港唯一的6星级酒店，刘銮雄毫不犹豫地以旗下中华娱乐行和爱美高连同丽新制衣以每股53元接手。为争取大酒店董事席位、话语权，刘銮雄和嘉道理家族展开了一年格斗，最后以嘉道理接手刘持有的大酒店股份为终结，此举使刘氏旗下中华娱乐行获利达9200万港元，爱美高则赚取4200万港元。

2006年3月6日，雅高宣布出售该集团旗下所属在欧洲的76家旅馆，连锁品牌分别为Novotel、Mercure和Ibis，以及在美国的6家Sofitel连锁品

牌旅馆，交易总金额为8.9亿欧元。出售后的旅馆仍将继续由雅高集团负责管理经营，其中，欧洲旅馆的品牌转让使用期为12年，并可以延期至60年。而美国的6家Sofitel旅馆，雅高集团保留了25%的股份，同时，其品牌转让使用期限为25年。雅高在2005年出售了旗下126家旅馆后，2005年年初雅高集团还拥有索菲泰连锁酒店99%及诺富特连锁酒店50%的产权，2006年年底将只拥有这两大酒店连锁25%的所有权。雅高出售旅馆主要目的是减少债务并集中资金进行新的投资。2005年外资在法国旅馆业的投资总额达40亿欧元，几乎是2004年的3倍。

比较重大的并购事件如下。1949年，希尔顿国际公司从希尔顿酒店公司中拆分出来，成为一家独立的子公司。

1964年，希尔顿国际公司在纽约上市。

1967年到1987年的20年中，希尔顿国际三次被收购，最后由前身为莱德布鲁克（Ladbrok）集团的希尔顿集团买下。

1974年，雅高引进宜必思品牌。

1975年，雅高引进美居品牌。

1980年，雅高通过与杰克·槐斯·玻勒尔国际公司（JBI）的兼并，引进索菲特品牌；在巴黎股票交易中心上市融资。

1981年，大都会（Grand Metropolitan）兼并洲际酒店集团。

1985年，雅高的一级方程式汽车旅馆开张后，15年里就在全球开设了1000家分店。1985年，引进“佛缪勒第一”经济品牌。

1989年，英国巴斯有限公司（Bass）对假日集团（1989年）和洲际集团（1998年）收购兼并。

1990年，雅高购买美国“汽车旅馆第六”品牌。

1995年，万豪国际集团收购丽思·卡尔顿酒店公司49%的股份。

1998年，波士顿丽思·卡尔顿酒店公司99%的股份归到了万豪国际集团名下。

2003年，洲际酒店集团（前六洲）收购兼并了美国的蜡木酒店式公寓集团（Candlewood Suite）。

2005年9月14日，胜腾以1亿美元收购Wyndham酒店品牌以及特许经营系统。根据协议，Cendant将从The Blackstone Group旗下的Wyndham International Inc.得到82家酒店的特许经营协议以及29家酒店的管理合同。

2005 年 10 月初，胜腾酒店集团购买了万豪在全球范围的内华美达品牌。

2005—2006 年，许多大宗酒店交易与并购由美国黑石集团（Blackstone Group）领导；资产轻量化（Asset- Lite）成为大酒店品牌的经营趋势。

2006 年，美国胜腾集团（Cendant）更名为温德姆国际酒店（Wyndham Worldwide）。

第一节　酒店财务管理概述

一、酒店财务管理的概念

所谓财务，是对社会经济环节中涉及钱、财、物的经济业务的泛指。酒店财务是客观地存在于酒店的生产经营活动中，通过货币资金的筹集、分配、调度和使用而同有关方面发生的经济关系。

酒店财务管理，是指对酒店财务活动的管理。财务活动即酒店财产物资方面的业务活动及事务活动，包括各种财产物资的取得、置配、耗用、回收、分配等活动。

在市场经济中，各种财产物资具有价值和使用价值，财产物资价值的货币表现就是资金。为了保证业务经营活动的正常进行，酒店首先要筹集一定数额的资金，有了资金后，还要做好资金的投放，使之形成酒店业务经营所需要的各种财产物资，即各项资产。而在酒店的业务经营过程中，资产的价值形态不断地发生变化，由一种形态转变为另一种形态。酒店是借助有形的设备、设施，通过提供服务而获取经济效益的生产经营单位。

酒店经营者运用投资者提供的资金进行经营。从形式上看酒店财务是货币等财产资源的收支活动，它表现为酒店资源量增加与减少，其基本内容体现为筹资，投资与分配等；从实质上酒店财务体现着酒店与各方面的关系，由此体现着一定社会的经济利润。酒店财务活动包括酒店由于筹集资金运用资金，分配利润而产生的一系列经济活动，酒店财务活动的总和构成酒店的资金运动。酒店财务管理的对象，就是资金的运动。

酒店财务管理是随着酒店规模不断扩大，管理不断深化而出现的一种管理职能，它主要解决酒店经营中的一些理财问题，管理者根据酒店的经营目标和经营需要，按照资金运动规律，对酒店的财务问题进行科学有效的管理，并正确处理酒店同社会各种利益关系团体和个人之间的经济关系。

“财务管理”英文为“Financial Management”或“Managerial Finance”，是一门独立性、专业性很强的，与社会实践密切相关的经济管理学科。它最初产生于17世纪末，发展于20世纪，尤其在“二战”后，随着企业生产经营规模的不断扩大和金融证券市场的日益繁荣，筹资越来越不容易，风险也逐渐加大，人们越来越认识到财务管理的重要性，其理论与方法得到不断的发展。西方国家每一企业都有专门从事财务管理的机构，设有财务副经理，直接向总经理报告并负责财务会计工作。这一工作在酒店经营管理中处于特别重要的地位。

二、酒店财务管理的主要职能、工作内容及财务关系

（一）酒店财务管理主要职能

酒店财务管理从计划管理开始，通过对整个经营过程实施必要的控制，以求达到预定的目标，并且，通过酒店财务状况的分析，并整个酒店的经营状况做出评价。因此，酒店财务管理具有财务预算、财务控制和财务分析三项基本职能。

（二）酒店财务管理主要内容

财务管理是有关资金的筹集、投放和分配的管理工作。财务管理的主要内容包括以下六个方面：

1. 筹资管理

酒店为了保证正常经营或扩大经营的需要，必须具有一定数量的资金。酒店的资金可以从多种渠道，用多种方式来筹集，不同来源的资金，其可使用时间长短，附加条款的限制和资金成本的大小都各不相同。这就要求酒店在筹资时不仅需要从数量上满足经营的需要，而且要考虑筹资方式给酒店带来的资金成本的高低，财务风险的大小，以便选择最佳筹资方式。

2. 投资管理

酒店筹集的资金要尽快用于经营，以便取得盈利。但任何投资决策都带有一定的风险性。因此，在投资时必须认真分析影响投资决策的各种因素，科学地进行可行性研究。对于新增的投资项目，一方面要考虑项目建成后给酒店带来的投资报酬，另一

方面也要考虑投资项目给酒店带来的风险，以便在风险与报酬之间进行均衡，不断提高酒店价值。

3. 营运资金的管理

酒店营运资金也称“营运资本”或“流动资金”。一般是指流动资产减流动负债后的余额，即酒店存置于银行的现金、投资于易售有价证券、占用于应收账款与应收票据和存货储备等项流动资产的总额，减去在经营过程中发生的流动负债（应付账款和应付票据等）。有时将此余额称为“净营运资金”，而将“营运资金”指流动资产。但是，如果提到营运资金的管理则包括对流动资产和流动负债的管理。酒店的经营活动无不涉及营运资金的范围。因此，对营运资金管理显得相当重要。

4. 成本费用管理

酒店成本费用管理是酒店财务管理的重要内容。酒店成本费用的耗费是经营活动中发生的各种资金耗费，因此，对成本费用的管理也就是对资金耗费的管理，降低成本费用是增加盈利的根本途径。

5. 股利管理

利润是酒店在一定时期经营活动所取得的主要财务成果，当前我国国有酒店称之为利润，而股份制酒店称之为股利。从整个社会来看，利润是社会再生产的重要来源；从酒店来看，取得利润是酒店生存与发展的必要条件，也是评价一家酒店经营状况的一个重要指标。股利（利润）管理是酒店财务管理的一个主要内容，对提高酒店的经济效益具有重要意义。

6. 财务评价

提高经济效益，是一切经济工作的出发点和归宿点。经济效益评价（财务评价）是经济工作不可缺少的一部分。

合理的财务评价方法，是决策科学化的有力工具。任何一个经济管理干部、任何一个酒店领导、任何一个需要同资金使用打交道的主管人员，都应当懂得财务评价的基本原理和方法。

（三）酒店主要财务关系

酒店经营活动的不断进行，财务活动也日益频繁。在进行财务活动过程中，酒店必然与各方面发生经济联系，产生各种经济利益关系。酒店在财务活动中与有关各方面所发生的经济利益关系就称为财务关系（Financial Relations）。它包括以下几个方面：

1. 筹资中的财务关系

在筹资活动中，酒店是接受投资者，而向酒店出资的投资者可分为所有权投资者和债权投资者。因其对酒店的投资责任不同，享有权利也不同，具体表现在以下几个方面：

（1）投资者以其投入的资本承担财务风险而产生的经济责任。

（2）投资者对酒店获得的利润按投资份额享有分配权。

（3）投资者对企业破产承担责任。

在这些关系中，投资者要选择合理的投资方式和接受投资的酒店。相应地，酒店也要适当选择合理筹资方式和投资者，最终实现投资者与酒店之间的利益均衡。

2. 投资经营中的财务关系

投资经营是将筹集的资金用于生产经营的各个方面。投资经营中的财务关系与筹资中的财务关系相同，只是酒店的角度由接受投资变成了投资者。酒店作为投资者，与受资者之间的关系，即投资与分配的关系，属于所有权关系。投资经营会使酒店的资金流动，资金流动既会带来资金收益，相应的也会带来投资经营风险，这就要求酒店在收益与风险之间进行权衡，以求以最小的风险获得最大的收益。酒店若作为债权人将其资金购买债券，提供借款或商业信用等形成的经济关系，在性质上属于债权债务关系。

3. 分配中的财务关系

参与企业分配（distribution）的主体有：

国家　国家以行政管理者的身份无偿参与社会剩余产品包括企业利润的分配。酒店必须依法经营并按照税法规定缴纳各种税款，包括流转税、所得税和各种计入成本的税金。这种财务关系体现的是酒店同政府之间的一种强制和无偿的财务分配关系。

所有者　所有者参与酒店分配的方式是按资分配，即所有者按其对企业投资的多少进行分配。

债权人　债权人为酒店借入资金，以贷款者身份参与酒店分配，即酒店要按时以还本付息的方式向债权人偿还本金和支付利息。这是一种有偿分配，这种分配带有一定的强制性。

职工　酒店职工以其自身提供的劳动参与酒店分配，即按劳分配，也是一种有偿分配。酒店根据职工的劳动情况，向职工支付工资、津贴，用利润向职工支付奖金，提取公益金等。职工分配最终会导致所有者权益的变化。

酒店的上述财务关系是酒店在从事生产经营，进行资金的筹集、调拨、使用、分配、偿还等财务活动中产生的。酒店财务其本质就是酒店经营过程中的资金运动及其体现的财务关系，而财务管理的对象就是资金运作及财务关系。酒店财务管理则是根据国家政策法规和资金运作规律，组织财务活动，处理各种财务关系，通过对资金的运用过程实施管理与控制，实现财务控制、促进经营发展、提高经营效益。

三、酒店财务管理的主要目标

（一）以利润最大化为目标

利润代表了酒店新创造的财富，利润越多，则酒店的财富增加得越多。因此，股东把利润作为考核酒店经营情况的首要指标，把酒店员工的经济利益同酒店实现利润的多少紧密地联系在一起。以利润最大化作为财务管理的目标，酒店必须讲求目标管理，以目标来指导和控制酒店的经营活动，以目标作为管理人、财、物等各要素的基础，使酒店管理行为始终围绕目标的实现而各司其职，各尽其责。

（二）以财富最大化为目标

财富最大化是通过酒店的合理经营，采用最优的财务政策，在考虑资金的时间价值和风险报酬的情况下不断增加酒店财富，使酒店总价值达到最大。在股份制酒店中，股东的财富由其所拥有的股票数量和股票市场价格两方面来决定，当股票价格达到最高时，则股东财富也达到最大，这样，酒店总价值最大与股东财富最大是一致的。所以股份制酒店中，财富最大化也可以表述为股东财富最大化。

以财富最大化作为酒店财务管理的目标，就是要正确权衡报酬增加与风险增加的得与失，努力实现两者之间的最佳均衡，使酒店价值达到最大即财富最大化。一般而言，财富最大化是财务管理的最优目标。

（三）以社会责任为目标

酒店应承担对社会应尽的义务，如果每一个酒店都能够积极承担一定的社会责任，如保护消费者权益，合理雇用员工，为职工提供培训和深造的机会，消除环境污染，保护环境等，这将会为整个社会的繁荣和发展做出积极的贡献。但企业在追求利润及财富最大化时，往往与一些社会利益相矛盾，过多承担社会义务会影响酒店的收益和利润的增加。如酒店所进行环境保护的投资，尽管由于保护生态环境而带来收入的减少，但酒店在承担这一社会责任的同时，也保持和改善了酒店在社会公众中的形象，提高了酒店在公众中的地位，从而获得长远的经济效益。

四、酒店财务管理的组织机构

建立健全酒店财务管理组织，是有效开展财务活动、调节财务关系、实现财务管理目标的重要条件。

酒店财务管理组织的机构设置一般有三种类型：

（一）以会计为核心的财务管理机构

这种机构的特点是会计核算职能和财务管理职能不分。同时具备两种职能。在这种机构内部，是以会计核算职能为核心来划分内部职责的，设有存货、长期资产、结算、出纳、成本、收入、报表等部门。这种机构适用于中、小型酒店。

（二）与会计机构并行的财务机构

这种机构的特点是会计核算与财务管理职能分离，财务管理职能有独立于会计机构以外的财务管理机构履行。财务管理机构专门负责筹资、投资和分配工作、组织资金运动。在该机构内部，按照职责的不同划分为规划部、经营部和信贷部三个部门。

1. 规划部（Planning Department）

规划部的主要职责是进行财务预测和财务计划。预测的内容是金融市场的利率与汇率，预期证券市场价格和现金流量，为筹资和投资提供依据。计划的主要内容是编制现金预算，确定筹资计划；编制利润计划，确定酒店生产经营目标；编制投资计划，确定酒店实物投资和金融投资的动向。

2. 经营部（Operating Department）

经营部的主要职责是寻找资金的筹措渠道，进行金融市场融资及投资，实施资金分配。

3. 信贷部（Loan Department）

信贷部的主要职责是调查客户资信状况，掌握其生产及经营状况和偿债能力，对拖欠款进行债务催收或清理，对还款情况进行后续跟踪调查。

这种财务管理机构使用于大型酒店。

（三）公司型的财务管理机构

这种财务管理机构的特点是它本身是一个独立的公司法人，能够独立对外从事财务活动，在公司内部，除了设置从事财务活动的业务部门以外，还设有一般的行政部门。这种财务管理机构一般设置在集团或跨国公司内部，其主要职责是负责集团公司或跨国公司的整体财务管理和各个成员之间的财务协调以及各企业成员的自身财务管理。这种财务管理机构适用于一些大型酒店集团或跨国公司。这种机构已不是只发挥企业的财务管理，而是发挥对众多酒店集团进行整体财务管理的职能，这种财务机构通常又称作财务公司。采用法人形式的财务公司，有利于其对外履行筹资和投资的职能。

五、酒店财务管理的主要特点

酒店作为一个综合性的服务组织，它所提供的商品与其他企业生产提供的商品不同，酒店的产品是为旅游者提供以食宿为主的各种服务，因而酒店财务管理有其自身的特点。

（一）投资效益的风险性

酒店固定资产投资金额大，一般要占总投资额的 80% 左右。由于固定资产具有使用年限长的特点，一旦投入往往难以改变，如果酒店市场形势不好，必然导致投资效益低下。酒店的巨额固定资产投资在建成以后，要经过较长时期的经营活动才能逐步收回。所以其投资决策成功与否对酒店未来的发展方向，发展速度和长期获利能力都有重大影响。在投资决策之前，一定要对投资方案的预期经济效益作深入全面的评价，用审慎的态度，科学的方法选择最有利的投资方案，规避风险，获取最大利益。

（二）客房商品销售的时间性

酒店是通过提供服务或劳务直接满足宾客需要的，当宾客在酒店消费时，酒店设施与服务的结合才表现为商品。客房销售有着强烈的时间性，如果当天不能实现销售（出租给宾客），则当日的租金收入则永远失去，即客房商品无法实现库存。客房商品销售的时间性，要求酒店财务部门应积极支持营销部门的促销活动，提高客房出租率，增加客房收入。

（三）宾客结算的即时性

酒店为了方便宾客简便快捷的结账，一般在宾客离店时一次性结清付款，不论宾客何时离店，都应立即办理结账手续，防止出现错账，漏账和逃账。这就要求酒店财务部门必须昼夜提供值班服务，尤其是及时为客人提供各种入住、货币兑换，离店的各种业务。从这一方面讲，酒店财务管理工作的时间性比一般企业的财务管理时间性要强。

（四）更新改造的紧迫性

酒店的各类设备、设施是否新颖，对营业状况影响很大，这种情况决定了酒店的资产设备更新周期短，需要经常进行更新和改造，以保持酒店的全新风貌。因此酒店财务管理人员要注意研究各种资产设备的经济寿命周期，寻求最佳更新时机，适时装修改造，以获得更高的资产使用效益。

（五）经济效益的季节性

酒店的经营体现着明显的季节性，这导致酒店经济效益也随之出现明显的季节性波动，结合季节性的特点，酒店应合理进行季节安排，使淡季不淡，取得最佳经济效益。

第二节　酒店财务控制

酒店制定了预算之后，就必须加强财务控制。只要预算没有控制，预算就没有实际的意义，预定目标的实现只能顺其发展。因此，酒店财务管理应对酒店经营的收支等各方面实施有效的控制以确保预算指标的完成。

一、建立酒店财务控制制度

酒店实施财务控制，必须首先建立起完善的财务控制制度，使财务控制工作能在组织机构、人事分工、岗位责任等诸方面得到保证。酒店应在各部门之间及部门内部建立起一套行之有效的管理制度，使各部门、各岗位的工作人员既相互联系、相互协作，又相互监督、相互制约，预防舞弊等各种不正常行为的发生。

二、营业收入控制

（一）一次性结账的收费办法

酒店一般采用一次性结账的收费办法，即宾客一旦入住酒店，就可在酒店内部（除商场等个别消费点）签字赊账消费。酒店应建立起与之相配套的管理办法和控制制度。如宾客总账单上的每一笔账目都应附有宾客签字的原始附件，同时应规定欠款的最高限额，一旦超过限额，就应及时催促宾客付款，以免因欠款累计太多、太久而使酒店陷入被动。

（二）营业收入稽核

为防止经营过程中作弊、贪污等不正常行为发生，酒店应建立营业收入稽核制度，确保营业收入的回收，维护酒店的利益。为此，酒店应设立收入核数岗位，以便由收款员到夜审、到日审层层审核，层层把关，以保证营业收入不受损失。

夜审的目的主要是控制营业收入中的宾客签字挂账，一般在每个营业日结束时进行。日审是夜审工作的继续，它要在夜审的基础上，对前一天营业收入的情况再深入进行全面的检查复核。例如，对餐饮收入的核对，需对餐厅服务员开出的点菜单、餐厅菜单、餐厅收款员开出的宾客账单三者进行复核，以防差错。

（三）收款的控制

酒店应加强对各收款点的控制，如对账单的管理，酒店应建立起专人负责账单发放的管理制度，对发出的账单编号登记，对账单存根逐笔逐号进行审核。

各营业点收款员当班结束后，都需填报“收入日报表”和“交款单”，酒店据此检查收回的账单与交来的表单是否相符，账单是否连号，与上一天账单的编号是否相连。

（四）应收账款控制

应收账款是指酒店已经销售但款项尚未收回的赊销营业收入。加强对应收账款的控制，可以确保营业收入款项的回收，防止坏账损失的产生。

酒店应收账款的大小，通常取决于企业外部的大环境和企业内部自身的方针政策。就酒店的外部环境而言，宏观经济情况会影响企业应收账款数额的大小，如在经济不景气时，就往往会有较多的客户拖欠付款。这种情况是酒店主观上所无法加以控制的。但是，从另一方面看，酒店可以通过内部的管理，通过自身信用政策的变化，来改变或调节应收账款的数额，对应收账款的大小施以影响，加以控制。

酒店的政策包含了信用期限、现金折扣、信用标准和收款方针等内容。信用政策的松紧直接决定了企业赊销数额的大小，决定了应收账款数额的大小。松弛的信用政策虽然能够刺激销售，增加收入，但同时也增加了应收账款的数额和一些信用管理上的费用；而紧缩的信用政策，虽然能减少应收账款，减少信用管理费用，但也相应地减少了收入。酒店信用政策的成功与否，关键就在于这些增加（或减少）的收入和增加（或减少）的费用具体的幅度如何，两者相比的利润到底增加与否及幅度如何，即增量利润（增量收入—增量费用）的大小、正负如何。

一般采用赊销的酒店都有专门的信用管理部门，根据酒店的具体情况，这类部门可由总经理、总会计师、信用经理、前厅经理、餐饮经理等人员组成，由他们来研究决定酒店的信用政策。信用政策一旦确定，就应使与信用工作有关的人员对它充分理解和熟悉，并严格照章执行，以使酒店的应收账款控制有一个理想的结果。

三、成本费用控制

酒店成本控制是指按照成本管理的有关规定和成本预算的要求，对成本形成的整个过程进行控制，以使企业的成本管理由被动的事后算账转为比较主动的预防性管理。

酒店成本控制主要有预算控制、主要消耗指标控制和标准成本控制三种基本方法。

（一）预算控制

成本预算是酒店经营支出的限额目标。预算控制，就是以分项目、分阶段的预算指标数据来实施成本控制。

这种方法的具体做法是：以当期实际发生的各项成本费用的总额及单项发生额，与相应的预算数据相比较，在业务量不变的情况下，成本不应超过预算。这里，由于考虑到现实的情况与预算预计的情况有时并不绝对一致，因此就往往需要事先进行几个不同业务量水平上的预算数据的测算，编制出弹性预算，以使成本的实际发生额和预算数额两者便于比较，而不能仅仅有某一种业务量水平上的预算数据。当然，在弹性预算中，只有业务量和变动成本的变化，固定成本仍保持不变。因此，一般就以变动成本随业务量变化而变化的幅度为依据，来确定弹性预算中业务量数值的档距。

（二）主要消耗指标控制

主要消耗指标是指对酒店成本具有决定性影响的指标。主要消耗指标控制，也就是要对这部分指标实施严格的控制。只有控制住这些指标，才能确保成本预算的完成。例如，如果客房物料消耗失控，就很难再完成成本预算目标。

控制主要消耗指标，关键在于这些指标的定额或定率，不但定额或定率本身应当积极可行，而且一旦指标确定，就必须严格执行。此外，除这些主要消耗指标以外的其他指标，即非主要指标，也会对酒店的成本发生影响。因此，在对主要消耗指标进行控制的同时，也应随时注意非主要指标的变化，一旦主要指标相对稳定，或是非主要指标变化加大，那么控制非主要消耗指标的意义就更大。

（三）标准成本控制

标准成本是指正常条件下某营业项目的标准消耗（注：只包括营业成本与营业费用，不分摊到部门的管理费用、财务费用除外）。标准成本控制，也就是以各营业项目的标准成本为依据，来对实际成本进行控制。采用标准成本控制，可将成本标准分为用量标准和价格标准，以便分清成本控制工作的责任。由于用量原因导致实际成本与标准成本产生差异，应主要从操作环节查找原因；由于价格原因导致实际成本与标准成本产生差异，则应主要从采购环节查找原因。

例如，对某一时间段某一种餐饮原材料成本进行检查，就可从价格和用量两个方面进行考察。

从价格方面看，应检查标准价格（预计价格）和实际价格（采购价格）两者相比的差异情况，而后再进一步分析是何原因产生的差异，是工作失误（如事先估计不足、临时采购、市场行情了解不够等），还是不可避免的客观因素（如物价上涨、自然灾害等）。

从用量方面看，应将该种原材料的实际用量同按标准应消耗的用量进行比较。即先将某个时间段使用该种原材料的餐饮制品全部列出，根据每一种餐饮制品中该原材料的标准用量和这一时间段内该种餐饮制品的销售量，得出按实际销售情况，该种原材料应该消耗的用量。再用倒挤成本的办法推算出该时间段内该种原材料的实际用量，即

本期实际用量 = 期初盘存 + 本期进料 − 期末盘存

最后通过实际用量同按标准应该消耗的用量相比较，确定差异后再进一步分析其原因，是所定标准不当，还是操作失误，还是其他原因。当然，若采购的原材料规格不符合要求，也可能导致成本的差异。

又如，客房标准（目标）成本的计算：

$$C=b\times(1-tr)-m/x$$

式中：C= 客房标准（目标）成本（指客房所有的成本费用），b= 平均房价，tr= 营业税金及附加的税率，m= 目标利润，x= 累计出租客房间数。

例题：假设某酒店有客房 168 间，平均房价 400 元，平均出租率 60%，目标利润 1030 万元，营业税金及附加的税率 5.56%，则每间客房每天的标准（目标）成本如下：

$$C=b\times(1-tr)-m/x$$
$$=400\times(1-5.56\%)-10300000\div(168\times60\%\times365)$$
$$=97.81（元）$$

以上是成本控制的主要方法。应当指出的是，酒店成本控制除了对消耗阶段的控制以外，还应注意加强材料物资采购、库存阶段的控制，即对材料物资的进货价格、到货验收、储存、盘点等一系列环节进行严格管理，以使酒店对成本的控制更加全面、完善。

四、酒店量—本—利分析法

酒店量—本—利分析法是饭店成本费用控制方法中常用的一种方法，也是管理者必须掌握的一种基本方法。

量—本—利分析又称“保本点分析”或“盈亏临界点分析”。其目的是确定饭店经营的盈亏临界点（即保本点）。所谓盈亏临界点是饭店营业收入和营业支出正好抵消，不盈也不亏的分界点。确定饭店盈亏临界点能预测饭店未来的经营情况，如饭店接待多少人数和收入达到什么水平才不盈不亏；当饭店收入达到一定水平时，能赢利多少；饭店要达到预测利润目标应有多少收入。

（一）基本概念

边际成本，通常是指产品生产中的直接成本或经营成本（费用）中的变动成本（费用）。

边际利润，是指企业的营业收入扣除税金和边际成本以后的余额。其计算公式为：

边际利润 = 营业收入 − 税金 − 边际成本

边际利润率 = 边际利润 / 营业收入 ×100%

=1− 变动成本率 − 税率

（二）基本公式

盈亏临界点一般可通过计算求得，其公式为：

盈亏临界点接待量（保本销售量）= 固定成本总额 / 边际利润率

盈亏临界点收入（保本营业额）= 固定成本总额 / 单位边际利润

饭店经营不是只为了保本，而是要以收抵支，取得赢利。在盈亏临界点公式的

分子上加上目标利润，就可得到为实现目标利润所应有的营业额或接待量的计算公式，即

目标接待量 =（固定成本总额 + 目标利润）/ 单位边际利润

目标营业额 =（固定成本总额 + 目标利润）/ 边际利润率

例如：某饭店报告期望营业收入 600 万元，固定成本 280 万元，变动成本 150 万元，目标利润 135 万元，营业税税率 5%，求盈亏临界点收入及目标营业额。

边际利润率 =1−150 万元 ÷600 万元 ×100%−5%=70%

保本营业额 =280 万元 ÷70%=400 万元

目标营业额 =（280 万元 +135 万元）÷70%=592.86 万元

量—本—利分析在实际工作中运用广泛，尽管实际工作中未来众多的不确定因素不可能完全排除，但运用这一方法就能使不确定因素减少，使饭店管理工作具有一定的预见性和主动性，使管理更趋合理。

第三节 酒店财务分析

一、酒店财务分析的一般程序

财务分析是一项复杂的工作，所涉及的内容十分宽泛。不同的财务分析主体可能会运用不同的财务分析方法，达到不同的分析目的。一般而言，财务分析需要经过以下几个步骤：明确分析目的并制订分析方案、收集相关信息、分析各项指标、做出分析结论。

（一）明确分析目的并制订分析方案

财务分析的目的依分析主体的不同而不同。投资者的分析目的主要是分析投入资金的安全性和营利性；债权人的分析目的主要是分析供应资金的保障程度如何；政府的分析目的主要是分析酒店经营运作的情况、社会责任的履行情况等。在明确了分析目的之后，要根据实际情况，如分析问题的难度、分析工作的复杂程度等制定分析方案，是全面分析还是重点分析，是定量分析还是定性定量相结合分析；要列出具体需要分析的指标，安排工作进度，确定完成时间等。

（二）收集相关信息

分析方案确定后，要根据具体的分析任务，收集分析所需的数据资料。前面已经指出，财务分析的依据包括内、外部资料。因此，一般收集的内容应包括财务报告、各种会计资料、市场占有率、宏观经济形势信息、行业情况信息等。

（三）分析各项指标

根据制定的分析目标，运用所收集到的相关信息，计算出各项指标。深入研究各项指标，并将每一指标与同行业标准、不同会计年度的指标进行对比，分析其中存在的问题。

（四）做出分析结论，写出分析报告

由于经济活动的复杂性和外部环境的多变性，在综合分析各项指标之后，需要对分析结果进行解释，并结合各项非财务信息，如宏观经济环境的变化、竞争对手的情况等，撰写分析报告，提供对决策者有帮助的会计信息。

二、酒店财务分析的方法

进行财务分析时，要讲究方式与方法。为了全面反映酒店的财务状况和经营成果，达到财务分析的目的，就要选择恰当的分析方法。这里介绍几种常用的分析方法：

（一）比较分析法

比较分析法是通过主要项目或指标数值变化的对比，确定出指标间的数量关系或数量差异，从而达到分析目的的一种方法。比较分析法是财务分析最基本的方法，也是运用范围最广泛的方法。比较分析法的意义在于，通过确定指标间的数量关系和存在的差距，从中发现问题，为进一步分析原因、挖掘潜力指明方向。比较分析法的形式多种多样，既可以是绝对额的比较，又可以是相对额的比较，既可以是某一酒店不同年度的比较，又可以是不同酒店同一年度之间的比较。不同的分析目的，有不同的比较标准，所采用的比较分析法的形式也是不同的。一般常见的比较标准有：

1. 实际指标与预算指标相比较

将本期的实际指标与预算指标相比较，由此可以看出预算指标的完成情况，考核酒店本期的经营业绩。但是，这种比较分析方法要求制定科学和切合实际的预算指

标，否则在此基础上进行的财务分析是无意义的。

2. 实际指标与前期实际指标或历史最好水平相比较

通过这种动态对比，可以了解酒店经营过程中的规律和薄弱环节，有利于改善酒店经营管理。

适用比较分析法的指标很多，计算方法基本上是相同的。以本期实际指标与前期实际指标比较为例，可以按照以下两个公式进行计算分析：

（1）实际指标较前期指标的增减变动数额 = 本期实际指标 − 前期实际指标

（2）实际指标较前期指标的增减变动率 = 增减变动量 / 前期实际指标 ×100%

【例 1】A 酒店客房部 2005 年 12 月的实际收入为 120 000 元，2004 年 12 月的实际收入为 100 000 元，比较这两个月的收入情况：

① 2005 年 12 月的实际收入比 2004 年的实际收入增加了 20 000 元，即

$$120\,000-100\,000=20\,000\text{（元）}$$

② 2005 年 12 月的实际收入比 2004 年的实际收入增长了 20%，即

$$20\,000\div 100\,000\times 100\%=20\%$$

这种分析方法计算简便，而且可以直观地看出酒店的经营业绩或财务状况的变动情况。但是，需要注意指标的可比性，即指标的时间长短和经济内容必须一致，否则不具有可比性。

3. 本期的实际指标与同行业平均水平或先进水平相比较

将本期的实际指标与同行业平均水平或先进水平相比较分析，发现存在的差距，并分析差距产生的原因，进而提出解决问题的措施，有利于提高酒店的市场竞争力。

（二）因素分析法

因素分析法是根据指标与其影响因素的关系，从数量上确定各因素对分析指标影响方向和影响程度的一种方法。采用这种方法关键在于，确定影响指标的各个因素，并确定各个因素对指标产生的影响程度。在分析时，假定其他各个因素不变，顺序确定每一因素单独变化对指标产生的影响。因素分析法又具体分为：

1. 连环替代法

连环替代法是将指标分解为可计量的因素，并根据因素之间的依存关系，按顺序将各因素的标准值用分析值代替，据以测定各因素对分析指标的影响程度。其分析程序如下：① 将指标分解为若干个影响因素，分析指标与影响因素的关系，按照它们之间的依存关系排列，将主要因素排在前面，将次要因素排在后面。② 按照分解后各因素的顺序，计算标准值。③ 以标准值为计算基础，按顺序用各因素的分析值分

别替换标准值，每次只替代一个因素，替代后分析值被保留下来，替换过程直到所有的标准值都被分析值所替代为止。④ 将每次替换结果与这一因素被替换前的结果相比较，其差额即为替换因素对指标的影响程度。⑤ 检验分析结果，将所有因素的影响额加总，其代数和应等于分析值与标准值之差。

【例 2】A 酒店餐厅部 2005 年 12 月某种油炸食品作料费用的实际数额为 5760 元，而其计划数为 5000 元，实际数比计划数多支出 760 元，要求分析作料费用增加的原因。作料费用是由生产食品的数量、单位食品耗用量和作料单位价格三个因素共同决定的。因此，在分析作料费用增加的原因时，要将这一费用分解为三个因素，然后逐一分析它们对总费用的影响程度。假定这三个因素的数值如表 8-1 所示：

表 8-1　食品费用构成

项目	单位	计划数	实际数
生产食品的数量	公斤	100	120
单位食品耗用量	克	10	8
作料单位价格	元	5	6
总费用	元	5000	5760

根据表中资料，运用连环替代法，计算分析各因素对作料费用增加额的影响金额：

计划指标：100 × 10 × 5=5000（元）

第一次替代：120 × 10 × 5=6000（元）

第二次替代：120 × 8 × 5=4800（元）

第三次替代：120 × 8 × 6=5760（元）

生产量增加的影响：① - ② =6000-5000=1000（元）

材料节约的影响：③ - ② =4800-6000=-1200（元）

价格提高的影响：④ - ③ =5760-4800=960（元）

全部因素的影响：1000-1200+960=760（元）

2. 差额分析法

差额分析法是连环替代法的简化形式，其分析原理与连环替代法相同，只是在分析过程中稍有不同。它直接利用各个因素的比较值与基准值之间的差额，计算各因素对分析指标的影响。

【例 3】以上例数据为例，运用差额分析法分析作料费用增加的原因。

①生产量对总费用的影响为：

$$(120-100)\times 10\times 5=1000（元）$$

②材料节约对总费用的影响为：

$$120\times(8-10)\times 5=-1200（元）$$

③价格提高对总费用的影响为：

$$120\times 8\times(6-5)=960（元）$$

全部因素影响为：

$$1000-1200+960=760（元）$$

（三）趋势分析法

趋势分析法又称为水平分析法，是将两期或连续数期财务报告中的相同指标进行比较，求出其增减变动的方向、数额和幅度的一种方法。采用这种方法，可以揭示酒店财务状况和经营成果的变化，分析引起变化的主要原因、变动的性质，并预测酒店未来发展趋势。

趋势分析法主要用于重要财务指标的比较。它是将不同时期的财务报告中的主要相同指标或比率进行比较，直接观察其绝对额或比率增减变动情况及变动幅度，并考察其发展趋势。对不同时期财务指标的比较，可以采用以下两种方法：

1. 定基动态比率

它是以某一时期的数额为固定的基期数额而计算出来的动态比率。

用公式表示为：

定基动态比率＝分析期数额 ÷ 固定期数额

2. 环比动态比率

它是以某一分析期的前期数额为基期数额而计算出来的动态比率。

用公式表示为：

环比动态比率＝分析期数额 ÷ 前期数额

（四）比率分析法

比率分析法是通过计算有内在联系的两项或多项指标之间的关系，来确定酒店经济活动变动程度的一种分析方法。比率分析法将分析的数值转化成相对数后进行比较，并从中发现问题。比率分析法相对其他分析方法而言，计算简便，计算结果比较容易判断，因而它是较为常用的一种分析方法。常见的比率指标有以下几类：

1. 构成比率，又称结构比率

它是用来计算某项财务指标的各组成部分占总体的比重，反映部分与总体的关系。用公式表示为：

$$构成比率 = 某个组成部分数值 \div 总体数值 \times 100\%$$

2. 效率比率

它是用来计算某项财务活动中所费与所得的比重，从而确定投入与产出的关系。如成本利润率是指一定时期的利润总额与成本费用总额的比率，表明酒店在一定时期为取得利润而付出的代价大小。

3. 相关比率

它是用来计算除部分与总体、投入与产出关系以外的具有相关关系指标的比率。如资产负债率是指酒店负债总额与资产总额的比率，反映酒店长期偿债能力的大小；流动比率是指酒店流动资产与流动负债的比率，反映酒店短期偿债能力的大小。使用比率分析法时，需要注意以下几个问题：首先，对比指标应具有相关性。即在构成比率指标中，部分指标必须是总体指标这个大系统中的一个小系统，小系统同时是大系统的组成部分，相互之间具有相关性，才可以相互比较。对不相关的指标进行比较是无意义的。其次，对比指标的口径应一致。即在构成比率的指标中，必须在计算标准、计算时间、计算范围上保持一致。最后，衡量标准应具有科学性。即在进行财务分析时，需要选用科学合理的标准与比率相比较。通常科学合理的标准有：①预定目标。如预算指标、定额指标等。②历史标准。如上期实际水平、历史先进水平等。③行业标准。如行业平均水平、国内同类酒店先进水平等。④公认标准。

（五）综合分析法

综合分析法。即对企业的财务状况和经营业绩进行综合分析与评价。有两种主要方法：

1. 杜邦财务分析体系

杜邦分析法就是利用几种主要的财务比率之间的关系来综合分析企业财务状况的方法。它将企业的财务状况作为一个系统进行综合分析，反映了企业财务状况的全貌。

2. 财务状况综合评价

财务状况综合评价是将若干财务比率综合在一起进行系统分析，据以评价企业的整体财务状况。

三、酒店财务报告分析的主要指标

酒店财务报告分析的内容主要集中在酒店偿债能力分析、酒店的营运能力分析和酒店的盈利能力分析以及酒店财务综合分析这几个方面。

（一）酒店偿债能力分析

偿债能力是指酒店偿还各种到期债务的能力。偿债能力分析包括短期偿债能力分析和长期偿债能力分析两个方面。

1. 短期偿债能力分析

短期偿债能力是指酒店以流动资产偿还流动负债的能力。通过分析流动资产与流动负债的关系，即酒店资产的流动状况可判断酒店短期偿债能力。这类比率主要包括流动比率、速动比率、现金比率 3 个比率。

（1）流动比率

流动比率是指流动资产总额与流动负债总额之比。表示每元流动负债可由多少流动资产来偿还。其计算公式是：

流动比率 = 流动资产 / 流动负债

公式中的流动资产指货币资金、应收账款净额、应收票据、存货、预付货款、短期投资以及其他应收款和待摊费用。流动负债指短期借款，应付账款、应付票据、应收货款、应付工资福利费、应付利润、应交税金等各种未交款、其他应付款、预提费用以及一年内到期的长期负债等。

这个比率反映了酒店的短期偿债能力，比值越高，偿债能力越大；反之，则小。一般而言，流动比率能达到 2∶1 的水平，就表明该企业的财务状况是稳妥可靠的。因为这时企业的营运资金（流动资产减流动负债后的余额）是流动负债的 1 倍，一方面使债权人债务偿还有保证，另一方面又不至于使大量资金滞留在流动资产上。从另一个角度看，在扣除了约占流动资产的一半，变现能力最差的存货金额之后，剩下的一半流动性较大的流动资产至少要等于流动负债，企业的短期偿债能力才会有保证。

但这个比率并非越大越好，因为流动比率大，可能是存货积压或滞销的结果，也可能是拥有过多的货币资金，未能很好地在经营中加以运用的缘故。所以，在评价流动比率时应注意：

对债权人来说，流动比率越大越好，但对企业应该有个上限。

（2）速动比率

标志酒店偿馈能力、反映流动资产的流动性指标，除上述流动比率外，还有速动比率。速动比率是指企业的速动资产对流动负债的比率。速动资产是那些可按其本身市值即时转换为现金、偿付流动负债的那些流动资产，它是流动资产中最具流动性的一部分。速动资产主要包括货币资金、应收账款、应收票据（扣除坏账准备）和可替代现金的短期投资，以及其他应收款；速动资产不包括存货。这是因为：存货变现速动慢，要通过市场销售，应收账款才变为现金，并且其转换为现金的时间和数额都不好确定；部分存货可能已损失报废或抵押出去而未作处理；由于计价方法的影响，存货的估价存在着成本与市价的差距。

速动比率比流动比率更足以表明企业的短期偿债能力，流动比率只能表明企业的流动资产总额与流动负债总额之间的关系，如果流动比率较高，而流动资产总额的流动性都很低时，其偿还能力仍然是不高的。因此，在不希望酒店用变现存货的办法来还债，而又想了解比流动比率更进一步的酒店当前的变现能力，可计算速动比率。因为它抛开了变现力较差的存货。

速动比率计算公式为：

速动比率 = 速动资产 / 流动负债

分子中的速动资产的计算方法有二：一是用减法，即等于流动资产减存货，或等于流动资产减存货、待摊费用和预付费用；二是用加法，即从流动资产中去掉其他一些可能与当期现金流量无关的项目以计算进一步的变现能力，即用现金、可上市短期有价证券、应收账款净额三项作为速动资产与流动负债相比。第二种方法称为保守速动比率或超速动比率。这是因为：预付款只能减少未来的现金支出，不能转换为现金，不属速动资产；待摊费用因缺乏市场价值而无变现价值可言，也不属速动资产。

速动比率反映假定企业面临财务危机或办理清算时，在存货、待摊费用、预付费用等无法立即变现的情况下，企业以速动资产支付流动负债的能力。即企业应付财务危机的能力。速动比率越大，其偿还能力就越高，一般认为速动比率以 1∶1 为宜，这个比率也不是绝对不变的，应视每个酒店企业速动资产构成等因素而定。如果速动资产过多又可能使企业丧失良好的投资获利机会。

（3）现金比率

现金比率只把现金和可上市短期有价证券之和与流动负债进行对比。即

现金比率 =（现金 + 短期有价证券）/ 流动负债

这是衡量酒店短期偿债能力的一个最保守的指标。反映酒店的即刻变现能力。它表明酒店在财务状况最坏情况下随时可以还债的短期偿债能力。

在企业把应收账款和存货都抵押出去或者已有证据可以肯定应收账款和存货的变现能力存在严重问题的情况下，可用现金比率分析企业的短期偿债能力。

过高的现金比率，说明企业的资金闲置或尚未充分利用现金资源，投入经营赚取更多利润；过低的现金比率则可能反映企业当前付款的困难。

2. 长期偿债能力分析

对酒店长期偿债能力的分析主要是为了确定该酒店偿还债务本金与支付债务利息的能力。这种分析可从资产负债表反映的资本结构的合理性和损益表反映的偿还借款本息的能力两方面进行。前者用负债经营比率表示，后者用利息保障倍数反映。这两个指标也称资本结构比率或杠杆比率。其用途一是提供偿债能力指标，二是提供所有者所负风险程度的指数。通过这些指标可以分析权益与资产的关系、权益之间的关系和权益与收益之间的关系，从而最终评定企业资本结构的合理性，评价企业的长期偿债能力。

杠杆比率是衡量一个企业在与债权人提供的贷款相比之下的由所有者所供给的资金。其含义在于：

第一，债权人所提供贷款的安全程度，将由所有者提供的资金来保证。如果所有者提供的资金在资本总额中只占很小的比例，企业的风险将主要由债权人承担。

第二，通过举债筹资，所有者可以得到用有限的投资而保持企业的控制权的利益。

第三，如果企业所获得的利润多于所支付的借款利息，所有者的利润就随之而扩大。

反映酒店长期偿债能力的指标主要有资产负债率、产权比率、利息保障倍数等几项。

（1）资产负债率

资产负债率又称负债比率，是指酒店负债总额与资产总额的比值。它表明在酒店的总资产中，债权人提供资金所占的比例以及酒店资产对负债的保障程度。其计算公式如下：

$$资产负债率 = 负债总额 / 资产总额 \times 100\%$$

一般情况下，资产负债率越低越好，因为它表明了酒店的长期偿债能力较强。但是，并不是所有的财务分析主体都认为这个比率越低越好。例如，投资者认为，如果酒店资产负债率过低，则说明酒店对财务杠杆的利用程度不足。如果酒店适度地举债，则可以较少地利用自有资金，较多地利用负债资金，充分利用财务杠杆的作用：但是，资产负债率也不宜过高，否则会使酒店背上沉重的债务负担：一般认为资产负债率不应超过50%。

（2）产权比率

产权比率，是指酒店负债总额与所有者权益总额的比率，它反映了酒店资本结构中债权人提供的资本与所有者提供的资本的比例。其计算公式如下：

产权比率 = 负债总额 / 所有者权益总额 ×100%

一般认为，产权比率越低，酒店的长期偿债能力越强，债权人的权益越有保障；反之，债权人的权益保障越小，债权人越不愿意向酒店借款。但是，这一比率也不宜过低，否则酒店不能充分利用财务杠杆的作用。

（3）已获利息倍数分析

已获利息倍数，又称利息保障倍数，是指酒店息税前利润与利息费用的比率。它反映了酒店息税前利润是所需要支付利息的多少倍，其计算公式如下：

已获利息倍数 = 息税前利润 / 利息费用

公式中的“息税前利润”是指利润表中未扣除利息费用和所得税之前的利润，即利润总额加上利息费用。一般认为，已获利息倍数越大，酒店的长期偿债能力越强。在实践中，往往需要结合其他情况，如本行业的平均水平、酒店所处的市场环境等来确定合理的已获利息倍数。

（二）酒店营运能力分析

营运能力是指酒店对其现有经济资源的利用效率。它反映了酒店管理人员配置生产资料的情况。酒店营运能力的强弱，也影响着酒店偿债能力和盈利能力。衡量营运能力的主要指标有存货周转率、应收账款周转率、流动资产周转率和总资产周转率等。

1. 存货周转率

存货周转率是指一定时间内酒店销售成本与平均存货的比率。它是衡量和评价酒店购入存货、投入生产和销售等各环节管理状况的综合性指标。用时间表示的反映存货周转率的指标是存货周转天数。其计算公式如下：

存货周转率 = 销货成本 / 平均存货

存货周转天数 = 360 / 存货周转率 = 平均存货 ×360 / 销售成本

其中：平均存货 =（存货年初余额 – 存货年末余额）/ 2

存货周转率的高低，不仅反映出酒店经营环节中存货运营效率的好坏，也对酒店的偿债能力及盈利能力产生影响。一般认为，存货周转率越高，存货的平均占用水平越低，流动性越好，变现能力越强。通过存货周转率分析，及时发现存货管理中存在的问题，提高酒店经营效率。

存货是酒店流动资产中的重要组成部分，存货的质量和流动性对流动比率具有十分重要的影响，从而影响到短期偿债能力。因此，管理层一定要加强存货管理，尽量使存货结构和质量合理。既不能使存货数量过多，否则会导致存货变质、积压，也不能使存货数量过少，否则可能会导致存货短缺。

在计算存货周转率时，应注意计算口径一致。如果前后两期对存货采用不同的计价方法，则可能对存货周转率的计算产生较大影响。此外，还应注意分子、分母计算时间上的对应性。

2. 应收账款周转率

应收账款周转率是指酒店一定时期内销售收入净额（销售收入扣除折让与折扣）与平均应收账款余额的比率。它反映了应收账款周转速度的大小。用时间表示的反映应收账款周转率的指标是应收账款周转天数。其计算公式如下：

应收账款周转率 = 销售收入净额 / 平均应收账款

应收账款周转天数 = 360 / 应收账款周转率 = 平均应收账款 ×360 / 销售收入净额

其中：

平均应收账款 =（应收账款年初余额 + 应收账款年末余额）/ 2

一般认为，应收账款周转率越高，应收账款回收速度越快，平均收现期越短，酒店管理工作的效率越高，同时也反映出酒店资产流动性比较强，短期偿债能力比较强，坏账损失和坏账费用比较小。酒店管理者还可以利用应收账款周转期与信用期相比较，评价客户的信用程度，判断信用标准的合理性等。

3. 流动资产周转率

流动资产周转率是指酒店在一定时期内的销售收入净额与全部流动资产平均余额的比率，其计算公式如下：

流动资产周转率 = 销售收入净额 / 平均流动资产

其中：

平均流动资产 =（年初流动资产 + 年末流动资产）/ 2

流动资产周转率是反映酒店流动资产周转速度的指标。在一定时期内，流动资产周转率越高，周转速度就越快，流动资产周转次数就越多，表明以相同的流动资产完成的周转额越多，流动资产的流动效果越好，酒店盈利能力越强。反之，流动资产周转率过低，周转速度过慢，就会形成资金浪费，降低酒店盈利能力。

4. 总资产周转率

总资产周转率是指在一定时期内，销售收入净额与平均资产总额的比率，其计算公式如下：

总资产周转率 = 销售收入净额 / 平均资产总额

其中：

平均资产总额 =（年初资产总额 + 年末资产总额）/ 2

总资产周转率反映酒店资产总额的周转速度。如果总资产周转率越高，说明总资产周转速度越快，总资产的经营效果越好，酒店的盈利能力也越强；反之，如果总资产周转率越低，说明总资产周转速度越慢，总资产周转效果越差，最终影响到酒店的盈利能力。

各项资产的周转指标用于衡量和评价酒店运用资产赚取收入的能力，经常和反映盈利能力的指标结合在一起使用，可全面评价酒店的营运能力和盈利能力。

（三）酒店盈利能力分析

赚取利润是酒店投资者创办酒店的基本目的，也是酒店经营者的主要目标。从不同的财务分析主体的角度看，都十分重视和关心酒店的盈利能力。如果酒店的盈利能力比较强，投资者就会实现投资获利的目的，债权人的本息就能够得到保障，经营者的业绩也就会显现出来。对酒店盈利能力进行分析，也有助于发现经营管理中存在的问题，以便及时采取措施进行改正，提高酒店经济效益。

在进行盈利能力分析时，需要注意，酒店的盈利能力一般只应涉及正常的营业状况。非正常的营业状况，尽管有时也会给酒店带来收益或损失，但只是特殊情况下的个别结果，不能说明盈利能力。非正常的营业状况一般是指证券买卖项目、已经或将要停止的营业项目、重大事故或法律更改等特别项目、会计准则和会计制度变更带来的累积影响等。

衡量盈利能力的主要指标有：销售利润率、资产收益率等。

1. 销售利润率

（1）销售毛利率

销售毛利率是指毛利额与销售收入净额的比率。它反映了每元销售收入所实现的毛利润额为多少，其计算公式如下：

$$销售毛利率 = 毛利 / 销售收入净额 \times 100\%$$

其中：

$$毛利 = 销售收入净额 - 销售成本$$

毛利是酒店初始的或最基本的利润，毛利的多少决定着酒店的经营命运。销售毛利率是酒店盈利的基础，没有足够的毛利率酒店便不会有盈利。

（2）销售净利率

销售净利率是指酒店净利润与销售收入净额的比率。它反映了每元销售收入净额所实现的净利润额为多少。其计算公式如下：

$$销售净利率 = 净利润 / 销售收入净额 \times 100\%$$

销售净利率代表着酒店经营业务的能力。该项比率越高，说明酒店经营业务的能力越强，酒店的效益越好。反之，销售净利率越低，酒店经营业务的能力越弱，酒店的经济效益越差。

从公式中可以看出，净利润与销售净利率成正比，而销售收入净额与销售净利率成反比。因此，酒店在增加销售收入的同时，必须采取措施，如节约成本、降低间接费用等，提高净利润，才能使销售净利率保持不变或有所提高。

2. 资产收益率

（1）净资产收益率

净资产收益率，也叫净值报酬率或权益报酬率，是指净利润与平均净资产的比率。它反映了自有资金的收益水平和酒店资本运营的综合效益。它是酒店盈利能力的核心指标。其计算公式如下：

净资产收益率 = 净利润 / 平均净资产

其中：

平均净资产 =（年初所有者权益 + 年末所有者权益）/ 2

净资产收益率指标的通用性很强，适用范围很广，不受行业限制，在国际上各类企业综合评价中使用率很高。一般认为，净资产收益率越高，酒店自有资本获取收益的能力越强，资本运营效益越好，对酒店投资者、债权人的保障程度越高。为了正确评价酒店盈利能力的大小，可以将该指标与酒店前期水平、预算水平、同行业平均水平相比较，分析差异，挖掘提高利润水平的潜力，提高酒店的经济效益。

（2）资产净利率

资产净利率是指酒店净利润与平均资产总额的比率，它反映了酒店资产利用的综合效果。其计算公式如下：

资产净利率 = 净利润 / 平均资产总额

其中：

平均资产总额 =（期初资产总额 + 期末资产总额）/ 2

一般认为，资产净利率越高，表明酒店资产利用效果越好，说明酒店盈利能力比较强。反之，则说明酒店盈利能力比较弱。

（四）酒店分析常用的其他比率

在酒店的日常经营管理中，除了使用基本财务报表数据外，还要使用一些其他统计数据进行更多的比率分析。下面简单介绍几个常用的比率。

1. 平均客房出租率

平均客房出租率是指酒店客房实际出租间天数与客房全年可出租间天数的比率。它是衡量酒店客房部销售业绩的主要指标。计算公式如下：

年平均客房出租率 = 酒店全年实际出租客房间天数 / 酒店客房全年可出租间天数 ×100%

其中，酒店全年实际出租客房间天数是反映酒店全年每天实际出租的客房间天数的总和。

2. 平均房价

平均房价是指酒店实际出租客房的平均价格，它是衡量酒店客房部经营业绩的关键指标。其计算公式如下：

平均房价 = 酒店客房收入 / 酒店全年实际出租客房间天数 ×100%

3. Rev PAR（Revenue of Per Available Room）

意为平均每间可供出租客房收入，其计算公式为：

Rev PAR= 客房收入 / 可供出租客房数

4. 房费收入比率

房费收入比率是指酒店房费收入占营业收入的比率。计算公式如下：

房费收入比率 = 酒店房费收入 / 营业收入净额 ×100%

5. 食品成本比率

食品成本比率是指酒店销售食品的成本与销售食品的收入的比率。它是酒店餐饮部经营管理者评价和控制食品成本的重要依据。其计算公式如下：

食品成本比率 = 销售食品的成本 / 销售食品的收入 ×100%

6. 餐饮收入比率

餐饮收入比率是指酒店餐饮收入占营业收入的比率。计算公式如下：

餐饮收入比率 = 酒店餐饮收入 / 营业收入净额 ×100%

第四节　酒店综合实力评价指标体系

对一家酒店来说，其财务指标并不能完全反映其综合实力，对一家酒店综合实力的测评，需从下列因素考虑。

一、经营绩效指标

（一）获利能力指标——利润

经营绩效是酒店经营绩效评估最常用的指标，它可以考核酒店资本投资额所赚取利润、资本回报率等指标体现酒店发展的状况。

1. 净资产收益率 = 净利润率 ÷ 平均净资产 ×100%

本指标是评价酒店自有资本及其积累获取报酬水平的最具综合性与代表性的指标。

2. 资本回报率 = 利润 ÷ 运用资本 ×100%

也称资本运用回报率、投资回报率（ROI）是一种评估酒店盈利的指标，指酒店利润占投资金额的百分比，说明酒店投入的资本能够创造的利润大小。

3. 主营业务利润率 = 主营业务利润 ÷ 主营业务收入净额 ×100%

本指标体现了酒店主营业务利润对利润总额的贡献，以及对酒店全部收益的影响程度。

4. 市场增加值（MVA）

是股东已经投资到酒店的金额，与其他以今天的市价出售其股份收回的金额之间的差异，他是酒店当前市场价值与在整个酒店生命期中已投入资本的总和之差。即MVA= 总市值 – 投入资本。

（二）营运收益指标——收入

经营绩效可以用主营收入或营业增长率来衡量，它充分体现了酒店发展成功的状况。

1. 客房收益率 = 实际客房销售额 ÷ 潜在客房销售额 = 出租率 × 房价实现率

本指标从客房平均房价和平均出租率反映酒店收益水平及市场占有份额。

2. 营业增长率 = 本年主营业务收入增长额 ÷ 上年主营业务收入总额 ×100%

本指标是衡量酒店经营状况和市场占有能力，不断增加主营业务收入是酒店生存的基础和发展的条件。

3. 餐饮毛利率 = 毛利额 ÷ 主营业务收入 ×100%

本指标是通过食品原材料及饮料进货成本、验收、加工、烹饪、销售等各环节的餐饮成本控制，评价餐饮获利能力。

（三）成本控制指标——成本

大多数饭店的财务计划有费用预算和产品或服务计划成本，绩效评估的一般方法是看其实际成本费用比预算成本费用高还是低，来判断成本费用控制是否失控。

1. 成本费用降低率 =（实际成本费用 − 预算成本费用）÷ 预算成本费用 × 100%

2. 存货周转天数 = 平均存货 ×360÷ 主营业务成本

本指标存货周转天数越少，资金占用水平越低，表示酒店由于销售顺畅而具有较高的流动性。

3. 应收账款周转天数 = 平均应收账款 ×360÷ 主营业务收入净额

本指标周转天数越少说明收回应收账款越快，收账费用和坏账损失减少。采用本指标目的在于促进酒店通过合理制定赊销政策，严格销货合同管理，及时结算等途径，加强应收账款的前后期管理，加快应收账款回收速度，活化酒店营运资金。

4. 成本费用利润率 = 利润总额 ÷ 成本费用总额 ×100%

本指标从耗费角度评价酒店收益状况，有利于促进酒店加强内部管理，节约支出，提高经营效益。

（四）现金流量指标

酒店也应监控其现金流量，以确保酒店从经营中创造充分的现金去满足可预见的负债，测定现金流量能力的指标，是酒店在某一期间赚取的自有现金流量金额。自有现金流量是指酒店管理层日常有权开销的现金。

1. 资产负债率 = 负债总额 ÷ 资产总额 ×100%

本指标是衡量酒店绩务偿还能力和财务风险的重要指标。

2. 速动比率 = 速动资产 ÷ 流动负债 ×100%

本指标表明酒店偿还流动负债的能力。

3. 盈余现金保障倍数 = 经营现金净流量 ÷ 净利润

本指标从酒店经营活动所产生的现金及其等价物的流入量与流出量的动态角度，对酒店收益的质量进行评价，充分反映出饭店净收益中有多少是有现金保障的。

4. 现金流动负债率 = 年经营现金净藏量 ÷ 年末流动负债 ×100%

本指标从现金流入和流出的动态角度，充分体现饭店经营活动所产生的现金净流入可以在多大程度上保证当前流动负债的偿还，直观反映酒店偿还流动负债的能力。

二、顾客服务指标

（一）市场份额指标

1. 全部市场占有率 = 企业的销售额 ÷ 全行业的销售额 ×100%

市场份额指标反映出相对于竞争者企业自身的经营状况，以及满足市场需求的能力。

使用这种测量方法必须作出两项决策：一是要以单位销售量或以销售额来表示市场占有率；二是要正确认定行业范围。

2. 可达市场占有率 = 企业销售额 ÷ 可达市场销售额 ×100%

所谓可达市场，一是企业产品最适合的市场，二是企业营销努力所及的市场。

3. 相对市场占有率 = 企业销售额 ÷ 市场领先竞争者 ×100%

以企业销售额相对市场领先竞争者的销售额的百分比来表明企业的市场地位。

（二）顾客满意度指标

用顾客满意度指数来度量企业经济运行的水平，弥补了经营指标的不足，对测评企业综合能力提供了科学依据。

1. 企业顾客总体满意度 = 顾客期望 ÷ 服务实绩

通过可靠性、反应性、保证性、移情性和有形性五大服务质量标准，测定顾客期望与服务实绩之间的差异，计算企业顾客的满意度指数。

2. 总体顾客满意指数 = 企业顾客总体满意度 ÷ 行业外顾客平均满意度

总体顾客满意指数是本企业顾客总体满意度与行业顾客平均满意度之间的比较，从而从服务质量角度确定它在市场上的位置。

3. 相对顾客满意指数 = 企业顾客总体满意度 ÷ 企业竞争对手的顾客满意度

通过本企业顾客满意度与主要竞争对手和顾客满意度的对比，可确定在企业竞争中的地位。

（三）顾客忠诚度指标

1. 顾客保留率 = 回头客人数 ÷ 入住本饭店人数 ×100%

顾客忠诚度与企业利润和持续增长有密切的因素。

回头客即重复购买的顾客。重复购买的人数越多，意味着企业的忠诚顾客越多。

2. 顾客推荐率 = 愿意向他人推荐本饭店的客人数 ÷ 入住本饭店人数 ×100%

3. 顾客保持度 = 回头客维系时间总长度 ÷ 回头客人数 ×100%

所谓顾客保持度是描述企业和顾客关系维系的时间长度，企业与顾客关系维系时间越长，越能赢得顾客忠诚。

（四）顾客抱怨度指标

化解顾客抱怨是赢得顾客忠诚的重要内容。通过顾客抱怨，企业可以了解顾客需求，改进企业工作。对顾客抱怨有一个满意处理，可以赢得顾客的好感与信任。

1. 顾客投诉率 = 投诉次数 ÷ 入住本饭店人数 ×100%

2. 重大投诉率 = 重大投诉次数 ÷ 一般投诉次数 ×100%

3. 抱怨处理满意率 = 对投诉处理感到满意的客人数 ÷ 投诉的客人数 ×100%

三、员工内部管理指标

（一）员工满意度

1. 员工整体满意度指标 = 员工绩效 / 员工报酬

酒店员工满意与否，实际上取决于员工的劳动付出与劳动回报之间的比较，其差异的程度就是员工满意度：该指标探索员工满意度与管理工作之间的关系，了解员工满意度的改善重点，为酒店管理工作指明方向：同时也可用以考核中低层管理人员的管理水平。

2. 部门满意度指标 = 部门绩效 / 部门报酬

本指标主要考核各部门团队精神和凝聚力，以及高层管理人员的管理水平。

3. 激励力指标 = [Σ（目标价值 × 期望概率）] / n

本指标反映了酒店员工的积极性和能动性。

（二）员工忠诚度指标

1. 员工保留率指标 =1 –（年内员工流失人数 / 年内员工总人数）

本指标反映了酒店对员工工作环境、前程发展等的关怀程度。

2. 员工勤奋度指标 =1 –（操作余裕时间 / 主体操作时间）

本指标是服务人员从事某项工作所必需的特定熟练程度和适应能力，用以评价员工的服务效率。

3. 员工流动率指标 = 年内新进员工人数 / 年内员工总人数

本指标反映了酒店的活力。

（三）劳动生产率指标

1. 全员劳动生产率 = 年内营业收入总额 / 年内员工总人数

本指标反映了酒店劳动效率的数量状况。

2. 人均创利指标 = 年内利润总额 / 年内员工总人数

本指标反映了酒店劳动效率的质量状况。

四、员工素质指标

（一）员工素质指标

1. 知识结构 = f（知识深度 × 知识广度 × 知识时间度）

本指标反映了员工的学习能力、知识的变通性、更新率、转化率，也反映了酒店的竞争优势。

2. 员工素质值 = 员工人数 ×[高学历员工人数 /（管理人员数 + 服务人员数）]

本指标反映了酒店的员工队伍建设状况。

（二）员工培训指标

1. 员工培训率指标 = 受训员工数 / 员工总数

本指标反映了员工工作能力的获得与提高，是酒店实现人力资源质的飞跃的关键，是提高工作效率和工作质量的根本保证。

2. 培训时间率指标 = Σ（店内累计受训时间 + 店外累计受训时间）] / 在店工作时间

本指标反映了酒店培训的持续性，以及对时间、对人力进行分配与利用的合理性。

3. 培训费用率指标 = 年内培训费用 / 全年营业收入总额

本指标反映了酒店对培训的投入，也反映了酒店对人才渴求程度与重视程度。

4. 培训达标率指标 = 培训后能胜任工作人数 / 受训员工总数

本指标反映了酒店的培训效果，以及员工的知识转化能力。

（三）员工能力指标

1. 人才储用率 = 大专以上学历人数 / 酒店员工总人数

本指标反映了酒店的可持续发展能力。

2. 法约尔参决率 = 主管参与决策次数 / 酒店完成管理项目次数

本指标反映了酒店的民主化程度和员工参政议政的能力。

3. 德鲁克成效率 = 酒店技术开发完成成果数 / 酒店技术开发计划项目数

本指标反映了酒店的科研开发能力和科研成果转化能力。

4. 泰罗激励率 = 已实施激励政策条款数 / 酒店管理激励政策条款数

本指标反映了酒店的诚信程度和执行政策的能力。

本章小结

酒店财务管理，是指对酒店财务活动的管理。财务活动即酒店财产物资方面的业务活动及事务活动，包括各种财产物资的取得、置配、耗用、回收、分配等活动。

酒店经营者运用投资者提供的资金进行经营。从形式上看酒店财务是货币等财产资源的收支活动，它表现为酒店资源量增加与减少，其基本内容体现为筹资，投资与分配等；从实质上酒店财务体现着酒店与各方面的关系，由此体现着一定社会的经济利润。酒店财务活动包括酒店由于筹集资金运用资金，分配利润而产生的一系列经济活动，酒店财务活动的总和构成酒店的资金运动。酒店财务管理的对象，就是资金的运动。

酒店财务管理是随着酒店规模不断扩大，管理不断深化而出现的一种管理职能，它主要解决酒店经营中的一些理财问题，管理者根据酒店的经营目标和经营需要，按照资金运动规律，对酒店的财务问题进行科学有效的管理，并正确处理酒店同社会各种利益关系团体和个人之间的经济关系。在酒店的财务管理中，资本的运作是酒店经营管理的高级阶段。

复习与思考

一、名词解释

酒店财务管理　酒店预算　预算管理　酒店成本控制

二、简答题

1. 酒店财务管理的主要目标。

2. 酒店财务管理的组织机构。

3. 酒店财务管理的主要特点。

三、论述题

1. 请试述酒店财务分析的一般程序。

2. 请试述酒店综合实力评价指标体系。

3. 请试述如何建立酒店财务控制制度。

第九章
酒店的物资设备与安全管理

学习目标

知识目标

○理解物资设备与安全管理的重要性

○掌握酒店的物质、设备和安全管理

○了解物质、设备的分类、采购、更新、验收和物资设备在酒店中的日常管理

能力与情感目标

○能识别物资、设备的更新、验收等细节工作

○能分析住店客人、酒店员工、酒店自身安全各项问题

○能讲述酒店各个方面的安全的各项知识和具体措施

案例导入

哈尔滨市天鹅饭店火灾

1985年4月19日零点左右，哈尔滨市天鹅饭店第11层发生火灾，造成10人死亡（其中，朝鲜客人5人，美籍华人1人，饭店服务员4人），7人受伤，该饭店第11层的29个房间共烧毁了21个，燃烧面积达500平方米，直接经济损失达25万余元。

该饭店大楼共11层，标准层建筑面积为1200平方米左右，采用钢筋混凝土框架结构，设有4台电梯（其中一台兼做消防电梯），两座封闭楼梯间，金属龙骨石棉板吊顶。引起火灾的原因是，一个美国商人酒后卧床吸烟引燃床罩。

火灾教训：

（1）没有安装好火灾自动报警器和自动灭火喷淋设备。该饭店原设计没有火灾自动报警、灭火设备，后经公安消防部门提出，同意增设。每个客房与走廊已装置报警线路和喷淋管道，也已购置了报警探头，但舍不得花钱，没有及时装上；自动灭火喷淋头于1984年向某消防机械厂订了货，直至这次火灾发生还没有配套。

（2）失火当晚，11层楼的服务员擅离职守，以致没有及时发现失火。起火房间对面的日本客人发现起火后，找不到服务员。

（3）火警电话打不通。失火后，许多人打火警电话，只听到忙音。当时，饭店总机守机员向市电话局查号台问清了消防支队的普通电话号码，才报了火警。消防人员抵达时已过了半个小时，以致延误灭火战机，致使火灾蔓延扩大。

（4）安全疏散楼梯不符合防火要求，没有明显标志和指示灯，而且有些楼层的疏散门上了锁，楼道堆了杂物，影响通行，在发生火灾后没有起到安全疏散作用。

（5）走廊和房间墙壁使用了没有添加阻燃剂的易燃塑料贴面层，发生火灾后迅速燃烧和蔓延，并产生浓烟和有毒气体，使旅客被熏死或被迫跳楼摔死。

（6）不具备使用条件盲目开业。哈尔滨市消防部门曾于1983年12月提出：天鹅饭店工程储水设施不能满足灭火需要。没有安装好火灾自动报警设备，疏散标志、指示灯尚未安装，没有消防电梯，管道竖井也不符合防火要求。但这些意见未被采纳。

哈尔滨市天鹅饭店火灾给我们留下了惨痛的教训。

第一节　酒店的物资管理

酒店物资管理是指围绕着酒店物质资料使用价值的效用发挥而进行的计划、采购、保管和使用等一系列组织和管理活动的总称。酒店的物资以消费品为主，投资高、价值量大，其费用额一般占酒店流动资金的80%左右。因此，搞好酒店物资管理对提高酒店服务质量、加快资金周转、降低成本消耗、提高经济效益有着十分重要的作用。

一、酒店物资管理的特点及任务

（一）酒店物资管理的特点

酒店素有“小社会”之称，酒店物资涵盖的面非常广，因而酒店物资管理具有复杂性特点。

1. 客人需求的多样性影响着酒店物资管理的规定性

酒店各种管理工作的最终目的是以优质的服务满足客人的需要，从而增加酒店的经济效益。酒店的客人来自五湖四海、各个阶层，因而其生活习惯、兴趣爱好、对酒店服务质量的期望不同，使得他们对酒店各类物资的需求差异很大。霍英东先生曾说过，广州白天鹅酒店开张时，所需物品种类不下十万种。

2. 酒店营销的不稳定性影响着酒店物资管理的计划性

酒店产品的实现依赖于强有力的营销手段，也就是说，酒店物资消耗的多少和营销手段、营销效果有直接的关系。

3. 酒店物资的丰富性影响着物资管理技巧的多样性

酒店物资品种丰富，各不相同，因此，对各类物资的管理技巧也不同，需要因

"物"而异。

4. 酒店部分物资的相对不可储存性影响着物资管理的时效性

酒店部分物资尤其是食品、饮品、鲜活原料等，为了确保品质，需要及时投入使用；而棉织品、低值设备等物资，则可适当地储存。

（二）酒店物资管理的任务

1. 做好开业标准配备，保证酒店等级规格

酒店物资用品配备是根据企业等级规格和接待能力，事先运用开办费用在正式开业前就逐项完成的。它既是酒店物资用品管理的起点和重要任务，又是保证酒店等级规格、保证开业后的业务活动需要和客人消费需求的重要条件。

2. 合理制订消耗定额，为物品管理提供依据

酒店物资用品配备完成后，随着业务活动的开展，各种物资用品都处于消耗过程中，消耗方式有一次性消耗和多次性消耗两种。为此，酒店物资用品保障管理就要针对物品消耗方式不同，分别制订消耗定额和储备定额。

3. 编制物品采购计划，保证业务开展需要

酒店物资用品在开业初期大多是成套配备的，其他物品则按一定时期的需要量配备。业务管理过程中，物资用品计划都是根据业务发展需要编制月、季物品补充采购计划为主。为此，做好酒店物资用品保障管理，必须分类做好物品采购计划，掌握资金使用，在保障业务需要的前提下降低资金占用，加强资金周转。

4. 加强物品使用管理，节省费用开支

酒店每天都应根据各部门业务发展需要，按消耗定额发放、使用物资用品。做好原始记录和统计分析，考核物资用品使用效果和费用消耗。

5. 做好物品库房管理，加快酒店资金周转

即要制订不同物品的库房储备定额，加强出入库管理，定期盘点，在保证业务需要的前提下管好库存物品，加快酒店资金周转。

二、酒店物资的分类及定额管理

（一）酒店物资的分类

酒店所需要的物资用品种类繁多，其价值构成和管理要求各不相同，为了便于物资管理工作，需要对酒店各种物资用品加以分类。其分类方法大致有以下几种：

1. 按物资的价值构成分类

可分为低值易耗品和物料用品。

2. 按物资的自然属性分类

可以分成棉织品，装饰用品，清洁用品，服务用品，玻璃瓷器，食品原材料，餐茶具，燃料，印刷品及文具，维修材料及用具，办公用品，消防用品 12 种。

3. 按客人消耗和价值补偿方式分类

可分为客用多次性消耗物品和客用一次性消耗物品。

4. 按物资的使用方向分类

可分为客用物资用品，生产产品用料，办公用品，清洁和服务用品，基建、维修用料，安全保卫用品，后勤用品 7 种。

（二）酒店物资的定额管理

物资的定额管理主要指物质的消耗定额管理和储备定额管理。

1. 酒店物资消耗定额管理

酒店物资消耗定额是指酒店在一定时期、一定的生产技术水平下，为完成某项任务或制造单位产品所必须消耗的物资数量标准。物资消耗定额并不一定等于实际的物资消耗量。

（1）确定酒店物资消耗定额的工作程序

酒店物资包括客用物资和自用物资两大类物资。以客用物资为例，酒店物资消耗定额的确定程序如下：

①酒店将物资消耗定额的任务下达到各个部门，并详细说明物资消耗定额的意义以及各部门进行物资消耗定额的工作要求和确定物资消耗定额的标准。

②各部门根据自己的特点详细制订单位产品或单位接待能力所需的物资配备表，注意区别一次性消耗物品和多次性消耗物品。

③确定客用一次性消耗物品单位时间或单位产品的消耗定额。注意按照物资的不同特性选用不同的计算标准，如客房的茶叶、香皂、火柴等一次性消耗物品一般按单位时间计算，如间 / 天，饮食产品则按单位产品计算，如食品原料以克 / 份为计算单位。

④确定客用多次性消耗物品在寿命期内的损耗率或一段时间的更新率。因为这些物资是在更新周期内逐步补充、更新的。

⑤综合汇总。汇总客用一次性消耗物品和客用多次性消耗物品的各种消耗差额，汇总各个部门在一定时期内各种物资用品的消耗定额。

自用物资消耗定额的确定大抵也采用如上做法，只是在确定自用物资的消耗定额时要从严，以便在员工中树立节约物资的观念。

（2）确定酒店物资消耗定额的方法。具体如下：

①经验估算法。这种方法一般用于确定某些受主观因素影响而消耗量变动很大的物资消耗定额。比如，各类季节性变化大的食品原料，酒店只能根据既有的经验，在分析各个餐厅的接待能力和客源旺淡季差别的基础上做一个大概的估算。这种方法虽然简单、方便，但易受估算人主观因素的影响而缺乏一定的精确性和可靠性。

②统计分析法。将一定时期内实际消耗物资的统计数字进行加工、整理、分析、计算后，根据它所反映的物资消耗规律而制订物资消耗定额。统计分析法主要适用于确定多次性消耗物品的消耗定额。通过分析实际物资消耗的历史资料，找到它们的消耗规律，据此做出科学的推断和预测。这种方法的优点在于它摒弃了经验估算法中的主观性，带有一定的准确性和科学性。但是这项工作需要借助于大量的历史资料。

③实物实验法。指按照酒店生产经营的客观条件，通过反复的实地操作、考察，经过对实际消耗物资的分析汇总，确定物资的消耗定额。它一般适用于酒店的燃料动力的消耗定额的计算，如一定时间段内供热系统所需的燃料动力的消耗定额。这类方法的关键是要选择典型的操作人员和产品。但在酒店企业中，操作人员和产品都有较大的不确定性，所以实验样本的代表性不够。要减少这方面的不足，就需要有关人员在采用这类方法时注意多次观察，请不同操作水平的操作人员多次操作后取平均值。

2. 酒店物资的仓储定额管理

仓储定额，简单地说是酒店规定的各类物资的仓储限额，即在一定的经营条件下，酒店为保证接待服务质量，保证服务活动不间断地顺利进行所必需的、合理的物资用品储备数量。酒店物资仓储定额可分成不同的种类。各类仓储定额的确定方法如下：

（1）经常仓储定额

指为满足酒店日常业务需要而建立的物资储备量。影响经常仓储定额的因素是该类物资平均每天的需要量和两次进货时间的间隔期。

经常仓储定额 = 物资日消耗定额 × 两次进货间隔天数

（2）保险仓储定额

保险仓储定额是一种后备性的仓储，是为了防止某些物资因运送受阻、交货误期、规格品种不符合要求等原因造成的供需脱节而建立的物资仓储定额。

保险仓储定额 = 物资的日消耗定额 × 保险储备大数

（3）季节仓储定额

季节仓储定额是为了克服某些物资因季节变动导致物质供需脱节而建立的物资储备定额。

季节仓储定额 = 平均每天需要量 × 中断天数

（4）订货点库存定额

为了保证酒店业务不间断地顺利进行，酒店不能等到库存量下降到保险定额再订货，而应该在经常储备中确定一个物资储备点，当某物资的库存量降至这个点时，就必须订货。这个点就是订货点库存定额。

订货点库存定额 = 备运时间 × 物资日消耗定额 + 保险仓储量

式中，备运时间指的是订货周期

订货点库存定额还可以简单地用下面经验公式计算：

订货点库存定额 = 保险仓储定额 ×2

（5）经济仓储定额

确定经济仓储定额的目的是通过计算经济合理的订货批量，确定仓储管理总成本最低时的仓储数量。经济订货批量是在仓储管理上所花费的总成本最低时的仓储数量，其成本只包括那些与储存量或订货次数有关的费用。但是，仓储费用和订货费用是相矛盾的，因为每次订货的批量越大，存储的费用就越高，同时，每次订货的批量越大，就意味着全年订货的次数就越少，相应地，订货费用就会越小。因此，经济仓储定额就是要均衡调节它们之间的矛盾，确定最经济的订货批量。在确定经济批量时，可采用如下公式获得：

$$Q=\sqrt{2Ca \times D/C}$$

其中，Q 为每次订货批量，Ca 为每次订货成本，D 为全年需要量，C 为单位物资平均年度储存成本。

三、酒店物资的采购和验收

（一）酒店物资的采购管理

采购管理就是参照既定的物资定额（包括消耗定额和仓储定额），在不同的时间段内采购不同品种、不同数量的物资，以维持酒店的正常运转。

1. 采购管理的主要内容

（1）认真分析酒店所有业务活动的物资需要，依据市场情况，科学合理地确定采购物资的种类与数量。

（2）根据酒店各业务部门对物资质量与价格的要求，选择最为合适的供货商并及时订货或直接采购。

（3）控制采购活动全过程，堵塞每个环节中可能存在的管理漏洞，使物资采购按质、按价、按时到位。

（4）制订采购各种物资的严密程序、手续和制度，使控制工作环环有效。同时，建立科学的采购表单体系，为每一环节的工作流程留下可供查询的原始凭证。并以制度保证所有原始凭证得到妥善的收集、整理和保存，为酒店结付货款及物资管理的其他环节提供可靠的依据。

（5）制作并妥善保管与供货商之间的交易合同，保证合同合法有效并对酒店有利。

（6）协助财务部门做好酒店对供货商的货款清算工作。

通过上述过程达到如下目的：保障供给；最小的投入；最理想的物资质量；最低的净料成本；在与供货商交往过程中确立最有利竞争地位的目的。

2. 采购的基本程序

（1）确定采购程序

酒店物资采购程序大致包括以下几个环节：

各物资使用部门或仓库管理人员根据经营需要填写请购单 → 仓库定期核算各类物资的库存量，若库存降至规定的订货点，仓库向采购部送请购单，申请订购 → 由采购经理通盘考虑，对采购申请给予批准或部分批准 → 采购部根据已审核的采购申请向供货商订货，并给验收部、财务部各送一份订货单，以便收货和付款 → 供货商向仓库发送所需物资，并附上物资发货单 → 仓库经检验，将合格的物资送到仓库，并将相关的票单（检收单、发货单）转到采购部 → 采购部将原始票据送到财务部。由财务部向供货商付款。

（2）选择采购方法

主要有四种：

①市场直接采购。指采购人员根据批准的采购计划或请购单的具体要求，直接与供货商接洽，采购所需物资。

②预先订货。酒店采购部根据采购计划及请购单的要求，选定供货商，与之签订订货合同，使之在规定的时间内将所规定品种、规格和数量的物资送到酒店的指定地点。

③“一次停靠”采购法。即酒店选择一家实力雄厚、供应物资品种齐全的酒店

物资供应公司，以批发价向它订购酒店业务所需的全年量物资，一次订货，分期到货。

④集中采购。是酒店集团常用的一种采购方法，被世界上许多非集团酒店所效仿。它是指两家以上酒店联合成立物资采购中心，统一为各酒店采购经营中所需的物资。具体做法是各酒店将需采购物资报送采购中心，采购中心将各酒店的同类需求物资的数量汇总向供货商订货，统一验收后分送到各酒店。

（3）加强采购凭证管理

设专人专门保管各类凭证，包括供货者的交货通知单、发票、运单、各种费用单据、订购合同、请购单、订货单等；定期将采购凭证按日期装订成册并加具封面，按时归档；凡属因质差、量差、价差等问题所提出的全部或部分拒付理由书，应该附在有关凭证之后；凡向供货商提出索赔的书面异议书，应由采购部门的经办人员妥善保管，以便进一步与供货商协商解决；未经使用的空白购进凭证，如收货单，应由进货部门经办人员妥善保管，防止丢失，并不得私自撕毁和处理。

（二）酒店物资验收管理

验收是物资采购任务完成以后由酒店验收人员根据订货单以及批准的请购单，检查所购物资交货是否按时，质量、数量、价格是否准确，并详细记录检验结果，对合格物资准予入库或直拨到使用部门，不合格物资则予以拒收。

1. 验收的内容

主要核查有关物资采购的凭证、质量、数量、价格、时间等项目。

①凭证检验：重点是核查物资品种、规格、数量、等级和价格。

②时间检验：对交货时间进行检验，核查交货期是否和订货单上的日期一致。

③数量核查：验收工作中的数量核查应对订货单数量、送货数量和实际到货量三者做交接检查，确认三者是否一致。

④质量核查：质量核查是物资验收的核心内容。酒店的物资种类多，且各种物资的质量要求不同。衡量质量高低的标准也多种多样，需要各种专业知识，这些都对物资的质量验收提出了更高的要求。

⑤价格核查：核查价格是否与市场报价一致。一般在保证质量的基础上，价格不得高于市场同类物资的价格。

2. 验收的程序

（1）前期准备工作

采购员采购任务完成后，应及时将订货单转给验收部门，并将采购物资的基本情况通知验收负责人。验收人员应将订货单与财务部门转送的经批准的请购单相对照，若订购内容与上级批准的采购内容有出入，应及时向财务部门报告。验收管理人员应在物资到达验收点钱时督促安排好相应的物资验收位置和具体的验收人员，检查验收人员是否已具备好订货单，以便与到店物资核对，同时准备好各类验收设备工具、验收场地、确定验收范围。

（2）验收操作，物资入库

当物资到店后，验收人员要根据订货单和订货合同的内容点数货物的件数，逐个检查密封容器是否有启封的痕迹，逐个称量货物的重量，特别是检查袋装物品的内容、重量是否和袋上印刷的相一致，以防名实不符和物资短缺。在清点数量时验收人员必须使用专用戳在点数过的物资包装上加盖印记，以防重复点数或漏点。验收人员要按照酒店采购规格书上所规定的质量标准检查和测试货物的外观及内在质量是否完全合乎要求，此外还有逐个检查物品的规格是否符合要求。

在对全部货物进行测试、检验、清点之后，若发现问题，要当场向送货者提出交涉并作出相应的处理，包括拒收及由双方签字认可。对完全符合要求的货物要尽快选择仓储位置或发放给使用部门使用，不要让货物在验收地点长时间存放，这会使一些物品因不具备必需的储存条件而影响物资质量，而且也不安全。

（3）记录验收结果

验收人员最终以书面的形式阐述验收情况，包括填签验收单据和形成验收报告及进货日报表。

3. 拒收

拒收是指物资验收人员在验收过程中对照有关标准，发现有严重出入时，拒绝物资入库或进入生产领域。拒收是杜绝伪劣假冒物资流入酒店的有效手段，是维护采购正常权益的有力保证。

拒收应填写拒收通知单，写明拒收理由，经送货方和验收方签字，将拒收通知单和物资以及有关凭证一同退回。在处理拒收问题时必须特别注意以下几点：

（1）要认识到这只是交易过程中常见的问题，而不是供购双方的纠纷。故酒店应在坚持原则的前提下尽量保持与供货商及送货者之间的良好关系，以良好的态度向送货人耐心解释拒收的原因，为可能给他们带来的额外工作负担表示歉意。

（2）在退货通知单上要详尽写明退货的原因并请送货人签字证明，为与供货商的进一步交涉留下原始凭证。

（3）要尽快告知酒店的采购部门和相关的物资使用部门，督促他们及时寻找替代品。

四、酒店物资的仓储和发放

（一）酒店物资的仓储管理

广义的仓储管理是指物资从入库到出库之间的完整的管理和控制过程，它从验收物资开始，将各类物资合理储藏，保障库存物资的数量安全与质量安全，并进行物资出库控制。

酒店所需物资种类繁多，其重要程度、消耗数量、价值大小各不相同，可以依照“关键的是少数，次要的是多数”这一基本原理，把物资分成三类：

A 类物资：数量上只占酒店使用物资总数量的 5%~10%，而资金上占资金总额的 60%~70%，这类物资属于关键的少数物资。

B 类物资：数最和所占的资金一般在 20% 左右，属一般物资。

C 类物资：数量占酒店使用物资数量的 60%~70%，而所占资金额却在资金总额的 15% 以下，是次要的多数物资。

ABC 分类法选择的两个相关标志是物资数量的累计百分比和资金占用额的累计百分比。

仓储管理是酒店经营中的一个不可忽视的环节，它既要保证经营需要和节约使用，又要保持最低限度的周转量，并节约资金。

1. 仓储管理的基本要求

（1）保证物资数量和质量的完整无损。

（2）物资的存放堆码要井井有条、整齐清洁，便于收发、检验、盘点、清仓。

（3）物资保管要有专人负责。物资入库要先验收，后收料入账；进库物资不论大小，均应过磅点数；能定量包装的物资做到点数包装；出入库要有完备的手续和凭证，如“入库单”“领用单”“调拨单”等。

（4）掌握各类物资日常使用和消耗的动态，合理控制物资库存量。

（5）各种物资都应设有明细台账，收入、发出、结存按时登记记账，笔笔清楚，要进行不定期的抽查核对和定期清仓查库，做到账、卡、物（资）、资（金）“四对口”。

2. 仓储管理的内容

（1）组织物资验收入库工作。各种物资不论是零星或大批的，入库前都要经过严格的验收手续。必要时，有些物资要配合有关部门进行化验或其他方法检验。

（2）组织物资发放工作。物资发放要坚持“先进先出”的原则，特别是那些保鲜要求特别高的食品原料。

（3）组织物资的维护保养工作。

（4）组织废料的回收和利用工作。

（5）及时处理滞留积压的物资。

（6）通过物料台账及其他的统计分析资料掌握库存物资的动态。

（二）酒店物资的发放

物资发放必须按照一定的程序进行严格的控制，达到准确、及时、安全、经济的基本要求。

1. 物资发放的原则

（1）先进先出原则

即要求物资发放人在发货时仔细验查进货账目和货架标签，先发早入仓库的物资，目的是防止物资久置导致老化，从而影响物资质量。

（2）保证经营原则

酒店仓库中储存的物资种类繁多，适应不同部门、不同岗位的需求。工作人员在每日规定的发料时间内常常十分繁忙，面临多个部门同时领料的情况。在这种情况下，急用、急需物资应先备料、先分配，以保证生产经营的连续性。

（3）补料审批制度

酒店前台接待部门常常会因为经营业务的变化而临时出现某类物资的特急需求。在这种情况下，由于形势紧迫往往不能够按照常规填制正规的领料单据，并逐项办理领料审批手续。这时需要特事特办，以保障前台业务顺利进行。但即使是特急领料也必须有交接双方的签字和在场的部门管理人员批准的领料单据，并且规定补办手续的时限。

另一种情况是部门工作人员凭手续齐全的请领单到仓库领料时，仓库经审核准予发放，但却发现存货不足，只能发放其中一部分物料。这时，需填制反映实际领料情况的发货单，当仓库进货后再通知部门补领。补领时虽不用再次履行请领手续但必须做补领手续。

以上这些解决问题的方法都必须制度化，即建立健全的补料制度才能防止差错和作弊行为的发生。

（4）退库核错制度

有时由于计划变更或其他原因，物资使用部门发生物资剩余，这时，应将这些剩料退回仓库，并办理退料登记手续。

（5）以旧换新制度

为防止物资未用完就领取新物资的浪费行为，在物资发放管理中应对一些用量较大或价值较高的多次耗用物资采用以旧换新的领用制度。同时，许多物资的盛装器皿具有回收价值，酒店物资管理部门应通过制定以旧换新制度，全面回收和处理，减少浪费。

2. 物资的发放程序

（1）点交

部门在领取物资时必须每次填写请领单。仓库接到请领单后要认真检查单上所列物品的名称、规格、等级是否与库存物品相符、凭证字迹是否清楚、有无涂改现象、印章是否齐全、领料日期是否正确等。审查无误，即可将待发物资发放给请领部门，同时根据实际发出的物资品种、规格、数量等填制必要的物资发放单据。

（2）清理

物资点交工作结束之后，仓储人员需进行内部清理。包括账面上的清理、地面的清理和物资管理。

（3）复核

为防止物资发放过程中出现差错，仓库发货人员必须对物资发放作业过程中的每一个环节仔细地进行自查、复查、层层复核。一方面复核发货单与实发物资是否相符，另一方面要复核货位结存量来验证出库物资的品种、数量是否正确。发货人员自查后，还应由专职或兼职的复核员在搬运过程中进行复核。凡未经复核、单货不符或手续不齐全的物资都不能准予出库。

（4）原料计价

原料计价是酒店每日成本核算的重要环节。仓库在发放各类物资时，应在物资请领单上填写各类物资的购入单价，并计算出所领物资的总价，以便成本核算。

3. 物资发放管理的重点

在物资发放管理中，首先应当抓住人的因素，其次是做好物资的管理。

（1）审批人环节

审批人是物资的发放把关人，他从根本上控制着物资的发放量。审批人是根据需求量的客观性进行物资审批的。酒店必须以制度的形式确定物资分配的各级审批人。审批人平时应注意和基层保持密切的联系，掌握物资使用情况的动态信息，以动态的眼光来把握好物资分配量。

（2）执行人环节

执行人环节涉及物资发放过程的各个方面的工作人员。在物资发放过程中，核算员要逐一核算已发物资的价值。尤其要注意的是，实物发货人与发货记账人应分岗设置。执行人素质的高低直接关系到发放工作的质量，因此，应加强对这些人员的日常管理。

（3）发货区域

仓库是酒店物资储存的重地，每一种物资对储藏环境和条件都有明确而严格的要求，而大量人员频繁进出仓库会极大地影响应有的储藏环境，同时还会威胁仓储物资的数量安全。因此，有条件的酒店应在仓储空间之外到仓库大门之间设置专门的发货区域。发货人员将需发放的物资搬运到发货区域，领货人在此区域点数交割，而不能直接进入仓库领料，这是防止物资发放出差错的重要手段。

（4）发货时间

发货时间可根据物资的用途采取定时和不定时相结合的办法。

（5）货物交接

发货人员与部门领货人员之间的物资交接是物资发放管理的最后环节。若这一环节中出现了差错，就会给仓库账目及部门的成本核算等许多管理环节造成混乱，并且当事后发现这种差错时，往往会因为物资已投入使用而难以查清问题及责任所在，使管理工作十分被动。因此，在进行物资交接时，收授双方都必须按照发货单和领料单复核检查，点数所发物资的品种、规格和数量，确保无差错时才准予出库，领取货物。

（6）物资数量短缺问题

物资发放过程中很容易出现物资数量的短缺，其直接的起因是物资在入库时一般都是批量进，因此一些以重量为计量单位的物资入库时都是大秤进，而在发放过程中由于执行限量分配制度，每次发放量相对于进货量来说是比较小的，即小秤出，这样就会出现一个重量流失问题。因此，在盘存时很可能会有数量上的出入。

为解决物资量流失问题，可采取以下办法：为每一种物资的收发制定合理的损耗率；对整进零出的物资在进货之后预先进行拆零包装，按照一般的单位需用量将整包装物资变为小包装物资。

第二节　酒店的设备管理

一、设备管理概述

设备管理是指围绕着酒店设施、设备物质运动形态和效用的发挥，对其进行选择评价、购置安装、维修保养、更新改造、报废处理全过程的管理。设备是酒店进行经营业务活动必要的物质条件。酒店设备先进与否和各类设备完好率直接影响酒店的级别和服务质量。因此，酒店管理人员应加强酒店的设备管理，保证酒店正常经营。

（一）酒店设备的种类

酒店设备是指单位价值在 2000 元以上，使用年限在一年以上并与酒店经营有关的固定资产。酒店设备按其性能可以分为以下十类：

①给排水系统设备，包括冷、热水供应，水处理和排水及卫生设备。

②供电系统设备，包括输电设备、配电设备和用电设备等。

③通信系统设备，包括电话通信系统、内部通信系统和电传、传真系统，微机设圣系统。

④空调、冷冻、通风系统设备，包括空气处理、输送、分配和冷热媒体源四大部分。

⑤电梯系统设备，包括客用、职工用、货物用、消防用电梯，自动扶梯和观光电梯。

⑥健身娱乐设备。

⑦音像系统设备，音乐、广播系统和电视系统设备。

⑧安全设施，主要是消防保安系统设备。

⑨厨房和清洁卫生设备，主要包括厨房和洗衣房设备，以及公共清洁设备。

⑩办公设备，主要有商务中心和酒店内部办公设备。

（二）酒店设备管理的任务

酒店设备管理的任务是根据酒店等级规格和接待对象，做好各种设备的采购、配置，制定各项管理制度，加强使用过程中的维修保养、更新改造和经济技术分析，提高设备使用效果，降低物化劳动消耗，提高经济效益。其具体表现如下。

1. 正确选购设备

根据技术上先进、经营上适用、使用上安全、经济上合理的原则，正确选购设备，为酒店提供优质的技术装备。

2. 保证各类设备处于最佳使用状态

特别是直接服务于顾客的设备，要做到百分之百的完好率。

3. 制定各类设备的安全操作规程和维修保养制度

经常检查设备的运行状态和安全性能，培训合格操作人员，保证机器和人身安全。

4. 培养酒店员工的全员设备管理观念

对酒店的每一种设备设施都要将使用、保养、检查、维修任务落实到人，使每一个员工都认识到自己对酒店设备负有责任。

5. 做好现有设备的更新改造工作

做好设计、技术论证、筹措资金，经济合理超使用老设备，实现增收节支。

6. 保证引进设备的正常运行

掌握引进设备的操作技术，做好引进设备零配件的供应和维修工作。

二、设备的选购与更新

（一）酒店设备选购的标准

酒店在选购酒店设备时要考虑社会、经济和酒店本身的一些因素，争取选择的设备成本最小、质量最好，选购的具体标准有以下几个方面。

（1）成本最低原则。酒店在选购设备时要充分考虑设备使用的自然寿命、设备的技术发展速度，设备在使用中的节能情况，考虑设备使用周期中总费用的大小，对其进行经济评价，力争使所选购的设备长期成本最小。

（2）安全方便原则。客人的安全是以设施设备的安全运转为基础的。在选购酒店设备时，要对设备的安全性能进行测试，选择符合国家标准、在同行业中享有较高声誉的产品。考虑酒店设备使用的方便性主要是为了提高员工工作效率。有的设备是供客人使用的，如电梯、电视，因此，设备使用的方便性也是客人的需要。

（3）综合配套原则。酒店设备的综合配套有两层含义：其一是指酒店设备本身及各种设备之间要配套，包括单项配套、相互配套、设备数量配套和外观配套；其二是指设施设备要与酒店的经营管理相配套，与酒店的发展规模相配套。要考虑酒店的星级标准，酒店的经营特色，外露型设备的外观要有装饰性，与酒店的格调相符。

（二）设备的经济评价

为了降低酒店选购设备的经济成本，酒店应对选购设备进行经济评价，通过对几种设备的对比分析，从中选择最为经济的设备。设备的经济评价是酒店设备投资的决策依据。评价方法有以下两种。

（1）设备投资回收期法

设备投资回收期法是以设备投资额回收期作为对购买设备的评价标准。在其他条件相同的情况下，应选择回收期最短的一种设备。

设备投资回收期的计算公式为

$$\text{设备投资回收期} = \text{设备投资额} / (\text{年利润} + \text{年折旧})$$

（2）追加投资回收期法

在选购设备时，既要考虑设备的购买价格，更要考虑设备的使用成本。常用的方法有追加投资回收期法，其计算公式为

$$\text{追加投资回收期} = (P1-P2) / (C1-C2)$$

式中：P1、P2 为可供选择设备的投资额，P1>P2；C1、C2 为可供选择设备的年使用成本，C1>C2。

设备投资评价只是对设备投资选择中以价值出现的因素做了定量分析，它对设备的其他性能无法进行评价。因此，在选购设备时，选购人员还应根据设备选择原则对其他的一些因素进行定性分析，作出最好的投资决策。

（三）设备更新的策略

（1）设备的寿命

内容包括：

第一，自然寿命。设备的自然寿命是指设备从开始使用到由于设备的机件磨损超过限度而无法使用为止。这段时间称为设备的自然寿命，即通常所说的设备寿命。设备的自然寿命是传统设备更新策略的主要依据。

第二，技术寿命。指设备从开始使用到设备由于功能落后而造成生产出的产品缺乏竞争能力，而被具有更好功能的设备所淘汰为止。这段时间称为设备的技术寿命。

第三，经济寿命。在设备的自然寿命还未结束以前，对设备的维修保养费用的增加，如利润下降、损伤等因素进行经济分析，找出各种费用之和最低的时间，以决定设备更新的年限，这个更新年限称为设备的经济寿命。

（2）设备残值

设备残值指设备淘汰后转让给其他单位或作为废品处理给废品收购部门后可以回收的价值。设备使用越久，残值就越低。

（3）设备更新策略

酒店更新设备应以设备的经济寿命为标准，通过对各种费用的分析和计算，找出最佳的更新年限。

若以 T 为第 n 年的总支付费用；P 为设备的购买价格；s 为设备的残值；n 为使用的年限：W 为第一年的维修保养费用，则设备最佳更新年限为

$$n=\sqrt{2（P-S）/ \mathrm{I}}$$

在设备更新中，若考虑到：①设备每年的维修保养费用如果是非线性增长；②因使用年限的不同，调和残值也各不相同；③在总费用中还必须考虑设备因技术落后而损失的利润。则在此条件下，可采用列表的方法计算每年的总费用，从而找到最佳更新年限。

三、设备的日常管理

（一）设备的日常使用管理

1. 制定设备使用保养规程

内容包括：

第一，由工程部具体负责对酒店内各种设备制定使用操作规程和保养规程。规程要针对不同设备的用途、性能、操作要求、保养要求制定，规程要求详细具体，简单实用。

第二，建立岗位责任制。设备操作、保养规程要落实到班组和个人，这需要岗位责任制给予保证。

2. 考核检查

一是要对各类设备使用情况进行考核检查，其主要指标有：设备能力利用、设备生产产量、设备状况、设备保养、运转正常程度、设备完好率、设备各项专业指标。二是对设备作业情况进行考核检查，考核检查是否违反操作规程。考核检查主要由各级管理人员实施，要定期进行，考核检查的结果要定期做好记录。

3. 培养和配备合格的操作者

4. 充分合理地使用设备

第一，设备不要搁置和闲置。

第二，设备设施的使用要充分，尽可能达到设计能力，特别是客用设备设施。

第三，设备设施要充分利用，但不能超负荷、超工时、超维修保养使用。

第四，要注意维修保养，制定计划维修制度，确定各设备设施停用维修保养的时间和工作安排。

（二）设备的日常维护保养

1. 确定标准，建立制度

要在酒店内设备分类的基础上，对各类各种设备设施制定标准。标准确定后要汇编成册，分发到各部门，并向全体员工进行宣讲。日常维护保养制度由工程部制定，由酒店发布，作为对每个部门的规范要求。

2. 酒店设备的日常维护保养

酒店设备的日常维护保养包括使用部门的日常保养和工程部门的日常维护保养。

3. 定期维护保养

定期维护保养是指由工程部承担的定时间、定对象、定内容、定工作量和标准的维护保养。工程部根据各类设备的保养要求、设备的现状，制定出各类设备的定期维护保养时间和内容，并由工程部实施维护保养。

（三）其他日常管理工作

酒店设备的投资大，资金回收期长，种类繁多，涉及面又广，再兼之设备更新周期短。因此，对酒店设备设施的管理要求较高。除了上述设备设施的日常使用和维护管理外，酒店还需要进行其他日常管理工作。

1. 核定需要量，确定购置计划

酒店各部门应该根据经营管理活动的需要，确定本部门所需设备的品种和数量，并向酒店主管部门提出申购计划，由主管部门进行综合评价，综合权衡，最后确定购置计划。

2. 建立设备技术档案，做好分类编号

设备的分类，可按用途分类，如机器、交通运输、家具、家用电器、厨房设备等；也可按部门分类，如客房设备、餐饮设备、康乐设备等。设备编号没有统一的规定和要求，一般采用三节号码法。第一节表示设备的种类，第二节表示设备所在的位置，第三节表示设备的序号，如有附属设备可用括号内数字表明。

建立设备档案是加强设备管理的重要环节。设备技术档案要分类建立，其内容包括：设备登记卡（记有设备名称、种类、规格型号、性能、参数等）、使用说明书和合格证、设备安装施工图、检修登记表、事故报告单、设备验收记录等技术资料。

3. 妥善处理设备事故，确保人员安全

酒店要积极采取措施防止设备事故的发生，如果发生事故，应立即通知工程部进行抢修，使设备尽快恢复正常运行。事后要分析事情发生的原因，总结经验教训，并记录在案，同时采取有效措施，杜绝类似问题的重复发生。对事故责任者要视情节给予一定的处理。

第三节 酒店的安全管理

一、酒店安全管理概述

（一）酒店安全管理的概念

酒店是为住店客人及社会公众提供各种服务的场所，同时又是酒店管理者组织和开展各项经营活动的场所。酒店管理者必须认识到安全是酒店开展各项经营活动的基础，这是因为只有在安全的环境里，各种服务活动才能得以开展并能够确保质量，酒店的经营管理活动才能取得理想的社会效益及经济效益。酒店管理者必须十分认真地开展和实施安全保卫工作并对安全保卫工作进行科学管理，把酒店安全管理作为整个酒店管理的自然、有机的组成部分。

酒店安全所保护的对象包括在酒店所控制的范围内的所有人员及所有财产。酒店安全的概念有三层含义：

（1）酒店客人、酒店员工的人身财物以及酒店的财产和财物，在酒店所控制的范围内不受侵害。

（2）酒店内部的服务及经营活动秩序、工作及生产秩序、公共场所秩序保持良好的安全状态。

（3）酒店内不存在导致对酒店客人及员工的人身和财物以及酒店财产造成侵害的各种潜在因素。

综上所述，所谓酒店安全管理是指为了保障客人、员工以及酒店安全而进行的一系列计划、指挥、协调、控制等管理活动。

（二）酒店安全管理的内容

根据国家及公安部门有关社会治安管理的法规和条例、社会治安防范责任条例、消防条例以及旅游行政管理部门有关旅游安全管理、旅馆业治安管理的条例和办法，结合酒店业务运行和经营管理的特点，酒店安全工作有以下几方面的内容：

1. 酒店护卫

酒店护卫是指酒店组织专门力量，对酒店出入口、重要场所等重要目标进行守护、巡逻及监视，以维护公共秩序，预防违法犯罪和治安灾害事故的发生的专项工作。

酒店护卫的范围主要在酒店内部，必要时可扩大到酒店周围人行通道部分。护卫的主要目标通常有酒店的出入口、大堂、客房楼面、行李房、金库、车库、商场、娱乐场所等。护卫工作的内容是掌握人员、车辆进出的情况，控制违章物品，发现事故苗子，制止违法犯罪行为。

酒店护卫工作分为定点护卫、巡逻督察和监视控制三大点。

定点护卫指岗位固定的护卫工作，如门卫、停车场及车道管理等。巡逻督察是指安保人员在指定的区域内巡逻，如大堂、客房楼面、公共场所等，以便及时发现各种不安全因素和及时处理各种违法犯罪行为。监视控制是指在酒店重要场所及目标处安装监视器，由专职人员在安全监控室里进行监视，发现各种不安全因素及各类违法犯罪行为时，及时与固定护卫岗位及巡逻人员联络配合采取行动。安装监视器的部位一般为大堂、电梯口、客房楼道、客人贵重物品保管处、现金存放处等。对这些重要部位进行监控以确保其安全。

2. 酒店治安秩序管理

酒店治安秩序管理是指酒店在公安机关的指导下，由酒店的专职安保人员与酒店内各有关部门配合，对酒店内部的公共秩序进行管理，以保护客人、员工和酒店的人身和财产安全。

酒店应建立住宿和访客登记及管理制度，以维护客房内及客房楼层的治安秩序。宾客住宿首先要办理住宿登记，登记表须由宾客本人填写，总台人员应仔细核对有关证件，发现可疑情况向安保部报告。对于来访客人，接待人员应先征得住宿客人的同意，客房部服务人员应注意动向。夜间访客滞留时间不得超过规定的时限。访客留宿应根据规定，去总台办理登记手续，并查验其证件。

维护餐厅、酒吧、娱乐场所的治安秩序，处理各类治安问题也是酒店治安秩序管理的另一个重要内容。安保专职人员应和餐饮部及有关部门的人员配合，及时发现导致营业过程中各种妨害治安秩序的因素和行为，并予以纠正，防止偷盗、打架斗殴、酗酒闹事等恶性事件的发生，以保障正常的经营秩序。对违法人员进行处罚，情节严重的，移送公安机关处理。

酒店治安秩序管理还包括酒店内危险物品、易燃和易爆化学品的管理、酒店内车辆交通及停放的秩序管理和酒店内治安动态信息的收集和处理。

3. 酒店内部违法犯罪案件及意外事故的查处

酒店配备有专职的安保人员对在酒店内部发生的违法犯罪案件及意外事故进行调查、取证、提出处理意见，并报请公安机关审批。

由酒店查处的各类违法犯罪案件包括一般刑事案件、治安案件、破坏案件以及造成了一定的物质损失或人身伤亡，后果较为严重的事故。酒店的安保部作为公安机关的基层组织还应协助公安机关侦破其他各类反革命案件、刑事案件和治安案件。

4. 酒店消防管理

酒店在消防管理机关的指导、监督下，应认真贯彻“预防为主”的工作原则，具体做好酒店火情、火警、火灾的预防及日常的防火安全管理。

酒店消防管理的内容有：贯彻执行国家消防法规，健全酒店内部消防管理制度；健全酒店消防组织机构，明确专门管理人员，落实防火岗位责任制；经常性地开展防火知识的宣传教育和培训工作；认真配合好消防设施、设备、器材，坚持定期检查，确保它们始终处于临战实用、完好有效的状态；制定好火灾发生时的应急处理方案，从报警、灭火、疏散到善后处理等各方面都有明确的程序，使各部门、各岗位上的人员临危而不乱，在统一的指挥下，按既定的程序做出相应的反应，各司其职，将人员和财产的损失减低到最小的程度。

（三）酒店安全管理的特点

1. 内容的广泛性

酒店安全管理涉及范围较广，几乎包括酒店的各个部门和每项工作，所以其管理内容极为广泛而复杂：具体体现为：

（1）既要保障宾客安全，又要保障员工及酒店的安全。

（2）重点、要害部位多，如前厅、餐厅、厨房、康乐场所、仓库、配电房、电梯、锅炉房、财务部等。

（3）既有人身安全，又有财务安全，且管理要求各异。

（4）人员进出频繁：酒店是公共场所，接待的宾客构成复杂，且流动性较大。

2. 管理的困难性

酒店安全管理的困难性，主要表现在：

（1）酒店作为公共场所，具有客流量大、人员复杂、彼此不相识的特点，因而往往是犯罪分子作案的理想目标和隐藏匿居的地点，发案可能性较大。

（2）酒店安全管理以设施、设备和安全措施为主要对象，而酒店的设施、设备直接供客人使用，安全部门不直接管理，这就给落实制定安全措施带来了一定的困难。

（3）酒店目前大量接待的是外籍客人，其中有政府官员，也有知名人士和普通旅游者，还接待港澳同胞、华侨以及知名度较高的各界民主人士，因此，酒店安全保卫人员必须懂得各方面的政策，才能妥善处理好问题。

3. 工作的服务性

酒店是以服务为宗旨的，因此确保客人的人身财物安全是酒店对客服务的重要组成部分，也是确保酒店服务质量的重要一环。酒店在开展安全保卫工作的过程中必须贯穿服务的思想；在制定安全标准和工作制度以及有关安全工作的规定和制度等方面，都应体现出酒店以服务为本的宗旨。

4. 全员的参与性

酒店的安全不能单靠少数的高层管理人员或安全部门的专职人员来保障，必须通过经常性的宣传教育和培训活动，让每个员工树立本职工作与酒店整体安全有关的观念，使全体员工积极参与，努力合作，把涉及各个部门及工作岗位的安全工作纳入部门及岗位的职责中去，使每个员工把与本岗位相关的安全工作看作本职工作。

二、酒店安全管理措施

（一）选聘优秀人才

在酒店的安全管理中，安全部门的主管及员工是非常重要的，因此各大酒店聘用的多半是一些退休的军官和公安人员，或接受过专门训练的人士，这些人士还必须具有一定的法律常识，并经过国家有关部门的相关法律培训和考核，能及时与当地公安机关密切联系与合作。从事酒店安全工作的人，不仅需要机警敏锐，而且处事还要非常正直。所以酒店在选用这些人员时，应注意他们的能力、个性、品行，从而确定他们是否能胜任这种工作。酒店安全保卫人员本身必须具有下列条件：公平正直的性格、机警敏捷的思考、高度的个人自尊与责任感、高尚的道德与伦理观念、良好的身体素质和心理素质。

（二）健全安全组织

酒店必须设置一个专门的职能部门来负责酒店的安全管理工作。酒店的安全部门通常由外勤组、内勤组、办公室和消防中心四个部门组成。这几个部门必须人员精干、职责明确、程序简化、层次少，这样便于统一组织工作和统一指挥，提高安全保卫的效率。在这里，重要的是明确各个部门的职责。

1. 外勤组工作职责

外勤组负责酒店大院内的车辆指挥和车辆安全，并相应收取管理费；负责酒店大院内的客人及财产的安全；负责酒店重要部位（机房、仓库、酒库等）的安全，保证其正常运转；对酒店大院秩序负责，防止突发事件；对本店员工的仪容不整要给予纠正。

2. 内勤组工作职责

内勤组负责酒店大堂、会议室等公共场所的安全和秩序，对无证或证件不全的客人，要协助总服务台问明情况后，填表报当地派出所批准，然后安排入住；负责餐厅客人就餐时的安全，防止被盗事故发生；负责长住客户在店期间的安全，根据情况，建立长住客户档案；协助客房值班员，负责住客安全，防止和处理突发事件；对重点客人实行重点保卫。

3. 保安部办公室工作职责

保安制订突发事件的应急计划；负责当天住店客人证件的资料统计和整理；协调保安部的工作，建立长住客户有关治安方面的档案；与当地派出所、公安机关保持联系，掌握当地的治安情况。

4. 消防组工作职责

消防组对酒店的消防安全员有重要责任，要管好消防监视中心的各种设备、设施，保证监视中心正常工作；定期检查酒店消防系统，保持它们的灵敏度；严格执行国家、酒店制定的有关消防安全工作法规，自觉做好酒店消防管理工作；负责制定酒店防火安全管理措施并负责组织实施。

（三）明确岗位责任

酒店安全管理工作涉及面广，需要全体工作人员的共同努力。不同的岗位有不同的要求。

1. 保安员的岗位职责

（1）保安员要树立高度的责任感和事业心，忠于职守，尽职尽责，争做优秀员工。

（2）按时上下班，不迟到，不早退，不擅离岗位，工作时间不办私事，不得利用工作之便进行违法犯罪活动。

（3）上班着装整齐，仪容端庄，精神饱满，坚持文明礼貌执勤，严禁打人骂人、侵犯他人人身权利。

（4）不做有损酒店形象的行为，处事机智，迅速果断，按章办事。

（5）上下班交接手续要清楚明了。

（6）积极主动维护酒店院内的早晚交通秩序，做好“五防”（防盗、防火、防抢、防破坏、防治安灾害事故）工作。

2. 服务员的岗位职责

（1）在工作中碰伤时，无论轻重伤，立即向管理人员报告，并接受应急处理。

（2）及时报告故障、破损的设备和机械，以及不完整和有危险的设施，有事故隐患的设备和用品。

（3）在工作时必须穿着合适的工作服和工作鞋。

（4）禁止把清扫工具放在走廊、通道和楼梯处。

（5）客房内如果有破碎的器具和装备，立即上报有关部门。

（6）熟知安全规则并积极协助有关人员贯彻好安全规则。

（四）配备先进设施

“工欲善其事，必先利其器”，安全设施是做好安全管理工作的物质基础。要搞好酒店安全保卫工作，先进的安全设施是必不可少的。酒店使用的安全设施主要包括六个方面：

（1）通信系统。通信系统应能与酒店所有工作区域取得联系，如电话、传呼系统、对讲机等。

（2）监控系统。监控系统要处于完好的状态，并有专门值班人员 24 小时及时监控。

（3）电子门锁系统。使用此类门锁安全性更强，但也要预防高智能犯罪团伙破译密码。

（4）防盗报警系统。酒店在一些重要部位和仓库、收银处等安装报警装置，以防他人偷盗。

（5）消防系统。主要包括烟雾报警系统、自动喷淋系统、消防给水系统、防火门系统及安全疏散系统等。

（6）其他安全设施设备。如客房内的安全链、警眼、阻燃地毯、防滑浴缸，餐厅消毒设备、防滑地砖，以及警示牌、灭火器、自动跳闸开关、安全出口等。

上述六个方面的安全设施是必不可少的，不仅在酒店开业时必须配备齐全，而且必须随时保持良好的状态，这样才能为酒店安全管理提供物质基础，预防事故发生。

三、酒店主要的安全情况的应对与处理

（一）国内客人违法的处理

客人违法一般是指国内客人在酒店期间内犯有流氓、斗殴、嫖娼、盗窃、赌博、走私等违反我国法律的行为。保安部值班人员在接到有关客人违法的报告后，应当立即问明事情发生的时间、地点和经过，记录下当事人的姓名、性别、年龄、身份等，并立即向值班经理汇报。值班经理接到报告以后，要立即派保安主管和警卫人员到现场了解情况，保护和维持现场秩序。对于较严重的事件，保安部经理需亲自到现场调查，同时要向值班总经理报告。

保安部人员在找客人了解情况之前，一定要慎重，要了解客人的身份。对于客人之间一般的吵骂等不良行为，保安部可出面进行调解。对于其违法的行为，要查明情况，在征得总经理同意后，向所在酒店的上级主管部门和公安部门报告。

在向公安部门报告后，保安部的人员应对违法行为人进行监控，等待公安人员的到达，保安部人员不能对行为人进行关押，应等候公安人员前来处理。

事件处理完毕后，保安部要把事件的情况和处理结果记录留存。

（二）涉外案件处理

随着国际贸易及国际交往的增加，酒店接待的国际客人也日益增多。因此，涉外案件的处理应引起酒店管理者的注意。

涉外案件是指在我国境内发生的涉及外国、外国人（自然人及法人）的刑事、民事、经济、行政、治安等事件。对于外国人违法案件的处理必须做到事实清楚、语气确凿、引用法律正确、法律手续完备。应在对等和互惠原则的基础上，严格履行我国所承担的国际条约义务。当国内法或者我国的内部规定同我国所承担的国际条约义务发生冲突时，应当采用国际条约的有关规定（我国声明保留的条款除外）。此外，要及时通知外国驻华领事馆或大使馆，通知的内容包括外国人的外文姓名、性别、入境时间、护照或证件号码，案件发生的时间、地点及有关情况，当事人违章、违法、犯

罪的主要事实，已采取的法律措施及法律依据等。

（三）客人伤病与死亡的处理

酒店应有各种措施，预防客人受伤病之害。如一旦客人受伤或生病，酒店应有处理紧急情况的措施及能胜任抢救的人员。具体的应对措施如下。

（1）如果酒店没有专门的医疗室及专业的医护人员，则应选择合适的员工接受救急的专业训练，并配备各种急救的设备器材及药品。

（2）如发现伤病客人，应一方面在现场进行急救，另一方面迅速安排病人去附近的医院。

（3）对客人伤病事件，应有详细的原始记录，必要时据此写出伤病事件的报告。

客人死亡是指客人在酒店期间的伤病死亡、意外事件死亡、自杀、他杀或其他不明原因的死亡。除前一种属正常死亡外，其他均为非正常死亡。

保安部工作人员在接到客人死亡的报告后，应向报告人问明客人死亡的地点、时间、原因、身份、国籍等，并立即报告保安部经理。保安部经理接到报告后，会同大堂经理和医务人员前去现场。在客人尚未死亡的情况下，要立即送医院抢救。经医务人员检查，客人已确定死亡时，要派保安部人员保护好现场。对现场的每一物品都不得挪动，严禁无关人员接近现场，同时向公安部门报告。在一切事项处理完毕后，保安部要把死亡及处理的全过程详细记录并存档。

（四）食物中毒事故处理

1. 食物中毒类型

在酒店中常见食物中毒类型包括如下内容。

（1）细菌性食物中毒。是指酒店提供的食物被有害的或致命的有毒生物所污染而引起顾客中毒现象。对食物造成污染的主要原因是病原细菌，如肠类菌，葡萄球菌，肉毒杆菌等，这些病菌在食物中迅速繁殖并产生毒素。

（2）化学性食物中毒。是指酒店提供的食物被有毒的化学物质，如不良添加剂、色素、有害防腐剂等污染而引起的食物中毒。

（3）有毒食物中毒。指提供的食品本身含有毒性所造成的食物中毒。如发芽的土豆，不新鲜的海产品等。

2. 客人食物中毒的原因

在酒店中，造成客人食物中毒的原因主要有以下几种。

（1）酒店过失而造成客人的食物中毒或食源性疾病

这是指酒店在提供食物时，或因疏忽没有发现，或已经发现食品被污染而变质，而没有预见到会造成客人的食物中毒或引起食源性疾病，或已经预见到却不当一回事，以致客人食用这些食物而发生中毒或引起食源性疾病。

（2）由于酒店外部原因而造成客人的食物中毒或食源性疾病

所谓酒店外部原因，是指酒店在向其他食品生产单位购进半成品、成品食物时，由于其在制作过程中不洁净，或在运输过程中被污染或由于储存保管不善而变质等原因造成顾客食物中毒或食源性疾病。

（3）由于客人本身原因产生食源性疾病

酒店提供的食品适宜一般健康人的食用。但由于个别客人自身生理原因，食用后引起过敏或中毒或病情加剧或产生其他综合症状均属此类。如内地客人在食用海鲜食品产生的过敏或不适；南方客人食用大量奶制品后产生不适；西方客人食用中餐对味精产生过敏而引起不适应症状等。由于客人本身原因而引起的食源性疾病问题，酒店不承担法律责任，但酒店有责任提醒客人注意并尽量避免让客人食用易引起不适的食物。

3. 食物中毒事故处理

酒店客人食物中毒，多以恶心、呕吐、腹痛、腹泻等急性肠胃炎症为主要症状。一旦发现客人出现上述症状，应立即报告值班经理，值班经理在接到客人可能食物中毒的报告后，应立即通知医生前往诊断。初步确定为食物中毒后，通知保安部经理、大堂副经理和总经理，医务室应立即对中毒客人紧急救护，并将中毒客人送往医院抢救治疗，而餐饮部要对客人所用的所有食品取样备检，以确定中毒原因，并通知当地卫生防疫部门。

此外，餐饮部要对可疑食品及有关餐具进行控制，以备查证和防止其他客人中毒。由餐饮部负责、保安部协助，对中毒事件进行调查，当地卫生防疫部门到达后，应予以积极配合。前厅部和销售部要通知中毒客人的有关单位和家属，并向他们说明情况，协助做好善后工作。

（五）停电事故的处理

停电事故可能是由于外部供电系统引起，也可能是酒店内部供电发生故障。停电事故发生的可能性比火灾及自然灾害要高。因此，对100间以上客房的酒店来说，应配备有紧急供电装置。该装置能在停电后立即自行启动供电。这是对付停电事故最理想的办法。

在没有这种装置的酒店内，应配备足够的应急灯。酒店平时应制定一个周全的安全计划来应付停电事故，其内容包括：

（1）保证所有员工平静地留守在各自的工作岗位上。

（2）向客人及酒店员工说明这是停电事故，正在采取紧急措施排除故障，将很快恢复电力供应。

（3）如在夜间，用干电照明公共场所，帮助滞留在走廊及电梯中的客人转移到安全地方。

（4）派遣维修人员，找出停电原因。如果是外部原因，应立即与供电单位联系，弄清停电原因、时间等。如果是内部原因，则应组织力量抢修，尽快排除故障。

（5）在停电期间，安全人员须加强巡逻，派遣保卫人员保护有现金及贵重物品的地方，防止有人趁机作案。

（六）防爆

这里的防爆是指防止人为的爆炸破坏事件。人为的爆炸破坏事件，在国际酒店业时有所闻，随着世界恐怖事件发生的概率不断增高，酒店一定要有相应的防范措施：

（1）依据我国《旅馆业治安管理办法》的规定，酒店应明文规定严禁客人将易燃、易爆、剧毒、腐蚀性和放射性等危险物品带入楼层。若有发现，应及时处理，严重的应及时报告公安机关。

（2）楼层内不得存放任何易爆、易燃的危险品。如确系工作所必需，应规定专门的地方，采取必要的安全措施，只作短期存放。

（3）在公安机关的指导下，制定接听炸弹威胁电话的处理程序、搜寻工作程序以及发现爆炸物或可疑物后的处理程序等，并依此培训有关人员。

（4）制定防爆疏散及现场处理方案，同消防工作结合起来，组织酒店员工进行防爆演习。

此外，当在酒店内发现爆炸物或可疑爆炸物后，应迅速向保安部报告，不要轻易触动物体，尽可能保护和控制现场。保安部接到报警时，要问清确切地点、发现时间、形状及大小等情况，并立即通知保安部经理、值班总经理、工程部经理、房务部经理到达现场。在确认为爆炸物或可疑爆炸物后，应立即通知公安机关，并组织人员部署以爆炸物或可疑爆炸物为中心的警戒线，控制现场，等待专业防爆人员前来处理爆炸物或可疑爆炸物。

有条件的酒店可以在举行一些重大活动时，事先准备好防爆氮气瓶，一旦发现爆炸物或可疑爆炸物时，立即将物品放入交流冰桶内并注入氮气使炸弹结冰，失去作用，然后将防爆氮气瓶搬离现场。

（七）火灾的防范

火灾的预防可以从以下几方面入手：

（1）在酒店的设计建设中，安装必要的防火设施与设备

为了防止火灾的发生，酒店在建设时就应选用适当的建筑材料，设计安装必要的防火设施、设备，如自动喷水灭火装置及排烟设备等。像太平门、安全通道在一般酒店都是必不可少的。需要强调指出的是，在紧要关头，设置在楼房外面的露天楼梯往往会起特别的作用，可以想象，酒店的封闭式楼梯在这种情况下是起不了多大作用的。尤其是酒店自己发电的强制排烟设备失效时，封闭式楼梯就更显得力不从心，无济于事。除安全通道以外，大酒店还应在客房部安装急用电梯，并在客房内安装烟感报警器。因为客房中被褥等物起火时，开始多产生大量浓烟，旅客往往在熟睡中就中毒昏迷，这时，烟感报警器就会发挥作用。针对电器设备起火这一现象，酒店在各种电器系统中应设保险装置，并安装防火报警装置。

（2）建立和完善酒店消防的组织机构

酒店需建立消防委员会和酒店义务消防队。酒店消防委员会在平时担负着防火的各项工作，一旦酒店发生火灾，消防委员会就肩负着火灾领导小组的职责。

在酒店发生火灾或发出火灾报警时，领导小组负责人应当立即赶到火灾指挥点。酒店应当根据自己的布局情况事先设立临时火灾指挥点。临时火灾指挥点要求设在便于指挥、便于疏散、便于联络的地点。有很多酒店把临时指挥部设在大厅的某个地方，如大厅的行李处，这样可由行李员或安全员担任联络员；也有的设在机房或火场附近。

领导小组到达指挥部后，要迅速弄清火灾的发生点、火势的大小，并组织人员进行扑救；与此同时领导小组还应视火情迅速作出是否通知消防队，是否通知客人疏散的决定；还要了解是否有人受伤或还未救出火场，并组织抢救。

（3）搞好职工培训，增强防火意识

酒店建成开业后，要对新上岗的员工进行安全培训，增强他们的防火意识，教会他们如何用消防设施与设备，并使他们懂得在火灾发生的非常时刻，自己的职责是什么。同时，要组织消防知识竞赛，必要时还可利用淡季组织消防演习。

当然，为了搞好这项工作，酒店经营者本身必须统一思想，提高认识，这样才能给防火工作以足够的重视。

（4）在日常经营中采取必要的管理措施

①新落成的大型酒店一律设立防火中心，整日执行警戒任务。制定并贯彻执行消防安全制度、防火岗位责任制度。专职消防和群众性的消防组织相结合，对于重点部位和隐患要定期检查评比。经常检查、维修线路，防止因漏电而引起火灾。经常检查各种报警装置是否正常。

②定期检查消防设施是否良好，如消防用具、烟雾感应器等失效要及时更换。针对客人躺在床上吸烟这一习惯，应在床头柜上放置“请勿在床上吸烟”的卡片，提醒客人务必将未熄的火柴或烟头扔进烟灰缸。对因酗酒过度而醉的客人以及烟瘾大的客人所住房间要经常检查。

③注意观察客人所携带的行李物品，如发现有易燃易爆等危险品，要立即向上级或总服务台报告：服务员打扫房间时，注意不要把未熄灭的烟头扔进纸篓。统计资料表明，酒店火灾多发生在夜间，因此，夜间值班员应切实负起责任，加强夜间巡逻。对维修人员因工带进的喷灯、焊接灯、汽油以及作业产生的火花等要充分注意，并要对工作人员加以提醒。发现客人在房内使用电热器时，要及时向总服务台报告。太平门不能加锁，如发现太平门、急用电梯等处堆有障碍物，应及时排除。

（5）客房内必须有消防安全告示

为了把火灾所造成的伤亡减少到最低限度，客房部还应利用时机，通过适当的方式向客人宣传安全常识，并向他们指出在非常情况下紧急疏散的路线等。

消防安全告示可以从客人一入店时进行。从法律上来说，旅客从登记入住时起，就是酒店的客人了，酒店对每位客人的安全都负有法律上的责任，所以从客人一入店就应告诉客人防火安全知识和火灾逃生的办法。有的酒店在客人入店登记时发给一张住宿卡，在住宿卡上除注明酒店的服务设施和项目外，还注明防火注意事项，印出酒店的简图，并标明酒店的紧急出口。

客房是客人休息暂住的地方，客人在店期间待得最长的地方是客房，酒店应当利用客房告诉客人有关消防的问题。一般酒店都有印制好的紧急疏散图，有的贴在客房门内侧，有的则放在写字台上的文件夹内。在图上把本房间的位置及最近的疏散路线用醒目的颜色标明，可以使客人在紧急情况下安全撤离。在房间的写字台上应放置“安全告示”，或放有一本《万一发生火灾时》的小册子，比较详细地介绍酒店的消防情况，以及在发生火灾时该怎么办：

例如：您的安全对我们是很重要的，请花一分钟时间读完下面的安全建议：

①请您一定要熟悉放置在写字台的《旅客须知》内的紧急疏散方案。

②熟悉您客房内的窗户。

③请将您的钥匙放置在您容易找到的位置，离开房间时要随身携带，因为当烟火阻碍您的出口时，您可能需要您的钥匙回到您的房间。

④当起火或有紧急情况时请按下面进行：

找到您房间的钥匙并随身携带；在开门前试一试房门是否烫手；到达最近的可用的楼梯出口，并立即下到底楼（注意：不要使用电梯）；如您不能平安到达楼梯出口，应回到您的房间，立即拨内线电话通知电话员；在等待援助时，按您的最佳判断来操作窗户，放置一块湿毛巾在客房门底部，设法吸引楼房外面人们的注意。

（6）火灾报警

酒店一旦发生火灾时，比较正确的做法是先报警。酒店应当使每一位职工明白，在一般情况下都应当首先报警。有关人员在接到火灾报警后，应当立即抵达现场，组织扑救，并视火情通知消防队：是否通知消防队，应当由酒店主管消防的领导来决定。有一些比较小的火情，酒店是能够在短时间内组织人员扑灭的；如果火情较大，就一定要通知消防部门。酒店应把报警分为二级：一级报警是在酒店发生火警时，只是向消防中心报警，其他场所听不到铃声，这样不会造成整个酒店的紧张气氛；二级报警是在消防中心确认店内已发生了火灾的情况下，才向全酒店报警。

（7）火灾疏散程序

①酒店一旦发生火灾．要尽快把大楼内的人员和重要财产及文件资料撤离到安全的地方。这是一项很重要且工作量又很大的工作，组织不当会造成更大的人员伤亡和财产损失。酒店在火灾时的疏散工作需要在乎时按照本酒店的建筑布局特点，制订一个较为详细的计划，并且要经常性地组织培训，这样才能做到临阵不乱。

②通知疏散的命令一般通过连续不断的警铃声发出或通过广播下达。

③在进行紧急疏散时．客房部的服务员要注意通知房间的每一位客人。只有确定本楼层的客人已全部疏散出去，服务员才能撤离。

④在疏散时，要通知客人走最近的安全通道，千万不能使用电梯。可以把事先准备好的“请勿乘电梯”的牌子放在电梯前。国外有的酒店在电梯的上方用醒目字体写着“火灾时请不要使用电梯”。根据国际上大量的酒店火灾死亡事件调查分析，有相当一部分人员是死在电梯内的。客人进出酒店的客房大多是通过电梯，在火灾发生时，人们都习惯从原路逃出酒店，在此情况下大量人员就会涌向电梯间。电梯一般是在常温下进行工作的。在火灾发生时，由于高温的侵袭，或是酒店断电，电梯会突然停止工作，以致造成人员伤亡。

⑤酒店的所有人员撤离酒店后，应当立即到事先指定的安全地带集中。各部门都要查点人数，前厅和客房部负责查点客人，如有下落不明的人或还未撤离的人员，应

立即通知消防队。

（八）酒店重大事故处理

酒店安全中的重大安全事故包括：造成客人人身重伤、残废的事故及暴力事件；重大火灾及其他恶性事故；大宗财物被盗及其他经济损失严重的事故等。

对于重大安全事故的处理，原则上由酒店所在地区的政府协调有关部门、事故责任及其主管部门负责，必要时成立事故处理领导小组。

在重大安全事故发生后，保安部经理和总经理应立即赶赴现场，全力组织抢救工作，保护事故现场，同时报告当地公安部门。酒店要立即组织医务人员对受伤人员进行抢救，伤亡人员中若有国际客人，责任方和酒店在对伤亡人员核查清楚后，应及时报告当地外办，同时以电话、传真或其他有效方式直接向“中国旅游紧急求援协调机构”报告，对事故现场的行李和物品，要认真清理和保护，并逐项登记。酒店应协助责任方按照国家有关规定办理对伤亡人员其家属的人身和财产损失的赔偿，协助保险公司办理入境旅游保险者的保险赔偿。事故结束后，酒店要和责任方及其他有关方面一起，认真总结经验教训，进一步改进和加强安全管理措施，防止类似事故的再次发生。此外，酒店还需将事故过程和处理经过整理成文字材料，上报有关部门并在本酒店存档。

本章小结

酒店物资、设备与安全这三项管理都是酒店经营管理中的重要工作。酒店物资管理围绕酒店运营中的各种用品物质资料的供给开展各项工作，进而确保酒店各项接待经营服务需要，提供优质服务，并节约运营成本。而酒店设备管理则致力于酒店各项设备设施硬件的保养维护，保证设备的完好率，从而维持酒店的等级规格和客人的享受需要。至于酒店安全管理，是为确保客人和酒店人员财产的安全而采取的一系列工作。这三项后勤保障工作都是酒店运行的先决条件和基本保证。

复习与思考

一、名词解释

酒店安全管理　设备管理　仓储定额　集中采购

二、简答题

1. 酒店物资管理的特点及任务。

2. 酒店物资的分类及定额管理。

3. 酒店物资的仓储和发放。

三、论述题

1. 请试述酒店物资的采购和验收。

2. 请试述酒店主要的安全情况的应对与处理。

3. 请试述酒店安全管理措施。

责任编辑：郭海燕
责任印制：冯冬青
封面设计：中文天地

图书在版编目（CIP）数据

酒店经营管理实务 / 李伟清主编. -- 北京 : 中国旅游出版社, 2021.6
全国旅游高等院校精品课程
ISBN 978-7-5032-6665-2

Ⅰ. ①酒… Ⅱ. ①李… Ⅲ. ①饭店－经营管理－高等学校－教材 Ⅳ. ①F719.2

中国版本图书馆CIP数据核字(2021)第052396号

书　　名：酒店经营管理实务

作　　者：李伟清主编
出版发行：中国旅游出版社
（北京静安东里 6 号　邮编：100028）
http://www.cttp.net.cn　E-mail:cttp@mct.gov.cn
营销中心电话：010-57377108，010-57377109
读者服务部电话：010-57377151
排　　版：北京旅教文化传播有限公司
经　　销：全国各地新华书店
印　　刷：三河市灵山芝兰印刷有限公司
版　　次：2021 年 6 月第 1 版　2021 年 6 月第 1 次印刷
开　　本：787 毫米 ×1092 毫米　1/16
印　　张：23
字　　数：450 千
定　　价：42.00 元
I S B N　978-7-5032-6665-2
